Michael Piazolo (Hrsg.)

Macht und Mächte in einer multipolaren Welt

Michael Piazolo (Hrsg.)

Macht und Mächte in einer multipolaren Welt

VS VERLAG FÜR SOZIALWISSENSCHAFTEN

Bibliografische Information Der Deutschen Bibliothek
Die Deutsche Bibliothek verzeichnet diese Publikation in der Deutschen Nationalbibliografie;
detaillierte bibliografische Daten sind im Internet über <http://dnb.ddb.de> abrufbar.

1. Auflage Juni 2006

Alle Rechte vorbehalten
© VS Verlag für Sozialwissenschaften | GWV Fachverlage GmbH, Wiesbaden 2006

Lektorat: Frank Schindler

Der VS Verlag für Sozialwissenschaften ist ein Unternehmen von Springer Science+Business Media.
www.vs-verlag.de

Umschlaggestaltung: KünkelLopka Medienentwicklung, Heidelberg
Druck und buchbinderische Verarbeitung: Krips b.v., Meppel
Gedruckt auf säurefreiem und chlorfrei gebleichtem Papier

ISBN-10 3-531-14547-9
ISBN-13 978-3-531-14547-1

Inhaltsverzeichnis

Die Macht der Internationalen Organisationen

Danksagung

Ist die internationale Politik unübersichtlicher geworden oder einfach zu einer jahrhundertealten normalen Unordnung zurückgekehrt? Wie stellen sich die internationalen Machtkonstellationen, Allianzen und Interessen dar? Was wird die Zukunft der Internationalen Organisationen, insbesondere von UNO und NATO sein?

Diese Fragen sind auf einer Tagung der Akademie für Politische Bildung, Tutzing intensiv diskutiert worden, deren Beiträge in diesem Band zusammen mit weiteren fachwissenschaftlichen Aufsätzen dem interessierten Publikum zugänglich gemacht werden sollen. Dabei werden u.a. die internationalen und regionalen Machtzentren USA, Russland, China, Japan, Indien und die EU genauer vorgestellt. Die einzelnen Beiträge sind so abgefasst, dass sie für sich gelesen werden können, allerdings liegt der Charme der Zusammenstellung im Vergleich.

Mein Dank gilt den Autoren für die gute Kooperation und die bereitwillige Übernahme zusätzlicher Mühen, die ich ihnen im Interesse der Gesamtkonzeption des Buches abverlangt habe. Besonderen Dank schulde ich Frau Agnes Becker für die Überarbeitung mancher Grafik, die Beschaffung von empirischem Material und die mehrfache Durchsicht der Manuskripte.

Die Veröffentlichung und Aufbereitung von Tagungsergebnissen gehört zwar zum Selbstverständnis einer wissenschaftlichen Einrichtung, lässt sich aber – oftmals fortgespült vom Druck aktueller Herausforderungen – selten verwirklichen. Dass dies möglich war, liegt an Charakter, Atmosphäre und Führung der Akademie. Auch dafür vielen Dank!

München, im Februar 2006   Michael Piazolo

Machtkonstellationen, Modelle und neue Herausforderungen

Macht als Schlüsselbegriff der internationalen Ordnung – zur Einführung

Michael Piazolo

1 Macht als Begriff

Macht gilt unbestritten als Grundphänomen der internationalen Beziehungen[1] und ist ein wichtiger Aspekt aller Politik, für manchen gar die Hauptkategorie des Politischen.[2] Hinsichtlich der inhaltlichen Bestimmung des Begriffs herrscht aber eine theoretische Vielfalt. Der Selbstverständlichkeit des Phänomens steht eine gewisse Unklarheit des Begriffs gegenüber.[3] Das Wort Macht lässt viele Interpretationen zu, ist sehr komplex in seiner Bedeutungsvielfalt, variiert nach Raum, Zeit und Politikfeld.[4] Es zeichnet sich durch eine grundlegende Ambivalenz, eine Mehrdeutigkeit aus. Politikwissenschaftler, Juristen, Philosophen, Theologen und Soziologen haben unterschiedliche Vorstellungen davon.

In der politischen Philosophie besteht weitgehend Einigkeit darüber, dass Macht ontologisch zu begreifen ist, dass sie unmittelbar mit dem Dasein zusammenhängt, sich aus dem Sein ableitet.[5] Macht allgemein ist dabei zunächst nicht gut oder böse, sondern mehrwertig. Werturteile über Machtphänomene hängen vom jeweils zugrunde gelegten Begriff der Macht ab. Klassisch ist die Machtdefinition Max Webers, nach der Macht die Chance bedeutet, seinen Willen auch gegen Widerstreben durchzusetzen.[6] Durch eine machtvolle Selbstverwirklichung begrenze ich auch immer andere. Doch das Geschehen der Macht erschöpft sich nicht in dem Versuch, Widerstand zu brechen oder Gehorsam zu erzwingen. Daher wurde der Webersche Ansatz erweitert. So haben die US-

---

[1] So Schwarz (1985), S.51. Siehe auch ders. (2000), S.13 ff.
[2] Vgl. Kimminich (1982), S.23.
[3] Noch pointierter Han (2005) im Vorwort.
[4] Nohlen (1984), S.305.
[5] Kimminich (1982), S.9.
[6] Weber (1972), S.28. Zwar war Macht selbstverständlich auch für die politischen Theoretiker der Antike und des Mittelalters kein unbekanntes Phänomen, aber nicht die Macht, sondern das Streben nach dem höchsten Gut, dem Gemeinwohl, stand in der Regel im Zentrum ihres politischen Denkens. So Nohlen (1984), S.305. Erst mit Niccolò Machiavelli und Thomas Hobbes drehte sich die Perspektive und die Frage nach der Machtbehauptung und der Machtgewinnung rückte ins Zentrum der Überlegungen. Vgl dazu insb. Machiavelli (1978) sowie Hobbes (1996).

amerikanischen Autoren Robert O. Keohane und Joseph S. Nye die Ausgangsdefinition um eine soziologische Komponente ergänzt: „Macht kann man sich denken als Fähigkeit eines Akteurs, andere dazu zu bewegen, etwas zu tun, was sie ansonsten nicht tun würden."[1] Dies muss nicht die Form eines Zwangs annehmen.

Macht ist die Möglichkeit, unbegrenzt Mittel zu akkumulieren, um insbesondere Gefahren zu begegnen.[2] Souverän und damit auch mächtig ist jedenfalls nur derjenige, der über den Ausnahmezustand entscheidet.[3] Ähnliche Begriffe wie Macht sind daher Steuerungskapazität oder Seinsmächtigkeit, d.h. Können, Wollen und Dürfen sind in Einklang gebracht.[4] Wenn von Macht die Rede ist, meint man jedenfalls immer eine Beziehung, in welcher derjenige, der einer Macht ausgesetzt oder unterworfen ist, in seiner Freiheit und Selbständigkeit zum Handeln beschränkt ist. Die Macht eines Staates kann definiert werden als die Differenz zwischen bilanzierten Abhängigkeiten und Einflussmöglichkeiten, zwischen aktiver und passiver Bestimmtheit seiner Außenpolitik.[5]

Anders denkt Hannah Arendt, wenn sie ausführt: „Was niemals aus den Gewehrläufen kommt, ist Macht"[6]. Sie geht von einem kommunikativen Handlungsmodell aus: „Macht entspringt der menschlichen Fähigkeit, nicht nur zu handeln oder etwas zu tun, sondern sich mit anderen zusammenzuschließen und im Einvernehmen mit ihnen zu handeln". Nach Jürgen Habermas entspringt Macht dem Zwischen. „Macht besitzt eigentlich niemand, sie entsteht zwischen Menschen [und Staaten], wenn sie zusammen handeln, und sie verschwindet, sobald sie sich wieder zerstreuen"[7]. Macht steuert und lenkt Kommunikation. Diese kommunikative Führung muss nicht repressiv erfolgen. Darauf macht insbesondere Niklas Luhmann aufmerksam. Nach ihm ist „Macht ein symbolisch generalisiertes Medium der Kommunikation".[8] Als Kommunikationsmedium wirkt sie sogar konstruktiv. Diese kybernetische Machttheorie bringt aber durch die Allgemeinheit ihrer Formulierung kaum neue Erkenntnisgewinne in unserem Zusammenhang, zumindest wird aber die Relativität von Macht deutlich herausgearbeitet.

Auch in der wissenschaftlichen Auseinandersetzung zur internationalen Politik gibt es verschiedene Ansichten, Macht zu beschreiben, wobei immer noch die sog. realistische bzw. neorealistische Theorie die Lehre von den „Internatio-

---

[1]   Keohane/Nye (1977), S.11.
[2]   Weizäcker von (1978), S.13.
[3]   So Schmitt (1985), S.11.
[4]   Siehe dazu auch Albrecht (1996), S.54.
[5]   Hättich (1990), S.103, 152.
[6]   Arendt (1970), S.54.
[7]   Habermas (1981), S.238.
[8]   Siehe Luhmann (1975), S.3 ff.

nalen Beziehungen" am stärksten beeinflusst. Gemäß den Vertretern dieser Schule, insbesondere nach ihrem Begründer Hans J. Morgenthau, ist die Grundstruktur der internationalen Ordnung von Nationalstaaten geprägt[1] und das unmittelbare Ziel internationaler Politik die Macht.[2] Dies liegt sicher auch daran, dass dort die Sicherheit des einzelnen Staates in besonderer Weise bedroht ist. Internationale Politik wird folgerichtig als Spannungsfeld zwischen Mächten gesehen. Es erscheint auf den ersten Blick einleuchtend, dass Sicherheit umso größer sein muss, je mehr Macht vorhanden ist. Oberster Maßstab staatlichen Verhaltens internationalen Handelns ist daher die Macht, genauer: die relative Macht im Vergleich zu Freund und Feind. Der Staat, der viel Macht bei sich akkumuliert, kann dadurch andere Staaten beherrschen. Die Starken tun, was sie können, die Schwachen, was sie müssen.[3] Dieses Denken wurde insbesondere von Karl-Gottfried Kindermann in Deutschland und Kenneth Waltz in den USA zum Neorealismus weiterentwickelt. Beide haben die neueren Entscheidungstheorien der internationalen Politik, gerade auch die Systemtheorie, mit in ihre Überlegungen einbezogen.[4]

2 Merkmale der Macht in der internationalen Ordnung

Das Problem, den Frieden dadurch zu bewahren, dass man andere Staaten, vor denen man sich vielleicht fürchtet, versucht, durch geeignete Mittel bis hin zum Krieg, abzuschrecken, führt bei einer Mehrheit von Staaten zu einem System von Ungleichungen, die keine Lösungen haben.[5] Sicher kann man sich nur fühlen, wenn man sich der Gesamtheit potentieller Gegner überlegen fühlt.

In dieser Vorstellungswelt agieren Staaten wie Organismen, ihnen wird etwas „Wesenhaftes" zugeschrieben. Dies tritt besonders in der Außenpolitik zutage, die von Personen – „Staatsmännern bzw. –frauen" – vertreten und so besonders personalisiert wird. Auch das sog. Völkerrecht vollzieht dies nach und gesteht den Staaten im internationalen Recht eine „Subjekthaftigkeit" zu, vergleichbar dem einzelnen Individuum im innerstaatlichen Recht. Aus diesem

---

[1] Siehe dazu auch den Beitrag in diesem Buch von Schirm, Modelle der internationalen Ordnung, S.21 ff.
[2] Vgl. dazu Morgenthau (1963), S.70 ff. Was klassische Realpolitik praktisch bedeutet, führten u.a. im 19. Jahrhundert Cavour in Italien, Louis Bonaparte in Frankreich, Disraeli in Großbritannien und Bismarck im Deutschen Reich vor. Als Urväter des Realismus gelten Niccolò Machiavelli und Thomas Hobbes.
[3] Siehe dazu Joffe (2005), S.830. Multilateralismus und Institutionalismus werden danach als Realpolitik der Schwächeren angesehen.
[4] Vgl. dazu Kindermann (1991) und Waltz (1979).
[5] So Weizäcker von (1978), S.15.

„Recht" zu leben und sich zu entfalten, wachsen zum Teil auch die Momente des Konflikts, der Rivalität der Staaten untereinander, im Sinne einer Gruppenkonkurrenz. Die Macht der Staaten im internationalen Geflecht wird primär sichtbar durch ihr ökonomisches und militärisches Potential.[1] Um diese „objektiven Faktoren" anhaltend zur Geltung bringen zu können, müssen sie durch „subjektive Elemente", nämlich die Bereitschaft, Verantwortung zu übernehmen – ein *Wille zur Macht* gewissermaßen – und eine zugrunde liegende Ordnungsidee unterfüttert werden.[2] Das Potential von Macht allein reicht nicht aus, sie muss auch konkretisiert werden, um wirksam zu werden, wozu ein besonderer Wille zur Machtausübung, ein Machtstreben notwendig erscheint.

Die Macht eines Staates wird entscheidend mitbestimmt durch seine Fähigkeit zur Integration im Inneren, die primär von seinem Staatsbewusstsein geprägt wird. Zum Wille zur Macht gehört nicht nur die Bereitschaft Verantwortung zu übernehmen, sondern auch die Möglichkeit, diese durchzusetzen. Dabei spielt das Maß der innerstaatlichen Zustimmung – auch durch oppositionelle Kräfte – eine nicht zu unterschätzende Rolle. In diesem Bereich sind die Akteure außenpolitischer Macht, nicht zuletzt der jeweilige Regierungschef, zu gewichten. Entscheidend ist ihr internationales Ansehen, insbesondere ihre Glaubwürdigkeit und Durchsetzungsfähigkeit. Machtmittel wie Diplomatie, außenpolitisches Know how und Geheimdienste zählen hier. Dies manifestiert sich in den äußeren Beziehungen durch einen politischen Führungswillen, das aktive Eintreten für die internationale Ordnung. Ein Faktor, der auch bei vorhandener militärischer und wirtschaftlicher Stärke nicht selbstverständlich ist, wie manches Beispiel aus der jüngeren Geschichte verdeutlicht. Selbst die USA haben sich immer wieder Phasen einer Zurückhaltung, ja selbst des Isolationismus in internationalen Angelegenheiten auferlegt. Auch die zeitweise wenig ambitionierte Außenpolitik Japans und Deutschlands zur Zeit des Kalten Krieges mag als Beispiel dienen.[3]

Die Idee der aktuellen amerikanischen Regierung ist es, die Demokratie in der Welt zu fördern, die gerade den neokonservativen Kräften in den USA als mächtigste politische Ideologie gilt, wobei sie natürlich deren amerikanische Ausprägung als leuchtendes Beispiel hervorheben. Aber auch die „Europäer" haben angesichts vieler sog. „failing states" mit ihren Vorstellungen von „nationbuilding" eine – wenn auch noch umstrittenen - Idee, einer Gestaltung gesell-

---

[1] Hättich (1990), S.152.
[2] Ähnlich Brzezinki (1994), S.107.
[3] Hier spielen auch bestimmte außenpolitische Traditionen eines Staates eine wichtige Rolle. Vgl. dazu auch Schmidt (2004), S.68.

schaftlicher und staatlicher Strukturen in der internationalen Ordnung.[1] Eine lang andauernde Wirkung machtvollen Handelns wird also getragen durch eine *zugrunde liegende Ordnungsidee*, die immer auch durch eine entsprechende Propaganda vermittelt wird, um nach außen, aber auch nach innen Wirkung entfalten zu können.[2]

Abbildung 1:　Parallelogramm der Macht

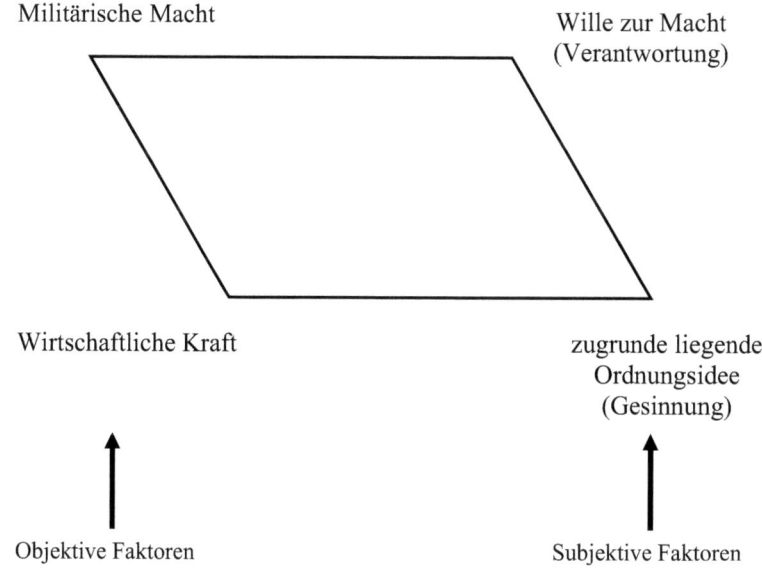

Militärische Macht

Wille zur Macht
(Verantwortung)

Wirtschaftliche Kraft

zugrunde liegende
Ordnungsidee
(Gesinnung)

Objektive Faktoren

Subjektive Faktoren

Die *militärische Macht* als mögliches physisches Gewaltmittel bestimmt sich nicht ausschließlich nach der Quantität der Truppen und Waffen, sondern auch nach ihrer Qualität und ihren konkreten Einsatzmöglichkeiten. Gerade im Zeitalter der Kernwaffen erweisen sich reine Kräftevergleiche als wenig aussagekräftig.[3] Entscheiden sind potentielle Wirkungen, aber auch Handlungsoptionen. Von

---

[1]　Nach Robert Kagan gehen „in der alles entscheidenden Frage der Macht – in der Frage nach der Wirksamkeit, der Ethik, der Erwünschtheit von Macht" die amerikanischen und europäischen Ansichten auseinander. Kagan (2003), S.7.

[2]　Vgl. zu Vorstellungen zur Sicherheitspolitik der EU und der USA: Europäische Sicherheitsstrategie, www.ue.eu.int/cms3_fo/showPage.ASP/tmp/031208ESSIIDA.pdf (7.12.05) und The National Security Strategy of the United States of America, www.whitehouse.gov/nsc/nss.pdf (7.12.05).

[3]　So Albrecht (1996), S.63.

zentraler Bedeutung für eine autarke Macht ist ferner, inwieweit sie in der Lage ist, Rüstungsprodukte selbstständig zu entwickeln und herzustellen, denn jede Abhängigkeit schwächt erstmal die eigene Position. Viele Armeen waren und sind z.b. nur unzureichend gerüstet für die aktuellen sicherheitspolitischen Herausforderungen, wie insb. Terrorismus, internationale Bandenkriminalität, „neue Kriege" und „failing-states".[1]

Auch die *wirtschaftliche Macht* eines Staates kann nicht rein nach der Höhe des Bruttosozialprodukts bemessen werden. Dies ist zwar ein wichtiger Indikator, andere Faktoren wie Ressourcenabhängigkeit, technisches Know how, Arbeitskräftepotential bis hin zur demographischen Entwicklung spielen eine nicht unerhebliche Rolle.

Des Weiteren kann man noch eine ganze Reihe anderer Elemente hinzurechnen, die entweder als objektive oder als subjektive Faktoren das Machtpotential bzw. das Machtstreben eines Staates mit beeinflussen. Genannt seien nur:

- natürliche Ressourcen (insb. Erdöl, Erdgas, Wasser, Steinkohle, Erze usw.),
- geographische Lage (z.b. Insellage, Randlage, zentrale Lage)
- Bevölkerungsgröße,
- kulturelle und mediale Ausstrahlungswirkung und Anziehungskraft,
- Legitimität der Regierung (Demokratie oder Diktatur) und die
- Qualität der Diplomatie.[2]

3   Mächte der Zukunft

3.1   Der Staat als Machtzentrum der internationalen Ordnung

Jean-Marie Guehenno hat in seinem Buch „Das Ende der Demokratie" den Untergang des Staates prognostiziert.[3] Das Phänomen der Globalisierung hat aber dies (noch) nicht bewirkt, vielmehr bleiben die Staaten weiterhin die wirkungsvollsten „Spieler" in der internationalen Ordnung.[4] Auch die Ereignisse des 11. September 2001 und ihre Folgewirkungen für die internationale Politik haben keine grundlegenden Machtverschiebungen mit sich gebracht. Dies gilt gleichermaßen für das Völkerrecht: Die Staaten sind nach wie vor „Richter in eigener Sache", wobei der Kompetenzbereich von Internationalen Organisationen bei

---

[1] Vgl. zu diesen Herausforderungen, insb. zu den „neuen" Kriegen, Münkler (2002a) sowie ders. (2002b). Siehe dazu auch allgemein Creveld von (1991).

[2] Siehe dazu u.a Kindermann, Karl-Gottfried in: Morgenthau (1963), Einleitung sowie Kindermann (1981), S.83-85.

[3] Guehenno (1994), S.35 ff.

[4] Die Konkurrenz der Staaten und Staatenverbünde ist bislang auch nicht durch einen „Kampf der Kulturen" abgelöst worden. Siehe zu dieser Vorstellung Huntington (1997).

der Durchsetzung von Völkerrecht in jüngster Zeit erheblich gewachsen ist.[1] Manche Probleme der internationalen Politik übersteigen zwar die Lösungsfindungskapazität einzelner Staaten. Sie sind aber die dominierenden Mächte, die, auch durch ihr Mitwirken in Internationalen Organisationen, die Ordnung, etwa durch Gleichgewichtssysteme, zu sicher versuchen.[2]

Dennoch gibt es einen Zug zu verstärkten staatlichen Entgrenzungen, z.B. im Bereich des weltweit agierenden Finanzkapitals, das von privatwirtschaftlichen, transnationalen Gruppen beherrscht wird oder im Bereich bestimmter Bürgerinteressen, die verstärkt von übernational agierenden Nicht-Regierungsorganisationen wie Greenpeace, Amnesty International oder Attac wahrgenommen werden.[3] Insofern hat der Staat schrittweise an Autonomie und Handlungsfähigkeit eingebüßt, diese aber teilweise durch verstärkte internationale Kooperation in Internationalen Organisationen wiedergewonnen.

Nicht zu übersehen ist auch die Hinwendung zum Individuum, die als große Zensur des Völkerrechts, als eine Art Paradigmenwechsel, ausgelöst spätestens durch die Lehren des Zweiten Weltkriegs, verstanden werden kann. Das Völkerrecht wandelte sich so Stück für Stück vom reinen „Staatenrecht" zu einer den Menschen mehr in den Vordergrund rückenden internationalen Rechtsordnung.

Immer noch gilt aber, dass weltweit sich der Staat als einzig überlebendes politisches System durchgesetzt hat, selbst dort, wo er seine Funktionen nur ungenügend erfüllt.[4] In den vergangenen Jahrhunderten hat sich der Staat als flexibel genug erwiesen, sich an immer neue Gegebenheiten anzupassen.

Trotzdem bleibt in Zeiten der Globalisierung die Frage akut, ob poststaatliche Regime denkbar sind, die mit diesem Phänomen besser zu Rande kommen? Zwar gibt es als entscheidende Konsequenz der Globalisierung Einbußen an staatlicher Souveränität bis hin zum Verlust der Kontrolle über die nationalen Grenzen zu verzeichnen,[5] bis heute jedenfalls verfügt der Staat – wenn auch mit Abstrichen (insbesondere auf dem Einflussgebiet der EU) – als einzige Institution auf einem fest umgrenzten Territorium über die sog. Kompetenz-Kompetenz, d.h. die Fähigkeit und das Recht, allgemeinverbindliche Normen gegenüber seinen Staatsbürgern dort zu setzen, wo es ihm geboten erscheint. Die Zusammenfassung aller politischen und rechtlichen Funktionen in der Hand des Staates legitimiert ihn auch in seiner Handlungsfähigkeit nach außen. Dieser

---

[1] Siehe dazu Blumenwitz, Dieter, Souveränität – Gewaltverbot – Menschenrechte, in: Oberreuter/Piazolo (2001), S.48 ff. Hier: S.60 f.

[2] Hättich (1990), S.157.

[3] Siehe zur Entgrenzung von Ökonomie, Politik und Gesellschaft u.a. Beck (2002), S.95 ff. Vgl. zu Veränderungen im internationalen System auch Czempiel (1999), S.41 ff.

[4] So Freiburghaus, Dieter, Am Ende des demokratischen Rechtsstaats? Territorialität und Institutionen, in Oberreuter/Piazolo (2001), S.22 ff. Hier: S.23.

[5] Dies konstatiert z.B. statt vieler Habermas (1999), S.426.

ganzheitliche „holistische" Anspruch des Staates ist nicht eines seiner minderen Attribute, sondern es ist seine Essenz, die Grundlage seines Erfolges.[1]

Die tatsächliche Macht eines Staates muss aus einer Gesamtkonstellation eruiert werden, aus dem Geflecht der internationalen Beziehungen und der tatsächlichen Stellung, die der einzelne Staat darin einnimmt. Man muss daher unterscheiden zwischen objektivem Potential und tatsächlicher Machtstellung eines Staates.[2]

3.2 Aktuelle Machtkonstellationen

Das globale System, das in den 90er Jahren des vergangenen Jahrhunderts entstanden ist und bis heute Bestand hat, zeichnet sich durch ein Nebeneinander von unipolaren und multipolaren Machtstrukturen aus.[3] Aktuell gibt es keinen anderen Staat, der wirtschaftlich und militärisch über so viel Macht verfügt wie die USA.[4] Sie sind mit ihren Truppen in beinahe allen Teilen der Welt vertreten, insofern gewissermaßen eine amerikanische, europäische und asiatische Macht.[5] Bei ihnen sind die vier zentralen Voraussetzungen unseres Machtparallelogramms – international präsente Wirtschaftskraft, weltweit operationsfähiges Militär, politischer Führungswille und zugrunde liegende Ordnungsidee – eindeutig vorhanden. Dazu kommt noch eine Art „kulturelle" Hegemonie, die mit Hollywood anfängt und bei McDonalds aufhört. Sie sind damit die einzigen, die es vermögen, zumindest zeitweise eine unilaterale Politik zu verfolgen, auch wenn gerade das Engagement im Irak-Krieg deutlich macht, dass selbst die Vereinigten Staaten von Amerika an ihre militärischen und diplomatischen Grenzen stoßen.

Aus verschiedenen Gründen ist aber immer noch – und in Zukunft wohl eher verstärkt – eine multipolare Konfiguration zu konstatieren. Staaten wie Russ-

---

[1]   Freiburghaus, a. a.O, S.39.
[2]   Beispiele für eine deutliche Diskrepanz waren in den 70er und 80er Jahren des vergangenen Jahrhunderts Japan und Deutschland, die zwar über ein beachtliches wirtschaftliches, teilweise auch militärisches Potential verfügten, die aber als Verlierer des Zweiten Weltkriegs in bewusster Selbstbeschränkung dieses Potential keinesfalls voll auszuspielen gedachten.
[3]   Siehe dazu auch in diesem Buch Piazolo, Gibt es eine neue „Unübersichtlichkeit" in der internationalen Ordnung?, S.35 ff.
[4]   Münkler (2005) qualifiziert die USA als das „neue Imperium". Siehe dort, S.224 ff. Grundsätzlich zur Hegemonie und zu hegemonialer Politik Triepel (1961); auch damals schon mit Ausführungen zu den USA. Dort, S.163 ff. Gegenwärtig stehen amerikanische Soldaten in 156 Staaten, in 63 Staaten gibt es amerikanische Basen und Truppen. So Schmidt (2004), S.78.
[5]   Vgl. dazu auch in diesem Buch Fröhlich, USA – die einzig verbliebene Supermacht?, S.53 ff.

land, China, Japan und die EU[1] als Staatenverbund – mehr und mehr auch Indien[2] – sind als Führungsmächte zu bezeichnen.[3] Am deutlichsten wird dies im Sicherheitsrat der Vereinten Nationen, der ein wichtiges Lenkungsinstrument der internationalen Politik darstellt.[4] Dies gilt mit Sicherheit aber auch im nuklearen militärischen Bereich, in dem zumindest Russland, China, Großbritannien, Frankreich, Indien und auch Pakistan über ein eigenes Potential verfügen.[5]

Im ökonomischen Bereich kann man von einer Macht-Triade sprechen: bestehend erstens aus dem nordamerikanischen Raum mit der Führungsmacht U-SA, zweitens dem europäischen Wirtschaftsraum mit der EU als Motor sowie drittens Asien mit Japan als immer noch stärkster Kraft, einem wirtschaftlich boomenden China und einigen sich schnell entwickelnden sog. „Tigerstaaten". Verstärkt sind es aufstrebende, „hungrige" Nationen, die an den Toren der bisherigen Großmächte rütteln und auf dem besten Wege sind, überkommene Vormachtstellungen zu erobern,[6] an der Spitze sicher China und Indien. Von manchem wir daher jetzt schon das 21. Jahrhundert als „asiatisches" apostrophiert.[7]

Gerade diese Konkurrenz von Staaten ist seit Jahrhunderten ein dynamisches Movens der internationalen Gemeinschaft. Zwar führte sie gerade in der Hochzeit der Nationalstaaten zu schrecklichen, selbstzerstörerischen Kriegen, gleichzeitig brachte sie aber auch einen fruchtbaren Wettbewerb der Systeme und Ideen. Demgegenüber steht das kooperative Zusammenwirken der Staaten in den von ihnen getragenen Internationalen Organisationen,[8] insbesondere im sicherheitspolitischen Bereich mit den Vereinten Nationen, der NATO[9] und der

---

[1] Siehe vertiefend dazu in diesem Buch Mommsen, Russland – nur virtuelle Großmacht in einer multipolaren Welt?, S.79 ff.; Hieber, China – regionale Großmacht oder Supermacht?, S.107 ff.; Derichs/Hüstebeck/Lukner, Japans Rolle in der Welt, S.141 ff. sowie Piazolo, Die EU als internationaler Machtfaktor, S.209 ff. Vgl. dazu auch Kennedy (1997), S.181 ff. sowie die verschiedenen Beiträge in Ferdowsi (2004), S.177 ff.

[2] Vgl. hierzu in diesem Buch Hieber, Indien – die älteste Demokratie Asiens, S.185 ff.

[3] So Link, Werner, Globalisierung als Regionalisierung – die Regionen die großen Mächte, in: Oberreuter/Piazolo (2001), S.169 ff. Hier: S.176 f. Gerade im Irak-Krieg hat sich gezeigt, dass einige europäische Führungsmächte nicht bereit waren, die USA uneingeschränkt zu unterstützen.

[4] Vgl. zur „UNO als Friedensmacht" den gleichnamigen Beitrag in diesem Buch von Khan/Meerpohl, S.307 ff. Das Ansinnen von „regional players" wie Japan, Deutschland, Indien oder Brasilien, im Sicherheitsrat einen Ständigen Sitz zu erhalten, zeigt den Versuch einiger Mächte, sich außenpolitisch mehr und mehr zu emanzipieren.

[5] „Informelle" Atommächte sind wohl auch Israel und Nordkorea.

[6] Klodt erinnert dies an die damalige Situation des weströmischen Reichs. Siehe Klodt, Henning, Politik und Gesellschaft in der Ökonomiefalle? In: Oberreuter/Piazolo (2001), S.157 ff. Hier: S.157.

[7] So Pilny (2005).

[8] Vgl. dazu in diesem Buch Piazolo, Die Vielfalt der Internationalen Organisationen, S.249 ff.

[9] Siehe dazu in diesem Buch den Beitrag von Staack, Im Gleitflug. Hat die NATO noch eine Zukunft?, S.281 ff.

OSZE und im wirtschafts- und finanzpolitischen Sektor mit WTO, OECD, IWF und Weltbank. Aus Gründen der Machtbalance erscheint ferner die globale Ausbreitung eines politischen Regionalismus – aktuell manifestiert in mannigfaltigen Regionalorganisationen wie ASEAN, MERCOSUR, NAFTA, NATO, OSZE oder APEC – wahrscheinlich.[1]

In dieser multipolaren Welt mit einer verbliebenen Supermacht, den USA, wird es in absehbarer Zeit Schwankungen zwischen Tendenzen zum Unilateralismus seitens der Vereinten Staaten von Amerika und Forderungen nach einer Verstärkung multilateralistischer Regime seitens der restlichen Staatenwelt kommen, gewissermaßen Hegemonialpolitik und/oder Gleichgewichtspolitik. Der frühere deutsche Bundeskanzler Helmut Schmidt bringt es auf den Punkt: „Die Zukunft jedenfalls ist unübersichtlicher geworden"[2].

3.3 Macht – Recht - Ethos

Macht als Hauptkategorie der internationalen Politik steht aber nicht beziehungslos da, sondern wird durch ein auf ethischen Grundsätzen beruhendes Recht eingehegt, so dass ein untrennbarer Zusammenhang zwischen Macht, Recht und Ethos besteht. Gerade die letzten Jahrzehnte haben deutlich gemacht, dass Recht und Macht keine begrifflichen Gegensätze sind, sondern eng zusammengehören. Rechtlose Macht ist brutale Gewalt und bedeutet in letzter Konsequenz Diktatur, machtloses Recht wird zum bloßen Schein und kann ins Chaos führen.[3] Es handelt sich um eine Wechselwirkung zwischen Faktizität und Normativität.

Die internationale Gemeinschaft und mit ihr die Staaten erleben jedenfalls in zunehmendem Maße eine Verrechtlichung der zwischenstaatlichen Beziehungen, gerade angesichts einer weltweiten Interdependenz in gemeinsamer Verantwortung für soziale Belange, Klima und Umwelt. Das Völkerrecht hat sich dementsprechend eindeutig von einem Koordinierungsrecht zu einer weitgehend eigenständigen Rechtsordnung entwickelt.[4] Diese in vielen international-rechtlichen Vereinbarungen aufscheinende gemeinsame Verantwortung für die Welt lässt auch die Verbindung zwischen Ethik und Machtpolitik- gewissermaßen eine Synthese von Ideal- und Realpolitik - deutlich werden, vermag eine „Einhelligkeit der Politik mit der Moral"[5] denkbar erscheinen. Die Ausübung

---

[1]   So u.a. Link, Werner, Globalisierung als Regionalisierung – die Regionen und die großen Mächte, in: Oberreuter/Piazolo (2001), S.169 ff.

[2]   Schmidt (2004), S.137.

[3]   Kimminich (1982), S.22.

[4]   Eisele, Manfred, Die Zukunft des Staates zwischen Souveränität und Supranationalität, in: Oberreuter/Piazolo (2001), S. 94 ff. Hier: S.96.

[5]   So zu finden im Anhang zu Kant (1984).

von gesinnungs- und wertgestützter Verantwortung ist eine Komplementärgröße zur Macht.[1]

Dass der Mächtige sich oftmals alleine am stärksten wähnt, darf die weniger Mächtigen daher nicht davon abhalten, dem Anspruch der Macht die Forderung nach dem Respekt für das Recht entgegenzuhalten.[2]

4 Literatur

Albrecht, Ulrich: Internationale Politik. Einführung in das System internationaler Herrschaft, 4. Aufl.; München/Wien 1996.

Arendt, Hannah: Macht und Gewalt; München 1970.

Beck, Ulrich: Macht und Gegenmacht im globalen Zeitalter. Neue weltpolitische Ökonomie; Frankfurt a.M. 2002.

Brzezinski, Zbigniew: Macht und Moral. Neue Werte für die Weltpolitik; Hamburg 1994.

Creveld von, Martin: Die Zukunft des Krieges; München 1991.

Czempiel, Ernst-Otto: Kluge Macht. Außenpolitik für das 21. Jahrhundert; München 1999.

Europäische Sicherheitsstrategie ESS von Javier Solana: „Ein sicheres Europa in einer besseren Welt" vom 12. Dezember 2003, abzurufen unter: www.ue.eu.int/cms3_fo/showPage.ASP/tmp/031208ESSIIDA.pdf (7.12.05).

Ferdowsi, Mir A. (Hrsg.): Sicherheit und Frieden zu Beginn des 21. Jahrhunderts, 3. Aufl.; München 2004.

Guehenno, Jean-Marie: Das Ende der Demokratie, München 1994.

Habermas, Jürgen: Der europäische Nationalstaat unter dem Druck der Globalisierung, in: Blätter für deutsche und internationale Politik 1999, S.425 ff.

Habermas, Jürgen: Philosophisch-politische Profile; Frankfurt a.M. 1981.

Hättich, Manfred: Freiheit als Ordnung, Bd. 3; München 1990.

Han, Byung-Chul: Was ist Macht?; Stuttgart 2005.

Hobbes, Thomas: Leviathan; Hamburg 1996.

Huntington, Samuel P.: Kampf der Kulturen: die Neugestaltung der Weltpolitik im 21. Jahrhundert, 4. Aufl.; München 1997.

Joffe, Josef: Überwunden und verschwunden? Realismus in der Außenpolitik, in: Merkur 2005, S.829 ff.

Jonas, Hans: Das Prinzip Verantwortung; Frankfurt a.M. 1995.

Kagan, Robert: Macht und Ohnmacht. Amerika und Europa in der neuen Weltordnung; Berlin 2003.

Kant, Immanuel: Zum ewigen Frieden. Ein philosophischer Entwurf; Stuttgart 1984.

Kennedy, Paul: In Vorbereitung auf das 21. Jahrhundert; Frankfurt a.M. 1997.

---

[1] Jonas (1995), S.174 ff. Zu einer an einem „Weltethos" orientierten internationalen Politik siehe Küng (1997), insb. S.130 ff.

[2] Eisele, a.a.O., S.101.

Keohane, Robert O./Nye, Joseph S.: Power and Interdependence. World Politics in Transition; Boston/Toronto 1977.

Kindermann, Gottfried-Karl: Grundelemente der Weltpolitik. Eine Einführung, 4. Aufl.; München 1991.

Kimminich, Otto: Macht, Recht, Ethos; München 1982.

Küng, Hans: Weltethos für Weltpolitik und Weltwirtschaft; München 1997.

Luhmann, Niklas: Macht; Stuttgart 1975.

Machiavelli, Niccolò: Der Fürst; Stuttgart 1978.

Morgenthau, Hans J.: Macht und Friede. Grundlegung einer Theorie der internationalen Politik; Gütersloh 1963.

Münkler, Herfried: Die neuen Kriege; Reinbek bei Hamburg 2002a.

Münkler, Herfried: Imperien. Die Logik der Weltherrschaft – vom alten Rom bis zu den Vereinigten Staaten; Berlin 2005.

Münkler, Herfried: Über den Krieg. Stationen der Kriegsgeschichte im Spiegel ihrer theoretischen Reflexion; Göttingen 2002b.

Nohlen, Dieter (Hrsg.): Pipers Wörterbuch zur Politik, Bd. 5: Internationale Beziehungen; München/Zürich 1984.

Oberreuter, Heinrich/Piazolo, Michael (Hrsg.): Global denken. Die Rolle des Staates in der internationalen Politik zwischen Kontinuität und Wandel; München 2001.

Pilny, Karl H.: Das asiatische Jahrhundert. China und Japan auf dem Weg zur neuen Weltmacht; Frankfurt a.M./New York 2005.

Schmidt, Helmut: Die Mächte der Zukunft. Gewinner und Verlierer in der Welt von morgen; München 2004.

Schmitt, Carl: Politische Theologie. Vier Kapitel zur Lehre von der Souveränität; Berlin 1985.

Schwarz, Hans-Peter: Weltpolitik im alten Jahrhundert: Drei Perspektiven – 1900, 1995, 1999, in: Kaiser, Karl/Schwarz, Hans-Peter (Hrsg.), Weltpolitik im neuen Jahrhundert; Baden-Baden 2000, S.13 ff.

Schwarz, Hans-Peter: Der Faktor Macht im heutigen Staatensystem, in: Kaiser, Karl/Schwarz, Hans-Peter (Hrsg.): Weltpolitik, Strukturen – Akteure – Perspektiven; Bonn 1985, S.50 ff.

The National Security Strategy of the United States of America (NSS); Washington, D.C. 2002, www.whitehouse.gov/nsc/nss.pdf (7.12.05).

Triepel, Heinrich: Die Hegemonie. Ein Buch von führenden Staaten; Aalen 1961.

Waltz, Kenneth W.: Theory of International Politics; Readings, Mass. 1979.

Weber, Max: Wirtschaft und Gesellschaft, 5. Aufl.; Tübingen 1972.

Weizäcker von, Carl Friedrich: Theorie der Macht; München 1978.

Modelle der internationalen Ordnung

Stefan A. Schirm

1 Warum ist die internationale Ordnung relevant?

Das Thema internationale Ordnung ist derart umfassend, dass sich dieser Beitrag nur in Form eines einleitenden „Brainstormings" mit einigen Facetten denkbarer Dimensionen des internationalen Systems befassen kann. Relevant erscheint das Thema gleich in mehrfacher Hinsicht auf Grund neuer und neu zu „ordnender" Entwicklungen, die sich dem Zugriff eines einzelnen Nationalstaates zunehmend entziehen und somit eine internationale Ordnung erfordern: Globalisierung und "Neue Kriege".

Zum einen sind in der internationalen politischen Ökonomie die Globalisierungsprozesse zu nennen, die in den letzten Jahrzehnten zu einer wachsenden Entgrenzung der Wirtschaft geführt haben. Globalisierung sei hier definiert als zunehmender Anteil grenzüberschreitender Aktivitäten privater Akteure an der gesamten nationalen wie weltweiten Wirtschaftsleistung. Diese „De-Nationalisierung" der Ökonomie hat auf der einen Seite zu einem starken Wachstum des globalen Wohlstandes geführt und zur rapiden Expansion von Handel, Auslandsinvestitionen und globalen Finanztransfers beigetragen. Gleichzeitig ist dieser Wohlstandszuwachs aber zwischen und innerhalb vieler Länder sehr ungleich verteilt und führte Globalisierung zu neuen Problemen und globalen Krisen. Beispiele für Globalisierungskrisen sind die Finanzkrisen in Asien, Argentinien und Russland in den letzten 10 Jahren, die einen teilweisen Zusammenbruch des Handels und der Börsen und somit Wohlfahrtsverluste nicht nur für die direkt betroffenen Länder, sondern auch für die Industrieländer bedeuteten.

Beispiele für neue Instabilität sind aber auch die Handelsstreitigkeiten zwischen der EU und den USA sowie zwischen Entwicklungs- und Schwellenländern einerseits und den Industrieländern andererseits. Diese Streitigkeiten behindern nicht nur den Welthandel, sondern führten auch zum ergebnislosen Scheitern der multilateralen Verhandlungen im Rahmen der Welthandelsorganisation (WTO) in Seattle und Cancún. Diese Globalisierungskrisen erfordern scheinbar eine neue Ordnung, weil die bisherigen Ordnungsmechanismen nicht mehr, oder aber nur unbefriedigend greifen. Ein besseres Management der Weltwirtschaft scheint nötig, das Finanzkrisen entweder verhindert oder aber besser in den Griff bekommt, das Handelserleichterungen vorantreibt und eine breitenwirksame Verteilung von Globalisierungsgewinnen befördert.

Zum anderen sind nach dem Ende des Ost-West-Konflikts vor rund 15 Jahren neue sicherheitspolitische Bedrohungen aufgetreten, die möglicherweise mit den herkömmlichen Ordnungselementen und –mechanismen nicht befriedigend gelöst werden können. Erstens führte Staatszerfall wie in Jugoslawien oft zu lang-anhaltenden und grausamen Kriegen im Grenzbereich zwischen Bürgerkrieg und Krieg zwischen um Souveränität kämpfenden Staaten. Zweitens ist die Bedrohung durch sogenannte „Schurkenstaaten" wie Nordkorea, Iran und dem Irak offenbar größer geworden, die nicht nur Nachbarländer wie Kuwait und Südkorea gefährden, sondern eine globale Bedrohung darstellen können, wenn sie Massenvernichtungswaffen besitzen (Nordkorea) oder entwickeln können (Iran). Drittens haben die Anschläge vom 11. September 2001 gezeigt, dass der unter dem Dach des islamischen Fundamentalismus betriebene Terrorismus nicht nur weltweit und äußerst brutal operiert, sondern explizit dem Westen mit seinen Freiheitswerten einen „neuen Krieg" erklärt hat.

Auch hier scheinen neue Ordnungselemente nötig, um neuen Gefahren zu begegnen: Der Staatszerfall in Ex-Jugoslawien konnte erst nach vielen blutigen Jahren in friedliche Bahnen gelenkt und bis heute nur ein prekärer Waffenstillstand erreicht werden. Am Problem der Schurkenstaaten arbeiten sich die USA und die EU seit Jahren ab, ohne durchschlagenden Erfolg zu haben wie die Beispiele der iranischen und der nordkoreanischen Nuklearrüstung zeigen. Schließlich hat auch der Einsatz der gesamten US-amerikanischen Militärmacht bis heute nicht dazu geführt, die Hintermänner der Anschläge vom 11.9.2001 dingfest zu machen und auch nicht dazu, weitere terroristische Anschläge restlos zu verhindern, wie die Attentate in Madrid (2004) und London (2005) gezeigt haben.

Die Relevanz der Diskussion über neue Ordnungselemente im internationalen System erscheint zweifellos gegeben, trifft aber angesichts der Komplexität des Themas bisher auf keine überzeugenden und/oder durchsetzungsfähigen Lösungsansätze. Der folgende Essay stellt eine kurze Skizze über den Ist-Zustand, über die Antriebskräfte internationaler Ordnung und über zwei Elemente neuer Ordnungsmodelle dar.

2   Elemente der heutigen internationalen Ordnung

Die Grundstruktur der heutigen internationalen Ordnung ist seit je her von Nationalstaaten geprägt. An zentraler Stelle entscheidend ist nach wie vor die Frage nach dem Einfluss von Staaten auf andere Staaten und damit die Frage nach

Machtstrukturen, Machtverteilung und deren Veränderung. So ist offensichtlich, dass die alleinige Hegemonialrolle der USA nach dem Ende des Ost-West-Konflikts strukturbildend für das internationale System ist. Diese wird allerdings eingeschränkt durch Mittelmächte wie Deutschland und Frankreich, die sich außenpolitisch zunehmend von den USA zu emanzipieren scheinen, da sie den sicherheitspolitischen Schutz der USA gegenüber der Sowjetunion nach Auflösung der letzteren nicht mehr benötigen und nun ihre eigenen Ziele verfolgen. Prägend für die Machtverteilung zwischen Staaten ist aber auch der Aufstieg von Schwellenländern zu „regional player" oder sogar „global player". Prominente Beispiele sind Brasilien und Indien, die sich nicht nur in ihrer Außenpolitik gegenüber den USA zunehmend unabhängig artikulieren, sondern etwa durch ihre Initiative für einen ständigen Sitz im UN-Sicherheitsrat und durch die Gründung der G 20 auf der WTO-Konferenz in Cancùn auch der US-Politik entgegenlaufende Positionen offensiv vertreten. Manche Beobachter sehen bereits ein künftiges machtpolitisches Duell zwischen den USA und China heranziehen.

Ein weiteres Grundelement der heutigen internationalen Ordnung wird ebenfalls von Staaten getragen, verkörpert aber auch eine eigenständige Struktur in der internationalen Politik: Regionale Organisationen. Ohne die Aktivitäten der Europäischen Union lassen sich heute weder ein Großteil der internen politischen, ökonomischen und rechtlichen Prozesse in den Mitgliedsländern erklären, noch die internationale Politik. Schließlich verfügt die EU-Kommission über eigene Kompetenzen in der Außenwirtschaftspolitik und unternimmt die Europäische Union Anstrengungen für eine Gemeinsame Außen- und Sicherheitspolitik (GASP). In den letzten 15 Jahren sind eine Reihe neuer regionaler Integrationsmechanismen gegründet worden, die in ihrer jeweiligen Region strukturbildend sind und damit wichtige Elemente der internationalen Ordnung darstellen. Zu nennen sind hier vor allem der Gemeinsame Markt des Südens (Mercosur) in Südamerika, zu dem sich Argentinien, Brasilien, Paraguay und Uruguay zusammengeschlossen haben, sowie das Nordamerikanische Freihandelsabkommen (NAFTA) mit Kanada, Mexiko und den USA. Mercosur wie NAFTA zielen zwar auf eine stärkere Verschmelzung der Märkte und der Politik der beteiligten Länder, haben damit aber erhebliche Auswirkungen auf Drittländer, die ökonomisch wie politisch nicht beteiligt sind. Während der Mercosur nach anfänglichen Erfolgen im Binnenhandel seit einigen Jahren stagniert, scheint die NAFTA hinsichtlich des beabsichtigten innerregionalen Freihandels zu florieren. Auch in anderen Weltregionen wie in Afrika und Asien wird an der Gründung bzw. der Vertiefung regionaler Integration gearbeitet. Sicherheitspolitisch ist auch 15 Jahre nach dem Ende des Ost-West-Konflikts die NATO nicht wegzudenken, ohne die weder die Einsätze in einigen Republiken Ex-Jugoslawiens noch in Afghanistan vonstatten gehen.

Abbildung 1:   Regionale Organisationen und ihre Mitgliedstaaten[1]

	Zahl der Mitglied-staaten	*Lage*	*Einwohner-zahl*	*Gründung*
AKP-Staaten	77	Afrikanisch-pazifisch-karibischer Raum	523 Mio.	
ASEAN	10	Süd-Ost Asien	500 Mio.	1967
Europäische Union	25	Europa	450 Mio.	1952/1957
Mercosur	5	Südamerika	192 Mio.	1991
NAFTA	3	Nord- und Mit-telamerika	360 Mio.	1994

Ein weiteres zentrales Element internationaler Ordnung, das von Staaten getragen wird, sind internationale Organisationen. Multilaterale Organisationen spielen eine entscheidende Rolle bei der Lösung bzw. dem Management sicherheitspolitischer Probleme. Hier sind vor allem die Vereinten Nationen zu nennen, die
etwa bei der Staatswerdung („Nation Building") Ost-Timors die entscheidende
Rolle gespielt haben und durch viele Peace-Keeping Einsätze auch in jüngster
Vergangenheit (etwa Haiti) ihre friedensstiftende bzw. –erhaltende Rolle trotz
aller Kritik (etwa Ruanda) unter Beweis stellen konnten.

Darüber hinaus nehmen internationale Wirtschaftsorganisationen eine zentrale Position beim Management der Weltwirtschaft ein. Hier übernimmt der
Internationale Währungsfonds (IWF) die Rolle eines Sicherheitsnetzes für Staaten, die in Finanzkrisen geraten (etwa Argentinien, Thailand, Russland) und
konnte trotz aller Kritik an seinem Vorgehen oft einen Beitrag zur Entschärfung
der Krisen leisten. Die Kritik am IWF zielt auf seine unbefriedigende Fähigkeit,
Krisen zu verhindern bzw. so zu managen, dass gravierende Auswirkungen wie
eine Verarmung der betroffenen Bevölkerung bzw. Zusammenbrüche an Börsen
und im Außenhandel vermieden werden können. In der internationalen Entwicklungspolitik hat die Weltbank eine besondere Bedeutung durch die umfangreiche
Finanzierung von Projekten und durch die maßgebliche Mitwirkung an oft weltweit vorangetriebenen Strategien zur Überwindung von Unterentwicklung. Die
Welthandelsorganisation (WTO) wiederum ist das entscheidende Element für die

---

[1]   Zu finden unter: www.asean-sec.org, www.mercosur-info.com; europa.eu.int/index_de.htm,
www.naft-sec-alena.org, www.bmz.de/de/wege/ez_eu/eu-wege/akpstaaten/ und www.klett-
verlag.de/sixcms_upload/media/100/ewr.jpg (13.12.05).

politische Strukturierung weltweiter Handelsströme, d.h. für die Art und Geschwindigkeit ihrer Liberalisierung. Ohne die WTO wäre ein großer Teil dessen, was heute Globalisierung ausmacht, nicht in dem selben Maße entstanden, nämlich ein stärkeres Wachstum des Welthandels als das des Weltsozialproduktes. Hier lässt sich am besten der zunehmende Anteil grenzüberschreitender wirtschaftlicher Aktivitäten an der gesamten Wirtschaftsleistung eines Landes bzw. der Weltwirtschaft messen. Die WTO verfügt über einen Streitschlichtungsmechanismus, bei dem jedes Land unabhängig von seiner Macht auf der Grundlage der Maxime „gleiches Recht für alle" die Beachtung der WTO-Verträge durchsetzen kann. Hier zeigt sich der Einfluss der Verregelung internationaler Politik als Ordnungselement. Das Scheitern der WTO-Konferenzen in Cancùn und Seattle zeigt aber auch, dass die WTO nicht nur zu Kompromissen beitragen, sondern auch Schauplatz von machtpolitischen und materiellen Interessenkonflikten (etwa zwischen protektionistischen Lobbygruppen) sein kann.

Zu den Grundelementen der heutigen internationalen Ordnung gehören aber nicht nur Staaten und von Staaten getragene Organisationen, sondern zunehmend auch nicht-staatliche Akteure. Dies sind zum einen im wachsenden Ausmaß privatwirtschaftliche Akteure im Rahmen der Globalisierung, die die De-Territorialisierung der Ökonomie verkörpern. Exporteure und Importeure von Waren und Dienstleistungen sowie Transnationale Unternehmen (TNU) und Banken haben in den letzten Dekaden ihre Aktivitäten geographisch und in Bezug auf ihren Umfang immer weiter ausgedehnt und damit eine Struktur geschaffen, die sozusagen parallel zu derjenigen der Nationalstaaten verläuft. Diese transnationalen Aktivitäten privatwirtschaftlicher Akteure können sich dem Zugriff von Staaten (etwa der Besteuerung) zunehmend entziehen und haben daher viele Beobachter zu der These veranlasst, der Nationalstaat sei in Folge der Globalisierung geschwächt. Dieser These widersprechen andere Forscher, die etwa auf den großen Staatsanteil und den umfangreichen Sozialstaat skandinavischer Länder verweisen, die mit zu den offensten Volkswirtschaften der Industrieländer gehören. In jedem Fall verkörpert die zunehmende Globalisierung der Ökonomie durch Weltkonzerne wie Daimler-Chrysler oder auch durch die Finanzströme an den Börsen ein Ordnungselement, das sich der nationalstaatlichen Logik teilweise entzieht.

Ein weiteres wichtiges Ordnungselement jenseits des Nationalstaats sind die Nicht-Regierungsorganisationen (NGOs), wie etwa Amnesty International, Greenpeace oder Attac. Diese nicht-kommerziellen Organisationen haben an Anzahl und öffentlichem Einfluss in den letzten zehn Jahren gewinnen können. Über die öffentliche Meinung vor allem in den demokratischen Staaten wie den Industrieländern können sie das Handeln von Regierungen beeinflussen und ihre Ziele verfolgen. Aber auch direkt bei internationalen Verhandlungen scheint ein

Einfluss gegeben zu sein, wie die Anwesenheit und der Beitrag Tausender von
NGOs bei der WTO-Konferenz in Cancùn zeigen. Bei den nicht-staatlichen
Ordnungselementen ist auch die weltweite Migration zu erwähnen, die erhebliche Auswirkungen auf die (Außen-)Politik und Wirtschaft betroffener Länder
hat. Schließlich sollte die durch neue technische Mittel (etwa Internet) vorange-
triebene Globalisierung von Informationen und kultureller Werte als ein diffuses,
aber nicht zu unterschätzendes Element der internationalen Ordnung genannt
werden.

3   Antriebskräfte internationaler Ordnung

Was treibt nun internationale Ordnungsmuster und -strategien an? Welche „driving forces" können die oben geschilderten Akteure der internationalen Politik
dazu bewegen, bestimmte Strategien zu verfolgen, andere aber nicht? Die Theorien der politikwissenschaftlichen Disziplin der Internationalen Beziehungen
liefern hierfür vier Antworten, die wiederum einzelnen Theorieansätzen entsprechen und die im Folgenden kurz anhand empirischer Beispiele skizziert werden
sollen.

Erstens ist der *Neorealismus* zu nennen, der das Streben nach nationaler
Macht in den Mittelpunkt staatlichen Handelns in der internationalen Politik
stellt. Da das internationale System anarchisch, also ohne „Weltregierung" und
ohne eine für alle verbindliche, ordnende Kraft verfasst sei, würden Staaten aus
Selbsterhaltungstrieb nach Machtzuwachs gegenüber anderen Staaten streben.
Dem neorealistischen Ansatz zufolge ist das internationale System als Null-
Summen-Spiel organisiert, so dass der Machtzuwachs des einen Staates immer
einhergeht mit dem Machtverlust anderer. Zentral für den Charakter internationaler Politik und die Aktivitäten der Staaten ist daher die Machtverteilung und
Hierarchie im internationalen System. Übertragen auf die heutige Situation kann
das internationale System daher interpretiert werden als unipolares System in der
Sicherheitspolitik, das von der alleinigen Supermacht, den USA, beherrscht wird,
gegen die sich aber Mittelmächte in einer Allianz zur „Balance of Power" zu-
sammenschließen können, um die Vorherrschaft des Hegemons auszugleichen.
Gutes Beispiel hierfür ist die zeitweise Allianz zwischen Frankreich, Deutschland und Russland gegenüber den USA während des Irak-Krieges 2002: Politisch sehr unterschiedliche Akteure schlossen sich gegen einen – für zumindest
einen dieser Staaten (Deutschland) – Verbündeten zusammen, um dessen alleinigen Herrschaftsanspruch in diesem Moment auszubalancieren. Der „Krieg gegen
den Terror" der USA ist aber auch in anderer Hinsicht interessant für das Konzept der „Macht": Sehr deutlich wurde in Afghanistan und im Irak, dass Macht

im Sinne von „Power over Resources" nicht unbedingt zum Erfolg führt, da es den USA trotz überwältigender Überlegenheit ihres Militärapparats nicht gelungen ist, ihr Ziel, nämlich die Vernichtung der Terroristen des 11. September, zu erreichen. „Power over Resources" ist also bei weitem nicht identisch mit „Power over Outcomes".

Der Harvard-Politologe und ehemalige stellvertretende Verteidigungsminister Joseph Nye postuliert seit langem die Relevanz von „Soft Power" für das Erreichen politischer Ziele im internationalen System: Viel wichtiger als der Militärapparat sei es, über die Beeinflussung der Ziele und Interessen anderer Akteure (Staaten, Firmen und NGOs), die eigenen Interessen umzusetzen. Hierzu seien aber weniger Instrumente von Macht als Zwang, sondern vielmehr „Soft Power" relevant, die über Vorbild, Überredung und vor allem über die maßgebliche Strukturierung des Entscheidungsumfeldes anderer ausgeübt werden könne. Für letzteres sei besonders wichtig, die Struktur der Weltwirtschaft, die globale Entwicklung und Vermittlung von Wissen sowie kulturelle Werte zu beeinflussen. Die strategische Ausrichtung transnationaler Unternehmen und internationaler Wirtschaftsorganisationen, die Vorherrschaft bei Forschung und Entwicklung sowie universitärer Wissensvermittlung und die Vorbildfunktion von Werten wie Freiheit, Demokratie und Marktwirtschaft, aber auch von TV, Kino und Lebenskultur seien hier relevant. Überträgt man diese Thesen auf den „War on Terror", so muss festgestellt werden, dass die USA hier eher kontraproduktiv gehandelt haben und ihre politische, ökonomische und kulturelle Vorbildfunktion zumindest im arabischen Raum durch die Militäreinsätze möglicherweise sogar geschwächt haben.

Im ökonomischen Bereich scheint ohnehin klar zu sein, dass das internationale System eher multipolar strukturiert ist und die USA zunehmend mit gleichrangigen (EU) und aufstrebenden Mächten (China, Brasilien, Indien) konfrontiert sind. Die Zeiten, in denen die USA der Weltwirtschaft ihren Stempel aufdrücken konnten, scheinen lange vorbei zu sein. Allerdings sind die USA auch hier immer noch der wichtigste Einzelakteur – wenn auch mit geringem oder zunehmend gar keinem Vorsprung gegenüber anderen Akteuren.

Als zweite Antriebskraft internationaler Politik sind Ideen, Werte und Normen zu nennen, die im *Konstruktivismus* als Theorie internationaler Beziehungen konzipiert werden. Hier wird davon ausgegangen, dass nicht die Machtverteilung im internationalen System für staatliches Handeln ausschlaggebend ist, sondern vielmehr gesellschaftliche Normen im Inneren der Staaten. Während der Neorealismus also staatliches Handeln als Ergebnis externer Bedingungen sieht, konzentriert sich der Konstruktivismus auf die internen, gesellschaftlichen Handlungsbedingungen für Regierungen. Normen sind definiert als durch langfristige Sozialisationsprozesse entstandene kollektive Erwartungen über angemessenes

Verhalten – in diesem Fall Verhalten der Regierungen in der Außenpolitik. Übertragen auf die letzten Jahre lässt sich beispielsweise das Handeln der Bundesregierung gegenüber dem unilateralen Vorgehen der USA im Irak-Krieg als Reflex der gesellschaftlichen Normen des „Multilateralismus" und des „Antimilitarismus" erklären, während im Falle des Bundeswehreinsatzes in Afghanistan der „Antimilitarismus" von der Norm des „Multilateralismus" überlagert wurde. Diese Normen können auf die negativen kollektiven Erfahrungen des Zweiten Weltkriegs und auf die positiven kollektiven Erfahrungen mit einer in multilaterale Initiativen (EU, NATO, UNO) eingebetteten Außenpolitik der letzten 50 Jahre zurückgeführt werden.

Die Frage nach Normen im weitesten Sinne umfasst natürlich auch alle Ideen über gesellschaftliches Zusammenleben und damit die Debatte über den „Clash of Civilizations" von Huntington ebenso wie die Debatte über Reformen des Sozialstaates. Erstere tobt über die Fragen nach der Bedeutung individueller Freiräume, von Demokratie und Religion – Werte, die im Westen ganz anders gesehen werden, als etwa in vielen arabischen Ländern. Letztere Debatte dreht sich um kleinere Unterschiede auch zwischen westlichen Industrieländern, in denen gesellschaftliche Solidarität beispielsweise gegenüber Arbeitslosen im Inneren oder gegenüber Entwicklungsländern im Internationalen stärker bewertet wird (etwa in Deutschland) als in anderen Industrieländern, die individuelle Selbstverantwortung und freien Wettbewerb stärker akzentuieren (etwa in Großbritannien und den USA).

Als dritte Antriebskraft internationaler Ordnung sind internationale Institutionen zu nennen, denen der *Institutionalismus* eine eigenständige Rolle bei der Gestaltung von Ordnung, aber auch im Umgang mit denjenigen Staaten zuschreibt, die sie einst geschaffen haben. Aus dieser Perspektive sind Organisationen wie die EU, die NATO und die UNO – bei allen Unterschieden – nicht (nur) die „Werkzeuge" der Mitgliedstaaten, sondern beeinflussen durch die Regeln, die sie verkörpern bzw. durch die Kompetenzen, die ihnen zugewiesen wurden (EU), maßgeblich die Interpretation internationaler Politik von Staaten und auch deren Verhalten. Durch Agenda-Setting, regelgebundenes Verhalten, Direktiven (EU) und Streitschlichtungsverfahren (EuGH, WTO) gestalten diese Institutionen das internationale System als eigenständige Akteure maßgeblich mit.

Die vierte Antriebskraft internationaler Ordnung sind schließlich materielle Interessen, wie sie vom *Liberalismus* als Theorie internationaler Beziehungen konzipiert werden. Der Liberalismus sieht die Außenpolitik von Staaten und damit die internationale Ordnung als wesentlich beeinflusst von internen Lobbygruppen, Parteikoalitionen und Interessenverbänden, die ihre jeweiligen (materiellen) Interessen gegenüber der Regierung durchzusetzen versuchen. Diesem

Gedanken liegt natürlich eine demokratische Staatsidee zu Grunde, da in totalitären politischen Systemen der Einfluss von endogenen Gruppen vermutlich nicht dieselbe Wirkung auf Regierungen haben dürfte wie in Demokratien. Daher untersucht der Liberalismus auch überwiegend die internationalen Beziehungen der demokratischen Industrieländer. Nach der Demokratisierungswelle in vielen Schwellen- und Entwicklungsländern in den letzten 15 Jahren - vor allem in Lateinamerika - scheint diese Antriebskraft für die internationale Politik von Staaten aber auch dort an Relevanz gewonnen zu haben. Der Liberalismus ist aber nicht nur wichtig, um internationale Politik als Ergebnis von konkreten (Gruppen-) Interessen zu erklären, sondern auch, um sich vom oftmals anzutreffenden rhetorischen Mythos des „nationalen Interesses" analytisch zu verabschieden. In pluralistischen und demokratischen Gesellschaften kann (Außen-)Politik kaum von „dem" nationalen Interessen geprägt werden, da Politik das Ergebnis eines Prozesses ist, bei dem gesellschaftliche Interessenartikulation eine wesentliche Rolle spielt.

Beispiele für die Relevanz dieser Argumentation sind etwa die Verhandlungen über Handelsliberalisierungen in der WTO oder auch die nationalen Antworten auf den Wettbewerbsdruck der Globalisierung. Regierungen folgen hier nicht einheitlichen „nationalen" Interessen, sondern versuchen meist, die Interessen der für ihre Wiederwahl wichtigen Gruppen zu vertreten. Internationale Handelsstreitigkeiten sind daher in Wirklichkeit keine Konflikte zwischen Ländern, sondern Konflikte zwischen liberalisierungsfeindlichen Gruppen (etwa den deutschen/europäischen Bauernverbänden) und liberalisierungsfreundlichen Gruppen (etwa der Exportindustrie). Einer weiteren Handelsliberalisierung stand oftmals das Interesse der wenig wettbewerbsfähigen Landwirtschaft in den Industrieländern an weiterer Protektion und das Interesse der oft wettbewerbsfähigen Landwirtschaft der Schwellen- und Entwicklungsländer an Liberalisierung entgegen. Genau umgekehrt verhielt es sich in den letzten Jahren bei der Industrie, wo die Lobbys in den Industrieländern auf Grund ihrer Wettbewerbsfähigkeit auf Marktöffnung in den Schwellenländern drängten, während die Industrie in den Schwellenländern aus Angst vor besseren und billigeren Importen aus den Industrieländern auf Marktzugangbeschränkungen beharrte.

Wichtig ist, dass durch die Frage nach den Interessengruppen immer auch danach gefragt wird, wer von welchen internationalen Ordnungsmustern tatsächlich profitiert. Schließlich sind es nicht „die Industrieländer" oder „die Entwicklungsländer", die etwa von Handelsliberalisierung profitieren, sondern immer bestimmte Gruppen in diesen Ländern. Auch die Entwicklungspolitik muss sich diese Frage in Anbetracht oft autoritärer und oligarchischer Strukturen in Entwicklungsländern stellen. Mehr Entwicklungshilfe oder ein Schuldenerlass für Entwicklungsländer können unter bestimmten Bedingungen die Lebensverhältnisse der Bevölkerung möglicherweise verbessern. Diese finanziellen Hilfen können aber auf Grund sehr ungleicher Macht- und Verteilungsstrukturen in diesen Ländern auch in der Hand einer kleinen Elite hängen bleiben. Bei Themen der internationalen Ordnung, die keine ökonomischen Interessengruppen besonders bzw. unmittelbar (unter-)privilegieren (etwa bei Fragen zu Krieg und Frieden), ist der materiell ausgerichtete Liberalismus dagegen wenig erklärungsfähig und muss - wie es Andrew Moravcsik getan hat - um eine ideelle Werteebene zum „ideational liberalism" ergänzt werden. Hier wären wir aber bereits sehr nah am Konstruktivismus, der sich ja explizit mit gesellschaftlichen Normen und Werten als Erklärung internationaler Beziehungen beschäftigt.

4   Perspektiven für künftige Ordnungsmodelle

Ausgangspunkt für künftige Ordnungsmodelle sind in erster Linie natürlich die bestehenden Ordnungsmuster wie sie in Punkt 2. geschildert wurden und die Antriebskräfte für internationale Politik, die in Punkt 3. ausgeführt wurden. Auf der Grundlage dieser Akteure, Strukturen und „driving forces" lassen sich einige Gedanken zur Frage formulieren, welche Charakteristiken künftiger Ordnungen den aktuellen Problemlagen angemessen wären. Zwei Wandlungstendenzen prägen die heutigen Problemlagen: Erstens die Entgrenzung der Wirtschaft in Form der Globalisierung und zweitens die Entgrenzung von nationalen Ordnungsmustern bzw. Gesellschaften in Form neuer Kriege und Bedrohungen sowie Migration. Auf beide Wandlungstendenzen sollten künftige Ordnungsmodelle mit einer *Entgrenzung politischer Ordnung* antworten. Entgrenzt sollte internationale Ordnung sowohl inhaltlich wie auch geographisch erstens durch bessere *Global Governance* und zweitens durch bessere *Good Governance* werden.

4.1 Global Governance

Unter besserer Global Governance kann beispielsweise eine Stärkung und Ausweitung der Kompetenzen multilateraler Organisationen verstanden werden. Wenn beispielsweise die Nationalstaaten in Folge der De-Nationalisierung der Ökonomie weltwirtschaftliche Prozesse weniger in den Griff bekommen als bisher bzw. Globalisierungskrisen an Häufigkeit und Intensität zunehmen, dann ist eine Entgrenzung auch der politischen „Ordnung" nötig. Ein besseres Management von Finanzkrisen könnte beispielsweise durch eine Stärkung der Kompetenzen des Internationalen Währungsfonds erfolgen. Ihm könnten Steuerungsfunktionen zu Finanzströmen und Währungen übertragen werden, die bisher bei nationalen Zentralbanken und Börsenaufsichtsbehörden lagen. Besonders bei ökonomisch instabilen Entwicklungs- und Schwellenländern läge es nahe, eine Aufsicht über die dortigen Börsen, aber auch über die dort tätigen Spekulanten aus den Industrieländern (etwa Hedgefonds) international zu institutionalisieren. Gerade international tätige Anleger erfordern eine internationale Aufsicht, da sie sich in Sekundenschnelle der Aufsicht nationaler Börsen bzw. Zentralbanken entziehen können. Das Herdenverhalten und die kurzfristige Spekulation global tätiger Finanziers gehörten mit zu den entscheidenden Auslösern vieler Finanzkrisen.

Beim Welthandel ist beispielsweise eine Stärkung der Welthandelsorganisation durch die Einführung von Mehrheitsbeschlüssen nötig, damit nicht jeder einzelne der nationalen Mitgliedstaaten jeden Beschluss blockieren kann. Selbstverständlich wäre im sicherheitspolitischen Bereich eine Stärkung der UNO sinnvoll, so dass nicht jedes Ständige Mitglied des Sicherheitsrates ein Vetorecht ausüben kann und die UNO gerade bei akuten Bürgerkriegen und Genoziden wie in Ruanda und im Sudan auch ohne vorherige Zustimmung des Sicherheitsrates und der nationalen Regierung nach vorher festgelegten Regeln eigene Truppen entsenden kann.

4.2 Good Governance

Hier geht es darum, ganz bewusst internationale Standards für gutes Regieren zu entwickeln und in Internationalen Organisationen zu institutionalisieren. Verstößt ein Land etwa gegen eine als soziale Marktwirtschaft, Achtung der Menschenrechte und Demokratie definierte gute Politik, dann hat die Staatengemeinschaft das Recht und die Pflicht zu intervenieren bzw. zu sanktionieren. Unter Good Governance ist daher die Entgrenzung der Politik in Form einer stärkeren Einmischung der internationalen Gemeinschaft in die inneren Angelegenheiten von Staaten gemeint. Das Prinzip nationaler Souveränität wie bisher als „Nicht-Einmischung" zu definieren, scheint überholt in Anbetracht interner Konflikte (Bürgerkriege, Genozide, ethnische Säuberungen etc.), von Auflösungserscheinungen und Staatsgründungsaktivitäten bei manchen Staaten und scheint disfunktional in Hinblick auf regionale und globale Auswirkungen von „internen" Entwicklungen, die Finanzkrisen oder Migrationsströme auslösen. Wenn die Folgen „interner Angelegenheiten" gegen Grundprinzipien von Good Governance verstoßen und/oder zunehmend extern wirken, sollte sich die Staatengemeinschaft dringend stärker einmischen und auf zuvor vereinbarte Regeln für „Good

Governance" drängen. Hiermit sind beispielsweise Kriterien für den friedlichen und demokratischen Umgang mit Minderheiten, für eine konsistente und transparente Wirtschaftspolitik oder auch für die interne Konfliktbeilegung gemeint. Wenn ein Land wie der Sudan über Monate hinweg eine von der Regierung tolerierte Verfolgung eines Bevölkerungsteils zu verantworten hat, sollte binnen kurzer Zeit die Staatengemeinschaft durch die UNO oder auch nur die NATO bereit sein – und die Regierung in Khartum sollte dies wissen – zu intervenieren.

Ebenso muss es für den Bereich der Ökonomie beispielsweise der Regierung in Bangkok auf Grund zuvor entwickelter Regeln für Global & Good Governance klar sein, dass sie bei einer durch Vetternwirtschaft und Spekulation gekennzeichneten Wirtschaftspolitik vom IWF bereits im Vorfeld einer Krise sanktioniert würde und nicht im selben Ausmaß Hilfe beanspruchen kann, wie sie sie bei kompetenter Wirtschaftspolitik erhalten hätte. Die transnationalen Finanzspekulanten wiederum müssten wissen, dass sie bei einem Regelverstoß (etwa: Mindestanlagefristen) rechtliche Schritte zumindest in Industrieländern zu erwarten bzw. sich an den Kosten der Krisenbewältigung zu beteiligen hätten. Good Governance kann aber auch heißen, dass sich die Geberländer von Entwicklungshilfe stärker in die inneren Angelegenheiten der Empfängerländer einmischen, um eine wirkungsvollere Verwendung ihrer Gelder bei der Überwindung von Unterentwicklung zu gewährleisten.

Da Staaten allein in Anbetracht neuer Bedrohungen und der Globalisierung weniger einflussreich zu sein scheinen als zuvor, ist für Global Governance und Good Governance die Einbeziehung der Privatwirtschaft und von Nicht-Regierungsorganisationen wichtig. Dabei kann auf deren Expertise zurückgegriffen werden und sollte deren Verhalten Regeln unterworfen werden. Allerdings kann ihre Einbeziehung die Legitimität von Politik nicht wirklich verbessern, da sie zum einen nur Einzelinteressen (Gruppen oder Themen) vertreten und zum anderen intern nicht demokratisch verfasst, d.h. legitimiert sind. Es bleibt Sache gewählter und kontrollierter Regierungen, Entscheidungen zu fällen, die auf einen Ausgleich von Interessen zielen und demokratisch legitimiert sind. Bei der Gestaltung möglicher neuer Ordnungselemente wie etwa der „Entgrenzung von Politik" durch mehr Kompetenzen für Global Governance und mehr Einmischung durch Good Governance werden sicherlich die internationalen Machtverhältnisse, die gesellschaftlichen Werte der einflussreichen Länder und die Interessen wichtiger Gruppen ebenso zur Geltung kommen wie die bereits bestehenden internationalen Institutionen. Da all diese Faktoren aber wesentlich von demokratischen, mehr oder weniger sozial und marktwirtschaftlich verfassten Ländern geformt werden, erscheint diese Möglichkeit besserer internationaler Ordnung eher vielversprechend als bedrohlich.

5 Literaturempfehlungen

Baumann, Rainer/Rittberger, Volker/Wagner, Wolfgang: Macht und Machtpolitik. Neorealistische Außenpolitiktheorie und Prognosen über die deutsche Außenpolitik nach der Vereinigung, in: Zeitschrift für Internationale Beziehungen 6/2 1999; S.245 ff.

Böckenförde, Stephan (Hrsg.): Chancen der deutschen Außenpolitik. Analysen – Perspektiven – Empfehlungen; Dresden 2005.

Boeckle, Henning/Rittberger, Volker/Wagner, Wolfgang: Constructivist Foreign Policy Theory, in: Rittberger, Volker (Ed.): German Foreign Policy Since Unification. Theories and Case Studies; Manchester 2001, S.105 ff.

Decker, Claudia: Wo war der Wille in Cancún? Der Fehlschlag der WTO-Ministerkonferenz, in: Internationale Politik 58/10; 2003, S.57 ff.

Gamble, Andrew: Regulating global finance. Rival conceptions of world order, in: Desai, Meghnad/Said, Yahia (Ed.): Global governance and Financial Crises; London 2004, S.70 ff.

Keohane, Robert O.: Power and Governance in a Partially Globalized World; London 2002.

Kreile, Michael: Deutschland und die Reform der internationalen Finanzarchitektur, in: Aus Politik und Zeitgeschichte B 37-38; 2000, S.12 ff.

Messner, Dirk: Nicht-Regierungsorganisationen in der (Welt-)Politik. Versuch einer realistischen Standortbeschreibung, in: Kuschel, K. J. et. al. (Hrsg.): Ein Ethos für die Welt; Frankfurt/New York 1999.

Messner, Dirk/Nuscheler, Franz: Das Konzept Global Governance. Stand und Perspektiven, INEF Report 67/03; Duisburg 2003.

Moravcsik, Andrew: Taking Preferences Seriously: A Liberal Theory of International Politics, in: International Organization 51/4; 1997, S.513 ff.

Münkler, Herfried: Terrorismus heute. Die Asymmetrisierung des Krieges, in: Internationale Politik 59/2; 2004, S.1 ff.

Nunnenkamp, Peter: Umbaupläne und Reparaturarbeiten an der internationalen Finanzarchitektur: Eine Zwischenbilanz aus deutscher Perspektive, Kiel Working Papers Nr. 1078, Institut für Weltwirtschaft; Kiel 2001.

Nye, Joseph S.: The Paradox of American Power. Why the World's Only Superpower Can't Go it Alone; Oxford/New York 2002.

Risse, Thomas: „Let's argue!": Communicative Action in World Politics, in: International Organization 54/1; 2000, S.1 ff.

Risse, Thomas: Der Nationalstaat – ein Auslaufmodell?, in: Internationale Politik 60/9; 2005, S.6 ff.

Rodrik, Dani: Governance of Economic Globalization, in: Nye, Joseph S./Donahue, John D. (Ed.): Governance in a Globalizing World; Washington D.C. 2000, S.347 ff.

Schieder, Siegfried: Neuer Liberalismus, in: Schieder, Siegfried/Spindler, Manuela (Hrsg.): Theorien der Internationalen Beziehungen; Opladen 2003, S.169 ff.

Schirm, Stefan A.: Globale Märkte, nationale Politik und regionale Kooperation in Europa und den Amerikas, 2. Aufl.; Baden-Baden 2001.

Schirm, Stefan A.: Politische Optionen für die Nutzung von Globalisierung, in: Aus Politik und Zeitgeschichte, B 5, 2003, S.7 ff.

Schirm, Stefan A.: The Divergence of Global Economic Governance Strategies, in: Schirm, Stefan A. (Ed.): New Rules for Global Markets. Public and Private Governance in the World Economy; New York/Houndmills 2004, S.3 ff.

Schirm, Stefan A.: Internationale Politische Ökonomie. Eine Einführung; Baden-Baden 2004.

Schirm, Stefan A.: Der Einfluss von Interessen und Normen auf nationale Positionen zur Global Economic Governance, in: Zeitschrift für Politikwissenschaft 15/3; 2005, S.825 ff.

Wolf, Klaus Dieter: Die Neue Staatsräson – Zwischenstaatliche Kooperation als Demokratieproblem in der Weltgesellschaft; Baden-Baden 2000.

Gibt es eine neue „Unübersichtlichkeit" in der internationalen Ordnung?

Michael Piazolo

1 Internationale Politik für das 21. Jahrhundert - zur Einführung

Wer heute über internationale Sicherheitspolitik handelt, wird an den Terroranschlägen des 11. September 2001 als Kernthema nicht vorbeikommen. Hat der Angriff auf die „Symbole des Westens", das World Trade Center in New York und das Pentagon in Washington, zu einem Epochenbruch in der internationalen Politik geführt? Mit dem Abstand von mehr als vier Jahren lässt sich konstatieren, dass die Welt, und mit ihr die Sicherheitspolitik, nicht völlig aus den Fugen geraten ist. Sicher: Vieles hat sich verändert, vieles allerdings von dem, was die sicherheitspolitischen Strukturen der kurzen Ära nach der Zäsur von 1989/90 bestimmte, hat Bestand.

Will man die Handlungen der Akteure auf der internationalen Bühne richtig deuten, so gilt es, eine Bestandsaufnahme der Herausforderungen an die internationale Sicherheitspolitik zu machen, zu klären, was sich seit dem 11.9. verändert hat und was nicht. Dieser Frage wird der erste Teil der Ausführungen gewidmet sein, in dem aufgedeckt werden soll, welche Kontinuitäten bzw. Brüche die Ereignisse des „9.11." in der internationalen Ordnung mit sich brachten. In einem zweiten Schritt - an die Bedrohungsanalyse und ihre Erscheinungsformen anschließend - wird dargestellt werden, welche politischen Reflexe zu verspüren sind, um dann in einer Schlussbewertung noch einmal auf die Ausgangsfrage zurückzukommen, inwieweit der 11. September zu einer sicherheitspolitischen Schlüsselerfahrung und gegebenenfalls zu einer Neukonzeptualisierung für das beginnende 21. Jahrhundert geworden ist.

2 Herausforderungen für die internationale Sicherheitspolitik

Welches sind also die wesentlichen Herausforderungen, denen sich die Internationale Politik gegenübergestellt sieht? In einer thesenartigen Aufzählung sollen jeweils sieben Kontinuitäten und Brüche skizziert werden.[1] Zuerst: Was hat Bestand?

2.1 Kontinuitäten - Was ist geblieben?

Erstens: Der 11. September hat keine grundlegende Verschiebung der tektonischen Platten des internationalen Systems mit sich gebracht. Die Grundkonstanten der internationalen Politik haben sich wenig verändert.[2] Die USA bleiben Hypermacht, sind der einzige weltpolitische Akteur im klassischen Sinn mit einer überlegenen, modernen Wirtschaft, politischer Handlungsfähigkeit, eindrucksvoller militärischer Stärke, Selbstbewusstsein und einem gewissen Sendungsbewusstsein,[3] eine Rolle, die sie in den letzten Jahren - mal mehr unilateralistisch,[4] mal mehr multilateralistisch[5] - aktiv ausgefüllt haben.[6]

Zweitens: Die Nationalstaaten bleiben immer noch die Hauptakteure der internationalen Politik, wie auch in den wesentlichen Theorien der internationalen Beziehungen deutlich wird. In der sog. „neo-realistischen" Theorie gelten sie sogar als die ausschließlichen Akteure.[7] Auch wenn die neueren Kräfte des globalen Wandels die Möglichkeiten der traditionellen Nationalstaaten übersteigen, so besitzen keine anderen Strukturen die potentielle Effektivität des Staates.[8] Die Reaktionen auf den 11. September haben nach Einschätzung mancher aufmerksamer Beobachter sogar zu einer Stärkung nationalstaatlichen Handelns geführt.[9]

Auch ist drittens das spätestens seit der weltpolitischen Zeitenwende von 1989/90 eingeläutete „Zeitalter der Globalisierung"[10], dessen Bedeutung und

---

[1]   Vgl. dazu auch teilweise Jervis (2002), S.37 ff. Siehe insoweit auch die Europäische Sicherheitsstrategie, ESS (2003), S.3 ff.
[2]   So auch Ferdowsi (2002), S.15.
[3]   Diese Einschätzung teilen auch LaFeber (2002), S.2 und in Bezug auf die Voraussetzungen einer Großmacht Schwarz (2000), S.32.
[4]   Genannt seien aus der Spätära Clintons und der Anfangszeit George W. Bushs nur die Nichtunterzeichnung des Kyoto-Protokolls, die Planungen zu einer Nationalen Raketen-verteidigung, das Zurückweisen des Verbots von Landminen oder die Rücknahme der Unterschrift unter die Konvention über die Errichtung eines Internationalen Strafgerichtshofes. Auch brachten die USA zwischen 1986 und 1993 63% der Vetos im UN-Sicherheitsrat ein. So Pfetsch (2000), S.191.
[5]   Siehe insoweit die aktive Rolle im Kosovo-Krieg, die Bildung einer Allianz im Golf-Krieg nach dem Einmarsch des Iraks in Kuwait oder die Verhandlungen zur NATO-Erweiterung.
[6]   Vgl. dazu den folgenden Aufsatz von Stefan Fröhlich.
[7]   Siehe dazu vertiefend in diesem Band den Beitrag von Stefan Schirm.
[8]   Vgl. dazu Kennedy (1993), S.426 f. Siehe auch Morgenthau (1954).
[9]   So die Einschätzung von LaFeber (2002), S.2.
[10]   So Nuscheler (2000), S.471. Vgl. insoweit auch die negativen Zuschreibungen von Martin/Schumann (1996) oder Zugehör (1998). Siehe auch Reinicke (1998).

Reichweite immer noch und jetzt wieder sehr umstritten sind, nicht durch die Ereignisse des 11. September beendet worden. Es gibt weiterhin unzählige grenzüberschreitende Interaktionen, die viele Staaten und Gesellschaften in ein Geflecht von gegenseitigen Abhängigkeiten verstricken. Seit den Angriffen auf ein Symbol der wirtschaftlichen und finanzpolitischen Globalität - dem World Trade Center - ist aber die vielerorts vorherrschende Euphorie über die Chancen weltweiter Vernetzungen einer Ernüchterung, ja Sorge gewichen. Dass die Globalisierung gleichzeitig die Erosion der internen Souveränität, d.h. die Verengung der Handlungsspielräume von Regierungen bedeutet, und wir in einer „globalen Risikogesellschaft"[1] leben, ist einer entsetzten Weltöffentlichkeit via live übertragener Fernsehbilder schmerzlich vor Augen geführt worden. Der Tatbestand der Globalisierung als solcher wirkt aber gerade auch, ja sogar vermehrt, als sicherheitspolitische Herausforderung fort.[2]

Darüber hinaus bleibt viertens das durch weltwirtschaftliche Peripherisierung einerseits und dem Modernisierungszwang andererseits ausgelöste und sich verschärfende „Überlebensdilemma" der Länder des Südens bestehen. Infolge von Armut, Staatszerfall, Bürgerkriegen und sozialen Konflikten wird es zunehmend zu einem „Sicherheitsdilemma" für den sog. reichen Norden.[3]

Aus diesem Spannungsverhältnis resultiert zum Teil auch fünftens das schon vor dem 11. September bekannte und gefürchtete Phänomen des Terrorismus.[4] Unter Terrorismus versteht man planmäßig vorbereitete, schockierende Gewaltanschläge gegen eine politische Ordnung aus dem Untergrund. Mit der Spielform des internationalen Terrorismus, die in ihrer Tragweite bisher eher überschätzt wurde,[5] können verschiedene Sachverhalte gemeint sein, besonders ins Zentrum der Betrachtung gerückt sind terroristisch operierende, netzwerkartige Verbände mit einer supranationalen Organisation oder Koordinationszentrale. Seit 2001 in aller Munde gilt das Netzwerk Al Quaida als Inbegriff des internationalen Terrorismus. Dem Terrorismus geht es - und das macht seine Bekämpfung so schwierig - nicht um den eigentlichen Zerstörungseffekt seiner Aktionen. Diese sind nur ein Mittel, eine Art Signal, um einer Vielzahl von Menschen etwas mitzuteilen. Terrorismus ist primär eine Kommunikationsstrategie.[6] Es soll allgemeine Unsicherheit und Schrecken, daneben aber auch Sympathie und Unterstützungsbereitschaft erzeugt werden.

---

[1] So eine Formulierung von Beck (1986).
[2] Vgl. zum Komplex Globalisierung und möglicher Reaktionen u.a. Beck (1986); ders. (1998) und Nuscheler (2000), S.471 ff.
[3] So Ferdowsi (2002), S.17.
[4] Waldmann (1998), S.10.
[5] Dem internationalen Terrorismus wurden laut Expertenmeinung vor dem 11. September nur ca. 5-10% aller terroristischen Anschläge zugerechnet. Vgl. dazu Waldmann (1998), S.19.
[6] Waldmann (1998), S.12 f.

Sechstens: Der Angriff des 11. September hat nicht auf einen Schlag neue Bündnissysteme entstehen lassen. Die UNO und die NATO als wichtigste intergouvernementale Akteure in der internationalen Politik sind in ihren Grundstrukturen gleich geblieben,[1] obwohl mehr und mehr assistiert von grenzüberschreitenden Netzwerken nicht-staatlicher Organisationen wie Amnesty International, Greenpeace oder Ärzte ohne Grenzen. Die Erkenntnis, dass die weltweiten Sicherheitsprobleme nicht im nationalstaatlichen Alleingang zu lösen sind, behält ihre Gültigkeit. Weil ein „asymmetrischer Krieg" plötzlich führbar erscheint, stehen allerdings die Organisationsformen des internationalen Systems verstärkt auf dem Prüfstand.[2]

Was zu beobachten ist - insbesondere während der Kriege in Afghanistan und dem Irak - sind neue, kurzfristig angelegte Koalitionen, sog. „coalition of the willing", in die auch Staaten eingebunden wurden, die man vorher nicht in Verbindung mit westlichen Werten gebracht hat, gemeint sind in diesem Zusammenhang insbesondere Pakistan, aber auch China. Dies sind aber weniger dauerhafte Partnerschaften, sondern diese Allianzen sind mehr handlungsorientiert, auf eine kurze Aktion ausgerichtet.

Schließlich hat siebtens der Angriff des 11. September nicht alle anderen Konflikte marginalisiert. Die bekannten Problemzonen bestehen weiter fort, haben sich zum Teil sogar intensiviert. Noch im September 2001 kam es zur Intifada zwei, der bisher größten Eskalation des Nahost-Konflikts überhaupt. Kurze Zeit danach ist wieder einmal der Streit um Kaschmir zwischen Indien und Pakistan - seit 30 Jahren virulent - aufgeflammt und hat sogar Befürchtungen in Richtung einer nuklearen Eskalation ausgelöst. Auch der Tschetschenien-Krieg ist nicht von der Karte internationaler Konfliktherde verschwunden, sondern höchstens in das weltpolitische Unterbewusstsein gerutscht. Mit den Kriegen in Afghanistan und dem Irak haben sich allenfalls vorhandene Krisenszenarien verändert. Ungelöst geblieben sind weitere Konfliktzonen z.B. in Südostasien, dem Iran, in Schwarzafrika oder zwischen Nord- und Südkorea, wobei einige Länder von den USA als sog. Schurkenstaaten, bzw. „rogue regimes", besonders ins Visier sicherheitspolitischer Aufmerksamkeit gerückt wurden. Auch die Themen Proliferation von Massenvernichtungswaffen, Migrationsströme oder mögliche globale Klimakatastrophen sind nicht von der sicherheitspolitischen Agenda wegzudenken.[3]

---

[1]   Vgl. dazu vertiefend die Aufsätze in diesem Band von Daniel-Erasmus Khan/Thomas Meerpohl und Michael Staack.
[2]   So Kohout (2002), S.361.
[3]   Siehe insoweit auch die amerikanische und europäischen Bedrohungsanalysen in: The National Security Strategy of the United States of America, NSS (2001) und ESS (2003).

2.2 Brüche - Was ist neu?

Diesen sieben weiterhin vorhandenen Herausforderungen an die internationale Politik kann man sieben wichtige Veränderungen, wenn nicht gar Brüche gegenüber stellen, die - seien sie auch nicht alle völlig neu - seit den Angriffen auf New York und Washington vermehrt Beachtung gefunden haben.

Der 11. September 2001 bedeutete erstens das Ende des Mythos von der Unverwundbarkeit der USA. Die Terroristen spotteten der amerikanischen Souveränität. Sie erteilten eine Lektion in boshafter Unabhängigkeit, die durch Terror geschaffen und durch Angst unterstrichen wurde. Mit den New Yorker Türmen fiel ebenso die Einbildung, dass es für irgendeine Nation möglich sei, in der Welt alleine zu marschieren.[1]

In der amerikanischen Gesellschaft hat sich auch psychologisch etwas fundamental verändert, nämlich das Gefühl von Sicherheit. Geographische Lage, politische, militärische und wirtschaftliche Stärke können die Sicherheit nicht mehr gewähren, die man gewohnt war. Die amerikanische Regierung scheint nicht in der Lage, ihre Bürger im Kernland der USA vor solchen Anschlägen wirkungsvoll zu schützen. Das hat in der amerikanischen Mentalität Spuren hinterlassen, der historische Optimismus hat einen empfindlichen Dämpfer bekommen.

Neu ist auch - zum zweiten - die Dimension von terroristischer Gewalt.[2] Beim Angriff vom 11. September 2001 waren über 3000 Tote zu beklagen, das sind dreimal so viele Opfer wie bei allen internationalen Terroranschlägen der vergangenen 30 Jahren zusammen. Es starben Menschen aus über 60 verschiedenen Ländern. Das Ausmaß des Schadens wurde von amerikanischen Versicherungsunternehmen auf eine mindestens dreistellige Milliardendollar-Summe geschätzt. All das ist mit einem minimalen finanziellen Aufwand von ca. einer halben bis einer Million Dollar erreicht worden.

Drittens: Der 11. September 2001 - ähnlich wie die Folgeanschläge auf den französischen Frachter Limburg, auf Djerba oder auf Bali - haben vorgeführt, dass sich militärische Gewalt immer häufiger in privater Hand befindet bzw. paramilitärischen Banden überlassen wird. Es gibt inzwischen Agenturen, bei denen man sich Soldaten mieten kann.[3] Wenn aber Gewalt immer mehr privatisiert wird, verliert natürlich auch das Selbstverteidigungsrecht von Nationen

---

[1] So Barber (2002), S.11.
[2] Siehe dazu auch LaFeber (2002), S.3 oder Frank/Hirschmann (2002).
[3] Zwei große Firmen dieser Art, nämlich DynCorp und Betac, haben ihren Sitz in Virginia/USA und bieten militärische Ausrüstung und Personal an. In diesem Zusammenhang anführen lassen sich die Mudschaheddin in Afghanistan. Aber auch im Bosnienkrieg gab es Söldner aus Italien, Russland, Dänemark, Finnland, Schweden, Großbritannien und den USA. So Voigt (2002), S.325 f.

nach Art. 51 der UN-Charta scheinbar seine Bedeutung. Um diese Entwicklung juristisch abzufedern, hat der UN-Sicherheitsrat inzwischen die Anwendung des Art. 51 erweitert, wonach nun auch Maßnahmen gegen Terrorangriffe nichtstaatlicher Akteure unter bestimmten Voraussetzungen vom Recht zur individuellen und kollektiven Selbstverteidigung gedeckt sind.[1] Auch die NATO ist diesen Weg gegangen, sah in den Anschlägen vom 11. September einen Angriff auf einen ihrer Mitgliedstaaten und rief den Bündnisfall nach Art. 5 ihrer Satzung aus. Nach einem älteren Urteil des Internationalen Gerichtshofes kann die „Entsendung bewaffneter Banden" das Kriterium eines „bewaffneten und gegenwärtigen Angriffs" gegen einen Staat erfüllen.[2]

Auch hat der Angriff des 11. September allgemein einen neuen Typus gewaltsamer internationaler Konflikte, ein neues Muster der Konfliktaustragung[3] mit sich gebracht, den sog. „Kleinen Krieg". „Kleine Kriege" sind an sich nichts Neues. Schon Carl von Clausewitz kannte und typologisierte sie. Die Spanier beschreiben das, was damit gemeint ist, mit dem Ausdruck „Guerilla" - wörtlich übersetzt „kleiner Krieg"[4] - und die Amerikaner sprechen von „low intensity conflict". In diese Kategorie passen auch die Partisanenkriege als „Kriege von unten". Im Grunde sind damit Kampfhandlungen von regulären und nicht regulären Armeen, Kriege ohne konkrete Fronten und verbindliche Regeln gemeint. Wesentliche Errungenschaften des klassischen Völkerrechts wie die Haager Landkriegsordnung oder die Genfer Konventionen gehen so wieder verloren. Nicht mehr unterschieden wird zwischen Kombattant und Nichtkombattant, zwischen militärischen und zivilen Zielen oder Status von Kriegsgefangenen. Kleine Kriege sind entzivilisiert und entgrenzt. Doch diese Formen kämpferischer Auseinandersetzungen, in der auch die Zivilbevölkerung praktisch in „Geiselhaft" genommen wird, sind seit längerer Zeit und in immer stärkeren Maße bekannt. Mit ihnen werden Namen wie Mao Tse-tung, Ho tschi Min oder Ernesto Che Guevara verbunden. Sie waren schon den Befreiungskriegen wie z.B. in China, Indochina oder Algerien immanent und setzten sich gerade in den letzten Jahrzehnten in vielen ethnischen Konflikten - Erwähnung finden soll an dieser Stelle nur das Schlachten in Ruanda oder die Vertreibungen aus dem Kosovo - fort. Auch hier waren die Grenzen zwischen Krieg und Frieden fließend, gab es keine festen Kampfformen, keine klaren Fronten oder Waffenstillstandslinien.

---

[1] Vgl. dazu die Resolution 1368 vom 12. September 2001.
[2] Siehe ICJ-Reports 1986: S.14 ff., 228 ff.
[3] Vgl. dazu auch Creveld von (1991); Kaldor (2000); Münkler (2002a) und ders. (2002b).
[4] Christopher Daase hat wohl den Begriff für die Politikwissenschaft gängig gemacht, Hans Markus Enzensberger spricht vom „molekularen Bürgerkrieg". Zitiert nach Voigt (2002), S.321.

„Kleine Kriege" sind ubiquitär und permanent. Mobilität spielt eine große Rolle.[1]
Neu an den Angriffen von supranationalen Terrornetzwerken wie Al Quaida ist aber viertens, dass die Organisatoren und Täter aus der Anonymität, ja scheinbarer Normalität pluralistischer Gesellschaften heraus handeln. Sie sind schwerlich einem konkreten Staat zuzurechnen, agieren dezentral und amorph, oftmals ohne staatliche Unterstützung. Die Mitglieder setzen sich multiethnisch zusammen, ihnen fehlt meist der regionale Bezug. Mit einer griffigen Formel kann man den Unterschied folgendermaßen beschreiben: Der Guerillero will den Raum, der Terrorist will dagegen das Denken besetzen.[2]
Eine solche Gruppe ist schwierig zu bekämpfen, da sie den asymmetrischen Konflikt sucht. Hier stehen sich nicht Armeen, Panzer oder Flugzeuge einander gegenüber, Al Quaida besitzt keine ABC-Waffen, sondern ihr Ansatz ist die Erzielung maximaler Wirkung mit minimalem Aufwand.
Die Anschläge offenbarten - fünftens -, dass moderne, speziell die amerikanische, Gesellschaften „asymmetrisch verwundbar"[3] sind. Das Kalkül der Abschreckung, das den Kalten Krieg nie zu einem heißen werden ließ, funktioniert hier nicht, besonders wenn - wie bei vielen Terroristen üblich - die totale Selbstaufopferung, der Selbstmord als Märtyrertum, sogar als Selbstverwirklichung eines „erfüllten" Lebens, als Eingang in das Paradies, angesehen wird.[4] Jedenfalls: Die Grenzen zwischen traditionellem Krieg und organisiertem Verbrechen verschwimmen zusehends.[5]
Sechstens haben die Angriffe vom 11. September 2001 mit einem Schlag verdeutlicht, dass der Kampf um die persönliche Sicherheit nicht weit weg von uns geführt und entschieden wird, sondern dass jeder einzelne betroffen sein kann. Die Möglichkeit von Giftgasanschlägen auf die Nahverkehrssysteme, von Entführungen in der zivilen Luftfahrt und von Geiselnahmen ist vorhanden. Plötzlich steht nicht mehr eine konkrete länderspezifische Bedrohung im Vordergrund, sondern gefragt ist der Ausbau der Fähigkeit, alle möglichen Gefahren abzuwehren.[6]
Damit einher ging siebtens die Erosion des Mandatierungsanspruchs des UN-Sicherheitsrates. Nicht zu übersehen war, dass die Vereinten Nationen nach

---

[1]   So Voigt (2002), S.316.
[2]   Die Formel ist von Franz Wördemann, Terrorismus. Motive, Täter, Strategien, München/Zürich 1977, entwickelt worden. Zitiert nach Waldmann (1998), S.17.
[3]   So Keohane (2005).
[4]   Das vom Sender Al Jasira ausgestrahlte Video mit Osama Bin Laden vom 12. September 2001 beginnt mit dem Satz: „Gott hat es so gewollt, (...) sterben ist wichtiger als töten". Wer so spricht, sieht sich nicht als Mörder, sondern als Richter.
[5]   So Voigt (2002), S.322.
[6]   Neuneck (2002), S.142. Siehe dazu vertiefend aber auch NSS (2001) und ESS (2003).

den Anschlägen vom September 2001 - besonders in den Kriegen in Afghanistan und im Irak - marginalisiert und vor allem für die „Kriegsnachsorge" vorgesehen waren.[1] Schuld an diesem Dilemma ist vielleicht eine allgemein verbreitete Fehleinschätzung: Die Vereinten Nationen legitimieren zwar Sanktionen und gelegentlich Blauhelmeinsätze, doch sie sind dabei lediglich ein Instrument der Staatengesellschaft und nicht etwa ein Organ mit Gewaltmonopol.[2]

Diese Gegenüberstellung macht - so ein erstes Fazit - deutlich, dass der 11. September kein Geschichtsbruch, wohl aber eine einschneidende Zäsur in der internationalen Ordnung mit sich brachte. Dieser Befund wird durch eine Analyse der Reaktionen zentraler Akteure bestätigt.

Abbildung 1: Kontinuitäten und Brüche in der internationalen Ordnung seit dem 11. September 2001

Kontinuitäten	Brüche
Keine grundlegende Verschiebung der Machtkonstellationen	Ende des Mythos von der „Unverwundbarkeit" der USA
Nationalstaaten bleiben Hauptakteure der internationalen Politik	Militärische Gewalt immer häufiger in der Hand „Privater"
Globalisierung immer noch prägend für die größten Volkswirtschaften der Welt	Möglichkeit von Angriffen auf dem Territorium des „Westens" z. B. in den Nahverkehrssystemen wird wahrscheinlicher
Nord-Süd Konflikt bleibt mitbestimmend für internationale Politik	Neues Muster des sog. „Kleinen Kriegs"
Terrorismus als Gefahr	Neue Dimension des internationalen Terrorismus
Keine grundlegend neuen Bündnissysteme	Erosion des Mandatierungsanspruchs des UN-Sicherheitsrates
Bestehende Konfliktzonen weiterhin virulent	Grenze zwischen traditionellem Krieg und organisiertem Verbrechen verschwimmt

3   Reaktionen auf den 11. September: Zwischen Strategiewechsel und Beharrungsvermögen

3.1   Die USA und die Wiederherstellung ihrer Souveränität

Die Geschichte der USA ist die Geschichte ihrer Unabhängigkeit, ihrer völligen nationalen Souveränität.[3] Der 11.9. markierte in brutaler Weise das Ende dieses

---

[1]   Pradetto (2002), S.13, 17.
[2]   Schwarz (2000), S.36. Vgl. dazu auch den Beitrag in diesem Band von Daniel-Erasmus Khan/Thomas Meerpohl zur UNO als Friedensmacht.
[3]   So auch Barber (2002), S.11.

Mythos amerikanischer Unverwundbarkeit und Souveränität. Die Politik, die Präsident Bush seit dem 11. September betreibt, ist darauf ausgerichtet, die innere und äußere Souveränität der USA zumindest scheinbar wiederherzustellen. Im Zuge dieser Aktionen zur Wiederherstellung der Souveränität nach innen und nach außen verfügt der amerikanische Präsident inzwischen über einen Handlungsspielraum, wie ihn kein Präsident seit einem halben Jahrhundert inne hatte.[1]

Seit diesem Datum kann man die amerikanische Sicherheitspolitik kurz und prägnant mit dem Schlagwort „America First"[2] umschreiben und in mancherlei Hinsicht ist dieser amerikanische Führungsanspruch - die Verstärkung amerikanischer Hegemonialpolitik[3] - autoritativ zum Ausdruck gebracht worden. Liest man die wesentlichen sicherheitspolitischen Dokumente der Post-9.11.-Ära - d.h. die „National Security-Strategy"[4], den „Quadrennial Defense Review"[5] und die „Nuclear Posture Review"[6] - so kann man von einer Neugewichtung der amerikanischen Sicherheitspolitik sprechen. Danach bleibt die Doktrin der Kriegsverhinderung, der Abschreckung und des „containment" zwar gültig, aber nicht mehr das dominante sicherheitspolitische Paradigma. Das zukünftige Leitmotiv lautet: vorgeschobene Verteidigung und verstärkte „homeland security". Als Reaktion sekundär angesehen werden Rüstungskontrolle, kooperative Rüstungsreduktionen, ja selbst Diplomatie.[7] Sogar Nuklearwaffen werden - folgt man den Autoren des „Nuclear Posture Review" - von Abschreckungsinstrumenten zu Kriegsführungsinstrumenten transformiert. Das Rüstungsbudget wurde unter George W. Bush inzwischen enorm gesteigert und entspricht der Summe der Militärbudgets der 15 nachfolgenden Staaten, insgesamt 40% der gesamten Welt.[8]

---

[1] Siehe dazu LaFeber (2002), S.13 f.
[2] Vgl. dazu auch Dumbrell (2002).
[3] Hegemonie wird definiert als ein Führungsverhältnis, bei dem ein mächtiger Staat „bestimmenden Einfluss" ausübt und andere Staaten dies akzeptieren. Diese Definition geht auf Triepel (1974) zurück. Vgl. insoweit auch Link (2002), S.41. Manche sprechen jedoch in Bezug auf die amerikanische Politik sogar von „imperialism", definiert als „the policy of extending the rule of authority of an empire or nation over foreign countries". So LaFeber (2002), S.2.
[4] NSS (2002): „We must take the battle to the enemy, disrupt his plans, and confront the worst threats before they emerge. In the world we have entered, the only path to safety is the path of action. And this nation will act."
[5] Siehe Department of Defense: Quadrennial Defense Review: „Creating the U.S. Military of the 21st Century"; Washington D.C. 2001.
[6] DoD/DoE: Nuclear Posture Review; Washington D.C., 8. Januar 2002. Auszüge sind zu finden unter www.globalsecurity.org (15.8.05).
[7] So Neuneck (2002), S.141.
[8] Darauf verweist Neuneck (2002), S.143. Siehe dazu auch Brooks/Wohlforth (2002), S.21; Dumbrell (2002), S.286.

Im Dienste bestimmter Ziele sind flexible Ad-hoc-Koalitionen - im Sinne eines Multilateralismus à la carte[1] - jedoch äußerst willkommen. So konferierte George W. Bush in den drei Monaten nach dem 11.September mit 46 Regierungschefs, um seine „coalition of the willing" zu schmieden.[2] Multilateralismus wird aber funktional verstanden.[3] Die aktuelle Stärke der USA ist es auch, es sich „leisten" zu können zu wählen, ob sie mehr unilateralistisch oder mehr multilateralistisch handeln wollen.[4] Zusammengefasst lautet das Credo: „Unilateral, wenn unsere direkten nationalen Interessen am stärksten betroffen sind, in Allianz und Partnerschaft, wenn unsere Interessen von anderen geteilt werden; und multilateral, wenn unsere Interessen allgemeiner Art sind und die Probleme am besten von der internationalen Gemeinschaft angegangen werden können."[5] Wichtig ist für die USA die Erhaltung ihrer „full spectrum dominance".

Schließt diese Mischung aus Multilateralismus à la carte, Ad-hoc-Koalitionen und Unilateralismus, schließt dieser Kampf der USA gegen den internationalen Terrorismus auch einen möglichen Verstoß gegen das geltende Völkerrecht mit ein? Wie stellt sich die Rechtslage dar? Die Ausbildung internationaler, institutionalisierter Kooperation - an ihrer Spitze die Vereinten Nationen - hatte nicht nur die „Einhegung" zwischenstaatlicher Gewaltanwendung, sondern in letzter Konsequenz die Illegalisierung des Krieges zum Ziel. Nicht in Vergessenheit geraten sollte jedoch auch, dass das Selbstverteidigungsrecht nach Art. 51 UN-Charta in der Bestimmungsgewalt des Sicherheitsrates liegt und nur subsidiär gegenüber kollektiven Maßnahmen der Friedenssicherung gilt.[6] Das zentrale Attribut des souveränen Staates - das liberum ius ad bellum - wird so den Staaten genommen.[7] Selbst ein Notwehrrecht steht den Staaten nur insoweit und solange zu, als der Sicherheitsrat nicht in der Lage ist einzugreifen.[8]

Nach den Anschlägen des 11. September 2001, welche die USA als Angriff auf ihre Souveränität werteten, sahen diese sich in der Hauptverantwortung, Frieden und Sicherheit ihrer Bürger wiederherzustellen. Das schloss präventives, gegebenenfalls auch präemptives Vorgehen[9] mit ein.[1] Dabei sind grundsätzlich

---

[1]   Vgl. dazu auch Cameron (2002), S.68 ff.
[2]   Darauf verweist LaFeber (2002), S.13.
[3]   Siehe dazu Rudolf (2002), S.158.
[4]   So Brooks/Wohlforth (2002), S.30 f.
[5]   Vgl. dazu Link (2002), S.45 f.
[6]   Darauf macht Kohout (2002), S.358 aufmerksam.
[7]   So Delbrück (1998), S.59. Der Sicherheitsrat trägt nach Art. 24 UN-Charta die Hauptverantwortung für die Wahrung des Weltfriedens, nicht die einzelnen Staaten.
[8]   Vgl. dort, S.60 f. Siehe auch Pradetto (2002), S.9.
[9]   Unter Prävention werden militärische Maßnahmen verstanden, die einer absehbaren, unmittelbar drohenden Gewalt entgegenwirken sollen. Unter Präemption werden militärische Maßnahmen gegen eine vermutete oder erst in Zukunft auftretende Bedrohung gefasst. Vgl. dazu auch Kamp (2002), S.19 ff.

schon Präventivkriege im genuinen Sinn des Begriffs völkerrechtlich illegal, wie sich aus dem Zusammenspiel des Art 2 IV und des Art. 51 UN-Charta ergibt.[2] Zwar besteht die Versuchung, vielleicht sogar die Notwendigkeit, manches Prinzip des Völkerrechts den neuen Herausforderungen anzupassen. Dies darf aber nicht dazu führen, dass es seine rechtliche Gestalt verliert und zu einem Grundsatz der blanken Macht wird.[3]

Noch gibt es zwar keine „Bush-Doktrin" des präventiven Erstschlags,[4] aber es gibt eine Reihe von Aussagen, die ein solches Vorgehen als ultima ratio nicht ausschließen. So schrieb Verteidigungsminister Donald Rumsfeld schon zwei Wochen nach den Terroranschlägen in einem veröffentlichten Zeitungsbeitrag: „In diesem Krieg wird die Mission die Koalition definieren - nicht andersherum."[5] Nicht vergessen werden sollte allerdings andererseits, dass neben der aktiven Bekämpfung von Terroristen und Schurkenstaaten es auch immer Ziel der amerikanischen Außen- und Sicherheitspolitik gewesen ist, die Entfaltung der Demokratie und der freien Marktwirtschaft in der Welt zu fördern.[6]

All dies stellt noch keinen absoluten Paradigmenwechsel dar. Vieles war schon in der Politik der USA seit vielen Jahren feststellbar, besonders spürbar seit den Zwischenwahlen der zweiten Clinton Amtszeit mit einer republikanischen Mehrheit im Kongress.[7] Seit dem 11. September 2001 ist allerdings manches deutlicher konturiert worden, hat sich die Waagschale mehr in Richtung Unilateralismus und Hegemonialpolitik geneigt, ohne dass andere Möglichkeiten, Außen- und Sicherheitspolitik zu betreiben, völlig außer Acht gelassen werden.

3.2 Alternativloser Multilateralismus - Vom „Rest" der internationalen Gemeinschaft

Die notwendige Voraussetzung für eine mögliche amerikanische Hegemonie, d.h. deren Akzeptanz, ist im Rest der internationalen Gemeinschaft nur partiell -

---

[1] So heisst es in der „National Security Strategy" vom September 2002, S.15: „To forestall or prevent such hostile acts by our adversaries, the United States will, if necessary, act preemptively."

[2] Siehe dazu Merkel, Reinhard, Amerikas Recht auf die Welt, in: Die Zeit vom 2. Oktober 2002, S.37 f.

[3] Dort, S.37.

[4] So jedenfalls die Einschätzung von Krause u.a. (2002), S.40.

[5] AdG, Nr.9/2001, 71.Jg., 45202A.

[6] Zurückgehend auf den alten Leitsatz Woodrow Wilsons „To make the world safe for democracy". Siehe dazu auch Krause (2002), S.41 ff.

[7] Der Kongress hat sich auch über sein Haushaltsbewilligungsrecht als eigenständiger Akteur in der amerikanischen Außenpolitik etabliert. Darauf verweist u.a. Rudolf (2002), S.157.

am ehesten noch in Europa - vorhanden. In vielen Teilen der Welt existieren andere, manchmal sogar völlig konträre Vorstellungen, wie internationale Sicherheitspolitik am sinnvollsten zu organisieren ist.[1] Hier sollen nur einige davon angetippt werden, ohne dabei zu verkennen, dass es nicht die *eine* Sicherheitspolitik des „Restes der Welt" im Gegensatz zu den USA gibt. Die Staatenwelt ist sehr polymorph, jede gemeinsame Skizzierung muss daher im Vagen verbleiben und ist angreifbar.

Trotzdem bestimmen zwei entscheidende Kernfaktoren das sicherheitspolitische Grundverhalten der sonstigen Staatenwelt. Zum einen wirken die geschilderten Brüche bei den meisten Ländern nicht so unmittelbar. Trotz „uneingeschränkter Solidarität", die Angriffe des 11. September trafen vorrangig die USA, die Betroffenheit in den übrigen Staaten war nur „mittelbar". Zum anderen hat aktuell kein anderer Staat der Welt die tatsächliche Chance auf eine „Wiederbelebung seiner Souveränität". Unilateralismus können sich, wenn überhaupt, augenblicklich nur die Vereinigten Staaten leisten.

Für alle anderen - insbesondere für die Mitgliedstaaten der integrierten EU - sind die wechselseitigen Abhängigkeiten zu groß. Das Phänomen der Interdependenz, in der die Grenzen nationaler Souveränität verfließen, ist seit den Industrialisierungs- und Modernisierungsschüben der zweiten Hälfte des 20. Jahrhunderts bekannt. Der Staat kann sich nicht mehr auf die Beziehungsmacht allein verlassen, mit der ein Akteur einen anderen dazu zwingt, etwas zu tun, was er anderenfalls nicht getan hätte.[2] Der moderne interdependente Staat ist für die Erfüllung seiner außen- und sicherheitspolitischen Funktionen auf die Kooperation anderer Staaten angewiesen. Multilateralismus bleibt daher für beinahe alle Staaten ohne Alternative.[3]

Allianzsysteme, insbesondere die UNO, sind demzufolge zu Grundelementen der Sicherheitspolitik geworden. Der Zwang zur Kooperation, zu Verhandlung und Interessenausgleich, zum „power-sharing", Global Governance oder der Versuch, kollektive Sicherheit mittels Institutionalisierung zu erhalten, bestimmt das Handeln. Frieden schaffen durch Institutionen lautet daher die oberste Maxime, das Zusammenwirken von staatlichen und nicht-staatlichen Akteuren miteingeschlossen.

Mit diesem Befund einher gehen drei zentrale Zielvorstellungen für eine internationale Ordnung auf dem noch unsicheren Pfad zu einer Rechtsgemeinschaft. Erstens die immer größer werdende Verdichtung der internationalen Zusammenarbeit insbesondere mittels Internationaler Organisationen. Zweitens die

---

[1]   Vgl. dazu die nachfolgenden Aufsätze zu außenpolitischen Vorstellungen von Russland, China, Indien, Japan und der EU.
[2]   So Czempiel (1999), S.227.
[3]   Vgl. dazu auch ESS (2003), S.9 ff.

Einhegung zwischenstaatlicher Gewaltanwendung durch die Illegalisierung des Krieges als Zielvorstellung, sowie friedlicher Streitbeilegung und Abrüstung als Mittel und drittens der stetige Ausbau und die strikte Umsetzung verbindlichen Völkerrechts und seiner zentralen Prinzipien, an erster Stelle das Gewaltverbot nach Art. 2 IV, Art. 51 UN-Charta. Das klassische Völkerrecht diente seiner Entstehung und Idee nach ja auch der Friedenssicherung.[1]

4 Checks and balances in der internationalen Ordnung. Ein kurzes Resümee

Internationale Sicherheitspolitik und ihre wissenschaftliche Aufarbeitung unterlagen in den letzten 15 Jahren einem atemberaubenden Wandel. Liest man heute ein Werk aus den späten 80er Jahren des 20. Jahrhunderts, so mutet manches wie aus einer fernen Welt an.[2] Seit dieser Zeit haben sich wesentliche Parameter der Sicherheitspolitik verändert. Nach dem Zusammenbruch der Sowjetunion und des damit verbundenen Blockdenkens ist die Macht in der internationalen Ordnung heute viel stärker segmentiert.

Andererseits dürfte aber auch die Vermutung zutreffen, dass im 21. Jahrhundert viele wohlbekannte Prozesse und Verfahrenstechniken vertraut bleiben. Es wird nicht *die* eine Sicherheitspolitik geben, die *einem* Modell ihrer wissenschaftlichen Betrachtung ein für alle mal Recht geben wird. Das internationale System ist heute ein Netz interdependenter staatlicher und nicht-staatlicher Akteure, deren Beziehungen von den Unterschieden in der jeweiligen Entwicklung determiniert sind.

Für die internationale Sicherheitspolitik stilbildend wird weiter der Wechsel, das Austarieren von Macht und Gegenmacht, die klassischen checks and balances sein. Unterschiedliche Spannungsverhältnisse und ein Strategiemix werden auf Jahre hinaus wohl die Weltordnung prägen:[3] Zum einen sind die USA an dem Erhalt ihrer herausragenden Machtposition, der Bewahrung der vorherrschenden Rolle im internationalen System interessiert und werden weiterhin zumindest auch eine Hegemonialpolitik betreiben. Demgegenüber steht die Tendenz der Balance-, der Allianzpolitik, das Streben nach Gegenmachtbildung, insbesondere von den mit den USA konkurrierenden Mächten China, In-

---

[1]   Darauf aufmerksam macht Kohout (2002), S.351. Vgl. dazu auch Tudyka (2002), S.147.

[2]   Selbst Anfang der 90er Jahre gab es ernsthafte Untersuchungen, die davon ausgingen, dass Japan und Deutschland zu potentiellen Weltmächten aufstiegen und bessere Ausgangsbedingungen für eine globalisierte Welt hätten als die USA. Siehe dazu Schwarz (2000), S.17.

[3]   Vgl. dazu Risse (2003), S.110 ff. Zum Verhältnis zwischen EU und USA siehe vertiefend Oudenaren (2005), S.1 ff.

dien, Russland, Europäische Union und Japan, d.h. Hegemonialpolitik versus Balancepolitik.

Einzustellen hat man sich des Weiteren auf das unruhige Nebeneinander von Kooperation und Konflikt. Multilateralismus und Unilateralismus werden nebeneinander bestehen, solange es mit den USA nur *eine* Weltmacht gibt. Die traditionellen Mittel der internationalen Zusammenarbeit wie Diplomatie, Rüstungskontrolle oder multilaterale Exportkontrollen werden ergänzt durch den präventiven Einsatz militärischer Mittel, einen verstärkten Ausbau ballistischer Raketenabwehr oder „counterproliferation", d.h. eine primär militärische Vorsorge gegen mögliche Angriffe mit Massenvernichtungswaffen.

Nach zwei Richtungen offen ist auch darüber hinaus die Entwicklung der sicherheitspolitischen Kerndoktrin. Der Krieg gegen den Terrorismus scheint einen Strategiewechsel anzudeuten. Zumindest sollen - wenn man die Reden und Strategiepapiere der letzten Jahre richtig deutet[1] - die US-Streitkräfte - und nicht nur diese - in Richtung möglicher Präventivkriege ausgebaut werden. Die lange Zeit vorherrschende Doktrin der Abschreckung bleibt zwar gültig, aber nicht mehr das dominante sicherheitspolitische Paradigma.[2] Andererseits zeigt die neue Europäische Sicherheitsstrategie (ESS), dass die EU versucht, ein eigenständiges sicherheitspolitisches Profil zu entwickeln, das sich mit der Zielvorgabe der Förderung einer Weltordnung auf der Grundlage eines wirksamen Multilateralismus von der amerikanischen Sicherheitsstrategie nicht nur in kleineren Formulierungen unterscheidet.[3]

Des Weiteren erscheint die Entwicklung der völkerrechtlichen Ordnung ambivalent. Einerseits bleibt das Prinzip der souveränen Gleichheit der Staaten, wie Art. 2 I UN-Charta formuliert, gerade in Zeiten terroristischer Bedrohung eine - zumindest für die USA - verführerische Rückzugsposition. Andererseits ist auch der Wandel des Völkerrechts zu einer Rechtsordnung der Menschen und Völker denkbar, wie die Gründung eines Internationalen Strafgerichtshofes oder der Versuch, ein Fundament gemeinsamer Werte zu legen, erhoffen lassen.

In letzter Konsequenz geht es um einen alten Konflikt in der internationalen Politik, der seinen Austrag auch in manchen Theorien und Modellen findet, seien es Realismus, Liberalismus, Institutionalismus oder Regimetheorie, nämlich um die Frage nach dem Primat von Macht oder Recht in den Internationalen Beziehungen.

---

[1] Hervorzuheben sind neben der schon erwähnten neuen „National Security Strategy" die „Quadrennial Defense Review" und die „Nuclear Posture Review". Vgl. dazu auch ausführlich McCartney (2004), S.399 ff.
[2] So zumindest Neuneck (2002), S.141.
[3] Vgl. dazu vertiefend ESS (2003), S.7 ff. sowie unten den Aufsatz „Die EU als internationaler Machtfaktor".

5 Literatur

Barber, Benjamin R.: Ein Krieg „jeder gegen jeden". Terror und die Politik der Angst, in: Aus Politik und Zeitgeschichte; B 18/2002, S.7 ff.

Beck, Ulrich (Hrsg.): Politik der Globalisierung; Frankfurt a. M. 1998.

Beck, Ulrich: Risikogesellschaft. Auf dem Weg in eine andere Moderne; Frankfurt a. M. 1986.

Brooks, Stephen G./Wohlforth, William C.: American Primacy in Perspective, in: Foreign Affairs 2002, Vol. 81, No 4, S.20 ff.

Cameron, Fraser: Utilitarian Multilateralism: The Implications of 11 September 2001 for US Foreign Policy; in: Politics 2002, Vol. 22 (2), S.68 ff.

Creveld von, Martin: Die Zukunft des Krieges; München 1991.

Czempiel, Ernst-Otto: Kluge Macht. Außenpolitik für das 21. Jahrhundert; München 1999.

Delbrück, Jost: Von der Staatenordnung über die institutionelle Kooperation zur „supraterritorial of global governance": Wandel des zwischenstaatlichen Völkerrechts zur Rechtsordnung des Menschen und der Völker; in: Bartosch, Ulrich/Wagner, Jochen (Hrsg.), „Weltinnenpolitik"; Münster 1998, S.55 ff.

Dumbrell, John: Unilateralism and „America First"? President George W. Bush's Foreign Policy, in: The Politcal Quarterly 2002, Vol. 73, No 3, S.279 ff.

Europäische Sicherheitsstrategie (ESS) von Javier Solana: „Ein sicheres Europa in einer besseren Welt" vom 12. Dezember 2003, abzurufen unter: www.ue.eu.int/cms3_fo/showPage.ASP/tmp/031208ESSIIDA.pdf (7.2.05).

Ferdowsi, Mir A.: Internationale Politik zu Beginn des 21.Jahrhunderts: Die Herausforderungen und Hindernisse einer stabilen Sicherheits- und Friedensordnung; in: ders. (Hrsg.), Sicherheit und Frieden zu Beginn des 21. Jahrhunderts; München 2002, S.15 ff.

Frank, Hans/Hirschmann, Kai (Hrsg.): Die weltweite Gefahr. Terrorismus als internationale Herausforderung; Berlin 2002.

Jervis, Robert: An Interim Assessment of September 11: What has Changed and What has Not?, in: Political Science Quarterly 2002, Vol. 117, No 1, S.37 ff.

Kamp, Karl-Heinz: Von der Prävention zur Präemption? Die neue amerikanische Sicherheitsstrategie, in: Internationale Politik 2002, Nr.12, S.19 ff.

Kaldor, Mary: Neue und alte Kriege; Frankfurt a. M. 2000.

Kennedy, Paul: In Vorbereitung auf das 21. Jahrhundert; Frankfurt a. M. 1993.

Keohane, Robert O.: The Globalization of Informal Violance, Theories of World Politics, and „Liberalism of Fear", Social Science Research Council: After the September 11 www.ssrc.org/sept11/essays/keohanetextonly.htm (15.8.05).

Kohout, Franz: Krieg und Terrorismus. Zur Veränderung politischer Konflikte im 21. Jahrhundert, in: Voigt, Rüdiger (Hrsg.), Krieg - Instrument der Politik?; Baden-Baden 2002, S.343 ff.

Krause, Joachim u.a.: Wohin gehen die USA? Die neue Nationale Sicherheitsstrategie der Bush-Administration, in: Aus Politik und Zeitgeschichte; B 48/2002, S.40 ff.

LaFeber, Walter: The Post September 11 Debate Over Empire, Globalization and Fragmentation, in: Political Science Quarterly 2002, Vol. 117, No 1, S.1 ff.

Link, Werner: Hegemonie und Gleichgewicht der Macht, in: Ferdowsi, Mir A. (Hrsg.), Sicherheit und Frieden zu Beginn des 21. Jahrhunderts; München 2002, S.39 ff.

Martin, Hans-Peter/Schumann, Harald: Globalisierungsfalle; Reinbeck bei Hamburg 1996.

McCartney, Paul T.: American Nationalism and U.S. Foreign Policy from September 11 to Iraq War, in: Political Science Quarterly 2004, S.399 ff.

Morgenthau, Hans J.: Politics Among Nations. The Struggle for Power and Peace, 2. Aufl.; New York 1954.

Münkler, Herfried: Die neuen Kriege; Reinbeck bei Hamburg 2002.

Münkler, Herfried: Über den Krieg; Göttingen 2002.

Neuneck, Götz: Hypermacht USA: Von der Abschreckung zur Präventiven Kriegsführung?, in: Vierteljahresschrift für Sicherheit und Frieden; 3/2002, S.141 ff.

Nuscheler, Franz: Global Governance, Entwicklung und Frieden. Zur Interdependenz globaler Ordnungsstrukturen, in: Nuscheler, Franz (Hrsg.) Entwicklung und Frieden im 21.Jahrhundert; Bonn 2000, S.471 ff.

Oudenaren van, John: Transatlantic Bipolarity and the End of Mulitlateralism, in: Political Science Quarterly 2005, S.1 ff.

Pfetsch, Frank R.: Die Rolle des Krieges in der neuen Epoche, in: Kaiser, Karl/Schwarz, Hans-Peter (Hrsg.), Weltpolitik im neuen Jahrhundert; Baden-Baden 2000, S.186 ff.

Pradetto, August: Die Vereinten Nationen nach den Terroranschlägen vom 11. September 2001: Anhängsel der USA?, in: Vierteljahresschrift für Sicherheit und Frieden; 1/2002, S.9 ff.

Reinicke, Wolfgang H.: Global Public Policy. Governing without Government?; Washington D.C. 1998.

Risse, Thomas: Die neue Weltunordnung: US-amerikanische Hypermacht – europäische Ohnmacht?, in: WeltTrends 2003, S.110 ff.

Rudolf, Peter: USA - Sicherheitspolitische Konzeptionen und Kontroversen, in: Ferdowsi, Mir A. (Hrsg.), Sicherheit und Frieden zu Beginn des 21. Jahrhunderts; München 2002, S.149 ff.

Schwarz, Hans-Peter: Weltpolitik im alten Jahrhundert: Drei Perspektiven – 1900, 1995, 1999, in: Kaiser, Karl/Schwarz, Hans-Peter (Hrsg.), Weltpolitik im neuen Jahrhundert; Baden-Baden 2000, S.13 ff.

The National Security Strategy of the United States of America (NSS); Washington, D.C. 2002, www.whitehouse.gov/nsc/nss.pdf (30.8.05).

Triepel, Heinrich: Die Hegemonie. Ein Buch von führenden Staaten, 2. Neudruck; Aalen 1974.

Tudyka, Kurt P.: Nach dem Verfall der amerikanischen Hegemonie, in: Vierteljahresschrift für Sicherheit und Frieden; 3/2002, S.147 ff.

Voigt, Rüdiger; Entgrenzung des Krieges. Zur Raum- und Zeitdimension von Krieg und Frieden, in: ders. (Hrsg.), Krieg - Instrument der Politik?; Baden-Baden 2002, S.293 ff.

Waldmann, Peter: Terrorismus. Provokation der Macht; München 1998.

Internationale und regionale Machtzentren

USA – die einzig verbliebene Supermacht?

Stefan Fröhlich

1   Einleitung

Ende 2004 schaute die ganze Welt auf Washington und stellte die bange Frage nach den Konsequenzen einer zweiten Amtszeit George W. Bushs im Falle eines Wahlsieges der Republikaner. Nicht nur das persönliche Image des US-Präsidenten hatte im Zuge des Irak-Krieges weltweit empfindlichen Schaden genommen. Amerika selbst litt zunehmend unter der geringen Akzeptanz nicht nur in der Dritten Welt, sondern auch bei den europäischen Bündnispartnern, die die wohltätige amerikanische Hegemonie nach dem klassischen Vorbild Athens in der Stadtstaatenwelt der Antike heute mehr denn je als Vorherrschaft der „Hypermacht" Amerika empfinden, die sich dem Rest der Welt aufdrängt. 76% der Bürger in der EU sprachen sich im Januar 2005 gegen die Außenpolitik der Regierung Bush aus. Sie verbinden mit ihr das unilaterale amerikanische Vorgehen gegenüber dem Kyoto-Protokoll und dem Strafgerichtshof ebenso wie die Pläne zu einem die amerikanischen Interessen schützenden Raketenabwehrvertrag, die Strategie der Präemption (Bush-Doktrin) oder die Drohgebärden gegenüber alten (Iran, Nordkorea) wie neuen Schurkenstaaten (Burma, Kuba, Belarus).

Kaum hatten sich daher die Gemüter in Europa über die vermeintliche Torheit der amerikanischen Wähler, die Bush am 2. November 2004 eine zweite Amtszeit bescherten, beruhigt, da lieferte die in hohem Maße zivilreligiös grundierte Antrittsrede des amerikanischen Präsidenten bereits den nächsten Anlass für Spekulationen über den künftigen Kurs des Landes. Bushs Wiederwahl wurde in Europa schlicht als Triumph der religiösen Rechten in Amerika betrachtet. Als Beleg dafür galten Umfragen, wonach für gut 20% der Wähler „moralische Werte" den Ausschlag bei der Stimmabgabe gegeben hätten. Ausgiebige Nachwahl-Untersuchungen belegen indes, dass längst nicht alle, die sich auf „moralische Werte" beriefen, damit Abtreibung, Waffenbesitz oder die Homosexuellen-Ehe meinten, also die klassischen Themen. Mehr als 40% der Wähler bezeichneten auch den Irak-Krieg als eine moralische Frage, und ein Drittel nannte die Armut das größte moralische Problem Amerikas.

Unbestritten ist aber: das säkularisierte Europa tut sich schon seit längerem schwer mit der Tatsache, dass die modernste Industrie- und Dienstleistungsgesellschaft ihre Vitalität nicht zuletzt auch aus ihrem Glauben und ihrer Religiosität schöpft. Dabei übersieht es bisweilen, dass hinter aller revolutionär bis fundamentalistisch anmutenden Rhetorik des Präsidenten auch dessen Überzeugung von einem liberalen und pluralen Amerika steht, das die Ideale aller Weltreligionen vereint: nämlich Gerechtigkeit, Freiheit und ein guter Lebenswandel, nicht zuletzt im Sinne eines friedfertigen Umgangs miteinander. Bush nannte in seiner Rede explizit die „Wahrheit vom Sinai" (zehn Gebote), die Bergpredigt Jesu Christi, die Worte des Korans und die unterschiedlichen Glauben „unseres Volkes" als die Grundlage für das „Charaktergebäude" Amerikas.

Wie auch immer: Europäern bereitet die am 20. Januar in Bushs Botschaft ausgegebene Losung von der „Freiheit für alle", die gegen die „Tyrannei" zu verteidigen sei, Unbehagen. Denn sie bestätigt die These vom „religiösen Amerika". Die Rede trug die Handschrift der Geschichte einer Nation mit einem unerschütterlichen Glauben an die eigene Auserwähltheit, an den Gottesauftrag, die Mission zur Verbreitung des Guten und der Freiheit in der Welt – allein die Wörter „freedom" und „liberty" tauchten mehr als 20 mal in der Ansprache des Präsidenten auf. Der amerikanische Historiker Walter Russel Mead hat in diesem Zusammenhang den treffenden Begriff vom „nationalen Messiaskomplex" der Amerikaner (Demokraten wie Republikaner) geprägt.

Gemeint ist damit bei Bush nicht zuletzt die kühne Auflösung des das politische Alltagsgeschäft prägenden Gegensatzes zwischen nationalen Interessen auf der einen und „amerikanischen Grundüberzeugungen" auf der anderen Seite (die Symbiose von Realpolitik und Idealismus). So als ob künftig allein die Menschenrechte und nicht realpolitische und geostrategische Interessen das außenpolitische Handeln Amerikas bestimmten.

Europäer glauben daran nur bedingt: Kompromisse und Widersprüche zwischen Rhetorik und Handeln werden auch künftig bleiben: im Verhältnis zu den „Verbündeten" mit autoritärer Führung; in Regionen, in denen man Regierungen unterstützt, die Menschenrechte und Demokratie für naiven westlichen Luxus halten; in der Abwägung von Zielen und Interessen - ob gegenüber Russland, China, Saudi-Arabien oder Iran.

Was kann Europa also tatsächlich erwarten? Derzeit werden zwei gegensätzliche Prognosen gehandelt: die einen erwarten grundlegende Kontinuität, ja vielleicht sogar eine Radikalisierung; die anderen die Hinwendung zu einer moderateren pragmatischen Politik. Diejenigen, die einen Kurswechsel in der Außenpolitik erwarten, sehen Bush mit seiner Ausrichtung auf Präventivkrieg, Unilateralismus und Demokratisierung des Nahen und Mittleren Ostens im Irak gescheitert. Die Grenzen amerikanischer Macht erzwingen so gesehen eine Kurskorrektur. Trotz des Wahlerfolges im Irak, die Grenzen militärischer Machtentfaltung sind offenbar; eine imperiale Politik ohne arbeitsteilige, substantielle Mitwirkung verbündeter Staaten in Europa ist nicht möglich.

Die Präemptiv-Doktrin ist damit aus Sicht der Vertreter der Kontinuitätsthese aber nicht delegitimiert. Dies - und der Umstand, dass ein sich von den Wählern bestätigt sehender Präsident, der zumal über die Mehrheit in beiden Kammern des Kongresses verfügt, die wichtigen Entscheidungen in kleinem homogenen Kreise ohne systematische Prüfung von Optionen trifft - spricht für sie eher gegen einen generellen Kurswechsel. Mit dem bislang unangefochtenen Deutungsrahmen des „Krieges gegen den Terror" erhält der Präsident zudem einen permanenten Ausnahmezustand am Leben, den er auch weiterhin zur Stärkung der institutionellen Macht seines Amtes einsetzen wird - und der ihm beträchtlichen Handlungsspielraum sichert. Schließlich scheint die US-Bevölkerung bislang mehrheitlich in Kauf zu nehmen, dass sich mit dieser Politik die Gefahr des Terrorismus vielleicht eher verschärft hat.

Wahrscheinlich liegt die Antwort auf die Frage nach dem künftigen außenpolitischen Kurs Amerikas zwischen beiden Polen. An der Überzeugung, richtig gehandelt zu haben, hat sich aus Sicht des politischen Establishments in Washington (und zwar überparteilich) gut zweieinhalb Jahre nach dem offiziellen Kriegsende grundsätzlich nichts geändert. Allerdings erfordern die Realitäten auch für die unbestritten letzte und einzige Weltmacht ein gewisses Zurückrudern und bedingen so auch einen anderen politischen Stil. Amerikanische Außenpolitik dürfte danach in der zweiten Amtszeit eine Mischung aus kraftvollem Auftreten nach außen (welches sich nicht vor Konsequenzen der Übernahme von Verantwortung durch die Führungsmacht scheut) einerseits und vorsichtiger Diplomatie, die sich vor allem der politisch-psychologischen (weniger vielleicht der materiellen) Grenzen bewusst ist, andererseits sein. Zwei einander bedingende Punkte sprechen im wesentlichen dafür – das amerikanische außenpolitische Selbstverständnis auf der einen, und die überragende Machtposition Amerikas zu Beginn des 21. Jahrhunderts auf der anderen Seite.

2 Ordnung gestalten als Ausfluss von Macht – einige theoretische Überlegungen zur einzigartigen Stellung Amerikas in der Welt

Begreift man Macht als Ausdruck von „Ressourcenansammlung" zur Durchsetzung des eigenen Willens im Sinne Max Webers und damit verbunden als Mittel zur autonomen Gestaltung innerer, wie äußerer Ordnung (Karl Deutsch),[1] dann sind die USA derzeit mächtiger denn je, „die erste Weltmacht der Geschichte im Weltmaßstab".[2] Seit Ende des Kalten Krieges dominieren die USA die Weltpolitik mit einer beispiellosen Kombination aus politischem Führungswillen, militä-

---

[1] Weber (1972), S.28; Deutsch (1970), Kap. 7.
[2] Rühl (2005), S.28.

rischer Stärke, Wirtschaftskraft und kultureller Meinungsführerschaft, letztere nicht zuletzt als Ergebnis der technologischen Revolution und der damit verbundenen (ökonomischen) Globalisierung. Für viele Beobachter steht dabei fest, dass beide Entwicklungen zwar den Austausch von Kulturen und Gütern befördern, dieser Prozess aber in den letzten Jahren zur Einbahnstraße geworden ist: Diversität ist längst zugunsten von Uniformität im Sinne von „Amerikanisierung" aufgehoben. Noch weit mehr als die amerikanische Wirtschaftsphilosophie der „new economy" und des Neoliberalismus provoziert heute die kulturelle Hegemonie der USA als Bestandteil der „weichen Macht" Amerikas nicht nur Ablehnung, sondern auch Anziehung und Faszination. Neben den Technologiezentren von der Ostküste bis nach Kalifornien, der gewaltigen Luft- und Raumfahrtindustrie sowie der Ölindustrie zwischen Texas und Alaska, Megakonzernen wie „Microsoft" oder „Intel", ist es die amerikanische Medienmacht von Film und Fernsehen sowie der sich weltweit ausbreitende „American way of Life", der weltweit zunehmend als Verheißung wie Bedrohung zugleich wahrgenommen wird.

Amerikas Ausnahmestellung ist die logische Konsequenz des Umbruchs der Jahre 1989-1991, der die USA als einzig global handlungsfähige Weltmacht hinterließ und Washington die Chance gab, die Welt nach seinen Vorstellungen - frei von „überseeischen Verstrickungen" und mit der Perspektive des weltweiten Friedens, aber jederzeit fähig zur globalen Machtprojektion, wenn die nationalen Interessen es nahe legten - zu gestalten. Diese Ausnahmestellung veranlasste bereits Bill Clinton, im Januar 1997 von der „unersetzlichen Macht" Amerika (indispensable power) zu sprechen, deren Mittel nötigenfalls auch unilateral einzusetzen seien.[1] Der viel gescholtene Unilateralismus der Amerikaner setzte also keinesfalls erst mit dem Amtsantritt von George Bush ein und er war auch nicht ausschließlich ein Phänomen der Exekutive. Die Festlegung auf die Raketenabwehr 1999, die Weigerung des Senats, dem atomaren Teststoppvertrag zuzustimmen, im gleichen Jahr, die zögerlichen Verhandlungen der US-Delegationen bei den Gesprächen über ein Verifikationsprotokoll für die Konvention gegen biologische Waffen, das Blockieren des Kyoto-Protokolls wie des Internationalen Strafgerichtshofs – all diese Entwicklungen gingen vom US-Kongress aus signalisierten in den neunziger Jahren insgesamt das gewandelte Selbstverständnis der Supermacht in der Außenpolitik, auch wenn sich der unilaterale Reflex unter Bush noch einmal beträchtlich verschärfte.[2]

Was aber treibt dieses Selbstverständnis an? Die Essenz der Losung von der „unersetzlichen Macht" liegt in der Verbindung der traditionellen amerikani-

---

[1]   Bill   Clinton,   Second   Inaugural   Address   of   the   President,   20. Januar 1997.
      www.law.ou.edu/hist/clinton2html (15.8.05).
[2]   Dembinski (2002).

schen Friedenssehnsucht, die phasenweise auch in die „splendid isolation" führen kann, und einem aktiven Internationalismus aus besonderem Anlass wie aus
eigenen Interessen heraus. Getragen wird sie nicht zuletzt von einer Gesellschaft,
die von einem hohen Maß an Loyalität gegenüber Staat und Verfassung geprägt
ist, die sich gerade in Krisensituation, in Momenten äußerer Bedrohung (seit den
Anschlägen vom 11. September 2001), in selbstverständlichem Patriotismus
hinter ihrer politischen Führung schart und die sich immer dann mobilisieren
lässt, wenn vermeintliche oder tatsächliche nationale Interessen auf dem Spiel
stehen.

Eben dieses Phänomen begünstigte nach Ende des Zweiten Weltkrieges eine Entwicklung der amerikanischen Außenpolitik, bei der die ursprünglich vorgesehene und in der Verfassung angelegte Teilung der Befugnisse in der Außenpolitik zwischen Exekutive und Legislative zunehmend zugunsten einer relativen
Autonomie des Präsidenten und der Zentralisierung der außenpolitischen Kompetenzen aufgehoben wurde. Diese Machtverschiebung entsprach keinesfalls den
Intentionen der Verfassungsväter, welche die präsidentielle Macht in ein wirk-
sames System von gegenseitigen Kontrollmöglichkeiten eingebunden sehen
wollten, um so eine Konzentration der Macht zu verhindern.[1] Gerade während
des Kalten Krieges kam es aber zu einer zunehmenden Delegation von gesetzge-
berischer Macht an den Präsidenten, die zum einen durch einen Grundkonsens
zwischen beiden Institutionen in der außenpolitischen Strategie der globalen
Eindämmung der Sowjetunion begünstigt wurde,[2] zum anderen aber in der Un-
bestimmtheit der Zuständigkeiten in der Außenpolitik ihre Ursache hatte. So sind
die in Art. 1 der Verfassung festgelegten Vollmachten des Kongresses zwar
zahlreicher als die des Präsidenten (Art. 2). Dafür aber gewährt die aus der allgemeinen exekutiven Gewalt abgeleitete generelle Befugnis für die Durchführung der Außenpolitik dem Präsidenten ein hohes Maß an Flexibilität und inhä-
renten Kompetenzen, die ihm bei entsprechender Legitimität in der Gesellschaft
gerade in der Außenpolitik weitgehend freie Hand gibt, wenn er nur entschieden
genug seine politische Zielsetzung verfolgt.[3]

---

[1] Huntington (1981), S.237.
[2] Dazu umfassend: Fröhlich (1998).
[3] Wildavsky (1966), S.7 ff.

Abbildung 1:   Verfassung der USA[1]

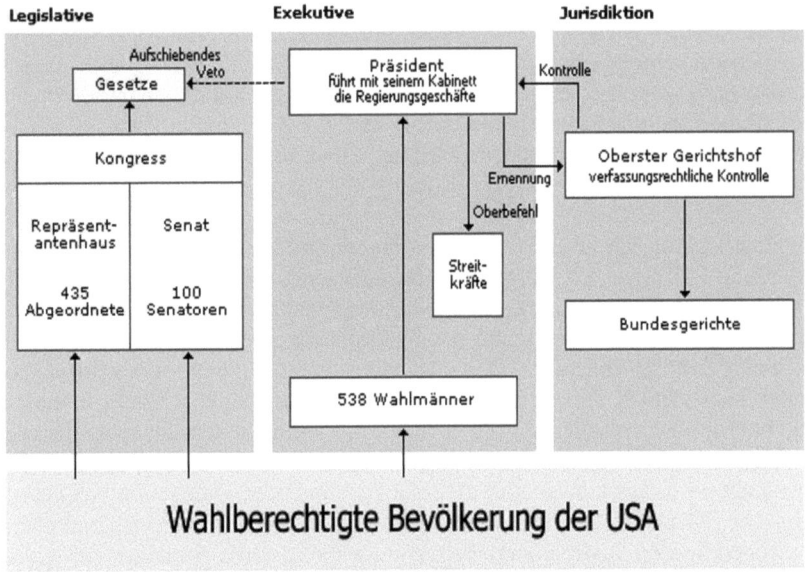

Eng verbunden mit Amerikas globaler Suprematie im Sinne seiner Ressourcen,
ist demnach die Frage nach dem außenpolitischen Selbstverständnis des Landes
und seinem daraus resultierenden politischen Willen, diese auch zu nutzen. Die
Frage rührt an den Wurzeln der theoretischen Auseinandersetzung mit dem Thema Staatlichkeit in der Innen- wie in der Außenpolitik. Für die im Kontext unserer Überlegungen zur Frage nach der amerikanischen Weltmachtrolle relevanten
Theorien in den Internationalen Beziehungen (IB) gilt, dass sie allesamt an dem
Gegensatz zwischen Idealismus und Realismus leiden. Als idealistisch gelten die
Überlegungen Kants „Zum Ewigen Frieden" über Wilsons „Vierzehn Punkte"
bis hin zu den zahlreichen Vertretern des Institutionalismus in der Grauzone
zwischen Idealismus und Realismus (Keohane).[2] Ihr Thema ist der Zusammenhang von Demokratie und Frieden sowie die Rolle des Rechts und der Institutionen in den IB. Als realistisch hingegen gelten die Lehren von Machiavelli über
Thomas Hobbes bis hin zu den modernen Vertretern der Realistischen Schule

---

[1]   Zu finden unter: www.wikipedia.de (15.8.05).
[2]   Schieder/Spindler (2003).

(Morgenthau, Kissinger). Ihre Grundbegriffe sind Interesse, Macht, Staat, Gleichgewicht der Kräfte.

Idealismus und Realismus aber sind gerade nach amerikanischer Auffassung falsche Alternativen. Das Denken in ihren Kategorien führt zu Missverständnissen. Staaten- und Gesellschaftswelt, Interessen und Werte, Macht und Verantwortung, Konflikt und Zusammenarbeit sind keine Gegensätze. Sie können sich jeweils ergänzen und nur auf der Grundlage ihrer Verbindung werden wirklichkeitsnahe Maßstäbe der Außenpolitik gewonnen. Ihre gemeinsame Wurzel ist der Liberalismus. In ihm ist die gesamte politische Tradition des Westens angelegt. Seine Grundbegriffe Freiheit, Vernunft und Recht sind zwar nicht unmittelbar auf die Außenpolitik übertragbar, stellen aber die Prinzipien dar, aus denen wiederum die Grundbegriffe einer „liberalen Außenpolitik" abgeleitet und entwickelt werden können. Diese Grundbegriffe sind Demokratie und Multilateralismus, aber auch Verantwortung und (Durchsetzung von) Recht im Sinne von Ordnung gestalten.

Amerikas Macht erwächst nach diesem Verständnis also nicht allein aus seinem überragenden Militärpotential oder seiner Wirtschaftskraft, sondern auch aus seiner Auffassung, wonach Gestaltung (im Sinne von Ordnung gestalten) die zentrale Aufgabe aller, an bestimmte Wertvorstellungen gebundenen Staatlichkeit im Inneren wie im Äußeren ist. Danach kann und gibt es keine zentrale Ordnungsgewalt auf internationaler Ebene. Die Vereinten Nationen können dies nicht leisten, weil die Mitglieder ihre Kräfte nicht aus freien Stücken bündeln.

3 Denkschulen in der amerikanischen Außenpolitik

Auch Kant ging davon aus, dass der Frieden gestiftet werden muss. Nach seinen drei Definitivartikeln machen republikanische Verfassungen Kriege schwerer, gehen Staaten um ihrer Sicherheit willen Bündnisse ein (hier war er Realist genug, um dabei seine Hoffnung nicht allein auf den Welt- bzw. Völkerstaat zu setzen) und erhöht die Aussicht auf Handelsverkehr die Chance auf den Frieden. Die These, wonach Demokratien keine Kriege führen, wird also ergänzt durch die These vom Zusammenhang zwischen wirtschaftlicher Verflechtung und Frieden.

Wenn das die Ausgangsthese ist, liegt es nahe, sich die weltweite Verbreitung von Demokratie als Ziel der Außenpolitik zu setzen. Genau dies taten Thomas Jefferson („es ist unmöglich nicht einzusehen, dass wir für die gesamte Menschheit handeln") und Woodrow Wilson („make the world safe for democracy"). Mit welchen Mitteln und Kosten dies geschieht, scheint dabei zunächst zweitrangig, ist es aber im amerikanischen Fall ganz und gar nicht. Denn Jefferson und Wilson, die man beide durchaus dem idealistischen Liberalismus zuordnen kann, unterschieden sich sehr wohl in der Wahl ihrer Mittel, so dass man gar von zwei unterschiedlichen Denkschulen in eben dieser liberalen Sichtweise sprechen muss.[1] So steht das Wilsonsche Denken für das aktive Eintreten für eine internationale Ordnung, deren Ziele die Demokratisierung und Verrechtlichung der Welt durch Gründung eines Völkerbundes war. Jefferson hingegen betonte und definierte das nationale Interesse Amerikas nicht als globales, sondern passiv und wesentlich enger. Ziel war danach zunächst die Bewahrung der amerikanischen Demokratie als leuchtendes Beispiel in der Welt („city on the hill") und die Selbstauferlegung einer Zurückhaltung in internationalen Angelegenheiten, um sich möglichst nicht in Kriege verwickeln und die eigene Demokratie nicht korrumpieren zu lassen. Beiden Denkschulen ist bis heute gemein, dass sie Amerika quasi als die Inkarnation von Gottes Schöpfung und ihre Nation als den Inbegriff der gottgefälligen, sittlichen Freiheit in Verantwortung für das Gemeinwohl der Welt betrachten. Diese Offenbarung galt für die Nation von Anfang an und wird in den amerikanischen Augen als historische Wahrheit empfunden.

Die Gefahr einer solchen Perzeption ist allerdings, dass diese liberale Tradition nicht selten als Rechtfertigung einer Interessen- und Machtpolitik dient, die das Ziel des Schutzes der inneren Freiheit lediglich zum Zweck der Stärkung der äußeren Macht des Staates instrumentalisiert. An diesem Punkt kommt es dann zur Verschmelzung von idealistischen und realistischen Deutungen, die so typisch ist in der amerikanischen Außenpolitik.

So ist in der amerikanischen Geschichte immer auch eine realistische Linie der Tradition wirksam gewesen. Alexander Hamilton bezweifelte, dass Demokratien keine Kriege führten, und hielt es deshalb auch nicht für nötig, andere Staaten zu bekehren. Ebenso wie Washington wollte er nicht, dass die junge Demokratie internationale Verpflichtungen einging. Diese Art von begrenztem Sendungsbewusstsein formulierte am einprägsamsten John Quincy Adams im Jahre 1823: „Amerika trachtet nicht danach, in die Welt zu ziehen, um Ungeheuer zu vernichten. Es befürwortet Freiheit und Unabhängigkeit für alle. Es verficht und erkämpft sie jedoch nur für sich selbst."

Hamilton war deswegen aber noch lange kein Isolationist, denn gleichsam propagierte er als ein Realist europäischer Provenienz und Freihändler die Verfolgung des kommerziellen nationalen Interesses im Sinne des Kantschen Diktums: Freihandel überwindet die anarchische Welt.

Bleibt eine vierte und letzte Denkschule, die gleichsam dem politischen Realismus zuzuordnen ist: in der Literatur begegnet man ihr als die Denkschule der

---

[1]   Dazu und im folgenden: Mead (2002), Kap. 5 und 6.

Jacksonians – in Anlehnung an Präsident Andrew Jackson, jenem ersten Präsidenten aus dem Hinterland Amerikas und Begründer der modernen Demokratischen Partei, der ein Amerika repräsentierte, das Europa den Rücken kehrte und sich nach Westen ausdehnte. Dieses Amerika stand und steht noch heute für die kontinental-europäische Tradition einer Realpolitik, die vor allem auf eigene (militärische) Stärke setzt und zur Durchsetzung des eigenen Interesses auch unilateral handelt. Jacksonians widersetzten sich im 20. Jahrhundert zunächst dem Wilsonschen Denken, gingen aber dann im Zweiten Weltkrieg und im Kalten Krieg eine Verbindung mit ihm ein, um nach Ende des Kalten Krieges vorübergehend wieder zu ihren Grundsätzen zurückzukehren. So sind die Überlegungen von Vertretern wie Charles Krauthammer oder Robert Kagan keinesfalls isolationistisch, sondern vor allem unilateralistisch geprägt; Ausdruck für die radikalste Form eines solchen Denkens ist ihre Tolerierung der „preemptive strike"-Doktrin.[1]

Grundparameter für diese Realisten sind die Begriffe Interesse und Macht. Werden sie wie bei Morgenthau als Gleichung angesehen, können folgenschwere Missverständnisse entstehen. Interesse und Macht sind in ihrem Wesen verschieden. Nationale Interessen sind Ziele, die rational begründet werden müssen. Nationale Interessen sind daher rationale Interessen. Macht hingegen ist als Zweck irrational. Sie darf immer nur Mittel sein, das vernünftig und vorsichtig gebraucht wird. Henry Kissinger, der Missverhältnisse von Zielen und Mitteln nicht nur als Historiker, sondern auch aus der eigenen Amtszeit als Außenminister und Sicherheitsberater kennt, kritisierte aus dieser Erfahrung heraus rückblickend die Bereitschaft Kennedys, für die Verwirklichung seiner Ziele „jeden Preis zu zahlen und jede Bürde zu tragen". Und er war sich 1969 angesichts von 31000 in Vietnam gefallenen Amerikanern und 100 Mrd. US-Dollar Kosten des Krieges mit Nixon darin einig, dass sich die Verpflichtungen der USA an ihren Interessen orientieren mussten und nicht umgekehrt.

Halten wir also fest: Vom Betonen des kommerziellen, freihändlerischen nationalen Interesses (Hamiltonians) über internationale Selbstbeschränkung zur Bewahrung der amerikanischen Demokratie (Jeffersonians) bis hin zum moralischen Rigorismus, der Demokratie als Ideologie in die Welt trägt (Wilsonians), und einem auf die eigene Stärke setzenden radikalen Unilateralismus/Interventionismus in der Weltpolitik (Jacksonians) oszillieren alle vier Denkrichtungen/Traditionen in der amerikanischen Außenpolitik um die Pole Idealismus und Realismus und heben dabei diese als Gegensatzpaar auf. Mit anderen Worten: in der amerikanischen Außenpolitik gibt es kein entweder oder, sondern nur ein sowohl als auch!

---

[1] Kagan (2003).

Dies gilt im übrigen gleichermaßen für die verschiedenen Label amerikanischer Außenpolitik, die im Grunde nur deren Komplexität und die starke Mehrdeutigkeit der gedanklichen Grundlagen widerspiegeln: Isolationismus vs. Internationalismus, Multilateralismus vs. Unilateralismus.[1] Beide Interpretationsvarianten amerikanischer Außenpolitik tauchen immer wieder auf und haben eine lange Tradition im amerikanischen Denken im 20 Jahrhundert. So wie isolationistische (Washingtons „Farewell Address", die Haltung einiger Senatoren mit Blick auf den Beitritt zum Völkerbund 1919/29, die Phase zwischen den beiden Weltkriegen, die neoisolationistischen Töne um Ross Perot Anfang der neunziger Jahre des 20. Jahrhunderts) und internationalistische Phasen (vor allem die Phase des Kalten Krieges) abwechselten, so wird die sicherheitspolitische Dominanz der USA durch die politische und ökonomische Eingebundenheit in einen multilateralen Ordnungsrahmen relativiert, der Washington von Zeit zu Zeit einen weitaus flexibleren Multilateralismus abverlangt.

Fest steht somit: Für das Verständnis von liberaler Außenpolitik ist es notwendig, zum rationalen Kern des Begriffs vorzudringen. Macht kann dann rational sein, wenn sie Mittel und nicht Zweck ist. Das bedeutet nicht, dass der Zweck die Mittel heiligt. Der Gebrauch von Macht kann nur gerechtfertigt sein, wenn er maßvoll ist. Genau dieses Spannungsverhältnis aufzuheben, ist eine permanente Gratwanderung und das zentrale Dilemma amerikanischer Außenpolitik. Gefahr droht ihr gleichermaßen von einem moralischen Rigorismus, der sich anmaßt, die eigenen Wertmaßstäbe zu universal-verbindlichen zu erklären und sie weltweit durchzusetzen sucht, wie auch von einer Machtpolitik, die Interessen unter dem Deckmantel vage begründeter Verantwortungspolitik durchsetzt und dabei die grundlegenden völkerrechtlichen Prinzipien von der „Verhältnismäßigkeit" bei der Wahl der Mittel und der „Notwendigkeit" im Sinne der immanenten Bedrohung ignoriert.

Im Irak-Krieg gingen beide Strömungen auf geradezu verhängnisvolle Weise eine enge Liaison ein, als das Lager der neokonservativen Unilateralisten um Paul Wolfowitz, Richard Perle, William Kristol oder Richard Armitage, welche die Demokratisierung des Irak (Wilsonianismus) forderten, sich dem Ziel der im realpolitischen Denken verhafteten Unilateralisten um Richard Cheney und Donald Rumsfeld anschlossen (Jacksonians) und für den gewaltsamen Sturz des Regimes in einer strategisch bedeutsamen Region aus nationalen Interessen heraus plädierten. Seither stellt sich die Frage, ob der in der Unipolarität angelegte Wandel in der amerikanischen Außenpolitik, den viele Beobachter bereits in den Umbrüchen der Jahre 1989-1991, spätestens aber in den Anschlägen vom 11. September angelegt sahen, durch den Präemptivschlag im Irak nicht einen

---

[1]   Fröhlich (2002), S.23 ff.

weiteren Paradigmenwechsel erfahren hat. Bei allen Variationen amerikanischer Weltpolitik nämlich galt zumindest bis zum 11. September eine Konstante. Amerika unangefochten und machtvoll zu halten, es gleichzeitig aber mit einer großen Anzahl von Bündnispartner verbunden zu sehen. In diesem Sinne akzeptierte die Welt den „wohlwollenden Hegemon", die „unverzichtbare" Nation zum weltweiten Schutz der von ihr verkörperten Werte, die zwar auch ganz praktische, realpolitische und kommerzielle Interessen verfolgte, aber eben nicht imperial auftrat. Eben diese Gefahr des Umschlagens in das unangefochtene Imperium, welches der Weltordnung einen neuen Stempel jenseits einer seit fünf Jahrzehnten mehr oder weniger erfolgreichen Ordnungsgewalt universaler Autorität (UN) aufdrückt, ist heute im Falle Amerikas realer denn je: die internationale Ordnung scheint zumindest auf einen Machtpol ausgerichtet zu sein, von dem aus unilateral über Sicherheit, Allianzpartner und die Bedingungen des Welthandels und Weltfinanzarchitektur entschieden wird. Die unipolare Stellung der USA übertrifft die aller vorangegangenen Reiche, einschließlich des römischen, bei weitem. Die USA sind die erste globale Supermacht, die tatsächlich über das gesamte Spektrum weltweit wirkender Machtressourcen verfügt.

4 Amerikas wirtschaftliche Stärke

Vieles von dem, was man von der künftigen Außenpolitik Amerikas erwarten darf, hängt zentral von der weiteren Entwicklung seiner Wirtschaft ab. Ein Blick auf die derzeitige politische Agenda der Bush-Administration gibt dabei nicht nur Aufschluss über die enormen ökonomischen Herausforderungen, vor denen das Land steht, sondern auch über die Größenordnung der amerikanischen Wirtschaft. Der Präsident ist entschlossen, in der zweiten Amtszeit sein Augenmerk verstärkt auf die Daseinsvorsorge (Rentenversicherung) zu lenken und als radikaler Reformer vor allem Akzente im Innern zu setzen: Teilprivatisierung der Rentenversicherung, die genauso wie die europäische von der demographischen Entwicklung bedroht wird (mit befürchteten Ausfällen in Höhe von 100 Mrd. Dollar bereits für 2005); Sanierung des US-Haushalts durch umfangreiche Kürzungen oder Streichungen von rund 150 Ausgabenprogrammen vor allem in den Bereichen Soziales, Verkehr, Wohnungswesen, Stadtentwicklung, Landwirtschaft und Umwelt; neue große Umverteilungen zugunsten des Schulwesens, der beruflichen Bildung und der ärztlichen Versorgung.[1] Gleichzeitig plant die Regierung weitere umfangreiche Steuersenkungen und eine Erhöhung des Verteidigungsbudgets um 4,8% in 2005 auf 422 Mrd. US-Dollar mit einer Vorplanung

---

[1] Bericht des Präsidenten zur Lage der Nation 2005, Teil I, US-Politik (2. Februar 2005). Amerika-Dienst Archiv, www.amerikadienst.usembassy.de (15.8.05).

auf etwa 462 Milliarden Dollar für das Jahr 2008. Das entspricht in etwa dem
Dreifachen dessen, was die EU-Staaten im Jahr 2003 für ihre Streitkräfte vorgesehen hatten. Der momentane Handlungsspielraum für das ehrgeizige Programm scheint
zunächst eher begrenzt: 2004 betrug das Budgetdefizit rund 415 Mrd. Dollar
(4,2% des BSP), das Handelsbilanzdefizit belief sich auf etwa 590 Mrd. Dollar,
die öffentliche Gesamtverschuldung betrug 7,4 Billionen Dollar und mit einem
Zahlungsbilanzdefizit von mehr als 600 Mrd. Dollar, rund 5,5% des Bruttoinlandprodukts, hängt Amerika in hohem Maße von den Entscheidungen anderer
ab, insbesondere von den Ländern in Asien, die in den vergangenen Jahren hohe
Dollarguthaben erworben haben: China, Taiwan, Japan. Nimmt man die jährlichen Kosten für den Irak und Afghanistan hinzu (schon jetzt bewegen sich die
Gesamtausgaben in der Größenordnung von mehr als 200 Mrd. Dollar - für 2005
sind weitere knapp 40 Mrd. Dollar noch gar nicht im Haushalt eingeplant), dann
kann man ermessen, vor welch ungeheuren ökonomischen und finanziellen Herausforderungen Washington steht.[1]

Tabelle 1: Wirtschaftswachstum ausgewählter Länder seit 2003[2]

Bruttoinlandsprodukt real; in v. H. zum Vorjahr			
2003	2004	2005[3]	2006[4]
USA	3,0	4,4	3,5	3,0
Japan	1,4	2,6	1,5	2,0
EU	1,0	2,3	1,75	2,0
Russland	7,3	7,1	5,75	4,25
China	9,5	9,5	8,5	8,0

Das Land hat jedoch gerade in der vergangenen Dekade bewiesen, dass seine
Volkswirtschaft und Gesellschaft im Vergleich zu Europa und zu Japan in hohem Maße anpassungsfähig ist bei Veränderungen der internationalen und auch
der inneren sozialen Bedingungen. Die Fähigkeit, das enorme ökonomische
Potential nach den jeweiligen konjunkturellen Gegebenheiten zu nutzen, verschaffte der US-Wirtschaft in der Vergangenheit stets die Flexibilität, auch in
wirtschaftlich schwierigen Zeiten mit einem Wirtschaftswachstum auf durch-

---

[1]   Politik als Mission. Die Agenda der zweiten Bush-Administration. Jahresbericht 2004. Fried-
      rich-Ebert-Stiftung, Büro Washington, 20. Januar 2005.
[2]   Daten nach: www.westlb.de/cms/sitecontent/westlb_de/de/maerkte_analysen (15.8.05).
[3]   Geschätzt.
[4]   Geschätzt.

schnittlich hohem Niveau aufzuwarten. So dominiert das Land auch jetzt - trotz enormer Ausgabenprogramme vor allem in den Bereichen Verteidigung und Innere Sicherheit seit 2001 - die Weltwirtschaft und stellt Japan und die EU in punkto Wachstumsraten eindeutig in den Schatten. 2004 ist das Bruttoinlandsprodukt (BIP) um 4,4% gestiegen und auch für 2005 wird mit einem Wachstum von immerhin 3,5 bis 4,0% gerechnet.

Selbst ein Jahr nach den Terroranschlägen erwirtschafteten die USA in etwa 31% des Weltbruttosozialprodukts und gaben 36% aus von den weltweiten Militärausgaben in Höhe von 811,5 Mrd. US-Dollar.[1] Der Anteil der USA am Welthandel ist seit Anfang der neunziger Jahre kontinuierlich gestiegen und beträgt heute in etwa 15%; er wird damit lediglich von dem Handelsvolumen aller Mitgliedsländer der EU mit etwa 20% Welthandelsanteil übertroffen. Die amerikanische Wirtschaft ist damit etwa doppelt so groß wie die Japans, Kalifornien allein ist die fünftgrößte Wirtschaftsmacht, vor Frankreich, knapp hinter Großbritannien.[2] Washington zieht mehr Humankapital in Form von Experten und Spezialisten an als irgendein anderes Land in der Welt, und mehr als ein Drittel der weltweiten Direktinvestitionen gehen nach Amerika. Obwohl der nationale Anteil an Forschungs- und Entwicklungsausgaben im Zeitalter der Globalisierung nur noch schwer messbar ist, weisen die Zahlen um die Jahrtausendwende doch aus, dass der entsprechende Etat Washingtons in etwa dem der sieben nächsten reichsten Nationen zusammengenommen, entspricht. Auch bei den öffentlichen Ausgaben für die Bildung wird deutlich - zumal wenn man bedenkt, dass ein hoher Anteil des Bildungssektors privatisiert ist -, dass der relative Aufwand der USA für diesen Bereich weit höher ist als in den meisten westlichen Industrienationen.

Die Gründe für den Erfolg der amerikanischen Wirtschaft in der vergangenen Dekade (vor allem im Vergleich zu den beiden größten Konkurrenten Europa und Japan) liegen zum einen in dem enormen amerikanischen Beschäftigungswachstum von mehr als 10% auf eine Quote von 75% in diesem Zeitraum; über die gleiche Phase stagnierte die Beschäftigungsquote innerhalb der EU im Durchschnitt bei 66%. Zum anderen verstärkte die zunehmende Produktivitätslücke, die die Europäer in den drei vorangegangenen Dekaden kontinuierlich bis Mitte der neunziger Jahre auf 80% des US-Niveaus verringert hatten, diesen Trend.[3] Lediglich Irland, Luxemburg, Portugal und Finnland erreichten ähnliche Raten wie die USA. Die Bundesrepublik Deutschland oder Frankreich hingegen

[1] Present at the Creation. A survey of America's world role, in: The Economist vom 29. Juni 2002.
[2] Brooks/Wohlforth (2002), S.22 ff.
[3] Fröhlich (2005), S.40 ff.

verhinderten noch größere Ungleichgewichte im gleichen Zeitraum nur über ihre
starken Rationalisierungsinvestitionen.

Tabelle 2: US-Wirtschaftsstatistik

	2004	2003	2002
BIP nominal (Mrd. US-$)	11.728	11.004	10.487
BIP-Wachstum real	+ 4,4%	+ 3,0%	+ 1,9%
Arbeitslose	8,1 Mio. (Jahresdurchschnitt)	8,8 Mio. (Jahresdurchschnitt)	8,4 Mio. (Jahresdurchschnitt)
Arbeitslosenquote	5,5% (Jahresdurchschnitt)	6,0% (Jahresdurchschnitt)	5,8% (Jahresdurchschnitt)
Verbraucherpreise	+ 3,3% (Dez.2004/2003)	+ 1,9% (Dez. 2003/2002)	+ 2,4% (Dez. 2002/2001)
Importe aus Deutschland (Mrd. US-$)	77,2	68,1	62,5
Handelsbilanzsaldo mit Deutschland (Mrd. US-$)	- 45,9	- 39,3	- 35,9
Handelsbilanzsaldo mit der EU (Mrd. US-$)	- 104,5 (EU 15) - 110,0 (EU 25)	- 93,1	- 82,4

Beide Faktoren, eben die geringere Beschäftigungsquote wie die durchschnittli-
che Arbeitsproduktivität haben in der Vergangenheit dazu beigetragen, dass sich
die Kluft zwischen Europa und den USA hinsichtlich der durchschnittlichen
Kaufkraft weiter zugunsten der USA vergrößert hat. In den letzten 25 Jahren
konnte Europa den Abstand, gemessen am Bruttoinlandsprodukt pro Einwohner,
nicht verringern. Im Gegenteil, in den neunziger Jahren vergrößerte das enorme
Wirtschaftswachstum in den USA diese Kluft weiter, so dass das durchschnittli-
che Pro-Kopf-Bruttoinlandsprodukt Europas heute etwa zwei Drittel des amerikanischen beträgt. Darüber hinaus sind die Einkommen in den USA, auch in den
unteren Einkommensschichten, nach Jahren der Stagnation erstmals wieder gestiegen.

Und bei aller Richtigkeit, dass diese Erfolge primär auf einem angebotsori-
entierten wirtschaftlichen Kurs beruhen, so bleibt festzuhalten, dass dieser Kurs
auch von einem hohen Maß an Flexibilität gekennzeichnet ist – einer Mischung
aus: moderatem Keynesianismus in der Fiskalpolitik, der in schlechten Zeiten

durchaus zu wachstumsstimulierenden Maßnahmen bereit ist, undogmatischer Geldpolitik zur Kontrolle der Inflation, liberaler Wirtschaftspolitik mit vergleichsweise niedrigen Steuersätzen und geringem Regulierungsgrad und rascherer Adaptionsfähigkeit in Zeiten ökonomischer und finanzieller Engpässe.

Diese Flexibilität schlägt auch auf die Außenwirtschaftspolitik der USA durch. Zwar beklagen Europäer in vielen Fällen zu Recht Amerikas Ignoranz gegenüber internationalen Verträgen und Vereinbarungen. Die Regeln für die Weltwirtschaft sind aber das Ergebnis multilateraler Vereinbarungen, welche die Verhandlungsmacht der jeweiligen Akteure widerspiegeln. Diese Macht entspricht wiederum der jeweiligen wirtschaftlichen Größe und politischen Rolle des Landes in der Welt: Je größer diese, desto größer auch die Gestaltungsmacht. Die USA verfügen so gesehen natürlich über den größten Spielraum, Inhalt und Verfahrensregeln der Globalisierung zu bestimmen. Washington verfügt über das größte Gewicht in Organisationen wie den UN, der Weltbank oder dem IWF und es bestimmt wesentlich das WTO-Regelwerk. Dabei waren seine Ordnungsvorstellungen für die Weltwirtschaft über die Jahre hinweg erstaunlich konsistent. John Williamson hat im Zusammenhang mit der Haltung der USA gegenüber Welthandelsfragen und internationalen Organisationen vom „Washington Consensus" gesprochen. Dessen Grundphilosophie lässt sich auf die Maxime vom ungehinderten Marktzugang (Freihandel), Schutz des Privateigentums, Integration in die Weltwirtschaft, ungehinderter Kapitalfluss und Skepsis gegenüber jeglicher Form staatsinterventionistischer Außenwirtschaftspolitik verkürzen.[1]

Auch das internationale Währungs- und Finanzsystem wird nach wie vor von Washington bestimmt. Sechs der größten 25 Banken der Welt sind amerikanisch. Die Wertpapierkäufe und -verkäufe amerikanischer Pensionsfonds steuern maßgeblich das Schicksal der globalen Aktienmärkte und machen Wall Street trotz London, Tokio und Frankfurt zur unbestrittenen Nummer Eins der Weltbörsen. Die Entscheidungen der US-Notenbank und die Haushalts- und Steuerpolitik der Regierung gehören zu den mächtigsten Steuerungsinstrumenten der USA, mit weit reichenden Wirkungen in andere Länder hinein (so zuletzt nachhaltig dokumentiert in der Asienkrise). Schließlich beherrscht der US-Dollar - trotz Euro - den größten Währungsraum der Welt und profitiert von seiner traditionellen Rolle als Leitwährung,[2] weil Finanzdisponenten ihr Kapital nach wie vor ungemindert nach den USA verschieben, in der Erwartung, dass Kapital dort höher oder sicherer verzinst wird als im Euroraum. Und diese Erwartung wird häufig bestätigt, weil die amerikanische Wirtschaft immer wieder zeigt, dass ihre

---

[1]   John Williamson, What should the Bank think about the Washington Consensus? Institute for International Economics. Einzusehen unter www.iie.com/TESTMONY/Bankwc.htm (15.8.05).

[2]   Franke (2003). Einzusehen unter www.die-bank.de (15.8.05).

Dynamik entsprechend hohe Renditen abwirft. Dies hat maßgeblich etwas damit zu tun, dass nirgendwo sonst Erfindungen und Innovation so konsequent in marktfähige Produkte und Dienste umgesetzt werden wie in Amerika. Die Zukunftsorientierung von Politik, Unternehmen, Märkten und Börsen durch Investition in Schlüsseltechnologien (Kommunikationstechnik, Biotechnologie) und Entwicklung neuer Materialien ist der eigentliche Grund für Wachstum, Innovation, Produktivitätsfortschritt und den Abbau von Arbeitslosigkeit. Sie garantiert auch die enge Verzahnung von exzellenter Wissenschaft und Technik und der privaten Wirtschaft, wie sie gerade für die militärische Vorrangstellung der USA wesentlich ist.

Tabelle 3: Kennzahlen zur wirtschaftlichen Entwicklung der USA

		2003
Bruttoinlandsprodukt (BIP)	(in Mrd. US-$)	11.004
Reale Veränderung des BIP	(in %)	3,1
BIP pro Kopf	(in Mrd. US-$)	37,045
Bevölkerung	(in Mio. Personen)	297,0
Leistungsbilanz	(in Mio.€)	- 469.121
Inflationsrate	(in %)	2,2
Zivile Arbeitnehmer	(in Mio. Personen)	137,7
Arbeitslosenquote	(in %)	6,0
Importe	(in Mrd. US-$)	1.303
Exporte	(in Mrd. US-$)	725

Der in diesem Kontext häufig zu vernehmende Einwand, wonach die zusätzliche Nachfrage den Preis des Dollars und damit seinen Wert in die Höhe treibe, so dass die Amerikaner mehr aus der übrigen Welt beziehen als sie an die übrige Welt verkaufen, ihre Handels- und Leistungsbilanz somit negativ ausfällt, ist somit zu relativieren. Das Risiko des amerikanischen Zwillingsdefizits für die Weltwirtschaft lässt sich nämlich auch als Ausdruck eben der skizzierten Dynamik der amerikanischen Wirtschaft betrachten. Ein Risiko stellt allenfalls das Haushaltsdefizit in dem Moment dar, da die amerikanische Notenbank die Kreditbremse anzieht und damit Spekulationen auf steigende Zinsen nährt, was wiederum zu Kursverlusten am Anleihemarkt, zu entsprechenden Verwerfungen an den Kapitalmärkten führt - mit allen negativen Konsequenzen dann für die Leistungsbilanz. Allerdings hat Washington längst erkannt, dass dies die größte Gefahr für das Land darstellt, und deshalb die Umkehr in eine größere Etatdisziplin eingeleitet.

5 „Pax Americana" oder Missbrauch globalen Führungsanspruchs - Verführung der überragenden militärischen Macht

Nichts dokumentiert Amerikas Supermachtstellung eindrucksvoller als seine militärische Stärke. Ton und Stil haben sich in der Außenpolitik in der zweiten Amtszeit Bushs zwar verändert - zu groß war der Imageschaden für das Land nach dem unilateralen Handeln Washingtons im Irak, der zunehmenden Instrumentalisierung der NATO („tool box") durch die USA bereits im Krieg gegen das Taliban-Regime in Afghanistan und der daraus resultierenden zunehmenden Ignoranz gegenüber den Bündnispartnern. In den USA – parteiübergreifend – bleibt aber der Kampf gegen den Terrorismus die alles überragende Aufgabe. Der 11. September bestimmt nach wie vor den außenpolitischen Kurs. Sollte sich Washington bedroht fühlen, so wird es auch weiterhin nicht davor zurückschrecken, unilateral und auch präventiv loszuschlagen. Dies umso mehr, als Amerika sich nach den Wahlen im Irak am 30. Januar 2005 und in Afghanistan im Oktober 2004 vorerst in der Überzeugung bestätigt sieht, dass es der nationalen Sicherheit förderlich ist, diesen Krieg gewissermaßen in Feindesland zu tragen und den islamischen Terrorismus durch einen notfalls gewaltsamen Anstoß zur Demokratisierung an der Wurzel zu bekämpfen, statt ihn daheim erleiden und ausfechten zu müssen. Deswegen gibt es im Übrigen auch keinen Zeitplan für einen Abzug amerikanischer Truppen aus beiden Ländern, solange der „Job nicht erledigt ist" - allenfalls so etwas wie „Disengagement"-Pläne, schon um der Legitimität der demokratisch gewählten irakischen Regierung willen.

Diese Grundhaltung ist zweifelsfrei Ausdruck eben jener überragenden militärischen Stärke des Landes. Obwohl die Zahl der Truppen auf ca. 1,3 Millionen verringert wurde, sind die amerikanischen Streitkräfte die mit weitem Abstand bestausgerüsteten und fähigsten in der Welt.[1] Aufgrund der vollständigen Digitalisierung ihrer Führungsstrukturen und nicht zuletzt auf Grund von Ausbildungsstand, Training und Doktrin sind sie in der Lage, mit geringsten Reibungsverlusten die verschiedenen Teilstreitkräfte im Kampf zu bündeln und sowohl integrierte Operationen wie in Afghanistan oder im Irak durchzuführen wie theoretisch auch die Eskalationsdominanz in einem Großmächtekonflikt zu entwickeln. Der militärtechnische Abstand zwischen Amerika und dem Rest der Welt ist seit Ende des Ost-West-Konflikts stetig gewachsen und dürfte in den kommenden 10-20 Jahren auch nicht geringer werden. Weder China oder Japan noch Russland oder die EU könnten die Voraussetzungen dafür ohne einen fundamentalen Prioritätenwechsel in der Außen- und Sicherheitspolitik schaffen. Eben darin liegt aber auch die Gefahr der zunehmenden Hybris einer Super-

---

[1] Center for Defence Information, Last of the Big Time Spenders: US Military Budget still the World's largest, and growing. www.cdi.org/budget/2004/world-military-spending.cfm (15.8.05).

macht, die - wie der damalige französische Außenminister Hubert Védrine es formuliert hat - auf die einseitige Ausdehnung der Geltung amerikanischen Rechts(-verständnis) über die Grenzen der USA hinaus in den internationalen Beziehungen zielt.

Nichts hat dies deutlicher gemacht als der Irak-Krieg. Einmal ungeachtet der mutmaßlichen Unvereinbarkeit der amerikanischen Intervention im Irak mit der UN-Charta, die wohl zentrale Frage lautet zunächst, inwieweit die durch die neue US-Strategie der Nationalen Sicherheit vom September 2002 bereits implizierte und schließlich durch das Vorgehen gegen den Irak dokumentierte Aufweichung der beiden wesentlichen völkergewohnheitsrechtlichen Kriterien zur Rechtfertigung von Selbstverteidigung - einschließlich von Präventionsmaßnahmen, nämlich „Notstand" (necessity) -, d.h. immanente Bedrohung, und „Angemessenheit" (proportionality), nicht dazu beigetragen hat, das alte Faustrecht des Stärkeren zurück in die internationalen Beziehungen zu tragen.[1] Anders gewendet: Kann die Weltordnung auf Dauer auf einer politischen Doktrin beruhen, nach der Prävention durch Intervention und vorbeugende militärische Gewaltanwendung den Krieg auf eigene Initiative mit einer Konzeption der grenzenlos ausgeweiteten Selbstverteidigung als Mittel der Politik nutzt?

Die Verhandlungen um die Sicherheitsratsresolution 1441 im November 2002 und der anschließende Krieg gegen den Irak haben der Welt gezeigt, dass Amerika in seiner Beurteilung der Frage danach, ab welchem (Zeit-)Punkt ein Präventiveinsatz gerechtfertigt ist, bereit ist, noch einen Schritt weiter zu gehen als die Mehrheit der Sicherheitsratsmitglieder, indem es die Staatenverantwortlichkeit im Falle von Notstand (necessity), Angemessenheit (proportionality) und möglichst großer Gewissheit (certainty) eines bevorstehenden Angriffs im Zeitalter des Terrorismus und der Massenvernichtungswaffen bewusst ignorierte. Von einer unmittelbaren Bedrohung konnte im Irak-Fall nicht die Rede sein. Allein die laufenden UN-Inspektionen machten einen unmittelbar bevorstehenden militärischen Angriff des Iraks auf die USA und/oder Großbritannien sehr unwahrscheinlich. Hinzu kam, dass bei aller generellen Friedensbedrohung durch angebliche Massenvernichtungswaffen im Irak für dessen Nachbarn und die übrige Welt, deren Existenz in einem für die USA die eigene Sicherheit bedrohenden Umfang nicht nachweisbar war. Insofern bedeutet der Angriff zumindest einen Verstoß gegen diese Regeln im Sinne des Völkergewohnheitsrechts.

So gesehen mag zwar für die USA der „Ausnahmezustand" (Carl Schmitt) mit den Anschlägen vom 11. September 2001 eingetreten sein; Die politisch relevante und völkerrechtlich brisante Ausnahmeregel wurde jedoch erst mit dem Irak-Krieg begründet. Ob der Verstoß gegen die Regeln nach dem Völkerge-

---

[1] Ausführlicher: Fröhlich (2004), S.107 ff.

wohnheitsrecht jedoch gleichbedeutend ist mit einer bewussten Verletzung des Wortlauts der UN-Charta durch die Supermacht, ist zumindest umstritten. Man mag die amerikanische Außenpolitik seit den Anschlägen als Ausdruck imperialen Gebarens der einzigen Supermacht beurteilen, unabhängig davon gilt: Verstöße gegen das universelle Gewaltverbot der UN-Charta sind nichts Neues, der Unterschied zu vorangegangenen Interventionen oder Präventivmaßnahmen mag allenfalls darin liegen, dass sowohl im Falle des Iraks wie auch der Anschläge vom 11. September Krieg offen erklärt und geführt wurde - jeweils in Form von Ultimaten. Die Liste der unilateralen Verletzungen gegen das in der UN-Charta festgelegte universelle Gewaltverbot ist jedenfalls lang:

- der sowjetische Einmarsch in der Tschechoslowakei (1948),
- der Angriff von Nord- auf Südkorea (1950),
- die US-Aktionen in Guatemala (1954),
- Israels, Frankreichs und Großbritanniens Invasion Ägyptens (1956),
- der Einmarsch der Sowjetunion in Ungarn (1956),
- die von Washington unterstützte Schweinebucht-Invasion (1961),
- Indiens Überfall auf Goa (1961),
- die amerikanische Invasion der Dominikanischen Republik (1965),
- der abermalige sowjetische Einfall in der Tschechoslowakei (1968),
- die arabisch-israelischen Kriege von 1967 und 1973,
- der Vietnamkrieg (1960-1975),
- die vietnamesische Invasion Kambodschas (1979),
- der sowjetische Einmarsch in Afghanistan (1979),
- der Angriff Tansanias gegen Uganda (1979),
- die argentinische Invasion der Falkland-Inseln (1982),
- der Einmarsch der USA in Grenada (1983),
- die US-Invasion Panamas (1989),
- der irakische Angriff auf Kuwait (1990) sowie
- der Kosovo-Krieg (1999).

Alle Interventionen liefen ohne UN-Mandat und passten in kein völkerrechtlich relevantes Selbstverteidigungsschema.[1]

Die Staatenpraxis widerlegt also die These vom UN-Gewaltverbot einschließlich präventiver Maßnahmen als einer Regel, die dem Völkergewohnheitsrecht in der Staatenpraxis entspricht.[2] Staaten wenden von jeher Gewalt in verschiedensten Formen und Situationen an, so dass von einer Gewalt einschränkenden gewohnheitsrechtlichen Norm in der Praxis nicht die Rede sein kann - allenfalls bezüglich Eroberungskriegen zum Zwecke territorialer Arrondierung

---

[1] The Weekly Standard, Preempting Terrorism: The Case for Anticipatory Self-Defence, 28. Januar 2002.

[2] Weisburd (1997), S.315.

wie im Falle des irakischen Überfalls auf Kuwait 1990.[1] Diese minimale Einschränkung deckt sich jedoch keinesfalls mit der bewusst weit gefassten Gewalt-
verbotsdefinition der Charta in Art. 2 (4). Insofern scheint aus Washingtoner
Sicht die UN-Charta in diesem Punkt überholt; sie wird die USA deshalb auch
künftig nicht davon abhalten - gleich unter welcher Führung - wenn nötig, eigene
Interessen auch ohne UN-Mandat im Sinne der neuen NSS durchzusetzen.[2] Die
auf präventiven militärischen Maßnahmen gegründete Bush-Doktrin, die zwar
nach wie vor auch an den Optionen Abschreckung (deterrence) und Eindämmung (containment) festhält, ist in den USA nicht nur konsensfähig, sondern
verletzt nach dieser Sichtweise auch nicht das Völkerrecht, da die Charta nicht
mehr die Staatenpraxis reflektiert.

Der These, wonach Amerikas normative Autorität in Trümmern liege, wie
sie Jürgen Habermas aufgestellt und viele andere vertreten haben,[3] bzw. ob sich
die USA eine solche Haltung leisten können, ist somit mit Vorsicht zu begegnen,
nicht zuletzt deshalb, weil die von ihnen beschworenen verheerenden Folgen
einer angeblich nicht zu beendenden militärischen Auseinandersetzung in dieser
Form nicht eingetreten sind - ohne die anhaltenden täglichen Schrecken in Form
von Anschlägen im Irak bagatellisieren zu wollen. Die Frage, um die es dabei
geht, ist, ob künftig an den UN als der zentralen Instanz, wo Weltpolitik konsen-
sual ausgehandelt wird, festgehalten werden soll, oder ob man dem bislang nicht
adäquat explizierten, revolutionären Anspruch Amerikas folgt, nach der Weltpolitik unter der Führung einer vor allem militärisch kaum anzufechtenden Hege-
monialmacht betrieben wird. Nicht wenige Diplomaten im UN-Hauptquartier
haben die Debatte um die Resolution 1441 im Vorfeld des Irakkrieges eher als
Referendum über den US-Einsatz von militärischer Gewalt denn als Mittel zur
Abrüstung des Iraks bewertet[4].

Grundsätzlich ist zunächst festzuhalten, dass die immer wieder vorgebrach-
ten Argumente bezüglich der „imperialen Überdehnung" eines jeden zentralisier-
ten Hegemonialsystems mit weltpolitischem Führungsanspruch (unipolare Welt)
natürlich auch auf die Strukturen einer betont dezentralisierten Weltordnung
übertragen lassen. An Amerikas moralischer Integrität zu zweifeln, ist sicherlich
in der derzeitigen Lage auch nicht unberechtigt. Doch dürfen solche Zweifel
tatsächlich soweit gehen, dass sie die Außenpolitik einer durch historisch be-
währte Kontrollmechanismen funktionierenden Demokratie gleichsetzen mit der
von zweifelhaften despotischen Regimes? Schilderungen des Klimas in den
USA, wie sie nicht nur in Tageszeitungen, sondern auch zwischen Buchdeckeln

---

[1]   Glennon (2002), S.539.
[2]   Weiss (2003), S.153.
[3]   FAZ, 17. April 2003.
[4]   Traub, James, The Next Resolution, in: New York Times Magazine;13. April 2003, S.51.

in den beiden vergangenen Jahren zuhauf vorgenommen wurden, erinnern doch vielfach an die Auswüchse einer zu blankem Anti-Amerikanismus verkommenen intellektuellen Boulevard-Publizistik. Natürlich lassen sich die Werte der liberalen Demokratie nicht unilateral verordnen, sondern müssen wechselseitig im bi- oder multilateralen Rahmen ausgehandelt und akzeptiert werden. Aber kann sich umgekehrt der Westen eine Haltung leisten - eine, die wohlgemerkt die einiger Europäer zu sein scheint -, bei der man Gesellschaften der islamischen Welt unter autokratischen bis despotischen Regimes und als latente Bedrohung für den Weltfrieden toleriert, nur weil man der Ansicht ist, dass sie unter dortigen Bedingungen, aber auf Kosten der Bevölkerungen die akzeptabelste ist?

Die UN scheinen für die Aufgabe der Sicherung des Weltfriedens ohne entsprechende Reformen schon deswegen nur bedingt geeignet, da eine Anzahl von eben solchen Regimes Mitglieder des erweiterten Sicherheitsrates sind, die sich auf diese Weise gegen völkerrechtlichen Druck praktisch immun machen.[1]

Wer immer das Verhalten der USA kritisiert und umgekehrt an das Potenzial der Weltorganisation glaubt, der sollte zweierlei berücksichtigen: Die UN können erstens ihrer Aufgabe nur dann gerecht werden, wenn die Europäer aufhören, sich hinter fruchtlosen Debatten zwischen Antiamerikanismus und politischer Konzeptionslosigkeit zu verschanzen; nur so wird sich die Supermacht Amerika überhaupt erst auf solche Debatten einlassen und eventuell auch einbinden lassen. Zweitens sind die Vereinten Nationen von den militärischen Fähigkeiten und Mitteln der USA abhängig; will der Sicherheitsrat seine Beschlüsse durchsetzen, so ist die Beteiligung Washingtons eine *conditio sine qua non*. Fast alle großen Friedensoperationen der 90er Jahre (Somalia, Haiti, Bosnien oder Kosovo) erfolgten unter der militärischen Führung der USA.

Es geht also um die Frage, unter welchen Bedingungen der Sicherheitsrat den Einsatz amerikanischer Macht unterstützt und Washington davon zu überzeugen ist, dass multilaterales Handeln mittel- bis langfristig auch im amerikanischen Interesse liegt. Keinesfalls aber sollte man sich der Illusion hingeben, dass sich ein absoluter Einklang der Interessen je herstellen lässt und Washington sein traditionell auch instrumentelles Verhältnis zur Weltorganisation aufgibt.[2] Eine Verschmelzung von Recht und Moral als Erwartung an die Politik ist utopisch.

Was also kann die Staatengemeinschaft tun? Obwohl die UN-Charta ganz offensichtlich nicht adäquat das derzeitige Völkerrecht in Bezug auf die Anwendung militärischer Gewalt beschreibt, sollten sich die Staaten, allen voran die USA, doch auf deren Revision in wenigstens drei Punkten hin verständigen:

- Erstens sollte militärische Gewalt in präventiver Selbstverteidigung unilateral nur dann angewendet werden, wenn die entsprechenden Kriterien hinrei-

---

[1]　Luck (2003). www.yale.edu/acuns/publications/UN_Reform/Luck_UN_Reform.pdf. (15.8.05).
[2]　Foot/MacFarlane/Mastanduno (2003).

chend erfüllt sind. Ganz unabhängig vom derzeitigen Völkerrechtsstatus in dieser Frage würde eine solche Politik weniger destabilisierend wirken und könnte die Rückkehr zu einem stärker regelbewährten Rechtsregime befördern.

- Zweitens sollte die internationale Staatenwelt den Einsatz präventiver Gewalt für den Fall, dass eine unmittelbare Bedrohung nicht nachzuweisen ist, ausschließlich mit Billigung des Sicherheitsrates vorsehen. Eine solche Politik würde die multilaterale Unterstützung durch die Staatenwelt garantieren und zudem Präventiveinsätzen durch andere Staaten vorbeugen.

- Drittens wäre eine generelle Akzeptanz der Staaten wünschenswert, dass das bestehende Völkerrecht bezüglich des universellen Gewaltverbots höchst problematisch ist und deswegen durch den Sicherheitsrat in Richtung eines verbindlich anerkannten Rechts- und Kontrollregimes weiterentwickelt werden sollte.

Den USA mag dies als überflüssiger Akt erscheinen, als einzige Weltordnungsmacht im internationalen System fällt ihnen aber wohl die Führungsaufgabe zu, nicht nur auf die Schwächen des bestehenden Systems, sondern auch auf dessen Möglichkeiten zur Weiterentwicklung hinzuweisen. Für Europäer wiederum erfordert eine solche Weiterentwicklung wohl die endgültige Erkenntnis, dass es letztlich auch im Irak nicht um die Wünschbarkeit, sondern um die Möglichkeit des Friedens und seine Bedingungen ging. Der Friede unterliegt nun mal einer widersprüchlichen Logik. Er ist nicht gottgegeben, sondern muss erkämpft und behütet werden. Dazu ist Moralpolitik allein nicht immer ein ausreichendes Mittel. Es braucht gegebenenfalls auch den Einsatz militärischer Mittel oder, vorzugsweise, die glaubhafte Drohung damit. Kants Wort, wonach der Friede gestiftet werden muss, gilt unabänderlich. Die UN allein sind dazu nicht in der Lage.

6   Ausblick und Perspektiven

Ob beide Seiten zu dieser Einsicht gelangen, hängt zunächst davon ab, ob sie sich nicht nur der Eigenart der Machtqualität Amerikas wieder bewusst werden, sondern auch das vexierte Bild des derzeitigen internationalen Systems auf beiden Seiten korrigieren können. Die mit dem historischen Phänomen der „singulären Weltmacht Amerika" verbundene Vorstellung nicht nur der Europäer von einer unipolaren Welt als „Abweichung von der politischen Norm, die ideal in einer Aufteilung der Macht liegen soll", wird zunehmend zu einem Feindbild hochstilisiert, die Amerika heute als imperiale Größe erscheinen lässt.[1] Amerika

---

[1]   Rühl (2005), S.32.

aber ist, bei aller globalen Gestaltungskraft auf Grund seiner geographischen Lage, seiner Ressourcen und seines Potentials, keineswegs eine imperiale Macht, die Herrschaft über andere Länder mittels eines gemeinsamen Rechtsraumes oder eines zentral kontrollierten politischen Systems imperialer Unterordnung ausübt. Es ist die unbestrittene Supermacht, die dem internationalen System ihren Stempel aufdrückt, aber ihre Macht in Krieg und Frieden nicht allein ausüben kann und auf die (politisch-psychologische) Unterstützung ihrer Bündnispartner und anderer Länder ebenso angewiesen ist wie auf die Ressourcen (Öl und Gas zur Deckung des enormen eigenen Bedarfs) in einer offenen Weltwirtschaft (bei stetig wachsendem Exportbedarf) und fremdes Kapital und Knowhow.

Washingtons derzeitiges Drängen bei den Verbündeten, nunmehr gewissermaßen in die zweite Phase des Anti-Terror-Krieges mit einzutreten und die Demokratisierungsprozesse im Irak, in Afghanistan und darüber hinaus voranzutreiben, erfolgt daher zunächst vor allem aus drei ganz pragmatischen Gründen, die eben diese Erkenntnis widerspiegeln: Erstens aus praktischen - Amerika kann und will diese Aufgabe trotz seiner Ressourcen nicht alleine bewältigen und unterstützt nicht zuletzt deshalb Länder wie Polen, Rumänien, die Ukraine und die baltischen Staaten in diesem Jahr mit 400 Mio. Dollar, um sie im Irak und in Afghanistan zum Verbleib zu bewegen. Zweitens aus Gründen der Überzeugung. Im so genannten Größeren Mittleren Osten (Greater Middle East) - Nordafrika, östliches Mittelmeer, Türkei, Kaukasus, Kaspische Region, Zentralasien (Afghanistan), Iran, Irak, Golfregion - liegen für Washington die zentralen Herausforderungen für die eigene und die Sicherheit des Westens insgesamt. Drittens schließlich hängt die politische und moralische Glaubwürdigkeit der Bush-Administration im In- wie Ausland ganz entscheidend davon ab, ob sie den Status quo in dieser Großregion durch ihre Demokratisierung und vor allem die Lösung des Nahost-Konflikts verändern kann. Nur auf diese Weise lässt sich dem Eindruck vorbeugen, den Amerikanern gehe es dort in erster Linie um die Verfolgung eigener geostrategischer Interessen, welche wohl gemerkt auch die europäischen Interessen sind, nämlich:

- die Absicherung des freien Öl- und Gaszufluss aus der Golfregion,
- die Bekämpfung des Terrorismus und dessen Sponsoren,
- die Eindämmung des islamischen Fundamentalismus zur Verhinderung seiner Kontrolle über die Region und schließlich
- die Verhinderung der Proliferation von Massenvernichtungswaffen.

Aus den genannten Gründen hat sich Washington im übrigen bislang auch zu einer diplomatischen Lösung der Konflikte mit dem Iran und Nordkorea um die vermuteten und sehr wahrscheinlichen Atomwaffenprogramme der beiden Staaten auf Bushs Achse des Bösen bekannt. Dabei hatte Nordkorea gerade zu Beginn des Jahres 2005 erstmals offiziell eingeräumt, über Atomwaffen zu verfügen, und der Iran dürfte auf Grund seiner weitaus größeren technologischen Fähigkeiten als der Irak schon sehr bald in der Lage sein, Uran anzureichern und damit auch selbst waffenfähiges Uran herzustellen – mit verheerenden Auswirkungen auf das militärische Gleichgewicht im gesamten Mittleren Osten. So wäre eine Welle der Nuklearisierung in diesem Falle wahrscheinlich (Saudi-Arabien, Ägypten, Syrien, vielleicht auch Algerien).

Nach zwei Kriegen in der ersten Amtszeit aber ist ein weiterer derzeit sehr unwahrscheinlich - vorausgesetzt es kommt zu keinem weiteren Terroranschlag, für den ein Land unmittelbar verantwortlich gemacht werden kann. Washington kann und will sich dies momentan aufgrund der großen Zahl an gebundenen Streitkräften im Irak und in Afghanistan von den Ressourcen her gar nicht leisten. Der Iran ist schlicht zu groß, seine Nuklearanlagen sind anders als im Irak unterirdisch und dezentral angelegt und insofern nur sehr schwer zu bekämpfen. Im Irak sind derzeit 150 000 amerikanische Soldaten (50% aktive, 50% Reservisten), was an die Grenzen der Belastbarkeit geht, vor allem der Reservestreitkräfte. Das amerikanische Engagement bindet derzeit fast die Hälfte der amerikanischen Streitkräfte. Hier gibt es eine deutliche Neigung der Supermacht, die EU erst einmal gewähren zu lassen und nicht unilateral vorzugehen - auch wenn man skeptisch ist hinsichtlich der Realisierungschancen für den von der europäischen Troika mit Teheran ausgehandelten Suspendierungsplan und der vom Iran bekundeten Annahme des Zusatzprotokolls zum NPT-Vertrag. Allerdings plädiert Washington für eine glaubwürdige Androhung von Wirtschaftssanktionen und gar das Offenhalten einer militärischen Option.

Gleiches gilt im übrigen für Nordkorea, wo die EU keine Rolle spielt. Nicht nur wäre ein Militärschlag äußerst riskant, sondern politisch auch mit Blick auf die Großwetterlage in der Region (China, Russland) geradezu verhängnisvoll. Eine Reaktion daher ist daher auch in naher Zukunft eher unwahrscheinlich. Washington geht seit langem davon aus, dass Pjöngjang über eine geringe Anzahl von Atomwaffen verfügt, und hält sich schon deshalb zurück. Der Präsident hat im Kontext des Irak-Krieges mehrfach verlauten lassen, dass es zu spät sei für eine Intervention, wenn ein Land erst im Besitz von Atomwaffen ist.

Die Supermacht Amerika ist bei allem Machtpotential derzeit nicht in der Lage, weitere Belastungen in Form von neuerlichen Interventionen auf sich zu laden. Töricht wäre allerdings auch eine Verweigerungshaltung in Europa aus dem oben beschriebenen Zerrbild heraus, wonach die Hypermacht Amerika gewissermaßen als eine „politische Pathologie" (Lothar Rühl) empfunden wird. Die unmittelbaren Aufgaben und die langfristigen Interessen sind gemeinsame:

- konstruktives Engagement im Irak,
- eine diplomatische Lösung für den Iran wie für Nordkorea,

- die Wiederbelebung der Allianz und der Gemeinsamen Außen- und Sicherheitspolitik (GASP) der EU nach deren Erweiterungen,
- schließlich die Weiterentwicklung des Völkerrechts im oben skizzierten Sinne,
- die Reform des internationalen Währungs- und Finanzsystems sowie
- eine Fortsetzung der laufenden Welthandelsrunde.

Umgekehrt gilt, dass das transatlantische Verhältnis für die USA keine Einbahnstraße darstellen darf. Die Gefahr von Allianzen gegen die USA und damit einer politischen Isolation der Supermacht wächst mit deren zunehmender Hybris und macht jede Vorstellung von einer Art Gegenmachtbildung im Sinne der Schaffung einer multipolaren Ordnung im übrigen entbehrlich. Die EU ist und bleibt der verlässlichste Partner Washingtons und ihre politische Unterstützung bleibt für jede Administration essentiell – allein wegen der psychologischen Wirkung nach innen zur Legitimation der amerikanischen Außenpolitik. Das schließt nicht aus, dass es auch künftig in dem einen oder anderen Fall Spannungen gibt. Beide Seiten sollten sie akzeptieren, ohne gleich in die große Sprachlosigkeit oder das „bashing" zu verfallen, wie dies während der Irak-Krise der Fall war: Zusammenarbeit, wo immer möglich, da, wo dies nicht möglich ist, Differenzen akzeptieren. Dies könnte die Devise sein für die Zukunft nicht nur der transatlantischen Beziehungen, sondern vielleicht auch für das Verhältnis „Amerika gegen den Rest der Welt".

7   Literaturhinweise

Brooks, Stephen G./Wohlforth, William (Hrsg): American Primacy in Perspective, in: Foreign Affaires, 81; Juli/August 2002.

Dembinski, Matthias: Unilateralismus versus Multilateralismus. Die USA und das spannungsreiche Verhältnis zwischen Demokratie und Internationaler Organisation, HSFK-Report 4; Frankfurt a. M. 2002.

Deutsch, Karl W.: Politische Kybernetik. Modelle und Perspektiven; Freiburg 1970.

Foot, Rosemary/MacFarlane, Neil/Mastanduno, Michael, The United States and Multilateral Organizations; Oxford/New York 2003.

Franke, Dirk: Größte Banken der Welt. US-Institute demonstrieren Stärke, in: Die Bank. Zeitschrift für Bankpolitik und Praxis, 10; Oktober 2003.

Fröhlich, Stefan: Zwischen selektiver Verteidigung und globaler Eindämmung; Baden-Baden 1998.

Fröhlich, Stefan: Zwischen Multilateralismus und Unilateralismus. Eine Konstante amerikanischer Außenpolitik, in: Aus Politik und Zeitgeschichte; B25/2002.

Fröhlich, Stefan: Europas wirtschaftliche Schwäche, in: Internationale Politik, 7, 60; Juli 2005.

Fröhlich, Stefan: Völkerrecht und der präventive Einsatz militärischer Gewalt - Die Auswirkungen des Irak-Krieges, in: Gesellschaft/Wirtschaft/Politik (GWP), 1; 2004.

Glennon, Michael: The Fog of Law: Self Defense, Inherence and Incoherence in Art. 51
of the UN Charter, in: Harvard Journal of Law and Public Policy, No. 25; 2002.

Huntington, Samuel: American Politics: The Promise of Disharmony; Cambridge, Mass.
1981.

Kagan, Robert: Of Power and Paradise: America and Europe in the New World Order;
New York 2003.

Luck, Edward: Reforming the United Nations: Lessons from a History in Progress. International Relations Studies and the United Nations Occasional Papers, No. 1; New
Haven: Academic Council on the UN System 2003.

Mead, Walter Russel: Special Providence. American Foreign Policy and how it changed
the world; New York 2002.

Rühl, Lothar: Das Reich des Guten. Machtpolitik und globale Strategie Amerikas; Stuttgart 2005.

Schieder, Siegfried/Spindler Manuela (Hrsg.): Theorien der Internationalen Beziehungen;
Opladen 2003.

Weber, Max: Wirtschaft und Gesellschaft, 5. Aufl.;Tübingen 1972.

Weisburd, Mark: The Use of Force : The Practise of States since World War II.; Pennsyl-
vania State University 1997.

Weiss, Thomas: The Illusion of UN Security Council Reform, 26, 4; Autumn 2003.

Wildavsky, Aaron: The two Presidencies, in: Trans-Action, Vol. 4, No. 2; December
1966.

Russland - nur virtuelle Großmacht in einer multipolaren Welt?

Margareta Mommsen

1 Einführung

Das gegenwärtige Russland beansprucht gleich der untergegangenen Sowjetunion eine Rolle als Großmacht und als weltpolitischer Spieler. Allerdings steht Russland, das die Rechtsnachfolge der UdSSR angetreten hat, nicht mehr als paritätische Kraft den USA gegenüber. Aus der Sicht Moskaus trat an die Stelle der bipolaren Weltordnung des Kalten Krieges eine „multipolare Welt", in der neben Russland mehrere internationale Akteure agieren und das internationale Kräfteverhältnis beeinflussen. Der Vorstellung von einer „multipolaren" Welt gemäß bestimmt Moskau selbst den Stellenwert Russlands in der internationalen Politik. Dies gilt sowohl für sein Verhältnis zu den USA, zu Europa als auch zu den neuen Weltmächten China und Indien. Im Unterschied zur Sowjetunion ist man dabei nicht in erster Linie um die Aufrechterhaltung und den Ausbau militärischer Macht bemüht. Vielmehr hat sich in der Kremlführung die Einsicht Bahn gebrochen, dass unter den Bedingungen der Globalisierung der Status einer Weltwirtschaftsmacht zur militärischen Großmacht hinzutreten müsse. Dieses Ziel erscheint zumal für die Präsidentschaft Putins von vorrangiger Bedeutung.

In diesem Beitrag wird der Frage nachgegangen, ob die realen innen- wie außenpolitischen sowie ökonomischen Entwicklungen Russland tatsächlich als einen weltpolitischen Spieler ausweisen oder ob es zutreffender erscheint, den eurasischen Koloss als eine bloß virtuelle Großmacht zu sehen. Dabei ist in Rechnung zu stellen, dass sich Gewicht und Wettbewerbsfähigkeit eines Landes in der globalisierten Politik an seiner erfolgreichen Marktwirtschaft und am Gedeihen von Demokratie und Rechtsstaatlichkeit messen lassen. Nach Maßgabe dessen sollen in diesem Aufsatz die Fortschritte und Rückschritte auf dem Weg der Systemtransformation bilanziert und zu dem Großmachtanspruch in Beziehung gesetzt werden. Der Schwerpunkt der Analyse wird auf die Entwicklungen während der Präsidentschaft Vladimir Putins seit dem Frühjahr 2000 bis zum heutigen Tag gelegt. Abschließend soll auf die besonderen Probleme und Herausforderungen des Landes eingegangen werden, die sich aus dem Rückgang der

Bevölkerung, der all umfassenden Korruption und anderen gravierenden sozialen
Missständen ergeben.

2   „Oligarchischer" Kapitalismus und „gelenkte" Demokratie

In der im Dezember 1993 per Plebiszit verabschiedeten Verfassung verpflichtet
sich das postsowjetische Russland auf die Beachtung der Menschen- und Bürger-
rechte sowie auf die Freiheit der Wirtschaftätigkeit und den privaten Besitz an
Grund und Boden. Die Jelzin-Führung wiegte sich in dem naiven Optimismus,
dass sich mit einem raschen Übergang zur Marktwirtschaft und mit den ersten
freien Wahlen quasi von selbst demokratische Verhältnisse einstellen würden. In
Wirklichkeit blieb Russland in der Ära Jelzin sowohl von einer zivilisierten
Marktwirtschaft wie von den in der Verfassung sanktionierten Zielen der Demokratie und des Rechtsstaats weit entfernt. Gleichwohl entfaltete sich eine Vielfalt
der Meinungen und der Medien, kam es im Ansatz zu einem Pluralismus der
politischen Kräfte. Es wurde eifrig mit neuen Institutionen experimentiert. Präsident Jelzin und seine Administration sahen sich einer starken Opposition im
Parlament gegenüber und nicht minder mächtige Gegengewichte erwuchsen der
Moskauer Zentralmacht unter den Oberhäuptern der Regionen. Um all dem zu
begegnen, jonglierte Jelzin mit seinem berühmt-berüchtigten „Kaderkarussell"
und er suchte den politischen Kompromiss mit den starken Kräften in der Provinz. Aufs Ganze gesehen herrschte unter Jelzin eine Art anarchischer Demokratie. Es handelte sich um ein gigantisches Experiment durchweg ungelernter Demokraten mit unbekannten Formen und Verfahrensweisen der repräsentativen
Demokratie und des liberalen Rechtsstaates, mit institutionellen Surrogaten und
einer urwüchsigen Gewaltenteilung. Zur anarchischen Demokratie trat das Novum einer „kompetitiven Oligarchie" hinzu. Dieser von dem russischen Soziologen Jelisarow geprägte Begriff bezieht sich auf den im Zuge der raschen Privatisierung der sowjetischen Großunternehmen entstandenen Wettbewerb ganzer
Seilschaften aus Unternehmern und Vertretern der staatlichen Bürokratie um den
Erwerb und die Nutzung lukrativer sowjetischer Staatsbetriebe. Neben der anarchischen Demokratie war dieser krude sogenannte „oligarchische Kapitalismus"
das Hauptmerkmal des Übergangsregimes in der Ära Jelzin.

Während der Präsidentschaft Vladimir Putins machten sich neue Entwicklungstendenzen breit. Bald wurde das Bestreben offenbar, die „Oligarchen", wie
man die neuen Wirtschaftsmagnaten wegen ihres politischen Einflusses seit
Mitte der neunziger Jahre nannte, unter stärkere staatliche Aufsicht zu bringen.
Hinzu trat die schon am Ende von Putins erster Amtszeit zu beobachtende Tendenz, die sich nach seiner Wiederwahl 2004 noch verstärkte, die Medien und die

politische Opposition zu kontrollieren und zu lenken. Nicht zufällig prägte ein Publizist schon zum Auftakt der Präsidentschaft Putins den Begriff der „gelenkten Demokratie".[1] Dessen ungeachtet herrschte in der offiziellen politischen Rhetorik das Bekenntnis zum demokratischen Rechtsstaat und zum Parteienpluralismus weiter vor.

Um Russlands „gelenkte Demokratie" von einem demokratischen Gemeinwesen als einem System des freien politischen Wettbewerbs abzugrenzen, lassen sich sowohl die Prinzipien der demokratischen russischen Verfassung selbst als auch die klassischen Anforderungen an jede Demokratie heranziehen. Schon 1971 hat Robert Dahl die „prozeduralen und institutionellen Minima" einer „Polyarchie" aufgelistet. Sie enthalten über den pluralistischen Wettbewerb, freie und kompetitive Wahlen und politische Partizipation hinaus die Organisations-, Meinungs- und Informationsfreiheit sowie im weiteren Sinne die Verantwortlichkeit der Regierung gegenüber den Wählern.[2] Im Folgenden sollen diese Kriterien dabei behilflich sein, die Konturen des politischen Regimes in der Verfassungsrechtswirklichkeit von Putins Russland zu ermitteln.

2.1 Gelenkter politischer Wettbewerb und Kontrolle der Medien

Bereits in der Ära Jelzin hatte die Kremlführung versucht, Einfluss auf den politischen Wettbewerb zu nehmen. Neue politische Parteien wurden von oben her lanciert, um die kleinen demokratischen Gruppierungen breit zu flankieren. Diese bald „Parteien der Macht" genannten kurzlebigen und zumeist bürokratischen Gebilde behaupteten sich indes mit nur geringem Erfolg neben den gesellschaftlichen Kräften der Kommunisten und Nationalisten, die das Parlament (die Duma) dominierten. Erst ganz am Ende der zweiten Amtszeit Jelzins gelang es den Kremlregisseuren mit maßgeblicher Hilfe professioneller Propagandisten, sogenannten „Polittechnologen", und dank massiv angeleiteter Medien, einer neuen Partei aus der Retorte des Kremls kräftig auf die Beine und zu Mandaten in der Duma zu verhelfen. Diese „Einheit / Der Bär" genannte Kreation erreichte im Dezember 1999 mit 23,3 % auf Anhieb den zweiten Platz, dicht hinter den mit 24,3% Stimmenanteilen noch führenden Kommunisten.[3] Ungeachtet der massiven Anstrengungen, ein Parteiensystem von oben her auf die Beine zu bringen, blieb jedoch aufs Ganze gesehen in der Ära Jelzin die Grundvoraussetzung für jede demokratische Entwicklung, nämlich den Ausgang der Wahlen offenzuhalten, gewährleistet.

---

[1] Sergej Markow in Nesawisimaja Gazeta vom 2. März 2000.
[2] Dahl (1971), S.3.
[3] Mommsen (2004), S.56–90.

Bei den Urnengängen in der Ära Putin überließen die Wahlstrategen der
Kremlführung nichts mehr dem Zufall. Die Zerstörung des freien politischen
Wettbewerbs erstreckte sich sowohl auf die Dumawahlen als auch auf die Präsi-
dentenwahlen. Das neue System der totalen Lenkung des politischen Wettbewerbs hatte sich bereits mit den Präsidentenwahlen im März 2000 abgezeichnet.
Die Dumawahlen vom Dezember 2003 markierten einen weiteren Höhepunkt im
System der „gelenkten" oder „kontrollierten" Demokratie. Schon im Vorfeld
stand der sichere Sieg der Kremlpartei „Einiges Russland", der Nachfolgerin von
„Einheit / Der Bär", fest. Um diese rein bürokratische Ausgeburt zu stärken und
die Kommunisten zu schwächen, wurden alle Register der Propaganda gezogen
und die in den dominierenden staatlichen Medien verfügbaren „administrativen
Ressourcen" genutzt. Inhaltlich reduzierte sich das Programm der Partei allein
auf die Unterstützung des Präsidenten. Putin trat umgekehrt ganz für das „Einige
Russland" ein.[1] Dank Putins persönlicher Werbung erreichte das „Einige Russland" mit einem Stimmenanteil von über 37% einen überwältigenden Erfolg.

Die negativen Auswirkungen der Übersteuerung des Parteienwettbewerbs
wurden rasch sichtbar. Tatsächlich waren die Wähler nur noch durch eine Art
Staatspartei und zwei nationalistische Satellitenparteien, „Rodina" und Vladimir
Schirinowskijs „Liberaldemokratische Partei Russlands", repräsentiert, während
die demokratischen Kräfte „Jabloko" und „Union der Rechten Kräfte" an der 5
Prozent Hürde gescheitert waren. Die ebenfalls oppositionellen Kommunisten
waren mit einem Wählervotum von knapp 13% auf ihr bisher schlechtestes Ergebnis abgesunken. Das Urteil der Wahlbeobachter der OSZE, die Wahlen seien
ein Rückschritt auf dem Weg der Demokratisierung, hätte nicht zutreffender sein
können. Die Wahlen bewirkten auch, dass die Übermacht der Exekutive über die
Legislative weiter zementiert wurde. Allgemein setzte sich die Auffassung
durch, dass das Parlament endgültig zu einer weiteren Abteilung der Präsidialadministration degeneriert war.[2]

Letztlich waren auch Putin und seine Wahlregisseure mit dem erreichten
Parteienpluralismus nicht zufrieden. Deshalb wurde unverzüglich eine ganz neue
Parteienlandschaft angekündigt.[3] Während sich die Planung weiterer politischer
Parteien auf dem Reißbrett fortsetzte, legten die Präsidentenwahlen vom März
2004 schon ein beredtes Zeugnis davon ab, wie zerstörerisch sich die übermäßi-
ge Lenkung des Pluralismus auf diesen selbst auswirkte. Wegen ihrer Diskrimi-
nierung im vorangegangenen Dumawahlkampf verweigerten sich nämlich die
demokratischen Parteien, überhaupt für ernsthafte Alternativen zu der erneuten
Kandidatur Putins zu sorgen. Ähnlich verfuhren die Kommunisten. Der ewige

---

[1]   Russkij Kurjer, 22. September 2004.
[2]   Siegert (2004), S.2.
[3]   Kommersant Wlast, 19. Januar 2004.

Politclown Schirinowskij ließ gar seinen früheren Leibwächter und Boxmeister Oleg Malyschkin aufstellen. Die Präsidentenwahlen verkamen zu einer reinen Farce. Aus der Sicht der Wahlbürger gab es keine Alternative zu Putin und folglich wenig Interesse am Wahlkampf. Dies löste wiederum große Sorgen der Wahlregisseure im Kreml aus, das erforderliche Quorum einer Wahlbeteiligung von 50% aller Wahlberechtigten werde verfehlt. Doch dank der besonderen Anstrengungen der staatlichen Fernsehkanäle und dank der rigorosen Maßnahmen, die eine Reihe von regionalen Administrationen zur Sicherstellung der Stimmabgabe verfügten, lag die Wahlbeteiligung tatsächlich bei mehr als 64% der Stimmberechtigten. Putin wurde mit 71,31% der abgegebenen Stimmen wiedergewählt. Wie effizent die Wahlbürger in manchen Regionen mit Hilfe von Zuckerbrot und Peitsche an die Urnen getrieben wurden, zeigte sich an den merkwürdig positiven Ergebnissen in der Kaukasusregion, die ansonsten wenig Treuebindungen an den Moskauer Kreml erkennen ließ. So lag selbst im abtrünnigen Tschetschenien, in Inguschetien und Dagestan die Wahlbeteiligung wie die Zustimmung zu Putin bei weit über 90%.[1]

Die Wiederwahl Putins kam einem einfachen Plebiszit gleich. Wahlen als Ausdruck eines freien politischen Wettbewerbs gesellschaftlicher Kräfte hatten ihren Sinn vollkommen eingebüßt. Sie waren zu bloßen Veranstaltungen der PR-Agenturen und der kremltreuen Medien verkümmert. Lediglich die pünktlich eingehaltenen Wahltermine erinnerten überhaupt noch an die bestehenden demokratischen Verfassungsgebote.

Die wichtigste Komplizin bei der Lenkung des politischen Wettbewerbs ist die staatliche Medienpolitik. Während die in der russischen Verfassung festgelegten Prinzipien der Meinungsfreiheit und der Meinungsvielfalt in der Ära Jelzin durchaus gute Entwicklungschancen hatten, verloren sie seit Beginn der Präsidentschaft Putins stetig an Gewicht. Dieser Trend begann mit dem Angriff auf die Medienmagnaten Boris Beresowskij und Vladimir Gusinskij, die noch im Frühsommer 2000 ins Ausland abgedrängt wurden. Der von Gusinskij geleitete private Fernsehkanal NTW hatte Putins Kandidatur bei den Präsidentenwahlen nicht favorisiert. Beresowskij war bald nach Putins Wahl als dessen Kritiker in der Öffentlichkeit hervorgetreten.[2] Vieles sprach dafür, dass Putin gerade diese Quellen öffentlicher Kritik eindämmen wollte. Tatsächlich zeigte er vom Beginn seiner Amtsübernahme an deutliches Missvergnügen gegenüber jedweder öffentlichen Kritik an seiner Person und seiner Amtsführung. Vorbehalte gegenüber einer unkontrollierten Medienberichterstattung waren wohl ebenso Ausdruck dieser Einstellung, die sich auf Putins mentale Prägungen während seiner siebzehnjährigen Arbeit im sowjetischen Geheimdienst KGB zurückführen ließen.

---

[1]   Nesawisimaja Gazeta, 17. März 2004.
[2]   Mommsen (2004), S.125–127.

Die Schließung der privaten Fernsehkanäle folgte dem Gesetz der Serie. Förmlich kam das Aus für den Sender NTW und für die Presseprodukte von Mediamost im Frühjahr 2001. Im Januar 2002 wurde der von Beresowskij betriebene private Kanal TW6 vom gleichen Schicksal ereilt. Den Abschluss der tödlichen Schläge gegen unabhängige gesellschaftliche Fernsehanstalten bildete der Untergang des Kanals TWS im Juni 2003.[1] Auffällig war, dass dabei jeweils ähnliche Muster „der Übernahme" bzw. der Schließung ins Spiel kamen. So wurden zunächst finanzielle Schwierigkeiten der Sender geltend gemacht; Gerichtsurteile bestätigten dies. Das Verdikt der Schließung blieb nicht aus. Die auch bei den staatlichen Fernsehkanälen bestehenden Finanzprobleme fielen demgegenüber außer Betracht. Bemerkenswert war darüber hinaus, dass die jeweils an den Aktienpaketen der unabhängigen Sender beteiligten namhaften Wirtschaftsmagnaten von staatlicher Seite ausgebootet wurden, so dass diese damit ihren Einfluss auf Personal und Ausrichtung der Fernsehprogramme einbüßten.

Auf Grund des Mitte 2003 vollzogenen Übergangs aller nationalen Fernsehkanäle in staatliche Hand war das für jede Demokratie unverzichtbare Gut der Meinungsfreiheit grundsätzlich bedroht. Die zivilgesellschaftliche Funktion der Medien nahm schweren Schaden. Die staatlichen Fernsehkanäle können weder die demokratische Selbstreflexion der Gesellschaft fördern noch das Bewusstsein für die Verletzung von Menschenrechten schärfen. Bezeichnend dafür war die strenge Zensur der Berichterstattung zum zweiten Tschetschenienkrieg. Zu den Methoden der Kontrolle über die staatlichen Fernsehkanäle gehörte etwa, dass der Gebrauch bestimmter Begriffe verboten wurde. So durfte die im Sommer 2004 schwelende Bankenkrise nicht als solche bezeichnet werden. Auch die Tatsache, dass Viktor Setschin, der stellvertretende Leiter der Präsidialadministration und einer von Putins engsten Vertrauten aus dem Kreise der berühmtberüchtigten Kremlgruppe der „Silowiki", im Juli 2004 an die Spitze des Aufsichtsrates des staatlichen Ölproduzenten Rosneft berufen wurde, durfte nicht erwähnt werden.[2]

Während die nationalen Fernsehkanäle zu einem gefügigen Instrument in den Händen der Kremlregisseure verkamen, hielten sich in den Printmedien und im Internet begrenzte Freiräume für die Artikulation einer kritischen öffentlichen Meinung. Allerdings kehrten Formen der Selbstzensur, wie sie für die Sowjetpresse typisch gewesen waren, in die meisten Redaktionsstuben zurück.[3] Zudem wurden im Vorfeld der Dumawahlen den Massenmedien für die Wahlkampfzeit drastische Einschränkungen kraft Gesetz auferlegt. So sollten sie Informationen

---

[1]   Kommersant Wlast, 22. Juni 2003.
[2]   Nesawisimaja Gazeta, 2. August 2004.
[3]   Kommersant Wlast, 9. August 2004; Moscow Times, 14. November 2003.

über Kandidaten nur „ohne Kommentar" bieten und keinesfalls erkennen lassen, dass man irgendeinen Kandidaten oder eine Partei favorisiere. Dies lief auf eine weitreichende Einschränkung der in der Verfassung garantierten „Freiheit der Masseninformation" hinaus. Außerdem wurde der freie Wettbewerb der Kandidaten behindert.[1] Bereits vor diesen neueren Einschränkungen der Medienfreiheit war die internationale Reputation Russlands erschüttert. So erreichte das Land auf der von „Reporters without Borders" erstellten Skala der Pressefreiheit bereits im Herbst 2003 unter 139 Ländern nur noch Platz 121.[2]

Die Tendenz zur Kontrolle der Medienlandschaft setzte sich in Putins zweiter Amtszeit fort. Die staatliche Steuerung der elektronischen Medien wurde weiter verstärkt. Kritische Zeitungen wie die traditionsreichen „Moskowskije Nowosti" wurden im Herbst 2005 zum Verkauf an Vertrauensleute des Kremls getrieben. Ähnliches galt für die letzte relativ unabhängige Fernsehanstalt, Ren-TW. Gleichzeitig wurde ein neues staatliches Satellitenfernsehen kreiert, das in englischer Sprache weltweit Nachrichten senden soll. Dieser „Russia Today (RT)" genannte Kanal erhielt die Aufgabe, die aus der Sicht des Kremls viel zu negative Berichterstattung der westlichen Presse mit einem entsprechend gefälligeren Russlandbild auszugleichen.[3] Diese jüngste Strategie offizieller Propaganda stimmt mit der wiederholten Auflage Präsident Putins an Russlands diplomatische Vertreter im Ausland überein, sich weltweit für ein besseres Image Russlands einzusetzen.

2.2 Unverantwortliche Ministerkabinette und informeller Apparatepluralismus

Neben der Meinungsfreiheit und einem politischen Wettbewerb, der freie und faire Wahlen einschließt, gehört die politische Verantwortlichkeit der gewählten Regierungen zu den unabdingbaren Voraussetzungen einer funktionsfähigen Demokratie. Im postsowjetischen Russland haperte es von Anfang an mit der zuletzt genannten Bedingung. Nach den Dumawahlen vom 12. Dezember 1993 sollte es erstmals zur Bildung eines Ministerkabinetts auf der Basis der mit den Wahlen gleichzeitig in Kraft getretenen Verfassung kommen. Angesichts der unklaren Mehrheitsverhältnisse in der Duma und des schwachen Abschneidens der liberalen „Jungreformer" bildete Jelzin von Anfang an jedoch reine Präsidialkabinette, deren Zusammensetzung mit den Wahlergebnissen wenig zu tun hatte. Bei dieser Form der Regierungsbildung, bei der es bis heute geblieben ist, konzentriert sich die politische Verantwortlichkeit letztlich beim Präsidenten

---

[1]   Nußberger (2004), S.4.
[2]   The Guardian, 6. Oktober 2003.
[3]   Neue Züricher Zeitung, 8. November 2005.

allein. Dies steht im Widerspruch zu der semipräsidentiell angelegten Verfassung, die das Instrument des parlamentarischen Misstrauensvotums gegen das Ministerkabinett vorsieht, ein Mittel, das die Duma im Juni 1995 im Ansatz sogar erfolgreich erprobte. Aufs Ganze gesehen dienten die Ministerkabinette unter Jelzin als ein Forum zur Ausbalancierung von Wirtschaftsinteressen und sie fügten sich damit in die generell aus komplexen Prozessen des Aushandelns bestehende Willensbildung. Demgegenüber konnte sich ein demokratisches Regime, das seine Legitimität aus festgelegten Verfahrensweisen und der gesellschaftlichen Unterstützung durch politische Parteien bezieht, kaum entwickeln.

Unter Putin setzte sich die von Jelzin betriebene Regierungsbildung aus unterschiedlichen Interessenvertretern und Technokraten fort. Hinzu kam eine Ausweitung des bereits unter Jelzin florierenden Pluralismus von Seilschaften und Einflussgruppen innerhalb und zwischen den bürokratischen Apparaten der Exekutive. In diesem Wettbewerb informeller Gruppen sahen kritische Geister das schon erwähnte Regime einer „kompetitiven Oligarchie".[1] In Putins erstem Kabinett unter Vorsitz von Michail Kasjanow fanden sich Vertreter aus drei „politischen Familien", die Abkömmlinge der Jelzin „Familie", Putins „Petersburger" Technokraten und schließlich die Leute „mit den Schulterstücken" aus den Sicherheitsdiensten und dem Militär. Aus den letzteren rekrutierte sich bald Putins ‚Küchenkabinett'. Auf diese Gruppe wurde auch der Begriff der „Silowiki", wörtlich die „Kräftigen, Mächtigen", gemünzt, die vorzugsweise der Staatsanwaltschaft, dem Geheimdienst und dem Militär entstammen und die im Rahmen des inoffiziellen Pluralismus der Kremlgruppen Putins Hausmacht verkörpern.

Bis zur Entlassung der Regierung Kasjanow Ende Februar 2004 erfolgten keine größeren Umbesetzungen im Kabinett. Im Frühjahr 2001 hatte der Präsident seinen Vertrauten aus dem KGB, Sergej Iwanow, zu dem Zeitpunkt Sekretär des Nationalen Sicherheitsrates, in das Amt des Verteidigungsministers gehievt. Da dieser Posten von Marschall Igor Sergejew geräumt werden musste, beschrieb Putin den Wechsel als „Entmilitarisierung des gesellschaftlichen Lebens".[2] Der „Polittechnologe" Pawlowskij meinte sogar, Russland habe sich dem „europäischen" Modell der Regierungsbildung angenähert.[3] Angesichts der Tatsache, dass auch Iwanow im KGB den Rang eines Generalleutnants bekleidet hatte, waren solche Kommentare zumindest fragwürdig. Andererseits zeigten sie, dass sich ein Bewusstsein für den gerade nicht „europäischen" Modus der russischen Regierungsbildung herausbildete. In der Tat sprach Putins Personalpolitik dem behaupteten Trend der „Entmilitarisierung" der Politik geradezu Hohn.

[1]   Jelisarow (1999), S.76.
[2]   Iswestija, 29. März 2001.
[3]   Itogi, 3. April 2001.

Denn der Präsident zeigte sich von Anfang an bemüht, Personen „mit den Schulterstücken" auf wichtige Posten der sogenannten „Präsidentenvertikale", also auf
Schlüsselpositionen in der hierarchisch und bürokratisch aufgebauten präsiden-
tiellen Machtpyramide, zu holen. Nicht zufällig wurde für diesen Zustand bereits
im Sommer 2003 der Begriff der „Militokratija", der Herrschaft des Militärs,
geprägt.[1]

Entgegen den unverkennbaren Trends zur Militarisierung und Rezentralisie-
rung des Herrschaftssystems bekannte sich Putin wiederholt zu den Vorzügen
eines maßgeblich auf politische Parteien und zivilgesellschaftliche Organisationen gegründeten Regierungssystems. So stellte er im Mai 2003 in seiner Jahres-
botschaft an das Parlament in Aussicht, die nächste Regierung „nach dem Partei-
enprinzip" zu bilden.[2] Obwohl bei den darauf folgenden Dumawahlen die kreml-
nahe Partei „Einiges Russland" eine überaus satte Mehrheit erreichte, griff Putin
die Gelegenheit, erstmals eine „Parteienregierung" zu bilden, nicht auf. Dies
schien nicht zuletzt der Tatsache geschuldet, dass die neue Staatspartei über kein
Reservoir von zugkräftigen Führungsfiguren verfügte, die für die Kabinettsbildung qualifiziert waren. Als Putin vor dem Hintergrund neu aufgeflammter Ap-
paratekämpfe und Palastintrigen noch kurz vor den Präsidentenwahlen überraschend eine neue Regierung installierte, wurde die Dumafraktion des „Einigen
Russland" nicht einmal konsultiert. Mit der Berufung des vollkommen unbekannten und farblosen Apparatschiks Michail Fradkow zum neuen Premierminister machte der Präsident deutlich, dass er in der Regierung kein politisch ver-
antwortliches, sondern ein administratives Organ sah.[3]

Angesichts des verzerrten Parteiensystems wie des nur schwach ausgebildeten Parlamentarismus kam der in entwickelten Parteiendemokratien selbstver-
ständliche Zusammenhang zwischen Parteien und Regierungsbildung in Russland bisher überhaupt nicht zum Tragen. Die merkwürdigsten Blüten schossen
ins Kraut. So übernahm es der damalige Regierungschef Viktor Tschernomyrdin
in Vorbereitung der Dumawahlen 1995, quasi regierungsamtlich eine neue politische Partei, „Unser Haus Russland", als potentielle Regierungspartei ins Leben
zu rufen. Prompt wurde gespöttelt, dass im Unterschied zum Westen, wo man
politische Parteien dazu benutze, um Regierungen zu bilden, es sich die russische
Führung habe angelegen sein lassen, die Regierung dazu zu verwenden, Parteien
zu kreieren.[4] Obwohl „Unser Haus Russland" bei den Wahlen nur 10,1% der
Stimmen erhielt, fungierte sie tatsächlich als eine Art Regierungspartei, was sich
allerdings nicht in der Kabinettsbildung widerspiegelte.

[1] Nesawisimaja Gazeta, 19. August 2003; Argumenti i Fakti, 10. Dezember 2003.
[2] Rossijskaja Gaseta, 27. Mai 2004.
[3] Siegert (2004), S.5.
[4] Mommsen (1996), S.258.

Als die Kremlführung nach den Dumawahlen im Dezember 1999 dafür
sorgte, dass sich der Fraktion der ebenfalls von oben lancierten neuen Partei
„Einheit/ Der Bär" eine größere Anzahl weiterer Abgeordneter anschloss, brachte ein kritischer Beobachter das wenig demokratische Phänomen folgendermaßen auf den Punkt: „Anstatt dass das Parlament die Regierung bildete, war es die
Regierung (i.e. die Kremlführung), die sich für sich und unter ihrer Führung ein
Parlament schuf".[1]
    Wie erwähnt, fanden bei der Regierungsbildung im März 2004 die parla-
mentarischen Heerscharen des „Einigen Russland" keinerlei Berücksichtigung.
Daraufhin fühlten sich die Führer der Staatspartei nicht zu Unrecht düpiert und
wollten derartigen Missständen ein für allemal abhelfen. Deshalb brachten sie
ein Gesetz auf den Weg, dem zufolge es den Inhabern höchster Regierungsämter
nicht nur erlaubt sein sollte, Mitglied einer Partei, sondern darüber hinaus auch
Träger eines führenden Parteiamtes zu sein.[2] Die in Parteiendemokratien selbst-
verständliche Ämterverbindung war in Russland bisher gesetzlich untersagt
gewesen. Die Gesetzesnovelle bedeutete für die Praxis, dass sich die heutigen
Kabinettsmitglieder tunlichst um Mitgliedschaft und Ämter im „Einigen Russland" bewerben könnten und sollten. Die Fraktionsführung des „Einigen Russland" erläuterte diese Neuerung als eine elegante „evolutionäre" Methode auf
dem Weg zu einem parlamentarischen Parteiensystem.[3] Aleksej Arbatow von der
demokratischen Jablokopartei stellte aus dem gleichen Anlass die aberwitzigen
Merkmale von Russlands „gelenkter Demokratie" dem demokratischen Usus im
Westen gegenüber. Dort sei es üblich, dass man erst zum Parteiführer und erst
dann zum Minister oder Regierungschef werde. Er mokierte sich darüber, dass es
in Russland wieder einmal genau umgekehrt sei.[4]
    Das Grundproblem, wie man die Verantwortlichkeit von Präsidialkabinetten
gewährleisten könnte, sollte auch auf dem Wege einer umfassenden „Verwaltungsreform" angegangen werden. Die zu Beginn von Putins zweiter Amtszeit
groß angekündigte Maßnahme zur Modernisierung des schwerfälligen Beam-
tenstaats zielte auf eine drastische Kürzung der Mitarbeiterstäbe und auf die
Einführung einer Art Gewaltenteilung innerhalb der Bürokratie, wobei die Entscheidungen der Minister von den ausführenden Agenturen kontrolliert und auch
die Umsetzung der Entscheidungen der Gegenkontrolle unterstellt werden sollten. Es zeigte sich rasch, dass derartige technokratische Reformvorstellungen
schwer umzusetzen waren.[5] Premierminister Fradkow stellte sogar eine Rotation

---

[1] Nesawisimaja Gazeta, 26. Dezember 1999.
[2] Föderales Verfassungsgesetz Nr. 6 vom 3.11.2004, SFRZ, Nr. 45/2004, Pos. 4376.
[3] Iswestija, 6. August 2004.
[4] Moscow Times, 9. August 2004.
[5] Moscow Times, 30. Juli 2004.

in den Ministerämtern zur Diskussion, um einen noch größeren Einsatz der einzelnen Minister zu gewährleisten.[1] Außerdem wurde ventiliert, die Leistung der Regierungsmitglieder mit Hilfe von Parametern besser in Anrechnung zu bringen. Doch auch dabei wurde schnell klar, dass man politische Verantwortlichkeit nicht über Planspiele mit Zahlen und Buchhalterkalkülen einlösen konnte.[2]

Das Scheitern der „Verwaltungsreform" hat im Übrigen dazu geführt, dass die führenden „Polittechnologen" und Kremlberater erneut auf politische Parteien als dem einzigen Mittel zur Regenerierung des politischen Systems setzten. Denn nur über eine solche übersichtliche und zuverlässige Basis der politischen Führung könnten, wie sich etwa Gleb Pawlowskij äußerte, der bürokratische Leviathan und die Tatsache vermieden werden, dass „Schattengruppen" weiterhin zu viel politischen Einfluss erlangten. Mit den „Schattengruppen" hatte Pawlowskij den Pluralismus innerhalb der bürokratischen Apparate und einzelne Akteure vor Augen, deren Intrigen und individuelles Gewinnstreben nur durch ein funktionsfähiges Parteiensystem zu beenden wäre.[3]

Im Zusammenhang mit der Jukos-Affäre war der Schlagabtausch zwischen den informellen Machtgruppen weithin sichtbar geworden. Als Alexander Woloschin, der langjährige Leiter der Präsidialadministration, der ebenso wie Regierungschef Kasjanow dem Jelzin-Clan bzw. der sagenumwobenen „Kremlfamilie" angehörte und gute Beziehungen zu den „Oligarchen" vom Schlage Chodorkowskijs unterhielt, angesichts der brutalen Verhaftung des Ölmagnaten Ende Oktober 2003 das Handtuch warf, signalisierte dies den Sieg der Gruppe der Silowiki, die von Anfang an den Angriff auf Jukos und Chodorkowskij betrieben hatten. Die Silowiki fuhren jetzt nicht nur einen wichtigen Etappensieg ein, sondern erlangten auch die Oberhand im Richtungsstreit der Kremlgruppen um mehr oder weniger staatliche Kontrolle über das politische und wirtschaftliche Leben im Lande. Während zunächst unter den vielen Thesen zur Erklärung der Affäre die Version dominierte, die Attacke sei als eine Art „Kollateralschaden" im Wettkampf der Kremlgruppen zustande gekommen, zeichnete sich später ab, dass die Silowiki dabei durchaus weiterreichende Strategien verfolgten, trugen sie doch bei der anstehenden Aufteilung des Jukoskonzerns den Löwenanteil davon. Ein erstes Indiz war die im Juli 2004 erfolgte Berufung von Putins Vertrautem Igor Setschin an die Spitze des Aufsichtsrates des staatlichen Ölunternehmens Rosneft.[4]

Bald zeigte sich, dass die Jukosaffäre überhaupt auf eine Umverteilung der Verfügung über die Energieressourcen abzielte. Der Transfer ging von den alten

[1] ITAR-TASS, 21. August 2004.
[2] UPI 21. August 2004; RFE/RL 17. August 2004; Wedomosti, 6. August 2004.
[3] Nesawisimaja Gazeta, 17. August 2004; Iswestija, 17. August 2004.
[4] Financial Times, 25. August 2004; Time Europe, 30. August 2004, Wedomosti, 2. August 2004.

„Oligarchen" der Jelzin-Zeit zu Gunsten der neuen Mächtigen, der sogenannten „Putingarchen".[1] Ihr Sieg bedeutete aber auch eine zunehmende Kontrolle des Staates über den Energiesektor. In dem Zusammenhang war es bezeichnend, dass Ende August 2004 einige der höchsten Beamten aus der Präsidialadminist-ration in die Aufsichtsräte weiterer Energieproduzenten und selbst an den Mono-polisten für den Öltransport „Transnefteprodukt" delegiert wurden.[2] Diese Vor-gänge wurden schon als Anzeichen für die endgültige Ablösung des „oligarchi-schen Kapitalismus" durch einen neuen „Staatskapitalismus" gesehen, für den sich anscheinend Putins Geheimdienstler stark machten. Es entstand der Ein-druck, dass sich im Unterschied zu den oligarchischen Strukturen der Jelzin-Jahre, in denen sich Russlands Frühkapitalisten mit Teilen der Bürokratie liierten und so der Entstehung einer „kompetitiven Oligarchie" Vorschub leisteten, nun ein Übergang zu einer „gelenkten Oligarchie" vollzog, in der es nicht mehr um die Interessen von Eigentümern und Managern ging, sondern um die wirksame Kontrolle über die größten Finanzströme der Wirtschaft durch die Emissäre des Kremls selbst.[3]

Die Entwicklungen bis in den Spätherbst 2005 hinein bestätigten die ge-schilderte Tendenz. Zugleich wurde sichtbar, dass auch die „Putingarchen" keine Einheit bildeten, sondern ganz individuell im Geist des Wettbewerbs sich um die jeweils günstigsten Pfründe bemühten. Als es im Dezember 2004 zur dubiosen Versteigerung von Jugankneftegas, der Hauptproduktionseinheit von Jukos, an die Briefkastenfirma „Baikalfinansgrup" und zum sofortigen Weiterverkauf an das staatliche Unternehmen Rosneft kam, ging der Silowik Igor Setschin, zugleich Aufsichtsratsvorsitzender von Rosneft und Stellvertretender Leiter der Präsidialadministration, in dem Gerangel als Sieger hervor.[4] Im Februar 2005 gelangten die auseinandergehenden Geschäftsinteressen der einzelnen Silowiki mit Getöse an die Öffentlichkeit. Im Kern ging es um die Frage, ob die Energie-riesen Gasprom, Rosneft und das von Jukos „gekaperte" Jugankneftegas ver-schmolzen werden oder eher einzelne Unternehmen bleiben sollten. Im Verlauf des Jahres schwelten die Verteilungskonflikte weiter. Es zeigte sich, dass sich an der aus der Ära Jelzin tradierten „kompetitiven Oligarchie" im wesentlichen nur der Tatbestand geändert hatte, dass jetzt staatliche Funktionäre von den „Oligar-chen" der ersten Generation die Führungsrolle im wirtschaftlichen Gewinnstre-ben übernommen hatten. Insofern war es nicht zutreffend, von einer neuen Ära des wiedergekehrten „Staatskapitalismus" zu reden, denn eine solche Ordnung

---

[1]   The Economist, 7.-13. August 2004, Philadelphia Inquirer, 4. August 2004.
[2]   Financial Times, 25. August 2004.
[3]   Gazeta, 25. August 2004.
[4]   Moscow Times, 21. Dezember 2004.

hätte die Koppelung an ein wie immer auch imaginiertes bonum commune zur Voraussetzung. Eine derartige Leitidee war indessen nicht zu erkennen.

2.3 Prekäre Verfassungslegitimität und manipulierter Machttransfer

Zur Festigung demokratischer Verhältnisse gehört nicht zuletzt der fortgesetzte Respekt gegenüber den Verfassungsnormen, deren Verinnerlichung und konsequente Einhaltung. So entsteht Verfassungslegitimität und davon zeugt - jedenfalls in konsolidierten Demokratien - die Verfassungskultur von politischen Akteuren und Staatsbürgern gleichermaßen. In Russland weitete sich die Kluft zwischen Buchstaben und Geist der Verfassung und der Verfassungspraxis immer stärker aus. Es konnte sich weder eine Verfassungslegitimität noch eine Verfassungskultur, noch erst recht eine Art von Verfassungspatriotismus herausbilden. Lediglich Valerij Zorkin, der Vorsitzende des Verfassungsgerichts, machte sich als einsamer Rufer gelegentlich dafür stark.

Die Ursachen dieser Entwicklung sind vielfältig. Sie reichen vom Dissens der Akteure im Verfassungsgebungsprozess, vom völlig unterentwickelten Parteiensystem und vom Gedeihen informeller Strukturen bis zur besonderen politischen Kultur des Landes, die weitgehend Vorstellungen vom traditionell autoritären, bürokratisch und hierarchisch verfassten Staat verhaftet blieb. Vor diesem Hintergrund gelang es den im Sowjetsystem sozialisierten politischen Spitzenakteuren nur sehr begrenzt, sich demokratische Überzeugungen und ein entsprechendes Know How anzueignen. Jelzin räumte wiederholt ein, wie schwer es ihm fiel, sich von seinen Prägungen als Gebietsparteisekretär der KPdSU freizumachen. Für Putin wurden Schulung und Erfahrungen während seiner langen Arbeitsjahre im sowjetischen KGB prägend. Im Unterschied zu Jelzin gab sich Putin jedoch gern als gelernter Demokrat und ließ es nicht an rhetorischen Bekenntnissen zu demokratischen Prinzipien fehlen. Damit wurde die tatsächlich konsequente Aushebelung der demokratischen Einrichtungen bemäntelt. Allerdings gab Putin immer wieder auch sein von vorne herein eingeschränktes Verständnis von Demokratie preis. So betonte er, dass man keinesfalls eine Demokratie, die zu Chaos und gar zur Auflösung des Staates führe, brauche. Seit Herbst 2004 machte er sich zudem für eine „Demokratie nach russischem Stil" stark. Dies bedeutete, dass die allgemeinen Prinzipien der Demokratie den besonderen russischen Verhältnissen, den Traditionen und Sitten des Landes „angepasst" werden müssten.[1]

---

[1] Washington Post, 18. Januar 2005; AFP 21. November 2004; AFP, Reuters, 24. Februar 2005.

In den letzten beiden Jahren wurde überdeutlich, dass die Vorstellungen von einer „Angepassten Demokratie" in Wirklichkeit auf die umfassende Kontrolle von oben über alle grundsätzlich demokratischen Vorgänge von unten hinausliefen. Das kraft Verfassung semipräsidentielle, nach offizieller Version jedoch – vorgeblich demokratische - präsidentielle System machte immer stärker einem tatsächlich autoritären Präsidialsystem Platz. Ausdruck der fehlenden Verfassungslegitimität war die schon unter Jelzin aufgetretene, aber unter Putin verstärkt zu beobachtende Tendenz, die Verfassungsorgane durch institutionelle Surrogate zu ersetzen. Unter Jelzin gab es schon eine Reihe konsultativer Räte aller Arten, verschiedene Denktanks zur Konzipierung politischer Zielsetzungen quasi ersatzweise für entsprechende Agenda von Parlament und Regierung. Dazu gehörte der erste „Staatsrat", verschiedene „Präsidentenräte" und der als zusätzliche Duma gedachte „Politische Konsultativrat". Nicht zufällig beklagten kritische Kommentatoren schon Mitte der neunziger Jahre, dass auch das postsowjetische Russland ein „Land der Sowjets" (Sowjety = Räte) geblieben sei.[1]

Unter Putin verstärkte sich der Trend zur Gründung neuer, von der Verfassung nicht vorgesehener Einrichtungen. Zumeist handelte es sich um konsultative Räte (Sowjety), denen ersatzweise Funktionen der klassischen Staatsgewalten übertragen wurden. Zu den Surrogaten zählten die schon im Jahr 2000 als Kontrolleure berufenen „Sieben Bevollmächtigten Vertreter des Präsidenten" in den Provinzen sowie einmal mehr ein konsultativer „Staatsrat", der diesmal als Ersatz für die im gleichen Jahr entmachtete zweite Parlamentskammer, den Föderationsrat, fungieren sollte. Hinzu kamen ein Dutzend weiterer beratender „Sowjety", etwa der Rat zur Bekämpfung der Korruption, ein Rat für Menschenrechte und ein Rat zur Stärkung der ökonomischen Wettbewerbsfähigkeit Russlands. Die jüngste Kreation nennt sich „Gesellschaftskammer" (obschtschestwennaja palata) und ist vornehmlich als Ersatz für die von der Staatsduma mittlerweile eingebüßten klassischen Funktionen der Legislative konzipiert worden. Die Einführung der „Gesellschaftskammer" wurde im Gefolge des terroristischen Anschlags auf Beslan vorgeblich zur Stärkung der Zivilgesellschaft initiiert und am 1. Juli 2005 per Gesetz begründet. Unterdessen wurde das erste Drittel der 126 Mitglieder der Kammer vom Präsidenten ernannt. Sie haben das weitere Drittel aus dem Kreis landesweiter gesellschaftlicher Organisationen (Parteien sind ausgeschlossen) auszuwählen. Die restlichen 42 Mitglieder werden von regionalen und lokalen Organisationen entsandt. Das Matrjoschka Prinzip, demzufolge letztlich unter sicherer Kontrolle des Kremls alle Mitglieder wie die Puppe aus der Puppe hervorgezogen werden, löste zumal unter den Menschenrechtsorganisationen Kritik aus. Sie machten sich über die Schaffung eines neuen „Ministeri-

---

[1] Mommsen (2003), S.34 f.

ums der bürgerlichen Gesellschaft" lustig oder bespöttelten den tatsächlich absurden Versuch, per Dekret eine Zivilgesellschaft auf die Beine zu bringen.[1] Die Russlandexpertin Angelika Nußberger sieht in der Absicht, eine „Zivilgesellschaft per Dekret" in die Welt zu setzen, die typische russische Konsenskultur am Werk, die einen lenkbaren Dialog zwischen Staat und Gesellschaft der offenen demokratischen Streitkultur vorzieht. Andererseits drückt sich in der Schaffung der „gesellschaftlichen Kammer" die auch für ein autoritäres Regierungssystem unverzichtbare Notwendigkeit aus, über gesellschaftliches Feedback zu verfügen.[2]

Als Novum unter all den neuen Sowjety ragt der im Oktober 2005 angekündigte „Rat für die Implementierung vorrangiger nationaler Projekte" heraus, der vom Präsidenten selbst geleitet und mit den wichtigsten Mitgliedern der Administration wie des Ministerkabinetts bestückt sein soll, heraus.[3] Da dem Gremium jedoch der Premierminister nicht angehören wird, sehen Moskauer Auguren in dem neuen „Präsidentenrat" nicht zu Unrecht eine „Parallelregierung", die wie schon mehrere ihrer Vorläufer die Unwirksamkeit der Kabinettsbeschlüsse und vor allem die mangelnde Autorität Michail Fradkows konterkarieren soll.

All die erwähnten Organe sind zumindest an der Verfassung „vorbeikonstruiert" worden.[4] Während der zweiten Amtszeit Putins kam es neben diesen extrakonstitutionellen auch zu eindeutig antikonstitutionellen Neuerungen. So wurde - ebenfalls im Gefolge der Anschläge auf Beslan - die Einführung des Verhältniswahlrechts auf der Basis von Parteilisten für die Wahlen zur Staatsduma sowie die Abschaffung der direkten Wahl der Provinzoberhäupter verfügt. Während die erste Maßnahme der Administration die ganze Kontrolle über die Kandidaten für Parteilisten verschaffte, legte die zweite Maßnahme endgültig die Axt an den von der Verfassung vorgeschriebenen Föderalismus. Noch Ende 2002 hatte Putin sich klar für die direkte Wahl der regionalen Oberhäupter durch das Volk ausgesprochen. Dies schreibe die Verfassung vor und so solle es bleiben, meinte er damals. Der rasche Meinungswechsel belegt das flexible Verfassungsverständnis des Präsidenten und die generell niedrige Verfassungslegitimität.

Mangelnder Respekt gegenüber den Verfassungsnormen offenbart sich allenthalben auch seitens anderer politischer Funktionsträger, darunter Abgeordnete des „Einigen Russland" oder regionale Oberhäupter. Sie traten im Verlaufe des Jahres 2005 wiederholt mit Vorschlägen zu Verfassungsänderungen hervor,

---

[1]   Nußberger (2005), S.245–253.
[2]   Nikolaj Petrov, in Moscow Times 1. August 2005.
[3]   Interfax, 21. Oktober 2005.
[4]   Nußberger (2005), S.251.

die Putin ein Verbleiben an der Macht auch nach dem Ende seiner zweiten
Amtsperiode Anfang 2008 erlauben würden. Bekannte „Polittechnologen"
schlugen in die gleiche Kerbe. Da die Voraussetzungen für einen freien demokratischen Wettbewerb zerstört wurden, gehen ihre Überlegungen und Vorschläge folgerichtig dahin, Putin entweder kraft einer Verfassungsänderung im Amt
zu behalten oder das Muster des manipulierten Machttransfers von Jelzin auf
Putin neu aufzulegen. Allerdings wird bezweifelt, ob die Illusion eines verfas-
sungsmäßigen Machtwechsels ein weiteres Mal vorgetäuscht werden könne. Vor
dem Hintergrund des Versagens des von Moskau für die Ukraine angestrebten
Machttransfers von Kutschma auf Janukowitsch mehren sich die Zweifel über
den möglichen Erfolg eines ähnliches Vorgehens. Putin selbst bekräftigte mehrfach, er wolle selbstverständlich das Verfassungsgebot einhalten, das ihm eine
dritte Präsidentschaft in Folge untersagt. Zugleich hielt er sich die Möglichkeit
offen, auch nach Beendigung seiner Amtszeit politische Funktionen wahrzunehmen. Unterdessen reißen die öffentlichen Spekulationen darüber, wie sich eine
Führungsrolle Putins im Rahmen der geltenden Verfassung oder dank einer Änderung der Verfassung realisieren lasse, nicht ab. Dies offenbart das generell
fehlende Verständnis für gewaltenhemmende Vorkehrungen, wie sie auch in der
zeitlichen Begrenzung von Amtsperioden zum Ausdruck kommen.

3   Putins Außenpolitik: Selbstbehauptung Russlands in der „multipolaren Welt" und regionale Vorherrschaft

Putin übernahm ein doppeltes außenpolitisches Erbe aus der Ära Jelzin. Es
drückte sich in den Begriffen der Westintegration und der multipolaren Weltsicht
aus. War das von Jelzin und seinem jungen Außenminister Andrej Kosyrew
Anfang der neunziger Jahre energisch verfolgte Ziel die Westintegration, so
wurde einige Jahre später Jewgenij Primakows Vorstellung von einer multipolaren Welt, in der Russland neben anderen Mächten die Position eines eigenen
Pols zustand, zur Richtschnur der russischen Außenpolitik. Parallel zu den offiziellen Paradigmen entfalteten sich die gesellschaftlichen Diskurse über Russlands Identität und seinen wünschenswerten Platz in der Welt. Neben den „West-
lern" schwärmten die „Eurasianer" von Russlands Einzigartigkeit, die sie auf die
Symbiose seiner Religionen und Kulturen zurückführten. Den Anhängern der
„Russischen Idee" ging es ebenfalls darum, Russlands Besonderheit kraft Kultur
und Geschichte zu betonen. Vertreter beider Denkschulen plädieren für einen

„Sonderweg" Russlands und für die Abkehr von westlichen Entwicklungsmustern wie der Demokratie, die vorgeblich nicht zu Russland passe.[1]

Die offizielle Politik der Kremlführung war bis zum Ende der Ära Jelzin stark auf die europäische Integration ausgerichtet. Charakteristisch dafür war Jelzins kurzfristig - Oktober 1997 bis Frühjahr 1998 - realisierter Traum von einer informellen Troika zwischen Frankreich, Deutschland und Russland. Bis zuletzt trat Jelzin für eine möglichst enge Integration Russlands in die Europäische Union ein. Wenn die Vollmitgliedschaft schon nicht zu erreichen war, so sollte doch zumindest eine Assoziation angestrebt werden.

Schon im ersten Jahr seiner Präsidentschaft ließ Putin mehrere Dokumente zur Außen- und Sicherheitspolitik verabschieden, darunter die im Juli 2000 präsentierte „Konzeption der Russischen Außenpolitik".[2] In dem Dokument erhielt Europa sehr gute Zensuren, während gegenüber den USA nicht mit Kritik gespart wurde. Ein weiteres Merkmal der „Konzeption" ist in der Widersprüchlichkeit ihrer Aussagen und in einer übermäßigen Prioritätensetzung der außenpolitischen Ziele zu sehen. So wurde allen Weltteilen bis auf Schwarzafrika höchste Bedeutung zugemessen. Von zentraler Bedeutung war, dass Primakows Doktrin von einer multipolaren Welt weiterhin das Leitmotiv der außenpolitischen Philosophie abgab. Entsprechend diesen Vorstellungen gestaltete sich Putins Außenpolitik mehrgleisig und diversifiziert.[3] Er bereiste sowohl westeuropäische Länder als auch Indien, aber auch Kuba und selbst den „Schurkenstaat" Nordkorea. Auffallend war, dass Putin bei den ersten Treffen mit den Europäern und zumal mit der EU-Troika stark die europäische Identität Russlands hervorkehrte, während er in Asien die eurasische Identität betonte.

Nach den Terroranschlägen in den USA am 11. September bot Putin unverzüglich Hilfe an und klinkte sich in die weltweite Allianz gegen den Terror ein. Es begann eine Zeit der engen Annäherung an den Westen. Eine ganze Weile tauchte der Begriff der multipolaren Welt nicht mehr auf. Die „Westler" in Moskau zeigten sich hoch erfreut, forderten jedoch verstärkt eine erneute „Europäisierung" des politischen Systems in Russland selbst ein. Wie bereits ausführlich dargelegt, blieb es allerdings um die Aussichten auf einen derartigen demokratischen Systemwandel im Lande selbst schlecht bestellt.

In der Außenpolitik trug Putins vorübergehende entschiedene Orientierung auf den Westen bald Früchte. Im ersten Halbjahr 2002 vertieften sich die Kontakte Moskaus mit Washington, mit der EU und selbst mit der NATO. Im Mai 2002 setzte Russland mit dem Abkommen von Rom einen Fuß in die neue NATO der Zwanzig. Kurz darauf konzedierte die EU-Troika Russland den lange

---

[1]   Light (1996), S.44–100.
[2]   Nesawisimaja Gazeta, 18. Juli 2000.
[3]   Mommsen (2004), S.197–212.

ersehnten Status eines „Marktwirtschaftslandes".[1] Der neue Honeymoon Moskaus mit dem Westen währte indessen nicht lange. Im Herbst 2002 versuchte
Moskau, Russlands Interessen in der GUS wieder stärker zur Geltung zu bringen,
durchaus in Konkurrenz zu den USA. Im Dezember 2002 griff Putin den Begriff
der „multipolaren" Weltordnung erneut auf. Dies geschah bei einem Treffen mit
Russlands chinesischem Partner in Peking, dem aus Moskauer Sicht wichtigsten
strategischen Gegenpol zu den USA.

    Nach dem kurzen Westschwenk erhielt die russische Außenpolitik im Jahr
2003 ein neues Profil. Dies geschah vor dem Hintergrund der Festlegung der
ökonomischen Entwicklungsziele. Dank der boomenden Produktion von Erdöl
und Erdgas und der steigenden Ölpreise auf dem Weltmarkt verbesserten sich die
Rahmenbedingungen für einen raschen Wirtschaftsaufschwung. Putin gab die
Parole von der wünschenswerten Verdoppelung des Bruttosozialprodukts aus.
Die Steigerung der ökonomischen Wettbewerbsfähigkeit des Landes und überhaupt ein starkes Wirtschaftswachstum wurden sogar zu einer Art neuen „nationalen Idee" hochstilisiert.[2] Gleichzeitig klärte sich das angestrebte Verhältnis
zum Westen. Nicht Integration, sondern lediglich Interaktion erschien nunmehr
als oberstes Ziel.[3] Kommentatoren stimmten in ihrer Einschätzung darin überein,
dass man in Moskau alles daran setzte, um Russland wieder zu einem starken
unabhängigen Spieler in der Weltpolitik zu machen. Demgegenüber traten die
unter Gorbatschow und Jelzin verfolgten Projekte einer Westintegration zurück.
Die Außenpolitik wurde vornehmlich als Instrument betrachtet, um die wirtschaftliche Modernisierung des Landes voranzubringen und Russland für den
globalen Wettbewerb fit zu machen.[4]

    Seit 2004 erfuhr die Konzentration Moskaus auf die ehemaligen Sowjetre-
publiken einmal mehr höchste Priorität.[5] Dies fand nicht nur in offiziellen Erklärungen Ausdruck. Es wurde auch der Grundstein für einen gemeinsamen Wirtschaftsraum der vier postsowjetischen Staaten Russland, Weißrussland, Ukraine
und Kasachstan gelegt. Allerdings stellten die „Rosenrevolution" in Georgien
wie die „Revolution in Orange" in der Ukraine die Moskauer Außenpolitik vor
neue Herausforderungen und setzten zugleich die Beziehungen des Kremls zu
Europa wie zu den USA einem neuen Härtetest aus. Als sich in der Ukraine eine
breite Volksbewegung gegen die gefälschte Präsidentenwahl vom 21. November
2004 erhob und die USA wie die EU die Wahlmanipulation kritisierten, reagierte
Putin äußerst verärgert. Die groteske Fehleinschätzung des Kremls hinsichtlich

---

[1]   Mommsen (2004), S.213 – 218.
[2]   ITAR-TASS, 23. Mai 2005.
[3]   Trenin (2004), S.9–22.
[4]   Bobo (2003), S.101–103.
[5]   ITAR-TASS, 19. Juli 2004.

der Siegeschancen des favorisierten Viktor Janukowitsch war nicht zuletzt der Philosophie der „gelenkten Demokratie" geschuldet. Man hatte sich so sehr an ein reibungsloses Funktionieren der Kontrolle über den demokratischen Wettbewerb im eigenen Lande gewöhnt, dass es unvorstellbar schien, in der Nachbarrepublik könnten die gleichen Muster nicht ebenso selbstverständlich greifen.

In Moskaus herben Reaktionen auf Kritik an den unverhüllten Steuerungsversuchen der Vorgänge in der Ukraine spiegelten sich die divergierenden geopolitischen Interessen zwischen Russland, der Europäischen Union und den aus der Sicht Brüssels „neuen Nachbarn" der EU. Tatsächlich ging es um nicht weniger als die Einflussnahme sowohl Moskaus wie Brüssels auf das nach der EU-Osterweiterung entstandene neue „Zwischeneuropa" in Gestalt der Länder Belarus, Ukraine und Moldowa. Moskau zeigte sich nicht gewillt, die aus seiner Sicht legitimen „Einflusssphären" in diesen Nachbarstaaten aufzugeben. In seiner Botschaft an das Parlament im April 2005 beklagte Putin den tragischen Zerfall der UdSSR. Er ging so weit, diesen als die „größte geopolitische Katastrophe des 20. Jahrhunderts" zu bezeichnen.[1] Mit der Äußerung bediente Putin nicht nur den Phantomschmerz vieler Menschen über den Verlust des Sowjetimperiums, sondern rechtfertigte auch die fortgesetzten Hegemonieansprüche Moskaus gegenüber dem neuen - von der EU so benannten - „Zwischeneuropa". Während sich Brüssel verpflichtet zeigt, zu dieser Region neue Brücken zu bauen, betrachtet der Kreml die westliche GUS hingegen als ein Territorium, das für die EU „off limits" zu sein habe.

Spannungen zwischen Russland und der Europäischen Union hatten sich seit längerem aufgetan. Aufs Ganze gesehen zeichneten sich die Beziehungen zwischen Moskau und Brüssel seit Putins Präsidentschaft vornehmlich durch gegenseitiges Lob und Pathos, aber durch eine nur begrenzte konkrete Zusammenarbeit aus. Bei den regelmäßigen Treffen der EU-Troika und der Kremlführung vor stets glanzvollen Kulissen zelebrierte Russland vor allen Dingen seinen Großmachtanspruch. Demgegenüber bemühte sich die EU, hin und wieder ihre Rolle als Anwältin der „europäischen Werte" ins Spiel zu bringen. Allerdings unterliefen Deutschland, Frankreich und Italien dieses gemeinsame Anliegen, indem sie Moskau in ihren bilateralen Kontakten stärker hofierten. Während Deutschland und Frankreich dabei die gemeinsame Ablehnung der bewaffneten Intervention der USA im Irak im Auge hatten, legte Italien mit dem Vorschlag zur Schaffung eines ständigen konsultativen Organs für Russland bei der EU hingegen einen eigenen Köder aus, um Moskau vielmehr in das Lager der „Kriegswilligen" zu locken. Letztlich trugen die gegenläufigen Interessen einzelner EU Mitglieder nur dazu bei, Moskau in seiner Verhandlungsposition mit

---

[1]   Rossijskaja Gazeta, 26. April 2005.

Brüssel zu stärken. Erst das russische Debakel in der Ukraine führte zu einem zumindest vorübergehenden Schulterschluss auf Seiten der europäischen Mächte.

Im Vorfeld der EU-Osterweiterung war es zu einer sehr kritischen Zuspitzung im Verhältnis Moskau - Brüssel gekommen. Denn die russische Seite forderte ganz im Stil sowjetischer Denkschablonen Kompensationen für die EU-Osterweiterung. Da Brüssel zunächst irgendwelche Gegenleistungen ausschlug, kühlten sich die Beziehungen merklich ab.[1] Beide Seiten waren jedoch bestrebt, der Unterzeichnung eines neuen Dokuments zur „strategischen Partnerschaft" zwischen EU und Russland programmgemäß am 10. Mai 2005 eine Chance zu geben. Deshalb war man im November 2004 übereingekommen, die vier zu schaffenden „Gemeinsamen Räume" für Wirtschaft, Sicherheit, Justiz und innere Angelegenheiten sowie Bildung, Wissenschaft und Kultur mit Hilfe von „Roadmaps" zu erleichtern. Der modische Begriff zeugte jedoch eher davon, dass das bisherige Spiel mit schöner Rhetorik und unverbindlichen Floskeln fortgesetzt und so die virtuelle Partnerschaft zwischen Russland und der EU weiter bedient werden sollte. Als die „Roadmaps" pünktlich am 10. Mai 2005 unterzeichnet wurden, entstand wieder nur ein Papiertiger.[2] Tatsächlich war es seitens der EU als Voraussetzung der neuen Verständigung angesehen worden, dass Russland mit Lettland und Estland Grenzverträge abschloss.[3] Aus lauter Verärgerung über die im Vorfeld der Siegesfeiern zum 60. Jahrestag der Beendigung des Zweiten Weltkrieges geltend gemachten Vorbehalte der Balten gegenüber dem von Moskau nicht wiederholten Eingeständnis, dass diese Länder durch die UdSSR okkupiert worden seien, war die Kremlführung zunächst zu keinerlei Kompromissen in Sachen Grenzvertrag bereit. Auf einer Pressekonferenz meinte Putin, dass die Balten bestenfalls die „Ohren eines toten Esels" erhalten könnten.

Den Beziehungen Russlands zu den USA kommt bei der Verortung des eigenen Platzes in der Welt seit jeher der höchste Referenzwert zu. Das Verhältnis ist jedoch von zwiespältiger Natur.[4] Die USA werden einerseits als unverzichtbare Ressource für die Modernisierung der russischen Wirtschaft gesehen, andererseits nimmt der Kreml die einzig verbliebene Weltmacht zunehmend als einen Rivalen im eigenen regionalen Hinterhof, also in den zentralasiatischen ehemaligen Sowjetrepubliken, im Südkaukasus sowie in der Ukraine und Moldowa, wahr. In der Irakfrage beteuerte die Kremlführung ohne Unterlass, dass sie nicht an einer Niederlage der USA und schon gar nicht an dem Entstehen eines noch größeren Krisenherdes im islamischen Raum interessiert sei. So wenig Moskau

---

[1]   Mommsen (2004), S.482 ff.
[2]   Timmermann (2005).
[3]   ÖMZ, April 2005, S.542 ff.
[4]   Sagorskij (2004), S.329–342.

die Intervention im Irak als solche gut hieß, so wenig sah man sich veranlasst, eigene Trümpfe wie die gute Zusammenarbeit mit dem Iran den Wünschen Washingtons zu Liebe aufzugeben. Hinzu kommt, dass Moskau in den USA weiterhin den hauptsächlichen potentiellen militärischen Gegner sieht. Und Russland besserte sein Arsenal an Nuklearwaffen nicht zuletzt deshalb auf, um im Pentagon einen gewissen Eindruck der eigenen Stärke zu hinterlassen. Als sich die Verteidigungsminister Sergej Iwanow und Donald Rumsfeld Mitte August 2004 in Petersburg trafen, brachte Iwanow das ambivalente gegenseitige Verhältnis auf den Punkt, insofern er feststellte, dass Russland und die USA zwar nicht mehr länger Feinde, aber wahrscheinlich noch nicht Verbündete seien.[1]

Gemäß der „multipolaren" Weltsicht und dem Anspruch auf Behauptung eines eigenen Kraftzentrums in der Welt ist Moskau nicht gewillt, seine Beziehungen zu anderen Weltteilen von einer Verständigung, sei es mit den USA, sei es mit Europa, abhängig zu machen. Moskau will vielmehr eine, wie es jetzt heißt, „multivektorale" Außenpolitik betreiben und sein Verhältnis zu anderen großen Mächten autonom gestalten. Dies gilt vor allem für die Beziehungen zur muslimischen Welt, zu Indien, zu China und zu Japan. In dem Zusammenhang erscheint das im Sommer 2005 zu beobachtende engere Rapprochement zwischen Moskau und Peking sowie die Aufwertung der „Shanghaier Organisation für Zusammenarbeit", in der Russland, China, Kasachstan, Kirgisistan, Tadschikistan und Usbekistan lose verbunden sind, von Bedeutung.[2] Auf dem Treffen der Mitglieder dieser Organisation Anfang Juli 2005 wurden die USA zur Auflösung ihrer Militärbasen in Zentralasien aufgefordert. Dies war - nur einen Tag vor dem G 8 Gipfel in Schottland - eine deutliche Drohgebärde und Ausdruck der vor allem von Russland und China angestrebten Gegenpolbildung zu den USA und zu deren eigenen geopolitischen Interessen in der Region.[3] In die gleiche Richtung ging, dass Moskau seine schützende Hand über das autoritäre Regime in Usbekistan hielt, das sich einer - von den USA wie von der EU - geforderten kritischen Untersuchung der blutigen Niederschlagung der im Mai ausgebrochenen Unruhen in Andischan verweigerte.

Die Entwicklungen auf den Weltmärkten für Rohöl, die den Preis pro Barrel in ungeahnte Höhen schnellen ließen, haben Russland in die Rolle eines weltweit umbuhlten Exporteurs des kostbaren Stoffes gebracht. Tatsächlich zeigen neben den USA vor allem China und Japan Interesse an Energiebrücken nach Russland. Der Wunsch der Kremlführung, Russlands Rolle in der Welt wieder stärker zur Geltung zu bringen, scheint insofern vor der Erfüllung zu stehen. Für die neue Weltölmacht Russland ist auch das nahe Europa ein besonders interessanter

---

[1] ITAR-TASS, 15. August 2004.
[2] ÖMZ, April 2005, S. 682.
[3] Neue Züricher Zeitung, 6. Juli 2005.

Markt. Insofern bleibt in der Außenpolitik Moskaus der europäische Vektor weiterhin im Spiel, wenn auch nur als ökonomisches und nicht als politisches Integrationsprojekt. Kommentatoren witzelten bereits im Spätsommer 2004 darüber, dass OPEC bald hinter KREMPEC (Kremlin Petroleum Export Corporation) zurückfallen werde.[1] Und nicht wenige Moskauer Auguren sehen heute hinter der ganzen Yukos Affäre die von Anfang an gezielte Absicht der Staatsmacht, das Großunternehmen in neuer Form unter die eigenen Fittiche zu nehmen, um so dem alten und neuen Großmachtstreben des Landes eine materielle Basis zu geben.

4   Bilanz und Ausblick: Warum Russland trotz ungelöster Probleme im Innern ein wichtiger internationaler Akteur bleibt

Das postsowjetische Russland ist mit großen Problemen und Herausforderungen im Innern konfrontiert. Sie reichen von Diskrepanzen in der Wirtschaftsentwicklung zu weitreichenden Missständen in Gesellschaft und Armee. Diese werden im folgenden kursorisch aufgegriffen und in der abschließend bilanzierenden Antwort auf die Frage, inwieweit Russland ein bedeutender internationaler Akteur oder eine bloß virtuelle Großmacht verkörpert, berücksichtigt.

4.1 Bevölkerungsentwicklung

Ein erster Blick auf Land und Leute fördert eindrucksvolle Grunddaten zu Tage. So ist Russland als nur einer von fünfzehn eigenständigen Sukzessorstaaten der UdSSR mit einem Territorium von 17,075.400 km² noch immer der größte Flächenstaat der Welt. Das Land verfügt in großem Umfang über so wertvolle Rohstoffe wie Erdöl, Erdgas, Gold und Diamanten. Die Bevölkerung umfasst der Volkszählung von 2003 zufolge 143,1 Millionen Einwohner, wovon etwa 82% auf ethnische Russen entfallen, während sich der Rest auf über 100 verschiedene Nationalitäten aufteilt. Noch rangiert Russland mit seiner Bevölkerung im internationalen Vergleich an siebter Stelle.

Unterdessen zeigen die demographischen Entwicklungen stark rückläufige Tendenzen. Die Sterberate steigt und die Lebenserwartung, vor allem von Männern, sinkt. Die Bevölkerungszahl nimmt jährlich um 850.000 bis 900.000 ab. Schätzungen gehen davon aus, dass sie im Jahr 2015 nur noch etwa 135 Millionen betragen wird. Zu den Besonderheiten der demographischen Entwicklung

---

[1]   www.futurebrief.com (19.8.2004).

gehört, dass die Geburtenraten der russischen Bevölkerung fallen, während sie bei den ethnischen Titularnationen in den autonomen Republiken - und dies vor allem im Kaukasus - steigen.[1]

Das Gesundheitssystem liegt im argen. Die einschlägigen Statistiken weisen zum Teil alarmierende Trends auf. So hat die Verbreitung des HIV Virus mit 860.000 Infizierten epidemische Ausmaße erreicht. Russland hat außerdem die höchste Todesrate bei Tuberkulosepatienten in Europa.[2] Das festgestellte demographische Minus ist auch eine Folge der schlechten Gesundheitsversorgung.

Zum negativen Trend der Bevölkerungsentwicklung gesellt sich die Armut als ein großes soziales Problem hinzu. Vor allem weitet sich die Schere zwischen armen und reichen Regionen weiter aus, wie die Weltbank in ihrem letzten Bericht vermerkte.[3] Zwar hat sich die Zahl der Armen auf Grund des stetigen Wirtschaftswachstums von 59% auf 41% verringert, doch verschlechterte sich deren Lebensqualität weiter.

4.2 Wirtschaftliche Entwicklung und Korruption

Die wirtschaftliche Entwicklung ist von widersprüchlichen Trends gekennzeichnet. Zur positiven Tendenz gehört die Möglichkeit und Absicht der Kremlführung, dank des aus dem Ölgeschäft gut gefüllten Staatssäckels die russischen Schulden beim Pariser Klub vorzeitig zu tilgen.[4] Problematisch und eher typisch für ein Dritte Welt - Land erscheint, dass sich die Gewinne ganz einseitig in erster Linie aus dem Export von Rohstoffen speisen, während Russland vom Import von Maschinen und Konsumgütern abhängig bleibt. Zu dieser negativen Tendenz kommt - wie bereits dargestellt - das Bestreben der politischen Führung hinzu, die Staatsanteile in großen Unternehmen zu erhöhen und überhaupt den staatlichen Einfluss vor allem auf die so gewinnbringende Erdöl- und Erdgasindustrie auszuweiten. Dies zeigte sich vor allem an der ominösen „Versteigerung" von Juganskneftegas an die staatliche Rosneft wie zuletzt am Erwerb von Sibneft durch Gasprom. Im Herbst 2005 trat die Weltbank diesen Bestrebungen mit deutlicher Kritik entgegen.[5] Weltbank und IWF kritisierten darüber hinaus, dass gegenwärtig grundlegende Strukturreformen in der Wirtschaft deutlich verlangsamt oder überhaupt zum Stillstand gebracht worden seien.[6] Ein weitere Schwä-

---

[1]   Novaja Gazeta, 11. August 2005.
[2]   AFP, 17. Oktober 2005.
[3]   Wedomosti, 13. Oktober 2005.
[4]   Neue Züricher Zeitung, 14./15. Mai 2005.
[5]   Moscow Times, 29. September 2005; Rossijskaja Gazeta, 30. September 2005.
[6]   Vremja Novostei, 24. Oktober 2005.

che der wirtschaftlichen Entwicklung liegt in dem Umstand begründet, dass nach
wie vor über 40% des Bruttosozialproduktes auf das Konto der Schattenwirt-
schaft gehen.[1]

Putins persönlicher Wirtschaftsberater, Andrej Illarionow, der neben den
Ministern German Gref und Aleksej Kudrin eine Art wirtschaftsliberales Gewissen der Kremlführung verkörpert, ist wiederholt mit scharfer Kritik an der Tendenz zur Ausweitung des staatlichen Einflusses auf die Wirtschaft hervorgetreten. So führte er im September 2005 die Tatsache, dass die privaten Investitionen
um 20% rückläufig waren, auf die Erhöhung der Staatsanteile in Großunternehmen zurück. Er verwies auch auf die extreme Zunahme des Kapitalexports; während dieser im Jahr 2001 11 Milliarden Dollar betrug, so sei für das Jahr 2005
mit einer Summe von 34 Milliarden Dollar zu rechnen.[2] Auf einer Pressekonferenz am 12. Oktober 2005 meinte Illarionow, dass Russlands Wirtschaft nur auf
den ersten Blick so gut glänze wie nie zuvor. Zwar habe das Bruttosozialprodukt
in den letzten 5 Jahren 6,8% Wachstum pro Jahr aufgewiesen, im Jahr 2005 sei
jedoch nur noch mit einem Wachstum von 5,6% zu rechnen. Illarionow warnte
bei der Gelegenheit einmal mehr vor der Verstaatlichung des ganzen Energiesek-
tors, die sich in den OPEC Staaten bekanntlich ungünstig ausgewirkt habe.[3]

Ein nicht unerheblicher Hemmschuh für die Wirtschaftsentwicklung ist in
der grassierenden Korruption zu sehen, die, wie verschiedene Untersuchungen an
den Tag gebracht haben, in der Ära Putin keineswegs eingedämmt wurde, im
Gegenteil. Wie eine Studie des renommierten Indem-Instituts offenbarte, nahm
zwar die Häufigkeit von Erpressungen mittels Schmiergelder in den letzten vier
Jahren etwa um ein Fünftel ab, dafür erreichten aber die unter dem Tisch gehan-
delten Beträge insgesamt die achtfache Höhe. Mehr als vier Fünftel aller erhobenen Zahlungen seien an die kontrollierende und administrierende Beamtenschaft
geflossen.[4] Dem von Transparency International jährlich erstellten „Index der
Korruptionswahrnehmung" zu Folge erreichte Russland zuletzt unter 159 Ländern mit Platz 126 den gleichen Rang wie Niger, Sierra Leone und Albanien.[5]
Der Vorsitzende des Russischen Anti-Korruptions-Komitees berichtete, dass
Bestechungsgelder stark variierten, etwa zwischen 100 Dollar für einen Ver-
kehrspolizisten oder 20 Millionen Dollar, um die Position eines Gouverneurs zu
erhalten.[6] Mehrere Untersuchungen ergaben übereinstimmend, dass Bestechungsgelder vorwiegend bei den Mitgliedern der Zulassungskommissionen für

---

[1]   RIA Novosti, 4. Oktober 2005.
[2]   Neue Züricher Zeitung, 5. September 2005.
[3]   www.fednews.ru (12.10.2005).
[4]   Neue Züricher Zeitung, 22. Juli 2005.
[5]   Izvestija, 19. Oktober 2005.
[6]   www.pravda.ru (20.10.2005).

Hochschulen und beim Stab für die Rekrutierung des Militärs üblich seien.[1] Bei feindlichen Übernahmen von Firmen durch andere Unternehmen spielten Geldsummen vor allem zur Beeinflussung von Richtern eine erhebliche Rolle. Im Übrigen hat die Verhaftung des Ölmagnaten Chodorkowskij den Hunger von Beamten nach Bestechungsgeldern deutlich anschwellen lassen. Die von der Unternehmerschaft an Beamte zu entrichtenden Summen stiegen sogleich um das Zwei- bis Dreifache an.[2]

4.3 Militärische Macht und Reform der Streitkräfte

Russland verfügt weiterhin über ein hohes militärisches Potenzial und ist um die Entwicklung neuer Waffensysteme bemüht. Zu seinem Arsenal an Atomwaffen gehören weit über 3.000 Nuklearsprengköpfe auf land- und seegestützten Trägersystemen. Die Personalstärke der Streitkräfte ist zwischen 1992 und 2002 von 2,8 Mio auf 988.000 gesunken. Während gegenwärtig etwa ein Drittel der Streitkräfte aus Wehrpflichtigen besteht, verteilen sich die übrigen auf Berufs- und Zeitsoldaten, sogenannte Kontraktniki. Putin setzte sich bei den Generälen dafür ein, den Kontraktniki eine größere Rolle einzuräumen. Die heute etwa 144.000 Zeitsoldaten stehen für Kampfeinsätze bereit. Der Wehrdienst soll schon 2006 von zwei auf ein Jahr reduziert werden.[3]

Während einerseits von der militärischen Führung beklagt wird, dass die Waffenarsenale veraltet und nicht ausreichend seien, um die Balance gegenüber den USA zu gewährleisten, verweist man andererseits stolz auf die Entwicklung einer neuen Wunderwaffe, der Interkontinentalrakete RS-12M1 Topol-M, die jeden Raketenverteidigungsschirm durchdringen könne.[4] Aufs Ganze gesehen kann Russland jedoch nur im nuklearen Waffenbereich brillieren, während die konventionellen Streitkräfte in schlechter Verfassung und nur zum Teil überhaupt einsatzfähig sind.[5]

Die bedrückenden sozialen Verhältnisse in den Streitkräften sind ein Dauerthema. Es hapert am Ausbildungsstand, an der Ausrüstung, Moral und Kampfbereitschaft. Rekruten werden Schikanen durch Vorgesetzte und ältere Kameraden ausgesetzt. Dieses Problem der „dedowschtschina" gehört zu den Ursachen dafür, dass etwa zwei Drittel der Jugendlichen im wehrpflichtigen Alter sich legal oder illegal der Einberufung zu entziehen versuchen. Dies erklärt wiederum, dass

---

[1] RIA Novosti, 25. Oktober 2005.
[2] Satarov (2004).
[3] Herspring (2005).
[4] www.Gazeta.ru (2.11.2005).
[5] Schröder (2004).

Bestechungsgelder zwecks Freistellung vom Militärdienst besonders reichlich in die Einberufungsbehörde fließen. Um den Dienst in den Streitkräften wieder attraktiver zu machen, soll jetzt an den Mittelschulen - wie schon in der Sowjetzeit - wieder Militärunterricht eingeführt werden, wie ein neues Gesetzesprojekt der Staatsduma vorsieht.[1] Experten schätzen die in jüngerer Zeit in Gang gekommenen Reformen als keineswegs ausreichend ein; es seien erste „kleine Schritte" auf dem Weg notwendiger radikaler Neuerungen .[2]

Die nach wie vor wenig befriedigenden Verhältnisse in den Streitkräften stehen symbolisch für die insgesamt eher stagnierenden Strukturreformen in Putins Russland. Der geschilderte Anstieg der Korruption zumal im Verhältnis von Wirtschaft und Bürokratie, in der Justiz und bei den Organen des Rechtsvollzugs steht jeglichem Versuch einer grundlegenden Modernisierung des Landes frontal entgegen. Das Übel hat verheerende Auswirkungen auf das Geschäftsklima und auf die ohnehin geringe Effizienz des Staatsapparates. Einzelne Ansätze der Regierung, der Korruption entgegenzuwirken, führen nicht weit, da im Rahmen der „gelenkten" Demokratie gesellschaftliche Kontrollen gegenüber dem staatlichen Leviathan stark abgebaut worden sind.

Besonders augenfällig ist das in Folge der Korruption der Behörden auf einen Tiefstand gesunkene Vertrauen seitens der Bürger in Polizei, Staatsanwälte und Richter. Jüngste Umfragen ergaben nur 1% Vertrauen der Befragten in die Organe des Rechtsvollzugs.[3] So überrascht es nicht, dass Russland den Rekord bei den Klagen hält, die beim Europäischen Gerichtshof für Menschenrechte in Straßburg eingebracht werden. Allein in diesem Jahr kamen aus Russland 6.558 Klagen; während im Vergleich dazu aus Polen 3.800 und aus Frankreich 2.200 Klagen eintrafen.[4]

Immer wieder belegen unterschiedliche Umfragen, dass es den Bürgern Russlands generell an Vertrauen in die staatlichen Einrichtungen fehlt. Dies gilt in gleicher Weise für die schon erwähnte Justiz wie auch für das Parlament, für Parteien und Regierung. Unter allen Institutionen genießt einzig und allein Präsident Putin eine weitgehende unverändert hohe Zustimmung von etwa 70% der Bevölkerung. Als Nachweis für die politische Stabilität des ganzen Systems erscheint jedoch allein der Faktor von Putins Popularität keineswegs ausreichend. Die Beliebtheit Putins ist auch seiner hohen Medienpräsenz und anderen „polittechnologischen" Werbestrategien zu danken.

Im Fazit bleibt festzuhalten, dass der unter Präsident Putin eingeschlagene Weg einer autoritären Modernisierung des Landes keine Früchte getragen hat.

---

[1]   Moskowskije Nowosti, 20. Juli 2005.
[2]   Herspring (2005), S.3.
[3]   Wedomosti, 3. November 2005.
[4]   www.pravda.ru (5.11.2005)

Vollends muss der Versuch, der nationalen Rebellion und terroristischen Anschlägen im Kaukasus durch militärische Gewalt Herr zu werden, als gescheitert betrachtet werden. Die Wirtschaftsreformen führten in die Sackgasse erneuter staatlicher Lenkung und der Aneignung von Großunternehmen. Im Vergleich der Industrieländer nimmt die Wirtschaftsleistung Russlands einen recht bescheidenen Platz ein. Welche Atouts bleiben Russland also noch in seinem Verlangen nach internationaler Größe und Anerkennung? Gewiss kommt der Status einer Nuklearmacht und die Stimme einer Vetomacht im Sicherheitsrat der UNO diesem Streben entgegen. Hinzu kommt die herausragende Rolle Russlands als weltweit geschätzter Produzent und Lieferanten von Erdöl und Erdgas. Als Energiegroßmacht ist Russland zweifellos ein bedeutender internationaler Akteur und wird in dieser Rolle von den Großen der Welt zunehmend hofiert. Das Etikett der „virtuellen Großmacht" verliert allerdings seine Berechtigung nicht, wenn es darum geht, die bisher erfolgte Systemtransformation Russlands in Richtung eines modernen demokratischen Gemeinwesens und einer dynamischen Marktwirtschaft kritisch einzuschätzen. Um diesem von der Kremlführung grundsätzlich weiter verfolgten Ziel bessere Realisierungschancen einzuräumen, erscheint nur eine einzige Strategie den gewünschten Erfolg zu verheißen: Sich von den Vorstellungen einer multipolaren Welt und von der Schimäre eines eigenen Weges in der internationalen Politik zu lösen, hingegen entschlossen und konsequent auf die Integration in die euro-atlantischen Strukturen hinzuarbeiten.

5 Literaturhinweise

Baker, Peter/Glasser, Susan: Kremlin Rising. Vladimir Putin's Russia and the End of Revolution; New York, London, Toronto 2005.

Bobo, Lo: Vladimir Putin and the evolution of Russian foreign policy; Oxford 2003.

Dahl, Robert: Polyarchy: Participation and Opposition; New Haven 1971.

Herspring, Dale: Putin auf dem Weg zur Militärreform, in: Russlandanalysen Nr. 71; 2005, S.2-4.

Jelisarow, Witalij: Elitistskaja teorija demokratii i sowremmennij rossijskij polititscheskij protsess, in: Polis, Heft 1; 1999, S.72-78.

Light, Margot: Foreign Policy Thinking, in: Malcolm, Neil/Pravda, Alex/Allison, Roy/Light, Margot (Hrsg.): Internal Factors in Russian Foreign Policy; Oxford 1996.

Mommsen, Margareta: Wohin treibt Russland? Eine Großmacht zwischen Anarchie und Demokratie; München 1996.

Mommsen, Margareta: Wer herrscht in Russland? Der Kreml und die Schatten der Macht; München 2003.

Mommsen, Margareta: Die Europäische Union und Russland, in: Weidenfeld, Werner (Hrsg.): Die Staatenwelt Europas; Gütersloh 2004, S.482-502.

Nußberger, Angelika: Die Grundlagen des russischen Wahlrechts, in: Russlandanalysen Nr. 5; 2004, S.2-5.

Nußberger, Angelika: Zivilgesellschaft per Dekret - zur Gründung einer „Gesellschaftskammer" in der Russischen Föderation, in: Osteuropa Recht 3/2005, S.245-253.

Piehl, Ernst/Schulze, Peter W./Timmermann, Heinz: Die offene Flanke der Europäischen Union. Russische Föderation, Belarus, Ukraine und Moldau; Berlin 2005.

Sagorskij, Andrej: Entwicklung der russisch-amerikanischen Beziehungen, in: Gorzka, Gabriele/Schulze, Peter W. (Hrsg.): Wohin steuert Russland unter Putin? Der autoritäre Weg in die Demokratie; Frankfurt/New York, 2004, S.329-342.

Satarov, Georgij: Korruption in Russland zu Beginn des 21. Jahrhunderts, in: Russlandanalysen Nr. 27; 2004, S.2-7.

Schröder, Hans-Henning: Russland als Partner? In: Russlandanalysen Nr. 25, 2004, S.2-4.

Siegert, Jens: Der Wahlkampf, der kein Wahlkampf war, in: Russlandanalysen Nr.19; 2004, S.2-5.

Shevtsova, Lilia: Putin's Russia; Washington 2005.

Timmermann, H.: Der Moskauer EU-Russland-Gipfel, in: Russlandanalysen Nr. 66, 2005.

Trenin, Dmitrij: Identischtnost i integratsija: Rossija i Sapad w XXI weke, in: Pro et Contra, (8. Jg.), Heft 3; 2004, S. 9-22.

Weitere Informationen siehe insbesondere:
The Current Digest of the Post-Soviet Press, Columbus/Ohio.
Radio Free Europe/Radio Liberty www.rferl.org.
Johnson's Russia List, www.cdi.org/Russia/Johnson.
Russlandanalysen der Forschungsstelle Osteuropa an der Universität Bremen und Deutsche Gesellschaft für Osteuropakunde. Mit Unterstützung der Otto-Wolff-Stiftung, www.russlandanalysen.de.

China – regionale Großmacht oder Supermacht?

Saskia Hieber

Als Chinas Handelsvolumen im Jahr 2003 erstmals die gesamten Exporte und Importe Japans überstieg, schien der Euphorie keine Grenzen mehr gesetzt zu sein. Das anhaltende Wirtschaftswachstum, die Entwicklungsdynamik der chinesischen Küstenregionen, das außenpolitische Profil, die zunehmende wirtschaftliche Verflechtung und schließlich die geographische Größe und Bevölkerungszahl waren für viele Beobachter ausreichende Faktoren, um der Volksrepublik Supermachtstatus zuzuschreiben oder ihn zumindest für die nahe Zukunft zu prognostizieren. Die Zeitungs- und Zeitschriftenlandschaft füllte sich mit Sonderheften und Titelgeschichten über Chinas Boommetropolen und Industriezentren.

Fast vergessen sind vor diesem Hintergrund die Ereignisse auf dem Tiananmen, dem Platz des Himmlischen Friedens 1989, als die Regierung protestierende Studenten niederschießen und verhaften ließ. Lediglich Menschenrechts- und Umweltorganisationen trüben regelmäßig das glitzernde Chinabild. Beiträge mit Titeln wie „Gigant China", „Weltmacht China", „The Rise of China", „The Next Economic Superpower", „The Emerging Superpower", „The Chinese Century" füllen weiterhin Bücher und Fachzeitschriften. Insbesondere Artikel in Wirtschaftspublikationen bestaunen Chinas Entwicklung.[1]

Die China-Begeisterung ist jedoch nur eine Seite der Berichterstattung und Forschung. Auf der anderen Seite stehen kritische Experten wie Kay Möller, der die Gefahren einer Implosion beschrieb, oder Gerald Segal, der die provozierende Frage „Does China Matter?" aufstellte und argumentierte, die Volksrepublik sei lediglich eine Mittelmacht, deren Einfluss und wirtschaftliches Potential überbewertet seien.[2] Nun sind seit Segals Artikel einige Jahre vergangen, in denen Chinas Wirtschaft weiter gewachsen ist, sodass inzwischen in einigen Sektoren sogar Überhitzung droht. Auch ist eine neue und kooperative Außenpolitik zu erkennen, mit der die chinesische Regierung insbesondere in der asiatischen Region Erfolg hat. Die Volksrepublik ist zweifellos eine führende Regionalmacht und hat durch ihre Größe, Wirtschaftsdynamik und Zukunftspotential,

---

[1]   Beispiel: „Chinas Wirtschaft wächst ungebremst weiter", Handelsblatt vom 20. Juli 2005; www.handelsblatt.com/pshb?fn=tt&sfn=go&id=1072717 (18.08.05).

[2]   Segal (1999).

durch die großen militärischen Verbände und das Nuklearpotential, wie auch durch den Ständigen Sitz im Sicherheitsrat international Gewicht. Weiterhin mangelt es aber auch nicht an Belastungen. Genauso deutlich wie die skizzierten positiven Entwicklungen sind das soziale Gefälle innerhalb des Landes und die daraus entstehenden Verwerfungen wie die innenpolitischen Herausforderungen. Vor allem aber die Spannungen um die Insel Taiwan machen die Beobachtung der chinesischen Sicherheitspolitik und des militärischen Potentials unerlässlich.

Abbildung 1: Zeittafel

1368 – 1644	Ming-Dynastie
1644 – 1911	Qing-Dynastie (Mandschu)
1912 – 1949	Republik China (Bürgerkrieg, Kriegsherrentum, Japanische Invasion)
1.10. 1949	Ausrufung der Volksrepublik China
1953-1957	Erster Fünfjahresplan
Ende der 1950er	Zerwürfnis mit der Sowjetunion
1959	„Großer Sprung nach Vorne" – Wirtschaftskampagne mit katastrophalen Folgen
1966 – 1976	Kulturrevolution – Politische Kampagne mit gewaltsamen Auswüchsen
1972	Diplomatische Anerkennung durch die USA. Sitz in den Vereinten Nationen
1979	Deng Xiaoping startet die (wirtschaftliche) Reformpolitik
Mitte der 1980er Jahre	Die „Vier Modernisierungen" führen zu wirtschaftlichem Aufschwung
1989	Massaker auf dem Platz des Himmlischen Friedens (Tiananmen)
Anfang/Mitte der 1990er Jahre	Beispielloses Wirtschaftswachstum
1996/97	China ist von der asiatischen Wirtschaftskrise verhältnismäßig wenig betroffen
1999	NATO-Flugzeuge bombardieren die chinesische Botschaft in Belgrad
April 2001	Chinesisch-Amerikanischer Flugzeugzusammenstoß
September 2001	China tritt der Anti-Terror-Koalition bei
Dezember 2001	China wird Mitglied der WTO (Welthandelsorganisation)

Vor dem Hintergrund durchaus unterschiedlicher Eindrücke aus und über China und der divergenten Positionen in der Literatur hat sich dieser Beitrag die Aufgabe gesetzt, ein ausgewogenes Bild des größten Staates in Asien aufzuzeichnen.[1]

---

[1] Siehe auch Friedrich (2005).

1   Das politische System der Volksrepublik China

Die Volksrepublik China ist, um die wesentlichen Inhalte der Verfassung von 1982 zu beschreiben, ein sozialistischer Staat „unter der Diktatur des Proletariats und der Führung der Kommunistischen Partei, angeleitet durch den Marxismus-Leninismus, die Gedanken Mao Zedongs und die Theorien Deng Xiaopings. Die Staatsorgane wenden das Prinzip des `Demokratischen Zentralismus an'".[1]

Demokratischer Zentralismus, eine klassische Formel hierarchisierten kommunistischen Staatsverständnisses, steht im Gegensatz zu pluralistischen, im westlichen Verständnis demokratischen Strukturen. Die Kommunistische Partei Chinas (KPCh) verfolgt einen „Sozialismus chinesischer Prägung", der das Konzept einer „sozialistische Marktwirtschaft chinesischer Prägung" beinhaltet. Interessant in Bezug auf Chinas wirtschaftliche Öffnung ist die ab 2001 manifestierte Linie der „Dreifachen Repräsentationen", wonach nur die KPCh in der Lage ist, die Interessen der Bevölkerung sowie die besten wirtschaftlich/produktiven und kulturellen Kräfte zu vertreten. Man kann davon ausgehen, dass die gegenwärtige politische Struktur der Führung einer zentralistischen Einheitspartei weiterhin Chinas Politik bestimmt – zumindest solange die Kommunistische Partei für eine erfolgreiche Wirtschaftspolitik steht. Vorläufiger Höhepunkt des marktwirtschaftlichen Kurses war der Beschluss des Volkskongresses im März 2004, Privateigentum zuzulassen und den Schutz des Privateigentums in der Verfassung zu verankern. Dagegen bleibt die Verfügung über Grund und Boden von einer privatbesitzrechtlichen Regelung weiterhin ausgeschlossen.

Die Kommunistische Partei Chinas unternimmt alles, um dem Land in der Außenwahrnehmung das Image moderner Verhältnisse zu geben. Dies darf jedoch nicht über die tatsächliche politische Struktur hinwegtäuschen: Die 1978 begonnene wirtschaftliche Öffnung wurde keineswegs von einer politischen Öffnung begleitet. Die Volksrepublik ging nicht den Weg Russlands einer zumindest anfänglichen politischen Liberalisierung. Dabei scheint die wirtschaftliche Situation seit dem Untergang der Sowjetunion die Führung in Peking in ihrer Ansicht zu bestätigen, dass politische Reformen zu unerwünschten Auswirkungen, jedenfalls zum Machtverlust der kommunistischen Zentralpartei, und zu wirtschaftlichem Zerfall führen. Sicherlich haben seit dem Beginn der Wirtschaftsreformen Professionalisierung und Entideologisierung an Boden gewonnen, dennoch wird zumindest in staatlichen oder halbstaatlichen Unternehmen und Institutionen nach wie vor „politische Erziehung" praktiziert.

---

[1]   Heilmann (2004), S.76.

Der Staatsrat und das Politbüro sind die zentralen Organe des politischen Systems. Zu seinem Verständnis trägt die Unterscheidung in erstens die Regierungs- und Verwaltungsschiene und zweitens die Parteischiene bei. Zur staatlichen Ebene gehören der Staatsrat mit ihm unterstellten Staatlichen Kommissionen und Ministerien und der Nationale Volkskongress (NVK) mit den jeweils hierarchisch unterstellten Institutionen auf Provinz-, Bezirks-, Kreis- und Gemeindeebene. Weitere wichtige Institutionen sind die Ständige Kommission des Staatsrates, der die Aktivitäten der Regierungsmitglieder lenkt, und die Zentrale Militärkommission. Alle Organe sind verknüpft, es findet eine stetige Zirkulation von Dokumenten untereinander statt. Zur Parteischiene gehören das Politbüro mit dem Ständigen Ausschuss, das Zentralkomitee (ZK), das Parteisekretariat und die Komitees auf Provinz-, Bezirks- oder Stadt-, Kreis- und Gemeindeebene.

Abbildung 2:   Das politisch-administrative System Chinas[1]

Kommunistische Partei Chinas, KPCh				Staat		
Politbüro, Ständiger Ausschuss	ZK	Sekre-tariat	Abtei-lungen	Staatsrat	Staats-präsident	NVK
Provinzparteikomitee				Provinzre-gierung		Provinz-kongress
Bezirks-/ Stadtkomitee				Stadt-/Bezirks-verwaltung		
Kreiskomitee				Kreis-regierung		Kreisvolks-kongress
Gemeindekomitee				Gemeinde-verwaltung		Gemeinde-volkskongress
Dorfzelle				Dorfkomitee		
				Bevölkerung		

Die Darstellungen der Fachpublikationen über die chinesische Regierungsstruktur sind nicht deckungsgleich. Es ist auch nicht entscheidend, in welcher Kategorie etwa das Ressort für Minderheiten oder das Ministerium für Land und Ressourcen angesiedelt sind. Viel wichtiger ist, dass Fachministerien vergleichsweise über wenig Gestaltungsmacht verfügen, die Staatlichen Kommissionen aber, insbesondere die 2003 aus der Staatlichen Entwicklungs- und Planungskommis-

---

[1]   Heilmann (2004), S.91.

sion entstandene Nationale Entwicklungs- und Reformkommission, über unmittelbare Kompetenzen verfügen und Politiklinien mitbestimmen.

Der Nationale Volkskongress, NVK, nominell das höchste Staatsorgan und Chinas Legislative, tritt nur einmal im Jahr zusammen, umfasst etwa 3.000 Delegierte und ist damit eher ein so genanntes „Durchwinkeparlament" als ein detailliert anleitendes Gesetzgebungsorgan. Auf Vorschlag der Partei wählt der NVK den Staatspräsidenten, den Staatsrat (die Regierung der VR China), den Obersten Volksgerichtshof, die Zentrale Militärkommission und die Oberste Staatsanwaltschaft. Tatsächlich legislative Aufgaben obliegen dem Ständigen Ausschuss des NVK, dessen etwa 175 Mitglieder Gesetze verabschieden, Staatsorgane zumindest nominell beaufsichtigen, Ernennungen von Regierungsmitgliedern bestätigen und Verträge ratifizieren.

Aus dem Zentralkomitee (ZK) der Kommunistischen Partei Chinas (KPCh), dem engeren Führungskreis der KPCh, werden alle wichtigen Ämter in Regierung und Partei besetzt. Dieses ZK hat über 200 Mitglieder, tritt aber nur zweimal im Jahr zusammen. Die Fachabteilungen des ZK, wie z.B. die Führungskommission für Außenpolitik, hat zwar Einfluss, Politik wird jedoch in einem anderen Zirkel gemacht: durch das 20-köpfige Politbüro. Innerhalb des Politbüros liegt das Machtzentrum Pekings: der Ständige Ausschuss des Politbüros. Dieser Ständige Ausschuss des Politbüros verfügt damit über die Richtlinienkompetenz und besteht aktuell aus folgenden neun Mitgliedern:

- Hu Jintao, Generalsekretär der KPCh und Vorsitzender der Zentralen Militärkommission,
- Wen Jiabao, Premierminister des Staatsrats und damit Regierungschef,
- Wu Bangguo, Vorsitzender des Ständigen Ausschusses des Nationalen Volkskongresses,
- Jia Qinglin, Vorsitzender der Politischen Konsultativkonferenz des chinesischen Volkes,
- Zeng Qinghong, Vizepräsident der Volksrepublik China,
- Huang Ju, Vizepremier,
- Wu Guanzheng, Sekretär der Zentralen Disziplinarkommission,
- Li Chanchun, Leiter der Propagandaabteilung,
- Luo Gan, Mitglied des Staatsrats.

Der Staatsrat der Volksrepublik China, das heißt die Zentrale Volksregierung, ist formal das höchste Organ der Staatsverwaltung. Er führt die vom Nationalen Volkskongress und dessen Ständigem Ausschuss ausgearbeiteten Gesetze und angenommenen Beschlüsse durch und ist ihnen gegenüber verantwortlich und rechenschaftspflichtig. In seinem Kompetenzbereich kann der Staatsrat Verwaltungsmaßnahmen festlegen, administrative Verordnungen ausarbeiten sowie Entscheidungen fällen und Weisungen erteilen.

Der Staatsrat besteht aus dem Ministerpräsidenten, den stellvertretenden Ministerpräsidenten, den Staatskommissaren, dem Generalsekretär, den Ministern, den Vorsitzenden der Kommissionen, dem Präsidenten der Chinesischen Volksbank und dem Präsidenten der Oberrechnungskammer. Der Staatsrat hat einen nicht zu vernachlässigenden Einfluss durch die Staatlichen Kommissionen, die ihm direkt unterstehen. Dies betrifft insbesondere die Nationale Entwicklungs- und Reformkommission, NDRC (bis 2003 State Development and Planning Commission), und das Handelsministerium, in dem die frühere Staatliche Wirtschafts- und Handelskommission SETC aufgegangen ist. Im Zuge der Wirtschaftsreformen haben staatliche Institutionen, insbesondere die Zentralkommissionen, neue Gestaltungsmöglichkeiten erhalten.

Chinas politische Struktur, seine Institutionen und seine Administration bilden ein prinzipiell tragfähiges und stabiles Gerüst, schriebe nicht die Verfassung die Führung der Kommunistischen Partei vor. Die zweifellos bedeutsamste Verfassungsänderung erfolgte 1999 mit der Aufwertung der Privatwirtschaft und dem Bekenntnis zum sozialistischem Rechtsstaat. 2003 wurden die Rechte von Privatunternehmen weiter gestärkt. Die politische Führungsschicht setzt sich aus der sogenannten Vierten Generation zusammen, die im März 2003 fast alle Leitungspositionen innehatte. Als im November 2004 Jiang Zemin den einflussreichen Vorsitz der Zentralen Militärkommission frei machte, konnte endgültig ein umfassender und vor allem friedlicher Führungswechsel erfolgen. Die neue chinesische Regierung unter Premierminister Wen Jiaobao und Staatspräsident Hu Jintao, der gleichzeitig Generalsekretär der KPCh und Vorsitzender der Zentralen Militärkommission ist, konzentriert sich zwar auf die weiterhin geltenden strategischen Ziele der Aufrechterhaltung des Wirtschaftswachstums, der nationalen Einheit und der Erweiterung des internationalen Einflusses, doch sind Offenheit und auch Kooperationsbereitschaft hinzugekommen, wie sich z.B. im Umgang mit SARS und in der Bereitschaft zeigt, administrative, soziale und ökologische Missstände anzugehen. Hier ist ein neues Phänomen zu beobachten: Die Zentralregierung in Peking agiert oft aufgeschlossener, „moderner" und auch gesetzestreuer als einige Entscheidungsträger auf Provinz- und Lokalebene, die Pfründe zu verteidigen haben. So sind Pekinger Beamte verhältnismäßig offen z.B. in Bezug auf die Missstände in Krankenhäusern und die Notwendigkeit, das Gesundheitssystem zu reformieren. Kader und leitende Ärzte vor Ort dagegen widersetzen sich teilweise Reformbemühungen. Die Abteilungen und Mitglieder des gegenwärtigen Staatsrats sind auf nachstehender Übersicht verzeichnet.

Abbildung 3: Die Regierung der Volksrepublik China[1]

„Inneres Kabinett" des Staatsrats: Ministerpräsident Wen Jiabao 4 stellv. Ministerpräsidenten 5 Staatsratskommissare 1 Generalsekretär			
„Äußeres Kabinett" Kommissionen und Ministerien:			
Makroökonomische Steuerung:	Ministerien der Wirtschaftszweige:	Bildung, Wissenschaft, Soziales:	Staatsangelegenheiten:
Nationale Entwicklungs- und Reformkommission	Handel	Wissenschaft und Technik	Außenamt
Finanzministerium	Informationstechnologie	Bildung	Verteidigungsministerium
Volksbank (Zentralbank)	Land und Ressourcen	Arbeit und Sozialwesen	Öffentl. Sicherheit
	Eisenbahn	Gesundheit	Staatssicherheit
	Wasser	Personalwesen	Justiz
	Verkehr und Transport		Minderheiten
	Landwirtschaft		Familienplanung
	Bau		
	Rüstungstechnologie und –industrie		
Neben den Ministerien existieren Aufsichtskommissionen für das Staatsvermögen (seit 2003), das Bankwesen (seit 2003), das Wertpapierwesen (seit 1992), das Versicherungswesen (seit 1998) und die Elektrizitätswirtschaft (seit 2003).			

Dies darf nicht darüber hinwegtäuschen, dass der chinesischen Regierung erhebliche Mängel beim Schutz von Menschenrechten und beim Aufbau einer Zivilgesellschaft zur Last gelegt werden. Hierbei geht es nicht nur um offene Gewaltanwendung, sondern auch um subtilere Formen der Unterdrückung. So berichtet die Menschenrechtsorganisation „Human Rights Watch", dass chinesische Bürger, die Anträge oder Gesuche stellen, von Behören schikaniert und gedemütigt werden. Solche Antragsteller werden nach der Rückkehr von ihren kostenintensiven und oft erfolglosen Reisen zu Provinzämtern oder Zentralbehörden von Zivilpolizisten verfolgt und teilweise verhaftet.[2] Nach Angaben von Amnesty International wird auf Demonstranten geschossen und es kommt zu Folterungen

---

[1] Nach china.org und Heilmann (2004), S.97.
[2] Human Rights Watch Asia: China and Tibet; http://www.hrw.org/doc?t=asia&c=china (18.08.05).

von Gefangenen.[1] Mit der Ausnahme einiger skandinavischer Länder ist die EU zurückhaltend, was die Anprangerung von Missständen in China betrifft, führt aber von Unterbrechungen abgesehen seit 1996 einen zweimal jährlich stattfindenden EU-China-Menschenrechtsdialog. Dieser Dialog soll als Plattform dienen um China in sensiblen Fragestellungen „offen und konstruktiv" anzusprechen. Zusätzlich hat die Europäische Kommission Kooperationen eingeführt im Aufbau von Dorfverwaltungen, Rechtssprechung, Frauenrechten, etc. Gelegentlich wird auf Sitzungen des UNHCR auch die europäische Besorgnis über die Menschenrechtssituation in China zum Ausdruck gebracht.[2] Angesichts der Priorität der Wirtschaftsbeziehungen konnte jedoch die Befürchtung nicht von der Hand gewiesen werden, dass Menschenrechtspolitik nicht immer mit ausreichendem Druck verfolgt wird. Die EU-Außenminister begrüßen regelmäßig Chinas Fortschritte bei der wirtschaftlichen Entwicklung. Neue europäische Forderungen verlangen, dass China einen Zeitplan für die Freilassung politischer Gefangener, die Reform des Strafvollzuges, Religionsfreiheit und Minderheitenschutz vorlegen müsse. Eine neue Entwicklung ist, dass erstmals ein UNO-Berichterstatter über Folter das Land bereisen durfte.[3] Der Rechtsstaatsdialog ist nach Angaben der Bundesregierung ein Kernstück der Beziehungen. Ziel sind Austausch und Zusammenarbeit im Rechtsbereich. Nach Angaben des Auswärtigen Amtes sind „Reibungspunkte" im bilateralen Verhältnis erkannt und es werden Fortschritte in den Bereichen Menschenrechte, Demokratie und Rechtsstaatlichkeit als ein wichtiger Gradmesser für die weitere Intensivierung der Beziehungen zwischen China und Deutschland gefordert.[4]

In der Volksrepublik China werden jährlich zwischen 3.000 und 10.000 Todesurteile vollstreckt.[5] Insbesondere in der Kritik stehen Exekutionen an Verurteilten, die zur Tatzeit noch nicht als Erwachsene galten und Verurteilungen zum Tod wegen Korruption oder Drogenschmuggel. Zur Schaffung einer Zivilgesellschaft fehlen in China nicht nur Verständniseinheiten in Bezug auf Rechtsstaat und Demokratie. Staat und Gesellschaft sind noch zu sehr damit beschäftigt, soziale Disparitäten aufzufangen, ein rudimentäres Sozialsystem aufzubauen und erste Ansätze von Interessenvertretung zu akzeptieren um eine Bürgerkultur zu entwickeln.

Zusammengefasst stehen abgesehen vom Führungsanspruch der Kommunistischen Partei folgende Faktoren einer Entwicklung demokratischer Ansätze

---

[1]   Amnesty International; http://web.amnesty.org/library/eng-chn/index (18.08.05).
[2]   http://europa.eu.int/comm/external_relations/china/intro (18.08.05). The European Commission's Relations to China.
[3]   Neue Züricher Zeitung vom 12. Dezember 2005, NZZ Online.
[4]   Auswärtiges Amt, Länderinfos China; http://www.auswaertiges-amt.de/www/de/ laenderinfos/laender/laender_ausgabe_html?type_id=14&land_id=32 (18.08.05).
[5]   Amnesty International: http://web.amnesty.org/pages/deathpenalty-facts-eng (18.08.05).

entgegen: Der Nationale Volkskongress, der ein Wettbewerbsorgan und Diskussionsforum zwischen Zentrum und Provinzen sein sollte, erfährt keinen Zuwachs an Einfluss. Diskussionen über politische Reformen sind weiterhin unmöglich. Die Politische Konsultativkonferenz, ein Gremium für Nicht-Parteimitglieder, hat an Einfluss verloren. Die neue Führungsgeneration wurde wahrscheinlich nur von Jiang Zemin und Li Peng aufgebaut und hat eventuell keine breite Basis. Das Reformtempo scheint sich zu verlangsamen, diese Entwicklung kann sowohl das Resultat wirtschaftlicher Überhitzung sein, als auch eine Vorsichtsmaßnahme gegen Forderungen nach politischen Reformen. Der Anteil von Frauen in den oberen Führungsgremien ist sehr niedrig. Schließlich wäre eine Debatte über die Verfassung notwendig. So erfordert z.B. die Mitwirkung an der Regierung immer noch die Mitgliedschaft in der KPCh.

2 Erfolge und Probleme in Chinas Wirtschaftsstruktur

Die wirtschaftliche Entwicklung Chinas weist eine Reihe großer Erfolge auf, wie die Steigerung des Lebensstandards für große Teile der Bevölkerung und ein stabiles Wirtschaftswachstum. Auf der anderen Seite stehen Strukturprobleme, die durch die Notwendigkeit, die staatseigenen Großbetriebe umzubauen, den Finanzsektor zu reformieren und Maßnahmen gegen die wachsende Arbeitslosigkeit zu ergreifen, hervorgerufen werden. Die Geschichte der Volksrepublik zeichnet sich darüber hinaus durch Belastungen und anhaltende Traumata durch die gewaltsamen Massenkampagnen auf, wie z.B. die Wirtschaftskampagne des „Großen Sprung nach vorne" von ca. 1959 bis Anfang der 1960er Jahre, in deren Folge nach offiziellen Angaben etwa 20 Millionen Menschen verhungerten (inoffizielle Schätzungen gehen bis 40 Millionen), und die politische Kampagne der „Kulturrevolution", deren gewaltsame Periode Ende der 1960er Jahre ebenfalls Millionen Menschen zu Tode und eine noch größere Anzahl in Arbeitslager brachte.

Die Entwicklung des modernen China begann erst Ende der 1970er Jahre mit der wirtschaftlichen Öffnung und ab Anfang der 1980er Jahre mit dem Programm der „Vier Modernisierungen" (Industrie, Forschung/Technik, Militär und Landwirtschaft). Die wirtschaftliche Modernisierung resultierte aus einer vorsichtigen Öffnung des Landes.

Chinas Wirtschaft stellt sich heute heterogen dar. Einerseits beeindrucken die unbestreitbaren Erfolge:

- die wirtschaftliche Dynamik,
- das jährliche hohe Wirtschaftswachstum (z.B. über 9 % im Jahr 2004),

- die Geschwindigkeit, mit der Produktionskapazitäten aufgebaut und umgerüstet werden,
- der Ausbau der Infrastruktur in den Industrie- und Küstengebieten,
- die niedrigen Produktionskosten und
- die Faktoren Ehrgeiz, Lernbereitschaft und Flexibilität des „Humankapitals".

Andererseits steht China einer Reihe von wirtschaftlichen und sozialen Problemen gegenüber:

- die Überhitzung der Wirtschaft,
- die sog. „Blasen" im Wirtschaftssystem, insbesondere im Finanz- und Immobilienmarkt,
- ein instabiles Bankenwesen mit uneinbringbaren Forderungen („Faule Kredite"),
- ein zunehmendes Haushaltsdefizit,
- anspruchsvolle Verpflichtungen durch den WTO-Beitritt,
- eine disparate Entwicklung der Regionen,
- die Unterentwicklung einzelner Landesteile,
- ein großes soziales und Einkommensgefälle,
- eine mangelnde Konkurrenzfähigkeit, insbesondere der großen Staatsbetriebe,
- eine mangelhafte Ausbildung von Landbewohnern,
- eine mangelhafte Arbeitssicherheit, insbesondere im Bergbau.

Dennoch beweist China insgesamt eine erstaunliche Entwicklung: Die jährlichen Wachstumsraten von durchschnittlich 8% sind kein Strohfeuer, sondern werden seit Beginn der wirtschaftlichen Öffnung 1979 erreicht. Auch die Asienkrise 1996/97 belastete China weniger als andere Staaten der Region, was auf die im Vergleich geschlossenere und geschützte volkswirtschaftliche Struktur und das enge Regelwerk im Finanz- und Devisensystem zurückzuführen war. Die Volksrepublik lag damals auf Platz vier der größten Handelsnationen und konnte Japan seit dem Jahr 2003 sogar von Platz drei verdrängen. Darüber hinaus fließen nach China neben den USA die mit Abstand höchsten ausländischen Direktinvestitionen.

Tabelle 1: Ausländische Direktinvestitionen im Vergleich (Foreign Direct Investments), 2004 (in Mrd. US-Dollar)[1]

China	Japan	USA	Indien
55	8	115	5

---

[1] Worldbank, Country Data Profile.

Diese dynamische Entwicklung resultiert aus der zunehmenden Rolle, welche die Privatwirtschaft in China einnimmt. Schätzungen gehen davon aus, dass die Hälfte bis zwei Drittel der gesamten Wirtschaftsleistung inzwischen von Privatunternehmen erbracht wird. Der Privatsektor beschäftigt ein Drittel der chinesischen Arbeitnehmer und konnte etwa 65% der von Staatsunternehmen im Zuge der Umstrukturierungen entlassenen Arbeitnehmer wieder beschäftigen.[1]

Die Volksrepublik ist jedoch nicht nur Empfänger von Kapitaltransfers, sondern hat sich auch zum Geberland entwickelt und ist z.b. durch das Halten von Anleihen der größte einzelstaatliche Geldgeber der USA geworden. China betreibt heute eine diversifizierte Wirtschaftspolitik und sorgt weltweit durch Investitionen und den Kauf von Konzessionen im Rohstoffbereich für Versorgungssicherheit. So verschafft sich die Volksrepublik nicht nur in Nachbarstaaten, sondern auch im weiteren Asien, in Ozeanien, Afrika und Südamerika Zugang zu Energie- und Metallvorkommen.[2]

Zu den weiteren Erfolgen gehört, dass die Lebenserwartung auf durchschnittlich 71 Jahre stieg, fast alle Kinder zumindest die Grundschule abschließen und China im Jahr 2003 ein Bruttoinlandsprodukt von umgerechnet ca. 1.100 US-Dollar pro Kopf erreichte.[3] Dies ist, multipliziert mit der Bevölkerungszahl von etwa 1,3 Milliarden, auf den ersten Blick beeindruckend. Allerdings darf nicht übersehen werden, dass etwa 60 Millionen Chinesen weiterhin unter der Armutsgrenze von 1 US-Dollar pro Tag leben und etwa 200 Millionen nicht einmal 2 US-Dollar pro Tag zur Verfügung haben. Insbesondere im Norden und Westen des Landes finden sich verarmte und unterentwickelte Regionen. Zur Förderung abgelegener westchinesischer Regionen wurde ein Aufbauprogramm „Go West" aufgelegt, das chinesische und auch ausländische Investoren anlocken soll – mit unbefriedigendem Erfolg. Aufbauprogramme existieren inzwischen auch für Chinas „Rostgürtel", für die veralteten Industriezentren im Norden und Nordosten des Landes. Doch Armut herrscht auch in urbanen Zentren. Landlose Bauern, schlecht ausgebildete Wanderarbeiter und heimatlose Bettler fristen ihr Dasein neben den Glaspalästen der Glitzermetropolen, in denen Chinas Milliardäre ihre Vermögen akquirieren. Die Einkommensunterschiede sind so hoch, dass der Gini-Koeffizient, der die oberste, reichste Einkommensschicht mit dem ärmsten Fünftel der Bevölkerung vergleicht, China der Schlussriege armer Drittweltländer zurechnet. Die Vergrößerung der Einkommensschere zwischen Stadt und Land zeigt sich darin, dass die Landbevölkerung 1990 noch etwa 45% der Einkommen bezog, inzwischen aber nur noch etwa

---

[1] Xinhua Nachrichtenagentur, 28. Juli 2004.
[2] Hieber (2004), S.403.
[3] Worldbank: World Development Indicators Database, April 2005; www.wordlbank.org (18.08.05).

30% der Einkommen erhält. Ferner muss die Landbevölkerung einen im Verhältnis höheren Anteil des Einkommens für Nahrungsmittel ausgeben. Der durch
den Engels-Koeffizienten am Gesamteinkommen gemessene Anteil für Nahrungsmittel sank zwar zwischen 1990 und 2003 von 59% auf 45%, die Stadtbe-
völkerung muss jedoch durchschnittlich nur 37% ihres Einkommens für Nahrungsmittel ausgeben.[1]

Insgesamt ist China, das zweifellos zu den Handelsriesen der Welt gehört,
in Bezug auf seine Wirtschaftsleistung noch nicht in der Spitzengruppe angekommen: Das Bruttoinlandsprodukt der USA und der EU liegt jeweils um ein
Vielfaches über dem chinesischen und auch Japans Wirtschaftsleistung ist mehr
als dreimal so hoch wie die Chinas.

Die untenstehende Übersicht zeigt, dass Chinas Wirtschaftsleistung nach
Bruttoinlandsprodukt mit 1.650 Milliarden US-Dollar noch weit hinter dem
Bruttoinlandsprodukt heute führender Wirtschaftsmächte liegt, nur etwas mehr
als ein Zehntel des amerikanischen Bruttoinlandsprodukts von über 11.667 Mrd.
US-Dollar beträgt und auch weit hinter Japans Wirtschaftsleistung zurückliegt.
Dagegen ist Chinas Wachstum von über 9% außergewöhnlich. Das Handelsvo-
lumen wächst ständig und überrundet seit 2003 z.B. die Summe der japanischen
Exporte und Importe.

Beachtenswert für China sind die neuesten Wachstumsraten Indiens (6,9%)
und Russlands (7,1%). Wobei nicht zu vergessen ist, dass Chinas Wirtschaft seit
etwa drei Jahrzehnten gleichmäßig um durchschnittlich 9% pro Jahr wuchs,
während Russlands Wirtschaft in den Jahren zwischen 1984 und 1994 mit einem
„Minuswachstum" von fast -9% pro Jahr einbrach und sich erst ab 1994 mit
einer moderaten Wachstumsrate von etwa 3% erholte. Auch die indische Wirtschaft verzeichnet erst seit 2003 überdurchschnittliche Wachstumsraten.

---

[1] National   Bureau   of   Statistics   of   China: China   Statistical   Yearbook   2004;
www.stats.gov.cn/english/statisticaldata/yearlydata/yb2004-e/indexeh.htm (18.08.05).

Tabelle 2: Chinas Wirtschaft und Handel im internationalen Vergleich[1]

	BIP-Bruttoinlandsprodukt (in Mrd. US-$)		Wachstum (%)	Handel (in Mrd. US-$)		Bevölke-rungszahl (in Mio.)
(Jahr)	*2003*	*2004*	*2004*	*2003*	*2004*	*2004*
China	1.420	1.650	9,5	851	1.155	1.297
Japan	4.300	4.620	2,7	855	1.020	128
Indien	600	688	6,9	143	176	1.078
EU-15	8.200	9.400	2,0	1.823*	1.997*	307
RUS	431	581	7,1	214	284	143
USA	10.948	11.667	4,4	2.028	2.345	293

Die Überhitzung des Immobilienmarkts ist eine der Blasen, „bubble", deren Platzen Chinas Wirtschaft zwar nicht grundlegend gefährden, aber in einen Schlingerkurs bringen könnte. Die explosionsartige Entwicklung einiger Industriezweige hat nicht nur zu hoher Nachfrage und daraufhin zu Engpässen in der Versorgung mit Energie, Transportkapazitäten und Rohstoffen wie Zwischenprodukten geführt. In der Folge stieg die Inflation 2004 auf rund 4%.[2] Chinas Bankenkrise ist bekannt: Die großen Staatsbanken sind faktisch bankrott und auf staatliche Einlagen angewiesen. Diese Schieflage entstand durch eine verhältnismäßig geringe Eigenkapitalquote gegenüber einer wachsenden Zahl uneinbringbarer Kredite. Die Bank of China hatte z.b. 2003 von der Regierung aus Devisenreserven 22,5 Mrd. US-Dollar erhalten, um den Anteil der faulen Kredite auf ein für die umworbenen ausländischen Investoren akzeptables Niveau zu reduzieren.[3] Je nach Quelle liegt der Anteil fauler Kredite zwischen 25% und 45% Prozent und beläuft sich wohl auf ein Volumen von mehreren Hundert Milliarden US-Dollar. Gemessen an der Gesamtwirtschaftsleistung von etwa 1.400 Milliarden US-Dollar würde dies bedeuten, dass Chinas Bankenproblem gravierender ist, als die japanische Finanzkrise in ihrer schlimmsten Phase.[4]

Um das Ziel einer „sanften Landung" der Wirtschaft nicht zu gefährden, wurden Maßnahmen ergriffen, die in einer weniger gesteuerten, also offenen, westlichen Volkswirtschaft wohl nur im Zuge eines erklärten Notstands möglich wären: Die Kreditvergabe wurde eingeschränkt und für einige Bereiche (z.B. Bauvorhaben) zeitweilig ganz eingestellt, Bauprojekte wurden gestrichen (z.B.

---

[1] Quelle: worldbank.org, Country Data Profile, County at a Glance Tables. *EU-25, Quelle: Eurostat.

[2] Schüller (2005), S.42.

[3] NZZ online, 20. September 2005; www.nzz.ch/2005/09/20/bm/articleD5NNM.html (18.08.05).

[4] Zeit.online: „Im Reich der faulen Kredite"; www.zeit.de/2004/16/China_Banken (7.04.2004).

ein Hallenneubau für die Olympischen Spiele 2008), Betriebe wurden stillgelegt und die Stromversorgung rationiert. Die nachteiligen Folgen dieser Abkühlungspolitik, insbesondere durch die versiegende Kreditvergabe, sind, wie Stefan Friedrich fürchtet, bereits sichtbar:[1] Die Arbeitslosigkeit nimmt zu.

Die Arbeitslosigkeit gehört, wie auch der instabile Finanzsektor und der Zustand der Staatsbetriebe, zu den bereits erwähnten Strukturproblemen. Reformen, Modernisierung und Rationalisierung erhöhen einerseits die Produktivität und Professionalität, andererseits vergrößern freigesetzte Arbeitskräfte das Heer der über 200 Millionen Arbeitslosen. Chinas Arbeitslose setzen sich aus mehreren Kategorien zusammen:

- Jugendliche, die auf Arbeit warten,
- ehemalige Soldaten,
- verarmte, landlose Bauern und Landarbeiter,
- arbeitslose Stadtbewohner,
- alte Menschen sowie
- ehemalige Mitarbeiter der Staatsunternehmen.

Im Einzelnen: China muss etwa 20 Millionen Arbeitsplätze pro Jahr für den jeweils nachwachsenden Jahrgang schaffen. Dies funktioniert nur in einer prosperierenden Volkswirtschaft und so erklärt sich einmal mehr, warum die Aufrechterhaltung des Wirtschaftswachstums ein so wichtiges strategisches Ziel sein muss. Chinas Jugend steht zudem vor dem Dilemma, als Resultat der Einkindpolitik im Vergleich mit vorhergehenden Generationen zahlenmäßig niedriger zu sein, aber in Zukunft eine immer höher wachsende Zahl alter Menschen versorgen zu müssen. Sicher macht die ehrgeizige urbane Elite Karriere in aussichtsreichen Berufen, doch schlecht ausgebildete Jugendliche in peripheren, verarmten Provinzen, die weder die staatliche Hochsprache Mandarin ausreichend gut, noch etwa Englisch beherrschen und von schlecht bezahlten Lehrern unterrichtet wurden, haben Probleme, ein Auskommen zu finden. Die zweite Kategorie Arbeitsloser besteht aus freigesetzten Soldaten der Volksbefreiungsarmee. Im Zuge der „Vier Modernisierungen" der 1980er Jahre wurde auch die Modernisierung des Militärs beschlossen, die eine erhebliche Truppenreduzierung beinhaltete. Zwischen den Jahren 1985 und 2000 wurden ca. 1,6 Millionen Soldaten aus dem Dienst gestellt.[2] 2003 wurde eine weitere Reduzierung um 200.000 Soldaten beschlossen.[3]

Die Regierung der Volksrepublik hat insbesondere auf dem Land die Lebensbedingungen verbessert und die Armut im Verhältnis reduziert. Dennoch

---

[1]   Friedrich (2005), S.7.
[2]   Shambaugh (2002), S.149 f.
[3]   China's National Defence in 2004. Government White Paper; www.china.org.cn/e-white/20041227/III.htm (18.08.05).

entstanden mit der Modernisierung und Industrialisierung neue Probleme. Chinas Bevölkerung lebt noch zu über 60% auf dem Land, dort aber gehen besonders viele Arbeitsplätze verloren. Manche Bauern wurden von Spekulanten und auch von korrupten Parteikadern nicht ausreichend für Landnahme entschädigt und verarmen. Ähnlich ergeht es schlecht ausgebildeten Landarbeitern, deren Genossenschaften die Industrialisierungswelle nicht überlebten.

In Städten und Produktionszentren dagegen entsteht ein neues Phänomen von Arbeitslosigkeit: Betriebsschließungen wegen Preisdruck und mangelnder Konkurrenzfähigkeit – die Produktion im Hinterland, in Vietnam oder Indonesien ist billiger! So entsteht das Problem, dass städtische Arbeiter, die in einigen Fällen vor Jahren vom Land in die Wohnkasernen der Produktionszentren zogen, jetzt wieder in ihre Dörfer zurückkehren müssten. Ältere Menschen haben auch in China keine Beschäftigungsgarantie bis zum Rentenalter mehr. Es mehren sich Hinweise, dass bei mangelnder Kompetenz eines älteren Mitarbeiters auch die Parteizugehörigkeit keine Weiterbeschäftigungsgarantie mehr darstellt. In solchen Fällen gibt es eine weitere Variante: Der unproduktive Genosse wird zwar weiter beschäftigt, erhält aber nur noch einen Teil (nach Berichten etwa ein Viertel) des Lohns, den etwa gut qualifizierte Mitarbeiter bekommen.

Die ehemaligen Mitarbeiter von Staatsunternehmen sind ein besonderes Problem. Mit ihrer Beschäftigung war gewöhnlich nicht nur der Arbeitsplatz verbunden, sondern auch die Wohnung, der Einkaufsladen, die Kantine, der Kindergarten, die Krankenstation, etc., also eine Art soziale Rundumausstattung. Muss der Staatsbetrieb nun, da Staatskredite ausbleiben, auf Grund von veralteten Anlagen, Unproduktivität, katastrophalen Strukturmängeln und damit mangelnder Konkurrenzfähigkeit schließen, verlieren nicht nur die Kernmitarbeiter, sondern auch die Beschäftigten in den angeschlossenen Dienstleistungsbetrieben, also Köche, Verkäufer, Krankenpfleger, Kindergärtnerinnen in den meisten Fällen den Arbeitsplatz. Proteste regen sich - nicht nur gegen Arbeitsplatzverlust, auch gegen Machtmissbrauch von Kadern, gegen Betrug, Korruption und schlechte Arbeitsbedingungen. Hier ist zu beobachten, dass zeitlich und räumlich begrenzte Protestbewegungen, die sich gegen einen konkreten und möglichst „unpolitischen" Missstand richten, z.B. gegen mangelnden Schutz am Arbeitsplatz oder gegen korrupte Parteikader auf Lokalebene, geduldet werden. Keinesfalls hingenommen wird jedoch ein Angriff gegen die Kommunistische Partei oder Organe der Zentralregierung. Auch werden Aufstände gewaltsam niedergeschlagen, die länger als 2-3 Tage dauern oder drohen, sich über ein lokal begrenztes Gebiet auszudehnen. Ein Grund, warum die Regierung 1989 derart brutal gegen die Studenten auf dem Tiananmen-Platz vorging, war die Angst, von einer landesweiten Bewegung hinweggeschwemmt zu werden. Es darf nicht vergessen werden, dass kaiserliche Dynastien durch Volksaufstände untergingen und die meisten Regierungsmitglieder in Peking sich auch durch historische Erfahrungen, einschließlich der revolutionären, kommunistischen Bewegungen und gewaltsamer Massenbewegungen, wie der Kulturrevolution Ende der 1960er Jahre, in denen China im Chaos versank, leiten lassen.

3 Das Militär: Die chinesische Volksbefreiungsarmee (VBA)

Die Geschichte der Volksbefreiungsarmee ist eng mit der Entwicklung der Kommunistischen Partei China, KPCh, verbunden und wurde durch Bürgerkrieg, Abwehr der japanischen Invasionstruppen und die Revolutionszeit geprägt. Gegründet im August 1927, berühmt geworden durch den sogenannten „Langen Marsch" und schließlich auch erfolgreich durch die von Mao entwickelte „Volkskriegstaktik", trug die Volksbefreiungsarmee wesentlich zur Konsolidierung und Erweiterung der Volksrepublik China bei. Bei der Ausrufung der Volksrepublik am 1.10.1949 stand keineswegs ganz China unter kommunistischer Kontrolle. Westliche Randgebiete wurden erst 1951 „befreit". Nach der Niederlage Japans, dem Ende des Bürgerkriegs und Gründung der Volksrepublik verging nur eine kurze Zeit bis zum nächsten militärischen Engagement. Die Regierung in Peking entsandte „Freiwillige" in den Koreakrieg, und die junge Volksrepublik hatte 1953 schneller ein militärisches Gesicht gewonnen als den Vereinigten Staaten lieb war. Doch nicht die USA entwickelten sich zum strategischen Gegner. Die Sowjetunion wurde nach dem durch den maoistischen Eigenweg und die Entstalinisierung in Folge des 20. Parteitags der KPdSU 1956 entfachten und ab 1959 manifesten sino-sowjetischen Zerwürfnis zur sicherheitspolitischen Bedrohung. Die Konzentration von Truppen und Waffen entlang der in Teilen umstrittenen Grenzverläufe banden über Jahrzehnte Mittel; die bewaffneten Zusammenstöße kosteten viele Menschenleben.

Ein weiteres und in chinesischen Augen siegreiches Militärengagement waren die Grenzkonflikte mit Indien 1962. Weniger erfolgreich war Chinas militärisches Eingreifen gegen Vietnam im Kontext des Kambodschakonflikts 1978. Keineswegs wurde Vietnam „eine Lektion erteilt", sondern vielmehr die chinesische Volksbefreiungsarmee als schlecht geführte und veraltete Streitmacht vorgeführt. Dieses Bild behielt lange seine Gültigkeit. Das chinesische Militär hatte erst der sowjetischen, auch später der russischen und insbesondere der amerikanischen Armee wenig entgegenzusetzen. Dieses Kräfteverhältnis bleibt im Prinzip bestehen. Der Teil der chinesischen Streitkräfte ist schlecht ausgebildet, unterbezahlt und benutzt veraltetes Gerät.

Die chinesische Volksbefreiungsarmee (VBA) steht unter der Führung der Kommunistischen Partei („the party rules the gun"). Das bedeutet, dass das chinesische Militär keine eigene, unhabhängige Leitung hat. Die Zentrale Militärkommission der Partei übt auf zentraler Ebene durch die Führung des Generalstabs, die logistische Abteilung, die politische Abteilung und die Rüstungsabteilung das Kommando aus. Unterhalb der zenralen Ebene befinden sich die sieben Militärregionen Shenyang, Beijing, Lanzhou, Jinan, Nanjing, Guangzhou und Chengdu, welche die ihnen unterstellten Truppenteile, etwa Infanterie, Panzertruppen, Artillerie, Heeresflieger, Luftabwehr, Pioniertruppen, C-Schutztruppe, Fernmelder und Spezialeinheiten befehligen.[1] Die Armee verfügt über 8.000 Kampfpanzer, 2.400 Raketenwerfer, 14.000 Feldhaubitzen und 2.200 Panzerhaubitzen.

Die Marine (People's Liberation Army Navy – PLAN) konnte durch die Erhöhung der Zahl ihrer Schiffe und die Verbesserung der Ausrüstung eine „Blauwasserkapazität" gewinnen, d.h. eine Machtprojektionskapazität auch außerhalb der unmittelbaren Küstengewässer. Die chinesische Marine wurde im April 1949, also noch vor Ausrufung der Volksrepublik, gegründet. Ihre Aufgaben bestehen darin, das Land gegen feindliche Invasionen zu schützen, die staatliche Souveränität in den Territorialgewässern zu verteidigen und staatliche Rechte und Interessen zu schützen. Dies mutet auf den ersten Blick plausibel und legitim an. Das Problem liegt jedoch in der Definition von „Territorialgewässer". Die Volksrepublik bezieht sich in einigen Küstenbereichen nicht auf die international übliche Drei-, bzw. Zwölfmeilenzone, sondern leitet eigene Rechte mit dem Argument ab, alle über dem im Südchinesischen Meer besonders großen Festlandssockel liegenden Gewässer gehörten zum chinesischen Territorium. Die Marine setzt sich zusammen aus einer Über- und Unterwasserflotte, aus Marinefliegern, Küstenverteidigung, dem Marinekorps und Spezialeinheiten und ist in die Nord-, Ost- und Südflotte eingeteilt. Nach chinesischen Angaben verfügt die Marine über alle modernen Fähigkeiten, von Schiffs-, U-Boot-, Flugabwehr-, Minen- und Landungskampf bis zu moderner Kommunikation und begrenzter nuklearer Gegenschlagsfähigkeit.[2] Bedrohlich für Taiwan sind die an der gegenüberliegenden Küste stationierten Raketen und die Flotte der Landungsboote und Amphibienfahrzeuge, die angeblich eine Infanteriedivision transportieren könnte. Westlichen Experten zufolge hat die chinesische Marine kein ausreichendes Transport- und Kommunikationspotential, um Taiwan erfolgreich angreifen, erobern und besetzen zu können. Außerdem verfügt die Marine über

---

[1] www.english.pladaily.com.cn/special/cpla/1/index.htm (18.08.05). Aus den Seiten der People's Liberation Army Daily online.

[2] PLA Daily online; www.english.pladaily.com.cn/special/cpla/1/index.htm (18.08.05).

keine wirksamen Abwehrwaffen gegen Marschflugkörper. Der Bestand an Schiffen setzt sich in etwa folgendermaßen zusammen:[1]

- etwa 70 taktische U-Boote (von denen nur ein kleiner Teil moderner Bauart und Ausstattung ist und über eine entsprechende Reichweite verfügt, z.b. gibt es vermutlich nur vier moderne U-Boote der Kilo-Klasse und nur ein Boot der Golf-Klasse),
- ein strategisches, nuklearbetriebenes U-Boot (SSBN) der Xia-Klasse (2010 soll ein weiteres U-Boot der Jin-Klasse hinzukommen),
- ein kleiner Helikopterträger („Sichang"),
- 25 Zerstörer (nur 2-4 der leistungsstarken Sovremnny-Klasse),
- 45 Fregatten,
- etwa 100 mit Lenkwaffen ausgestattete Schiffe,
- 230 Küstenschiffe/Patroullienboote,
- 120 Landungsboote.

Die Luftwaffe wurde im November 1949 gegründet. Sie soll den Luftraum verteidigen, feindliche Luftangriffe und eine Invasion abwehren, aber auch unabhängig oder gemeinsam mit anderen Teilstreitkräften "offensive" Operationen durchführen. Die Anforderungen an gemeinsame Kampfführung in Bezug auf Boden-Luftverteidigung sind für die Luftwaffe besonders hoch. Die chinesische Luftwaffe besteht aus der Fliegertruppe, Boden-Luftraketen, Flugabwehr, Kommunikations- und Aufklärungszentralen sowie Lufttransporteinheiten. Teile des Fluggeräts gelten als veraltet, doch besitzt die chinesische Luftwaffe etwa 40 (nach anderen Angaben 200) moderne Kampfjets des Typs SU-30 aus russischer Produktion und aus Lizenzproduktion. Die Zahlenangaben über Chinas militärisches Gerät schwanken. Doch ergibt sich für die Luftwaffe etwa folgendes Bild: 320 Bomber, 450 Jäger, 2.500 Kampfflugzeuge unterschiedlichster Verwendung, vier moderne Aufklärungs- und Überwachungsflugzeuge ähnlich AWACS und angeblich etwa 10 Tankflugzeuge.[2] Es kommen etwa 70 Bomber, 300 Jäger und Kampfflugzeuge, 8 U-Bootjäger, 3 Tanker und über 60 Transportmaschinen der Marineflieger hinzu.

Die 1966 gegründete „Zweite Artillerie" unterhält die strategischen Nukleararraketen sowie die konventionelle Raketentruppe und stellt damit Chinas begrenzte nukleare Gegenschlagsfähigkeit. Die Hauptaufgabe der Zweiten Artillerie ist, Abschreckung gegen einen Nuklearangriff auf China herzustellen. Das Raketenarsenal besteht aus 30 älteren CSS-4 Interkontinentalraketen „Dong Feng-5", die von moderneren und mobilen CSS-9 „Dong Feng-31" mit Fest-

---

[1] Chinese   Military   PLAN;   www.globalsecurity.org/military/world/china/plan-equip.htm (18.08.05).

[2] Chinese Military PLAAF; www.globalsecurity.org/military/world/china/plaaf-equip.htm (18.08.05).

stoffantrieb und MIRV abgelöst werden. Das Arsenal der Kurzstreckenraketen wird modernisiert. Die Grenzvereinbarungen, insbesondere an der chinesisch-russischen Grenze, gestatteten es, einen Teil der Kurzstreckenraketen aus dem Norden und Nordwesten abzuziehen und gegenüber Taiwan zu stationieren. Der technische Stand vieler bodengestützter Raketen dürfte allerdings veraltet sein. China baut jedoch auch ein anderes Raketensegment aus und verhandelt mit Russland unter anderem über den Kauf von Marschflugkörpern, Luft-Boden-, und Luft-Luftraketen. In diesem Zusammenhang ist zu erwähnen, dass die chinesische Regierung sich verpflichtet hat, auf nukleare Erstschläge zu verzichten. Ob China auf diesen Erstschlagsverzicht auch angesichts der erst später erfolgten amerikanischen „preemtive strike"-Politik eingegangen wäre, ist an anderer Stelle zu diskutieren.

1983 erfolgte die Gründung der Reservetruppe. Nach Expertenmeinung war die Aufstellung von Reserveeinheiten ein willkommenes Instrument, um durch die Reduzierung der offiziellen Streitkräfte international Vertrauen zu gewinnen, auf nationaler Ebene eventuelle Pensionsansprüche zu reduzieren und über zusätzliche Truppen für den Fall sozialer Unruhen und innenpolitischer Spannungen zu verfügen.

Mitunter wird die Auffassung vertreten, China habe – da nicht im Besitz von mindestens einem Flugzeugträgerverband – keine wirkliche, über die eigenen Territorialgewässer hinausgehende Machtprojektionsfähigkeit. Allerdings ist dies eine nur begrenzte Sichtweise. Zur Aufrechterhaltung einer militärischen Präsenz und eines militärischen Einflusses in der asiatisch-pazifischen Region ist der Besitz eines Flugzeugträgerverbandes nicht notwendig. Mit Ausnahme vielleicht der indischen Marine kann kein asiatisches Land China entgegentreten (die japanischen sogenannten „Selbstverteidigungskräfte" haben laut Verfassung einen sehr engen Auftrag und dienen ausschließlich der Landesverteidigung). Ein chinesischer Flugzeugträgerverband würde dagegen die strategische Räson und die militärische Dominanz der USA in der Region herausfordern. Daran ist der Volksrepublik nicht gelegen. China möchte zwar seinen internationalen Einfluss vergrößern, aber es ist sicher anzunehmen, dass Peking dies nicht in Konfrontation mit der globalen Militärmacht USA versuchen wird.

Tabelle 3:   Streitkräfte im Vergleich[1]

	Streitkräfte	ICBM	SSBN	U-Boote	Zerstörer	Fregatten	Träger
China	2,250.000	30	1	67	25	45	
Indonesien	300.000			2		17	
Japan	240.000			16	45	9	
N-Korea	1,082.000			26		13	
S-Korea	680.000			20	6	9	
Malaysia	104.000					4	
Taiwan	290.000			4	11	21	
Thailand	320.000					12	
Vietnam	480.000			2		6	
Indien	1,325.000			19	8	16	
Pakistan	620.000			10		8	
Russland	960.000	735	13	35	14	10	
USA	1,430.000	550	16	54	49	30	12
UK	213.000		4	11	11	20	2

Mit einer Ausnahme: Taiwan. Die Regierung der Volksrepublik hat in der Vergangenheit immer betont, in Bezug auf Taiwan nicht auf die Anwendung militärischer Mittel verzichten zu wollen. 2003 hatte ein vorübergehendes Tauwetter auf beiden Seiten der Taiwanstraße die „3-Verbindungen" von Postverkehr, Transport und Handel verbessert. Doch seit 2004 hat sich die Rhetorik dahingehend verschärft, dass die Regierung in Peking ankündigt, jede Unabhängigkeitsbewegung niederzuschlagen: „Should the Taiwan authorities go so far as to make a reckless attempt that constitutes a major incident of Taiwan independence, the Chinese people and armed forces will resolutely and thoroughly crush it at any cost."[2] Zur Bekräftigung der harten Linie gegenüber Taiwan wurden über 600 Kurzstreckenraketen gegenüber der Insel aufgestellt.

Um Chinas Bedrohungs- und Machtprojektionspotential zu bewerten, muss man sein Potential an Schiffen und Raketen mit den Kapazitäten anderer Staaten vergleichen. Hier zeigt sich, dass China seine unmittelbaren Nachbarn und auch Indien, den zukünftigen potentiellen Rivalen im Rennen um die Machtausdehnung in Asien, durchaus überlegen wäre. Gegen die USA allerdings, mit 550 Interkontinentalraketen, 16 strategischen U-Booten und 12 Flugzeugträgerverbänden hat die Volksbefreiungsarmee sprichwörtlich „keine Chance". Dies gilt umso mehr, sobald die Kräfte der amerikanischen Verbündeten in Asien, Japan, Südkorea und Taiwan hinzugerechnet werden.

---

[1]   International Institute for Strategic Studies (IISS): Military Balance, 2003/2004.
[2]   China's National Defence in 2004, Government White Paper, Beijing 2004; www.china.org.cn/e-white/20041227/II.htm (18.08.05).

Die militärische Modernisierung begann im Zuge der „Vier Modernisierungen" 1984. Eine neue Verteidigungsdoktrin forderte Professionalisierung und Konzentration auf militärische Kernaufgaben. Die Volksbefreiungsarmee war einigen Generälen und zahlreichen Politikern zu selbstständig geworden, sie hatte sich als Wirtschaftsakteur in vielen Industriezweigen betätigt, von der Landwirtschaft bis zum Kasinobetrieb. Man kann vermuten, dass die Wirtschaftsaktivitäten des Militärs weniger der Bereicherung einzelner Offiziere dienten, als vielmehr der Schaffung zusätzlicher finanzieller Mittel für die Streitkräfte. Damit war jedoch ein militärisch-strategisches Problem entstanden: Die in und mit Wirtschaftsbetrieben beschäftigten Soldaten standen für ihre Kernaufgaben kaum mehr zu Verfügung, zusätzlich hatte die Politik Einfluss auf die Betriebe. Dem Einfluss der Politik gegenüber ist die Führung der Volksbefreiungsarmee (VBA) seit Tiananmen empfindlich geworden. Das desaströse militärische Eingreifen gegen Demonstranten auf dem Platz des Himmlischen Friedens 1989 hat in der Volksbefreiungsarmee das eigene Selbstverständnis wie das Verhältnis zur Politik beschädigt. „Die Partei regiert die Gewehre" – die Führungsgewalt der KPCh, der Kommunistischen Partei Chinas, über das Militär ist aus den Erfahrungen der Bürgerkriegszeit gewachsen. So ist ein Militärputsch in China wenig wahrscheinlich. Aber die heutige militärische Führung Chinas wünscht sich umgekehrt eine stabile verantwortungsvolle Regierung, die die Modernisierung und Professionalisierung der Streitkräfte unterstützt und die politische Verantwortung für die dem Militär übertragenen Aufgaben übernimmt. Der Einsatz regulärer Streitkräfte im Landesinneren, gegen die eigene, han-chinesische Bevölkerung, liegt abgesehen von Katastrophenhilfe, nicht im ursprünglichen militärischen Interesse. Offensichtlich konnte Chinas Generalität einen Erfolg verbuchen: Die bewaffnete Volkspolizei (People's Armed Police, PAP) wurde ausgebaut – so sind Binneneinsätze regulärer Streifkräfte kaum mehr zu rechtfertigen.[1]

Chinas Militärdoktrin durchlief eine gewaltige Entwicklung von der revolutionären Volkskriegsdoktrin des bewaffneten Widerstands und Rückzugs ins Hinterland, über den „Volkskrieg unter modernen Bedingungen", der versuchte, aus der Not eine Tugend zu machen und veraltete Strukturen modernen Herausforderungen anzupassen, bis zur vorwärtsgerichteten „Drei-Inselketten"-Taktik, die eine aktive Militärpräsenz weit jenseits des Ost- und Südchinesischen Meeres bis in den Westpazifik andachte.

---

[1] Ausnahmen sind Einsätze im „Kampf gegen den Internationalen Terrorismus" und gegen Bedrohungen der territorialen Einheit und staatlichen Souveränität. Dazu gehören ethnische, religiöse oder separatistische Aufstände an den westlichen und nordwestlichen Rändern Chinas und eine etwaige Unabhängigkeitserklärung Taiwans.

Heute sind Chinas Strategen bei den neuen Schritten militärischer Modernisierung angekommen, der „Revolution in Military Affairs (RMA) with Chinese
Characteristics", und diskutieren, wie sich China die Fähigkeiten moderner,
integrierter Kriegsführung, „3CI" (Communication, Control, Command and
Intelligence), aneignen kann. RMA in China bedeutet, Marine, Luftwaffe und
Zweite Artillerie (strategische Waffen) auszubauen, die Ausrüstung zu modernisieren, gemeinsame Übungen verschiedener Truppengattungen durchzuführen,
die Ausbildung zu verbessern und die Logistik zu reformieren; „Chinese Characteristics" meint, dass sich die Volksbefreiungsarmee vom Studium des Marxismus-Leninismus, der Gedanken Mao Zedongs und der Theorien Deng Xiaopings
leiten lässt und sich der Führung der Kommunistischen Partei „absolut" unterstellt.[1] Als Indikator für moderne militärische Fähigkeiten stehen z.B. die kom-
binierte, elektronische Führung und Luftüberwachung mehrerer Einheiten aus
verschiedenen Teilstreitkräften oder die Luftbetankung. Die integrierte elektronische Kampfführung allerdings steckt erst in den Anfängen. Das Verteidi-
gungsweißbuch von 2004 fordert „gleichzeitige Digitalisierung und Mechanisie-
rung" – ein Hinweis darauf, dass Großteile der regulären Truppen schlecht ausgebildet und schlecht ausgerüstet sind. Ein Flugzeug mit AWACS-Technologie
soll beschafft werden. Ob die chinesische Luftwaffe die Fähigkeit der Luftbetankung gemeistert hat, was den Einsatzradius von Kampfflugzeugen erhöhen würde und damit Voraussetzung für eine vorwärtsgerichtete Militärstrategie wäre, ist
unsicher. Solche Manöver erfordern Übung und eine Flotte von Tankflugzeugen,
die wiederum betankt werden müssen und lange Startbahnen benötigen. Derart
komplexe Systeme binden Finanzmittel und Infrastruktur. Nach chinesischen
Angaben beherrschen allerdings zumindest die Marineflieger neben den Aufklä-
rungsaufgaben, dem Luftkampf, der Schiffs- und U-Bootbekämpfung auch die
Luftbetankung.

Die Volksrepublik veröffentlichte 1998 ihr erstes Verteidigungsweißpapier,
mit Nachfolgern 2001, 2002 und 2004. Die von Militärexperten als vergleichsweise wenig aufschlussreich bezeichneten Erklärungen beginnen meist mit Chinas Perzeption der regionalen und internationalen Sicherheitslage und behandeln
schließlich die Notwendigkeiten der nationalen Interessensicherung. Bei genaue-
rem Hinsehen vermitteln die Weißpapiere jedoch eine deutliche Nachricht. Es
wird dargelegt, dass sich China militärisch modernisieren muss und mit welchen
Mitteln verschiedenen Konfliktebenen begegnet wird. Das Verteidigungsweißpapier 2004 beinhaltet eine wichtige Neuerung.[2] Es wird nicht nur die Fähigkeit

---

[1]   China's National Defence in 2004. Government White Paper; www.china.org.cn/e-
      white/20041227/III.htm#1 (18.08.05).
[2]   www.english.people.com.cn/whitepaper/defense2004/defense2004.html (18.08.05). Aus China's
      National Defence.

gefordert, in regionalen Kriegen bestehen zu können („fight regional wars"), sondern lokale Kriege zu gewinnen („win local wars"). Dies zielt auf ein Taiwanszenario hin und bedeutet, genau wie die Regierung in Peking erklärt: Im Falle einer Unabhängigkeitserklärung Taiwans wird China zu militärischen Mitteln greifen, um eine Abspaltung zu verhindern und baut militärische Fähigkeiten mit der Intention auf, sich bei einem derartigen Vereinigungsprozess nicht vor einer amerikanischen Intervention zurückziehen zu müssen.

4 Die außenpolitischen Richtlinien

Die Grundlage der chinesischen Außenpolitik ist eine „unabhängige, auf Frieden ausgerichtete Außenpolitik", die die Unabhängigkeit und Souveränität des Landes sichert, eine langfristig günstige Umgebung für Chinas Reformen schafft, Öffnung und Modernisierung forciert und Weltfrieden und gemeinsame Entwicklung fördert. Dieses Bündel von Vorgaben ist auf den Seiten des Chinesischen Außenministeriums zu finden.[1] Die Gestaltung der Außenpolitik liegt, wie in fast allen Politikbereichen, nicht beim Fachministerium, sondern in den Händen der Leitung des Zentralkomitees (ZK) der Kommunistischen Partei. Betrachtet man die Inhalte der außenpolitischen Grundlagen genauer, erscheinen sie weniger friedlich und kooperativ als angenommen, sondern tragen die Züge einer noch etwas unsicheren, aber aufstrebenden und ambitionierten Großmacht. Zum ersten irritiert die Betonung der Unabhängigkeit: Die Volksrepublik China besteht darauf, unabhängig, von keiner Allianz behindert, über „gut und schlecht" in ihren Außenbeziehungen zu entscheiden. Das ist wenig beruhigend für die kleinen Nachbarstaaten. Allianzen schaffen nicht nur allgemeine Sicherheit durch Kommunikation, sondern binden üblicherweise gerade Großmächte ein. Nun ist China zwar einer Art Allianz, der ASEAN (Association of Southeast Asian Nations), nähergetreten, doch die ASEAN ist ein Wirtschafts- und Interessenverbund und kein sicherheitspolitisches Bündnis. Auch äußern sich Befürchtungen, China versuche die ASEAN zu dominieren. Grundsätzlich gilt ASEAN+3, also die Einbeziehung Chinas, Japans und Südkoreas einem asiatischen Integrationsprozess, mit dem Ziel einer ostasiatischen Wirtschaftsgemeinschaft. China beteiligt sich aktiv und kooperativ und möchte insbesondere kleine asiatische Staaten von seinem „friedlichen Aufstieg" überzeugen. Der Vorschlag einer asiatischen Freihandelszone kam 2002 vom damaligen chinesischen Premier Zhu Rongji. Tatsächlich aber spannt die Regierung in Peking, ungeachtet eigener Forderungen in Bezug auf Multipolarität und multilaterale Institutionen und

---

[1] Foreign Ministry of the People's Republic of China: Foreign Policy, 15. November 2000; www.fmprc.gov.cn/eng/ljzg/zgjk/3575/t17825.htm (18.08.05).

Prozesse, auch ein Netz bilateraler Verbindungen, in denen selten Machtgleich-
gewicht herrscht. Darüber hinaus zeigt die Regierung keine Bedenken, auch mit
etwa international geächteten Regimen Verbindungen zu pflegen. Wie die Beispiele der Beziehungen zu Burma/Myanmar, Sudan oder Nordkorea zeigen, ist
dies gängige Praxis. Diese Vorgehensweise ist vor dem Hintergrund des prioritä-
ren chinesischen Interesses zu verstehen, den wirtschaftlichen Einfluss insbesondere regional auszudehnen und die Energieversorgung durch ein Geflecht internationaler Beziehungen zu sichern.

In einem weiteren Bereich der Außenpolitik, der Sicherung des Weltfriedens, versichert China, an Rüstungswettläufen und militärischer Expansion nicht
teilzunehmen, stellt sich aber sehr deutlich gegen Hegemonie- und Machtpolitik,
also gegen die amerikanische Außen- und Sicherheitspolitik der zweiten Bush-
Administration. China behält sich vor, zu intervenieren, wenn die Souveränität
eines Landes durch ein anderes Land bedroht ist oder Einmischung mit der Begründung ethnischer, religiöser oder menschenrechtlicher Entwicklungen erfolgt.
Dies ist eine deutliche Warnung an die westliche Welt: Mischt euch nicht ein,
nicht in den Nordwestprovinzen, nicht in Tibet! Das traditionell wichtigste Instrument der chinesischen Außenpolitik sind die im Rahmen der Bandung-
Konferenz 1955 entstandenen „Fünf Prinzipien der Friedlichen Koexistenz":
Gegenseitiges Respektieren der Souveränität und der territorialen Integrität,
gegenseitige Nichtangriffsversicherung, gegenseitige Nichteinmischung in innere Angelegenheiten, Gleichberechtigung und gegenseitiger Nutzen, freundschaft-
liche Beziehungen mit allen Ländern. Die für die Regierung in Peking wichtigsten Prinzipien sind die territoriale Integrität und die Nichteinmischung. Ein ein-
heitliches Gesamtchina ist insbesondere nach den Erfahrungen des Jahrhunderts
der von außen aufgezwungenen „Ungleichen Verträge", von 1842 bis 1949, Teil
des nationalen Selbstverständnisses – die Regierung würde ein Abfallen von
Randregionen (Tibet, Taiwan) erklärtermaßen mit allen Mitteln bekämpfen. Das
Prinzip der gegenseitigen Nichteinmischung versetzt die Regierung in Peking in
die Lage, sich jede Einwirkung von außen in Bezug auf z.B. Taiwan, Tibet oder
Xinjiang zu verbitten. Nachdem fast alle westlichen Regierungen im Zuge der
Aufnahme diplomatischer Beziehungen zur Volksrepublik das „Ein-China-
Prinzip" anerkannten, betrachtet Peking, mit gewissem Recht, Taiwan als inner-
chinesische Angelegenheit.

In die Fünf Prinzipien ist ein weiterer Baustein der Außenpolitik gebettet:
Die Beziehungen zu den Nachbarstaaten. Sie sollen friedlich und gutnachbar-
schaftlich sein, unabhängig von gesellschaftlichen oder ideologischen Diskrepanzen entwickelt werden und die wirtschaftliche Kooperation fördern. Dies ist
ein entscheidendes Element der modernen Außenpolitik: Peking hat überzeugend
von der Unterstützung aufständischer, sozialistischer Bewegungen in anderen

Teilen Asiens Abstand genommen und möchte systemunabhängig kooperieren. Diese „Sicherheitsgarantie" war für die meisten Staaten Asiens, z.b. für Südkorea von großer Bedeutung - China exportiert nicht mehr Waffen und Revolution, sondern Dialog und Konsumgüter.[1] Dies ist Voraussetzung für eine Normalisierung der Beziehungen zu Peking. Grenz- und Territorialdispute sollen im Dialog gelöst und, wo das nicht möglich ist, „beiseite geschoben" werden. Diese Herangehensweise, eine de facto Bewahrung des status quo, wird oft als „asiatisch" beschrieben, kommt aber auch konkret Peking in vielen Fällen entgegen. Insbesondere im Südchinesischen Meer lassen sich auf diese Weise in kleinen Schritten, z.b. durch den Ausbau von Infrastruktur, neue Tatsachen schaffen, die bei einer zukünftigen völkerrechtlichen Regelung nicht mehr rückgängig zu machen wären. Zugleich müssen die großen Erfolge bei der Einigung über oft jahrzehntelange, blutige Grenzkonflikte, z.b. zwischen China und Russland, betont werden.

Ein weiterer Pfeiler der chinesischen Außenpolitik, die Zusammenarbeit mit Entwicklungsländern, sorgt anhaltend für internationalen Argwohn. Zwar ist die revolutionäre Rhetorik, genau wie in Bezug auf die Entwicklungsregionen Südostasiens, verschwunden, es kommt jedoch zum Ausdruck, dass China „Schutz der Rechte und Interessen von Entwicklungsländern" in Aussicht stellt, dafür aber „Konsultation und Kooperation" in internationalen Fragen erwartet. Die Volksrepublik sei schließlich das größte Entwicklungsland. Die „Öffnung gegenüber der Welt" schließlich bedeutet keineswegs eine Öffnung der Gesellschaft und etwa des politischen Systems. Vielmehr sollen auf dem Gleichheitsgrundsatz Beziehungen gleichmäßig zur entwickelten Welt und zu den Entwicklungsländern aufgebaut werden. Zuletzt bemüht sich China zweifellos um Weltfrieden und Entwicklung, aber, und das wird oft übersehen, fordert auch eine neue (!), faire und internationale (also nicht westlich dominierte) politische und wirtschaftliche Ordnung. Die Forderung nach einer neuen internationalen Politik- und Wirtschaftsordnung markiert den Übergang zum „Neuen Sicherheitskonzept (NSC)", dem Nachfolger der Fünf Prinzipien. Das neue Sicherheitskonzept ist darüber hinaus eine Reaktion auf die Osterweiterung der NATO, die Einbeziehung zentralasiatischer Staaten in das Partnership-for-Peace (PfP) Programm der Nordatlantikallianz und die Intensivierung der amerikanisch-japanischen Verteidigungsabsprachen.[2] Durch diese Entwicklungen fühlen sich einige chinesische Strategen von den USA und ihren Verbündeten eingekreist.

In der Praxis hat die Volksrepublik von der Betonung der Eigenständigkeit Abstand genommen und engagiert sich international. Darüber hinaus zeigt sich die Regierung der Volksrepublik als erfolgreicher Vermittler und hat z.B. die Sechser-Gespräche mit Nordkorea in Peking wiederbelebt. China übernimmt

---

[1] Shambaugh (2004/2005), S.65.
[2] Möller (2004), S.395.

auch eine aktive Rolle in der Shanghai Organisation für Zusammenarbeit (SOZ), der Kooperationsorganisation mit Russland und zentralasiatischen Staaten, und erreichte, dass das SOZ-Sekretariat nach Peking kommt.

Was hat nun die chinesische Regierung zu neuen, kooperativen Ansätzen in der Asienpolitik bewogen? Erstens die Reaktion asiatischer Staaten nach der Niederschlagung des Tiananmenaufstands. Im Gegensatz zur westlichen Welt hielten sich die Staaten Asiens zurück, verurteilten die Gewaltanwendung und bedauerten den „Zwischenfall", beteiligten sich aber - von Ausnahmen abgesehen - nicht an Sanktionen gegen China. Die ASEAN beschloss die Beziehungen zu China unvermindert aufrecht zu erhalten. Diese Reaktionen haben in Peking einen bleibenden Eindruck hinterlassen. Der zweite Auslöser der neuen chinesischen Asienpolitik war die Asiatische Finanz- und Wirtschaftskrise 1997. Wegen seiner großen Devisenreserven, engen Kontrollen des Finanzsystems und der noch verhältnismäßig geschlossene Wirtschaft wurde China sehr viel weniger als andere Staaten Asiens in Mitleidenschaft gezogen und konnte darüber hinaus Hilfsleistungen und Niedrigzinskredite zur Verfügung stellen. Dies half, das Bild Chinas als eines verantwortungsvollen Akteurs in Asiens Wirtschaftssystemen zu etablieren. Das dritte Element ist eine neue offene Haltung gegenüber Multilateralen Organisationen. Hatte die Volksrepublik bisher Misstrauen, insbesondere gegen einen etwaigen amerikanischen Einfluss in Organisationen gehegt, begann sich Peking ab Ende der 1990er Jahre zuerst im Beobachterstatus, später aktiver, in ASEAN (genauer ASEAN+3), ARF (ASEAN Regional Forum), der Shanghai Organisation (SOZ), dem Shangri-la Dialog und CSCAP (Council on Security Cooperation in the Asia-Pacific) zu engagieren. Die Regierung in Peking hat schließlich mit dem Boao-Forum auf der Insel Hainan mit über eintausend Delegierten eine eigene Plattform für regionalen Dialog ins Leben gerufen.[1] Zu den von Peking getragenen Initiativen gehört auch die Mekong-Kooperation mit den Anrainerstaaten dieses Stromes.

Die Zusammenarbeit zwischen China und ASEAN ist eindrucksvoll: Der Handel zwischen China und den ASEAN-Staaten wächst jährlich im zweistelligen Milliardenbereich, von 45 Mrd. US-Dollar im Jahr 2002, auf 78 Mrd. US-Dollar im Jahr 2003. Für das Jahr 2005 erhoffte die chinesische Regierung einen Warenaustausch mit der ASEAN-Region von rund 100 Mrd. US-Dollar. Auf dem Gipfel 2002 wurden die Erklärung über das Südchinesische Meer (Declaration on the Conduct of Parties in the South China Sea)[2], die Zusammenarbeit im Feld nicht-traditioneller Sicherheit (Joint Declaration on Cooperation in the Field

---

[1]   Shambaugh (2004/2005), S.73.
[2]   Declaration on the Conduct of Parties in the South China Sea; www.aseansec.org/13163.htm (18.08.05).

of Nontraditional Security Issues)[1], umfassende wirtschaftliche Entwicklung (Framework Agreement on Comprehensive Economic Cooperation)[2] und landwirtschaftliche Zusammenarbeit (Memorandum of Unterstanding on Agricultural Cooperation)[3] beschlossen. 2003 trat China schließlich als erstes Nichtmitglied dem ASEAN Freundschafts- und Kooperationsvertrag (ASEAN Treaty of Amity and Cooperation) bei.[4] Dennoch darf die Annäherung zwischen China und A-SEAN nicht überbewertet werden. Die Association of Southeast Asian Nations leidet unter Unverbindlichkeit und mangelnder Institutionalisierung. Kritiker wie Kay Möller betonen, die Abkommen seien unspezifisch und China engagiere sich nur im Rahmen seiner unmittelbaren Interessen. Multilateralismus habe in Asien keineswegs eine Vertiefung erfahren, Chinas Hauptinteresse in Bezug auf regionale Foren sei es, amerikanischen Einfluss zurückzudrängen und japanisches Machtstreben zu verhindern.[5] Diese Aspekte haben ihre Berechtigung, in der Mekongkooperation ist z.B. der chinesische Einfluss und auch der chinesische Anspruch in Bezug auf Stromgewinnung dominant.

Der vierte Schritt hin zu einer kooperativeren Regionalpolitik waren die Beziehungen zu den USA, die 1999 nach der Bombardierung der chinesischen Botschaft in Belgrad durch amerikanische Kampfflugzeuge auf dem Tiefpunkt waren. Die 1990er Jahre waren für China eine außerordentliche sicherheitspolitische Herausforderung. Die Regierung in Peking war verunsichert durch die militärischen Erfolgen Amerikas, etwa im ersten Golfkrieg 1990/91 und auch durch die Ereignissen in Osteuropa, die die sozialistischen Systeme teilweise blutig (wie in Rumänien) zum Einsturz brachten. Der 11. September 2001 schließlich und die folgende Bereitschaft, am Kampf gegen den Internationalen Terrorismus teilzunehmen, gab der chinesischen Regierung die Gelegenheit zu einer Annäherung an Amerika. Die Entwicklung der chinesisch-amerikanischen Beziehungen ist komplex. Die Volksrepublik, einst als strategisches Gegengewicht, als „China-Karte" gegen die Sowjetunion benötigt, ging durch ein Wechselbad von Annäherung und Zurückdrängung. Nach Ronald Reagan, der China als Gegner beschrieb, erklärte die Administration Clinton China zum strategischen Partner. Unter Bush junior wurde China strategischer Herausforderer, die amerikanische Sicherheitsallianz mit Japan und die Schutzzusagen gegenüber Taiwan wurden vertieft, bzw. erneuert. Der Zwischenfall im April 2001, als ein chinesisches

[1] Joint Declaration on Cooperation in the Field of Nontraditional Security Issues; www.aseansec.org/13185.htm (18.08.05).

[2] Framework Agreement on Comprehensive Economic Cooperation between ASEAN and the People's Republic of China; www.aseansec.org/13196.htm (18.08.05).

[3] Memorandum of Understanding on Agricultural Cooperation; www.aseansec.org/13214.htm (18.08.05).

[4] ASEAN Treaty of Amity and Cooperation; www.aseansec.org/15271.htm (18.08.05).

[5] Möller (2004), S. 396.

Jagdflugzeug mit einem amerikanischen Aufklärer, der auf einem der regelmäßigen und seit langem von Okinawa aus durchgeführten Aufklärungsflüge entlang der chinesischen Küste war, zusammenstieß und abstürzte, belastete das Verhältnis sehr. Prompt wurden die amerikanischen Verteidigungszusagen gegenüber Taiwan erneuert und Waffenlieferungen in Aussicht gestellt.

Eine kurzfristige Wende brachte der 11. September, nachdem sich auch China in den Kampf gegen den Internationalen Terrorismus einreihte. Ein sehr bedachter Schritt zur Konsolidierung der amerikanisch-chinesischen Beziehungen ist die chinesische Anerkennung des amerikanischen Führungsanspruchs und der Stabilisierungsfunktion der US-Militärpräsenz im asiatisch-pazifischen Raum. Dennoch belegte die amerikanische Administration in den Jahren 2001 und 2002 chinesische Firmen mit Sanktionen, da sie Raketentechnologie nach Pakistan bzw. konventionelle Waffen und Komponenten für biologische und chemische Waffen an den Iran geliefert hatten. Mit Kritik wurde in China die im September 2002 verkündete Nationale Verteidigungsstrategie der USA aufgenommen, die das Recht auf präemptive Schläge für den Fall in Anspruch nimmt, dass die amerikanische Sicherheit bedroht erscheint. Dies betrifft chinesische Sicherheitsinteressen und Chinas Bestehen auf dem Prinzip der Nichteinmischung unmittelbar. Amerikas Engagement im Irak hat gezeigt, wie niedrig offenbar die Schwelle für amerikanisches Kriegshandeln ist. Peking muss fürchten, dass Tibet und Taiwan vielleicht in einer gewissen Krisenkonstellation auch amerikanische Präemtion provozieren. Dennoch fiel die chinesische Kritik am amerikanischen Einmarsch in Irak 2003 zurückhaltender als erwartet aus. Grundsätzlich mit Argwohn wird in Peking allerdings die Vielzahl der amerikanischen Militäreinsätze an der weiteren Peripherie, in Afghanistan und in Zentralasien gesehen.

Ein positiver Meilenstein war Chinas Beitritt zur WTO im November 2000, in dessen Folge sich der wirtschaftliche Austausch weiter entwickelte und auf fast 100 Mrd. US-Dollar stieg. Die Teilnahme Präsident Bushs am APEC-Gipfel in Shanghai war eine konstruktive Vorarbeit. Im Februar 2002 schließlich reiste der amerikanische Präsident nach China, gefolgt vom Gegenbesuch Präsident Jiang Zemins auf der Ranch des Präsidenten in Texas. Das Jahr 2002 sah jedoch auch Handelsauseinandersetzungen, z.B. Strafzölle auf chinesische Stahlimporte. Auch sorgen die Übergangsfristen für chinesische Wirtschaftszweige (bis 2005, bzw. 2006) für Unwillen. Wirtschaftlich gesehen, bestehen zwischen den Vereinigten Staaten und China inzwischen vielfältige Abhängigkeiten, so ist China beispielsweise der größte Kreditgeber Amerikas, hat einen großen Teil seiner Devisenreserven von 400 Mrd. US-Dollar in amerikanischen Anleihen angelegt und finanziert damit den amerikanischen Schuldenberg und das Haushaltsdefizit mit. Wal-Mart z.B. ist mit einem Volumen von 12 Mrd. US-Dollar pro Jahr der größte Einkäufer in China. Hier wird die Schieflage im amerikanisch-chinesischen Wirtschaftsverhältnis deutlich: Das erhebliche amerikanische Außenhandelsdefizit gegenüber China betrug 2004 nach Angaben der Foreign Trade Statistic des U.S. Census Bureau 162 Milliarden US-Dollar.

Auf „chinesisch-asiatische Art" hat China einen Teil der seit Jahrzehnten bestehenden Grenzkonflikte entweder gelöst oder vertagt. Zu den gelösten Grenzproblemen gehört die chinesisch-russische Grenze, zu den ungelösten oder noch teilweise disputierten Grenzverläufen zählen die Diayutai-(jap. Senkaku-) Insel zwischen China und Japan, Teile der chinesisch-indischen Grenze im Himalaya und schließlich das Südchinesische Meer, in dem die Anrainer (China, Vietnam, Malaysia, Indonesien, Brunei, Philippinen) sich überschneidende Forderungen nach Territorialkontrolle und wirtschaftlichem Einfluss verfolgen. Außerdem geht es um Energievorkommen und um die Freihaltung von und die Kontrolle über die Schifffahrtswege der Region - Faktoren, von denen die aufstrebenden, exportorientierten Volkswirtschaften Asiens, insbesondere China und Japan, abhängig sind.

Zu den Erfolgen von Pekings Charmeoffensive in Asien gehören verbesserte Beziehungen zu Südkorea, Vietnam und Indien. Diplomatische Beziehungen zwischen Peking und Seoul wurden erst 1992 errichtet, aber Südkorea ist inzwischen Chinas drittgrößter Handelspartner und der fünftgrößte Investor. Auch studiert eine wachsende Zahl koreanischer Studenten (etwa 35.000) in China und umgekehrt. Wirtschaftsbeziehungen waren eine Dimension in Chinas Annäherung an Südkorea, die zweite Dimension ist die Sicherheitspolitik: Die Regierung in Peking möchte mit Blick auf die amerikanische Position und hinsichtlich der Entwicklung auf der koreanischen Halbinsel Gestaltungsspielraum haben.

Die Aufnahme diplomatischer Beziehungen zum alten Gegner Vietnam erfolgte 1991. Der Handel mit diesem Land entwickelt sich langsam und beträgt umgerechnet etwa 5 Mrd. US-Dollar. Die sicherheitspolitische Schiene hat sich durch den Grenzvertrag von 1999 und den Vertrag über den Golf von Tonkin im Jahr 2000, der die gemeinsame Nutzung der dortigen Energievorkommen ermöglicht, positiv entwickelt. China und Vietnam sind beide Unterzeichner des Vertrags über das Südchinesische Meer – dort ist allerdings noch keine Einigung über die konstruktive Nutzung von Energievorkommen erreicht worden.

Das Verhältnis zwischen China und Indien, Gegner im Machtquadrat des Kalten Krieges, das China und Pakistan gegen Indien und die Sowjetunion verband, war schlecht auf stabilem Niveau. Chinesische Proteste gegen indische Atomtests 1998 und Äußerungen eines chinesischen Generals, „der Indische Ozean ist nicht Indiens Ozean" waren kennzeichnend. Erst Premierminister Vajpayees Besuch in China 2003 machte ein Tauwetter möglich. Eine weitere Voraussetzung für eine Annäherung war die Anerkennung Indiens, dass Tibet ein Teil

Chinas sei. Im Gegenzug hat die Regierung in Peking anerkannt, dass die Hima-
laya-Staaten Nepal, Sikkim und Bhutan zu Indiens Einflusssphäre gehören.
    Es gibt jedoch auch ein anderes Gesicht der chinesischen Außenpolitik, das
zur Sicherung strategischer Interessen auch potentielle internationale Konfronta-
tionen auf sich nehmen würde. Hierzu gehört die Insel Taiwan, ein nach Pekinger Auffassung innerchinesisches Problem. Durch das Antisezessionsgesetz vom
März 2005 erfuhr die Rhetorik in Bezug auf Taiwan eine kurzfristige Verschärfung. Allerdings hat die Pekinger Regierung sehr geschickt die maßgeblichen
politischen Lager Taiwans nacheinander nach Peking eingeladen – Experten
bezeichnen dies als Versuch, die Administration der Insel zu spalten.
    Ein weiteres Politikfeld, in dem die Regierung der Volksrepublik bisher
nicht nur durch kooperative Ansätze aufgefallen ist, ist die Energie- und Roh-
stoffversorgung. China produziert nur knapp ein Drittel seiner jährlich benötig-
ten Ölmenge von 240 Millionen Tonnen selbst. Im Jahr 2003 mussten über 90
Millionen Tonnen Rohöl importiert werden, mit steigender Tendenz.[1] In diesem
Zusammenhang muss aber auch deutlich gemacht werden, dass Japan mit über
200 Millionen Tonnen und die USA mit etwa 540 Millionen Tonnen zwei-, bzw.
über fünfmal soviel Öl importieren und entsprechend mehr verbrauchen als China. Chinas Energiebedarf wächst zweifellos schneller als der anderer Regionen,
doch ist es nicht gerechtfertigt, die Volksrepublik angesichts hoher Verbrauchs-
raten in Teilen der OECD-Welt, insbesondere in Nordamerika, als alleinigen
Verursacher einer „Energiekrise" zu bezeichnen.
    Die nachfolgende Aufstellung zeigt den Ölverbrauch im Jahr 2003. Der An-
stieg des chinesischen Ölbedarfs ist hoch und hat sich in den vergangenen 10
Jahren fast verdoppelt. Im Gegensatz dazu konnten industrialisierte Länder, die
mit hoher Produktivität und einem hohen Effizienzgrad wirtschaften, wie z.B.
Deutschland und Japan, ihren jährlichen Ölverbrauch im gleichen Zeitraum reduzieren. So entfielen auf China im Jahr 2003 etwa 8% des weltweiten Öl-
verbrauchs – und dieser Anteil wird zweifellos steigen. Aber der mit Abstand
größte Ölverbraucher sind die USA, die über ein Viertel des Öls konsumieren.

---

[1] International Energy Agency (IEA): Key World Energy Statistics; http://www.iea.org/dbtw-
    wpd/Textbase/nppdf/free/2005/key2005.pdf (18.08.05).

Tabelle 4: Weltweiter Ölverbrauch (Mio. Tonnen)[1]

	1994	1997	2000	2003	%
USA	810	848	898	914	25,1
Ges. Nordamerika	968	1012	1071	1093	30,0
Deutschland	135	136	130	125	3,4
Russland	163	129	123	125	3,4
EU 15	599	623	634	640	17,8
China	149	190	232	275	8,0
Japan	267	265	255	249	6,8
S-Korea	87	111	103	105	2,9
Indien	67	86	106	113	3,1

Was die Versorgungssicherheit im Kontext der außenpolitischen Lage betrifft, zeigt sich, dass China bewusst Nischen ausnutzt und Beziehungen zu energie-produzierenden Staaten pflegt, die von den USA und ihren Verbündeten isoliert werden, z.B. Sudan und Iran. Die Volksrepublik betreibt eine aktive, teilweise aggressive Akquisitionspolitik und kauft weltweit Minen und Ölfelder, Rohstoffkonzessionen oder Produkte.

Im Fazit ist Chinas Außenpolitik nachvollziehbar, erklärbar und in weiten Teilen die Politik eines verantwortungsvollen Mitglieds der internationalen Staatengemeinschaft (und des Sicherheitsrates der Vereinten Nationen). Eine „hidden agenda", eine zweite, nach außen verborgene Ebene von Interessen und Zielen, insbesondere in Verbindung mit der Einflussnahme auf Entwicklungsregionen und Schwellenländer, kann jedoch nicht ausgeschlossen werden.

5 Aussicht

Die Volksrepublik China hält zwar an sozialistischen Strukturen in ihrem politi-schen System fest, die auch der Legitimation der Führung durch die Kommunis-tische Partei dienen, zugleich vollzieht sich jedoch der wirtschaftliche Umbau in Richtung Privat- und Marktwirtschaft in großen Schritten. Anstatt nebulösen Befürchtungen, der chinesische Drache beherrsche bald die Welt, nachzuhängen, sollten Bestrebungen unterstützt werden, Chinas Entwicklung nachhaltig und

---

[1]   BP Statistical Review of World Energy, 2004; British Petroleum Statistical Review of World Energy, 2004; http://www.bp.com/liveassets/bp_internet/globalbp/STAGING/global_assets/ downloads/S/statistical_review_of_world_energy_full_report_2004.pdf (18.08.05).

stabil zu sichern. Die weltwirtschaftliche Vernetzung ist zu groß, als dass Risse im chinesischen Wirtschaftssystem nicht die Welt mit erschüttern würden. Ähnlich verhält es sich mit globalen Sicherheits- und Umweltproblemen. Ohne die Einbindung Chinas in internationale Verträge in Bezug auf Atomwaffenbegrenzung, Nichtweitergabe von Massenvernichtungswaffen und Klimaschutz ist in diesen Problemfeldern kein Fortschritt zu erreichen. Wie Chinas Gesellschaft in Zukunft mit der Ambivalenz zwischen der sozialistischen Rhetorik des engen politischen Systems und der rasanten Wirtschaftsentwicklung mit seinen manchmal „frühkapitalistischen" Auswirkungen umgeht, ist schwer vorherzusagen. Seine gegenwärtige Jugend interessiert sich überwiegend nicht für Politik, sondern für Konsumgüter und Karriere. Dies bedeutet jedoch nicht, dass die Kinder der Tiananmen-Generation in 20 Jahren nicht doch an den politischen Strukturen rütteln.

6   Literaturhinweise

China's Economy: Retrospect and Prospect, Woodrow Wilson International Center for Scholars, Asia Programme Special Report No. 129; www.wilsoncenter.org/topics/pubs/AsiaReport_129.pdf, (siehe auch Report No. 111; http://wwics.si.edu/topics/pubs/Chinese%20economy.pdf).
Friedrich, Stefan: China-Euphorie ohne Grenzen?, in: Die politische Meinung, Nr. 423; Februar 2005
Heilmann, Sebastian: Das politische System der Volksrepublik China; Wiesbaden 2004.
Hieber, Saskia: Chinas Energiesicherheit, in: China aktuell, 33,7; April 2004.
Hilpert, Hanns Günther/Wacker, Gudrun: China und Japan: Kooperation und Rivalität. SWP-Studie; Berlin 2004.
Möller, Kay: China in Fernost: Selektive Multilateralität, in: China aktuell, 33, 4; April 2004.
Opitz, Peter J.: Gezeitenwechsel in China. Die Modernisierung der chinesischen Außenpolitik; Zürich 1991.
Pei, Mingxin: Chinas demokratische Zukunft, in: Internationale Politik, 59, 9; September 2004.
Schüller, Margot: Wirtschaftsmacht China, in: Die Politische Meinung, Nr. 423; Februar 2005.
Segal, Adam: Does China Matter? In: Foreign Affairs, Nr. 274; Sept./Okt. 1999.
Shambaugh, David: China Engages Asia. Reshaping the Regional Order, in: International Security, 29, 3; Winter 2004/2005.
Shambaugh, David: Modernizing China's Military; Berkeley/Los Angeles 2002.
Themenheft „Machtfaktor China", Internationale Politik 57, 2; Februar 2002 (mit Beiträgen von Heike Holwig, Xuewu Gu, Franco Algieri und Markus Taube).
Wang, Jisi: Machtfaktor China, in: Internationale Politik, 59, 1; Januar 2004.

Wolf, Charles Jr./Yeh, K.C./Zycher, Benjamin/Eberstadt, Nicholas/Lee, Sung-Ho: Fault Lines in China's Economic Terrain, RAND Corporation, 2003; www.rand.org/publications/MR/MR1686/.

Links:

Auswärtiges Amt, Länderinformation China; www.auswaertiges-amt.de/www/ de/laenderinfos.

CIA World Fact Book – China; www.odci.gov/cia/publications/factbook/geos/ch.html.

Ministry of Commerce of the People's Republic of China; www.english.mofcom.gov.cn/.

Ministry of Foreign Affairs of the People's Republic of China; www.fmprc.gov.cn/ eng/default.htm.

National Bureau of Statistics of China: Statistical Data; www.stats.gov.cn/english/ statisticaldata/index.htm.

People's Daily online, www.english.people.com.cn.

Weißpapiere der chinesischen Regierung: www.china.org.cn/e-white/.

Worldbank, www.wordbank.org, Country Data Profile, China at a Glance.

Japans Rolle in der Welt

Claudia Derichs, Momoyo Hüstebeck und Kerstin Lukner

1 Politisches System

Japan gilt in der Politikwissenschaft als konsolidierte Demokratie. Damit findet sich das Land in guter Gesellschaft unter den westlichen Industrienationen und wird häufig zu den „westlichen Demokratien" gezählt. Indes gibt es auch in der Region eine Reihe von Ländern mit funktionierenden demokratischen Systemen, das älteste unter ihnen Indien. Taiwan und Südkorea stellen zwei jüngere Demokratien dar. Dazu kommen einige formaldemokratische Systeme, die sich zumindest nach westlichem Maßstab nur bedingt durch demokratische Verfahrensweisen im politischen Prozess auszeichnen, so etwa die Philippinen, Sri Lanka oder der Transitionsstaat Indonesien. Im Vergleich zu Letzteren weist das japanische politische System in der Tat eine höhere Konsolidierung demokratischer Prozeduren auf, wenngleich auch in diesem Inselstaat eine Reihe von parochialen Strukturen überlebt haben. Die Besonderheiten des Systems und seiner inneren Strukturen machen Japan damit zu einem interessanten Fall für die vergleichende Politikwissenschaft. Gleichzeitig wirken sie in die Formulierung und Gestaltung der Außenpolitik hinein und bestimmen die Position Japans in der internationalen Staatenwelt, so dass das politische System auch für die Untersuchung von Japans internationalen Beziehungen eine tragende Rolle spielt. In den folgenden Abschnitten wollen wir das System und seine Charakteristika mit Blick auf veränderten Rahmenbedingungen, die sich in den 1990er Jahren entwickelten, skizzieren.

1.1 Regierungsaufbau und Institutionengefüge

Am 3. Mai 1947, knapp zwei Jahre nach den Atombomben auf die Städte Hiroshima und Nagasaki und der daraufhin erfolgten Kapitulation Japans im Zweiten Weltkrieg, trat die neue Japanische Verfassung (JV) in Kraft. Die neue Verfassung, auch Nachkriegsverfassung genannt, basiert auf drei wesentlichen Prinzipien, die für die Innen- wie für die Außenpolitik des Landes große Bedeutung erlangt haben:

- Volkssouveränität,
- Pazifismus und
- Respektierung der Menschenrechte.

Japans neue Staatsform (*polity*) ist die einer parlamentarischen Demokratie. Die Souveränität wurde dem Volk übertragen, während der japanische Kaiser oder *Tennô* – absoluter Herrscher unter der vorherigen „Meiji-Verfassung"[1] – nun lediglich das „Symbol Japans und der Einheit des japanischen Volks" darstellt. Er besitzt keinerlei politische Macht, wird aber heutzutage weitgehend als Repräsentant seines Landes anerkannt, so dass ihm faktisch die Position des Staatsoberhaupts zukommt.

Abbildung 1:   Regierung und Parlament[2]

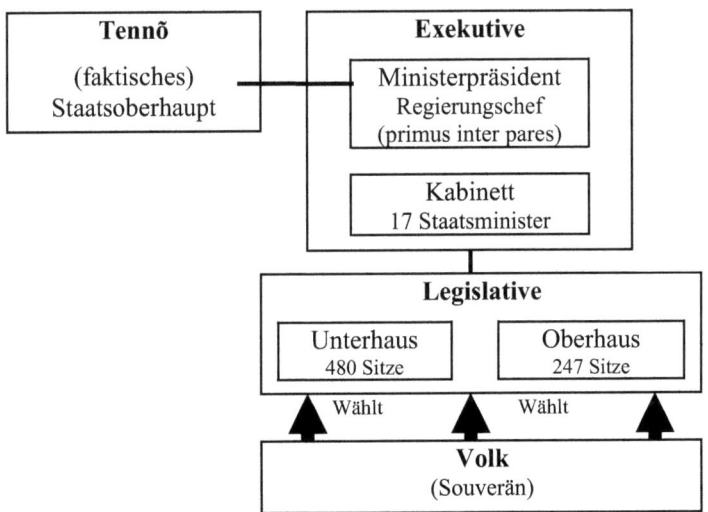

Durch die Verankerung der Souveränität beim Volk besitzt dieses die Möglichkeit der Kontrolle über seine Repräsentanten im Parlament. Das Parlament selbst wählt den Regierungschef, im japanischen Falle den Premierminister, aus seinen Reihen. Mindestens die Hälfte des Kabinetts muss aus Parlamentsmitgliedern bestehen. Das Parlament ist das höchste Organ der Staatsmacht und besteht aus zwei Kammern, dem Oberhaus und dem Unterhaus. Im Unterschied zur Vor-

---

[1] Die Verfassung wurde nach der Ära Meiji benannt (1868-1912), der ersten Epoche nach Japans selbst gewählter internationaler Isolation.

[2] Eigene Darstellung (Stand: 10. Juli 2005).

kriegszeit werden die Mitglieder des Oberhauses allerdings nicht mehr ernannt, sondern vom Volk gewählt (alle drei Jahre die Hälfte der Mitglieder). Die Mitglieder des Unterhauses werden ebenfalls vom Volk gewählt (i.d.R. alle vier Jahre), wobei hervorzuheben ist, dass seit Kriegsende das allgemeine Wahlrecht auch für Frauen gilt. Der Präsenz von Frauen in der Politik hat die Entwicklung in Japan indes nur zögerlich gedient; im Außenministerium erhielt erst 2001 mit Makiko Tanaka (2001–2002) eine Frau das Ministeramt.

1.1.1 Kabinett und Premierminister

Dem japanischen Premierminister steht das Recht zu, das Unterhaus aufzulösen. Von diesem Recht machen die japanischen Premierminister der Nachkriegszeit bis heute hin wesentlich häufiger Gebrauch als ihre Amtskollegen in anderen westlichen Demokratien. Auch Wechsel an der Regierungsspitze während der Legislaturperiode kommen häufiger vor. Zwischen 1945 und 2001 bekleideten 27 Personen das Amt des Premierministers. Bei einer regulären Besetzung mit einem neuen Regierungschef in jeder neuen Legislaturperiode, d.h. alle vier Jahre, hätten gerade einmal 14 Personen die Liste bestückt. Dass die Anzahl nahezu doppelt so hoch ausfällt, gewinnt besonders an Gewicht, wenn man in Rechnung stellt, dass einige Premierminister deutlich länger als eine Legislaturperiode im Amt blieben, so etwa Eisaku Satô (1964-1972) oder Yasuhiro Nakasone (1982-1987). Die Gründe für diese hohe Fluktuation und die relativ hohe Anzahl derjenigen, die nur ein oder zwei Jahre ihr Amt behaupteten, liegen im großen Einfluss der Ministerialbürokratie auf die Regierungs- und Parlamentsarbeit wie auch in weiteren strukturellen Bedingungen des politischen Systems.

Das japanische Kabinett besteht nach der Ressortreform von 2001 aus maximal 14, bei besonderem Bedarf 17 Ministerien bzw. Behörden mit Ministeriumsfunktion, die von Staatsministern ohne Portfolio geleitet werden. Da das Kabinett, unabhängig von der Anzahl der Ministerien, allerdings kein sonderlich starkes politisches Machtzentrum darstellte, wurde gleichzeitig mit einer Kabinettreform begonnen, die in erster Linie vier Ziele verfolgte:

- Etablierung eines Systems mit effektiverer politischer Führung (Stärkung der Führungsposition von Premierminister und Kabinett; Schaffung eines Kabinettsamtes),
- Reorganisation der nationalen Verwaltungsorgane (Schaffung eines neuen interministeriellen Koordinationssystems, um effizientere und effektivere Entscheidungsfindung zu ermöglichen),
- Transparentere Administration (Schaffung von unabhängigen Verwaltungsinstitutionen),

• Drastische personelle Straffung der Zentralregierung (Reduzierung des nationalen öffentlichen Dienstes um 25% im Zeitraum von zehn Jahren).[1]

Die ersten beiden Ziele stellten die größten Herausforderungen dar, nicht zuletzt bedingt durch die gewachsenen Strukturen innerhalb des administrativen Apparates, die nun verändert werden sollten. Die Position des Premierministers zu stärken und dem Kabinett zu größerem Gewicht zu verhelfen, bedeutete eine Kräfteverschiebung zwischen Politkern (Ministern) und Bürokraten (Ministerialbeamten) – zumindest nach außen hin. Während es bis in die 1990er Jahre hinein üblich gewesen war, dass Ministerialbürokraten in Diskussionen zu Gesetzesentwürfen oder sonstigen thematischen Belangen an Ministers statt dem Parlament Rede und Antwort stehen, sollte dies fortan durch die Amtsträger selbst erfolgen. Angestrebt wurde damit auch die Förderung des Dialogs der Politiker im Parlament mit den Kabinettsmitgliedern. Als Premierminister Junichirô Koizumi 2001 an die Macht gelangte, zog mit ihm auch die Erwartung in die Regierungsgebäude, dass Strukturreformen zügig vorangetrieben würden. Die Reformen gelangen dem Premier allerdings nur mit erheblicher Verzögerung und dies nicht zuletzt auf Grund der Widerstände innerhalb seiner eigenen Partei, die ihren gewohnten Einfluss auf die Regierung und ihre stets zugänglichen (Finanz-)Quellen bedroht sah. Die *Asahi Shimbun*, eine der größten nationalen Tageszeitungen, schrieb in der Retrospektive nach einem Jahr Koizumi Regierung zu den Spannungen zwischen Premier und Partei:

> „Da man hier zu keiner Lösung kam, wurde klar, dass die Strukturreformen sehr schwierig werden würden. […] Um wirklich Erfolge bei den strukturellen Reformen zu erzielen, ist es dringend notwendig, die Regierungsmannschaft zu perfektionieren. Man muss gar nicht erst auf Englands Premier Tony Blair verweisen: Der gesunde Menschenverstand verrät einem, dass die Führungsrolle eines Premierministers ohne Unterstützung durch vielfältig begabte Mitarbeiter unmöglich ist."[2]

Der Erreichung des Ziels „effektivere politische Führung" standen daher nicht nur die Bürokratie, mit der sich der folgende Abschnitt beschäftigen wird, sondern auch die reformunwilligen Kräfte der LDP selbst entgegen.

1.1.2 Bürokratie

Was machte die japanische Bürokratie so stark? Japan ist zwar eine parlamentarische Demokratie und weist nach westlichen Kriterien auch die meisten Kennzeichen eines demokratischen Systems auf. Die Feinheiten, die für „undemokra-

---

[1]   Prime Minister's Office, Central Government Reform of Japan, January 2001;
       http://www.kantei.go.jp/foreign/central_government/index.html (10.07.05).

[2]   Asahi Shimbun Dahlem, Nr. 239, 1. Juni 2002, S.3 f.

tische" Abläufe sorgen, stecken aber häufig in der Funktionsweise politischer Institutionen und in den Mechanismen, die aus autoritärer Zeit in die Nachkriegspolitik transportiert wurden. Die Bürokratie liefert dafür ein illustratives Beispiel. Unter der Meiji-Verfassung wurden nach preußischem Vorbild die Aufgaben und Funktionen des öffentlichen Dienstes für das moderne Japan definiert, d.h. die Idee des Beamten als Staatsdieners wurde mit Inhalt gefüllt. Die Beamten sollten die Wächter des öffentlichen Wohls sein. Zentralisierung der exekutiven Macht in den nationalen Behörden, ein straff organisiertes Rekrutierungs- und Beförderungssystem sowie eine klare Verteilung von Jurisdiktionen bildeten die Struktur, in der sich der administrative Apparat des späten 19. Jhdts. entfaltete. Innerhalb dieses Apparates herrschte eine paternalistische Mentalität vor, die sich auf die Nachkriegszeit übertrug, weil der Beamtenapparat nicht radikal erneuert wurde, sondern vielmehr weitgehend erhalten blieb. Dies führt dazu, dass sich geringe Möglichkeiten für Quereinsteiger bieten, Abweichungen von vorgegebenen Handlungsrichtlinien kaum vorkommen und wenig Anreize zu Eigeninitiative bestehen. Gleichwohl stellt Japan kein einzigartiges Beispiel von strukturellen Kontinuitäten und latent fortwirkenden Verhaltensmustern dar. Für die Augenfälligkeit bestimmter Phänomene sorgt die Intensität, mit der sie sich präsentieren.

Die geringe Koordination der Ministerien und der große Sektionalismus schwächten nicht, wie man annehmen sollte, die Bürokratie selbst, sondern die Regierung. Beamte, die in ihrer Laufbahn nicht nur Privilegien auf Grund ihrer Seniorität, sondern auch ein beachtliches Herrschaftswissen in den Bereichen, für deren Jurisdiktion sie zuständig zeichneten, angesammelt hatten, standen in hohem Ansehen bei denen, die ihres Wissens bedurften. Bedingt – unter anderem – durch die relativ hohe Fluktuation in den Ministerämtern, fiel den fachkundigen Bürokraten damit eine ausnehmend einflussreiche Rolle zu. Von der Formulierung eines Gesetzesentwurfs bis zu seiner Implementierung prägte die Handschrift einzelner Beamter das *policy-making*. Besonders zu erwähnen ist in diesem Zusammenhang auch, dass die großen japanischen Wirtschaftsunternehmen die *drop-outs* aus der nationalen Bürokratie gerne in ihren Häusern aufnehmen und mit hohen Posten belohnen. Dieser Mechanismus (um nicht gleich von Automatismus zu sprechen) wird *amakudari* oder wörtlich „Herabsteigen vom Himmel" genannt und ist trotz zahlreicher Bemühungen seiner Unterbindung immer noch sehr verbreitet. So rekrutierten sich im Frühjahr 2005 immer noch 42,4% der Mitglieder in externen Beratungskommissionen, die die Regierung zu bestimmten Sachfragen einberuft und die sich aus Vertretern aus Wirtschaft, Wissenschaft und verschiedenen organisierten Interessen zusammensetzen, aus ehemaligen Beamten eben jener Ministerien und Ämter, welche zum entsprechenden Thema Rat suchten.[1] Einige „OB" (*old boys*) sind nach ihrem Abstieg vom Himmel als Strippenzieher für Kartelle bei (illegalen) Preisabsprachen zur Erlangung öffentlicher Bauaufträge aufgefallen. Da die Ausschreibung öffentlicher Infrastrukturprojekte zum Maßnahmenkatalog der aktiven Arbeitsmarktförderung der Regierung gehört, gilt die Baubranche als besonders anfälliger Bereich für die Bildung von Seilschaften. Durch die häufige und enge Verflechtung von Wirtschaft und Bürokratie wuchs über die Jahre der Einfluss der ministeriellen Beamtenschaft auf den politischen Prozess.

1.1.3 Parlament

Die Legislative besteht in Japan aus zwei Kammern mit unterschiedlichem Gewicht in der Gesetzgebung. Die maßgebliche Bedeutung hat das Unterhaus, welches die Entscheidungen des Oberhauses mit Zweidrittelmehrheit überstimmen kann. Das Oberhaus hat damit allenfalls eine aufschiebende Wirkung bei der Verabschiedung von Gesetzesentwürfen. Da sich das Oberhaus alle drei Jahre dem Volk zur Wahl stellt – mit der Hälfte seiner Mitglieder –, nutzen die Wähler die Chance, eine größere Bandbreite von gesellschaftlichen Interessenvertretern in diese Kammer zu wählen. So finden sich im Oberhaus stets auch politische Gruppen, die im Unterhaus nicht zum Zuge kommen: Gewerkschaften, *issue*-bezogene (z.B. Umwelt-)Parteien oder Individuen, die in der politischen Öffentlichkeit Respekt genießen. Im Unterhaus hingegen bildet sich die großflächige parteipolitische Landschaft stärker ab. Dies ist in erheblichem Maße durch das Wahlsystem bedingt, welches nach dem Krieg zunächst auf einem reinen Mehrheitswahlrecht beruhte (SNTV/FPTP)[2] und erst seit der Reform von 1994 auch ein proportionales Element enthält. Nach wie vor werden allerdings 300 von 480 Abgeordneten des Unterhauses nach Mehrheitswahlrecht gewählt. Im Oberhaus ist bis auf eine geringfügige Änderung der Mitgliedszahl (von 252 auf 242) keine Änderung erfolgt. Nach der Wahlkreisreform für das Unterhaus sind Einerwahlkreise eingeführt worden, so dass große Parteien vor den kleinen begünstigt werden. Dies war indes auch Sinn und Zweck der Reform, denn Japan wollte damit zumindest die technisch-instrumentellen Weichen für die Entwicklung einer Zweiparteiendemokratie nach westlichem Vorbild stellen. Zuerst zeigte die Reform jedoch in diesem Aspekt nur geringe Wirkung, erst seit der Wahl 2003 konnte sich neben der Mehrheitspartei LDP die Demokratische Partei Japans (DJP) als große Oppositionspartei etablieren.

---

[1]   Asahi Shimbun Dahlem, Nr. 292, April 2005.
[2]   SNTV: Single non-transferable vote oder nicht-übertragbare Einzelstimme. FPTP: First past the post oder einfaches Mehrheitssystem.

Der Wunsch nach einem Zweiparteiensystem geht mit der Erwartung einher, der parlamentarischen Debatte Aufwind zu verleihen. Unter der jahrzehntelangen (seit 1955 mit lediglich einer Unterbrechung 1993) Dominanz der LDP hat nicht nur die Affinität der Bürokratie zu dieser Partei, sondern auch die Glaubwürdigkeit des Parlaments als Austragungsort politischer Kontroversen gelitten. Dabei ist das japanische Parlament kein *rubber stamp*-Gremium, das die Vorlagen der Regierung ohne Diskussion abnicken würde. Die Abgeordneten insbesondere der Oppositionsparteien im Parlament verlangen von den Regierungsparteien Begründung und Verteidigung ihrer Politik. Die Begründungen und Argumente lieferten nur üblicherweise die Bürokraten, nicht die Politiker.

Tabelle 1: Sitzverteilung im Unterhaus 2000 und 2003[1]

Partei		2000	2003
Regierungs-parteien	LDP (Liberaldemokratische Partei Japans)	247	235
	Kômeitô („Partei für saubere Politik")	31	34
	Neue Konservative Partei	9	4
Oppositions-parteien	DPJ (Demokratische Partei Japans)	137	177
	KPJ (Kommunistische Partei Japans)	20	9
	SDPJ (Sozialdemokratische Partei Japans)	18	4
	Vereinigung der Unabhängigen	5	1
Sonstige		8	12

Um dem Fach-, Sach- und damit vielfach auch Herrschaftswissen der Bürokratie nicht vollkommen ausgeliefert zu sein, bildeten sich im Parlament Abgeordnetengruppen, die sich in ein bestimmtes Politikfeld besonders einarbeiteten. Diese Abgeordneten werden als *zoku giin* bezeichnet, ein Begriff, der mit „Stamm" oder „Sippe" (*zoku*) von Abgeordneten (*giin*) übersetzt werden kann. Es handelt sich freilich nicht um familiäre Affiliationen, sondern um Verbindungen von Abgeordneten, die mit ihrer Sachkompetenz und fachlichen Erfahrung aus Ausschüssen und Arbeitsgruppen den Bürokraten, die für dieses Politikfeld zuständig sind, Paroli bieten können. Außerdem pflegen die *zoku*-Abgeordneten Verbindungen zu relevanten Personenkreisen aus ihrem Sachgebiet, sodass Informationsfluss und die Lobbyarbeit nicht nur einschienig zwischen Interessengruppen und Bürokratie verlaufen. Die *zoku giin* haben sich meist im Laufe von Jahren über die Mitgliedschaft in Fachausschüssen ein Wissen erarbeitet, das Politiker,

---

[1] Eigene Darstellung (Stand: November 2003).

die – meist ja nicht für allzu lange Zeit – auf einem Ministerposten sitzen, nicht aufweisen. Sie sind damit zu einem qualitativ wichtigen Akteur für Parlament und Parteien geworden.

Für den reformorientierten Premierminister Koizumi bilden die *zoku*-Abgeordneten hingegen ein zweischneidiges Schwert. Die Anstrengungen Koizumis zur Privatisierung der Post belegen dies eindrucksvoll. Die japanische Post stellt mit umgerechnet € 2,55 Billionen[1] die größte Bank der Welt dar, hortet die meisten privaten Spareinlagen und bietet Versicherungsgeschäfte an. Heute setzt sich der Rentenmarkt des Landes nach Angaben des Bankhauses HSBC zu knapp 70% aus Regierungsanleihen zusammen. Davon gehen 10% auf das Konto der Post-Lebensversicherung, mehr als 20% entfallen auf die Post-Sparkasse. Damit ist die Post eine wichtige Geldquelle für Staat, Regierung und Gesellschaft.[2]

Der Staat hat mit den Einlagen der Post-Sparkasse große Bildungs- und Infrastrukturmaßnahmen finanziert. In die Entscheidungen über die Allokation der Mittel sind *zoku-giin* und Bürokraten gleichermaßen involviert – und haben deshalb kein sonderlich großes Interesse daran, die Privatisierungspläne des Premiers zu unterstützen. Dennoch wurde die Post im April 2003 von einer Behörde zu einem Unternehmen, im Jahr 2007 soll das Unternehmen zu einer Holding werden. Widerstand gegen die Privatisierung regte sich vor allem aus den Reihen der LDP, deren Abgeordnete in ihren ländlichen Hochburgen mit der Finanzierung öffentlicher Bauvorhaben Wählerstimmen rekrutieren konnten. Der parteiinterne LDP-Zwist über die Reformpolitik, deren Kernstück die Postprivatisierung darstellt, wurde zur Nagelprobe für den Premierminister. Als der entsprechende Gesetzesentwurf im Unterhaus nur fünf Stimmen Mehrheit erhielt und das Oberhaus dagegen stimmte, löste der Premier im August 2005 das Parlament auf und rief für den 11. September des Jahres Neuwahlen aus. Das Ziel, die Exekutive (Premier und Kabinett) zu stärken, scheint damit nur Schritt für Schritt realisiert zu werden.

Der hohen fachlichen Qualität der *zoku*-Abgeordneten steht ein anderer Typus von Parlamentariern gegenüber, der so gut wie gar nicht auf Fachkompetenz ausgerichtet ist. Es handelt sich dabei um die „Erbabgeordneten" (*seshû daigishi*) im japanischen Parlament, die im Vergleich zu anderen Demokratien mit rund 30% überdurchschnittlich vertreten sind. Unter Erbabgeordneten versteht man Personen, die auf Grund ihrer engen Verwandtschaft mit einem ehemaligen Abgeordneten zu Parlamentariern werden. Meist sind es Söhne und Töchter, aber auch Witwen, Cousins u.a. sind vertreten. Gegen ihr Mandat ist nichts einzuwenden, denn sie werden ja nicht ernannt, sondern vom Volk gewählt. Auffal-

---

[1] Stand: 6. Juli 2005, Japans Post geht ab, Die Tageszeitung, 6. Juli 2005.
[2] Da spielen Zinsen bestenfalls eine zweitrangige Rolle, FAZ, 22. Juli 2004.

lend oft aber weisen diese Personen keinerlei politische Erfahrung auf außer der, im Umfeld eines Politikers gelebt zu haben. *Newcomer* sind im Parlament mit einer niedrigen Prozentzahl vertreten. In der Nachkriegszeit pendelte sie zwischen 7% und 35%. In Schnitt setzen sich beide Kammern des Parlaments also zu weit mehr als zwei Dritteln aus Abgeordneten zusammen, die mehrere Legislaturperioden durchlaufen.

1.2 Politische Parteien und organisierte Interessen

Die Einparteiendominanz der Liberaldemokraten hält seit 1955 nahezu ungebrochen an. Doch die Tendenz zum Zweiparteiensystem zeichnet sich, wie oben geschildert, seit den Unterhauswahlen 2003 unverkennbar ab. Damit hat sich auch die fragmentierte Parteienlandschaft der 90er Dekade – der „verlorenen Dekade", wie sie auch auf Grund der wirtschaftlichen Krise im Volksmund heißt – wieder auf ein überschaubares Spektrum von Parteien reduziert. Die Sozialdemokraten, einst größte Oppositionspartei mit starkem Rückhalt in der Gewerkschaftsbewegung, sind zu einer marginalisierten Gruppe abgestiegen. Ihren Platz im Oppositionsgefüge nimmt heute die Demokratische Partei ein, die ihrerseits ein knappes Jahrzehnt benötigte, um sich aus zahlreichen Abspaltungen von den übrigen großen Parteien, Fusionen, erneuten Abspaltungen und neuen Zusammenschlüssen schließlich zu einer geeinten Kraft zu entwickeln und unter dem Banner der Demokratie aufzutreten.

Auch im Bereich der organisierten (Wirtschafts-)Interessen haben sich durch die geradezu auf einen Wandel drängenden Probleme und Krisen der 90er Jahre Veränderungen ergeben. Der größte japanische Unternehmensverband *Keidanren*, traditioneller Förderer der LDP mittels Spendengeldern, schloss sich im Mai 2002 mit dem zweitgrößten Verband *Nikkeiren* zusammen. Die neu entstandene *Nihon Keidanren* (*Japan Business Federation*) wurde damit unter dem Vorsitz von Toyota-Chef Hiroshi Okuda zu einem Großverband mit 1584 Mitgliedern, darunter über 1200 Unternehmen, 126 Industrieverbände und 47 regionale Arbeitgebervereinigungen. Der Arbeitgeberverband *Nikkeiren* war nach dem Krieg als Gegengewicht zu den großen Gewerkschaftsdachverbänden gegründet worden. Auch Letztere sind seit 1989 mehrheitlich in einem Großverband, dem *Rengô* (*Japanese Trade Union Confederation*) zusammengeschlossen und haben eine Vertretung im Oberhaus.[1] Als politischer Akteur übt *Rengô* im Vergleich zu den übrigen, kleineren Arbeitnehmervertretungen den stärksten

---

[1]   Im Rengô sind ca. 60% der organisierten Arbeitnehmerschaft vertreten. Allerdings dominiert in Japan die Form der Unternehmens-/Betriebsgewerkschaft vor der Form der Industriegewerkschaft.

Einfluss aus, zumal seine Mitglieder auch von der Regierung in beratende, externe Expertengremien berufen werden.

1.2.1   Politische Parteien

Japans Liberaldemokratische Partei hebt sich in ihrer internen Organisation durch die sog. Faktionen von den übrigen Parteien ab. Es handelt sich hierbei nicht um verschiedene Fraktionen der Partei im Parlament. Die Faktionen sind vielmehr Parteiflügel, die nicht auf Grund von Richtungsunterschieden (links/rechts), sondern um eine zentrale Persönlichkeit herum entstanden sind. Diejenigen Politiker in der LDP, die als Faktionsführer gelten, zeichnen sich durch hohen Einfluss innerhalb der Parteispitze sowie durch exzellente *fundraising*-Fähigkeiten aus. Parteispenden gingen bis zur Reform der Parteienfinanzierung 1994 nicht an die LDP als Gesamtpartei, sondern an die Faktionsführer, die damit ihren eigenen wie auch die Wahlkämpfe ihrer Anhänger bzw. Faktionsmitglieder finanzierten. Die Faktionen bildeten dadurch kleine Parteien in der Partei. Diese Struktur wurde durch das Wahlsystem der Mehrerwahlkreise (*multi member districts*; MMD) begünstigt. In einem Wahlkreis konnten bis zu sechs Mandate vergeben werden, was dazu führte, dass Kandidaten ein und derselben Partei miteinander um Sitze konkurrierten. Das Parteispendengesetz von 1994, das die Spende an Individuen untersagt, sowie die Einführung des neuen Wahlsystems reduzierten die Bedeutung und den Einfluss der Faktionen. Gleichwohl ist ihre gänzliche Abschaffung bislang nicht gelungen. Für den potenziellen Premierminister, der immer auch der Vorsitzende der LDP ist, ist die Gunst der Faktionsführer vor den Parteivorstandswahlen von großer Bedeutung.

Die Demokratische Partei Japans ist erst unter dem neuen Wahlrecht entstanden und hat dadurch keine starke Faktionsstruktur entwickelt. Gleichwohl wird sie von einigen starken Individuen angeführt, darunter Ichirô Ozawa, der in den 90er Jahren mit der Forderung Aufsehen erregte, Japan müsse zu einem „normalen Staat" werden. Mit dieser Forderung bezog sich Ozawa weniger auf Demokratiedefizite im nationalen politischen Prozess als vielmehr auf die außen- und sicherheitspolitische (sprich: militärpolitische) Zurückhaltung des Landes, die er angesichts der internationalen Lage und angesichts der gewachsenen wirtschaftlichen Bedeutung Japans als veränderungsbedürftig ansah.

Im Parteiengefüge zu erwähnen bleibt die Kômeitô, deren Basis sich aus den Anhängern der buddhistischen Laienorganisation *Sôka Gakkai* rekrutiert. Da die Verfassung eine Trennung von Staat und Religion vorsieht, ist die Partei wenig geneigt, die enge personelle Verflechtung ihrer Mitglieder mit der Buddhistenorganisation zu betonen. Doch die *Sôka Gakkai* verschafft ihr ein relativ solides Stimmenreservoir.

1.2.2 Organisierte Interessen

Die bereits genannten Unternehmensverbände haben einen so signifikanten Einfluss auf die Politikformulierung in Japan ausgeübt, dass in der Literatur meist vom „eisernen Dreieck" die Rede ist, wenn es um die Interessenverflechtung von Regierungspartei, Ministerialbürokratie und Großunternehmen geht. Zusätzlich zu den Unternehmensverbänden wird meist der Agrargenossenschaftsverband *Nôkyô* erwähnt, der als politische Interessengruppe einen beachtlichen Einfluss vor allem auf Abgeordnete der LDP nehmen kann. *Nôkyô* ist eine Dachorganisation von landwirtschaftlichen Kooperativen, die in der Politik um das Nahrungsmittel Reis – dem bis zum Ende der GATT-Uruguayrunde vor preiswerten Importen geschützten Gut – eine absolut protektionistische Haltung einnahmen. Doch auch als Wirtschaftsakteur ist *Nôkyô* nicht unbedeutend, denn der Verband zählt unter den Versicherungsunternehmen, den Banken und den Handelsorganisationen für Agrargüter zu den *top players*.[1] Der stetige Rückgang der Agrarwirtschaft in Japan steht in einem umgekehrten Verhältnis zu dem wirtschaftlichen Aufstieg der Unternehmung *Nôkyô*. In den 90er Jahren bekam auch *Nôkyôs* die Krise des japanischen Finanzmarktes zu spüren und reagierte darauf mit strukturellen Reformen.

Zu den organisierten Interessen in Japan zählen auch die Gewerkschaften. Die aus Sicht der Arbeitnehmer häufig als zahnloser Tiger gescholtene, aus der Perspektive von Arbeitgebern indes gelobte Form der Unternehmensgewerkschaft, ist bis heute charakteristisch für diese Interessengruppe. Ungeachtet der Spezifika dieser Organisationsform – z.B. die geringe Vertretung von Arbeitnehmern aus Klein- und Mittelbetrieben oder von Teilzeitbeschäftigten – hat der gewerkschaftliche Organisationsgrad seit 1949 kontinuierlich nachgelassen, lag im Jahr 2003 bei ca. 19,6% der Beschäftigten – gegenüber 55% in den ersten Nachkriegsjahren. Die folgende Graphik verdeutlicht den Trend.

Die Gründe für den rapide abnehmenden Organisationsgrad sind vielfältig. Zu den zentralen Ursachen zählt die extreme Zunahme von Unternehmen im Dienstleistungsbereich, welcher traditionell schwächer als Handwerk und Industrie organisiert war. Hinzu kommt die stetig wachsende Zahl von Teilzeitbeschäf-

---

[1] Eine ausführliche, mit zahlreichen Graphiken und Statistiken angereichert Untersuchung der ökonomischen Aktivitäten des Nôkyô-Verbands hat Yoshihisa Godo unternommen; http://www.eaber.org/intranet/documents/40/407/AJRC_Godo_01.pdf (10.7.05).

tigten und Zeitarbeitern. Sie sind schwieriger zu organisieren als die festbeschäftigten Vollzeitarbeitnehmer, deren Zahl sich kontinuierlich verringert.

Abbildung 1:   Gewerkschaftlicher Organisationsgrad[1]

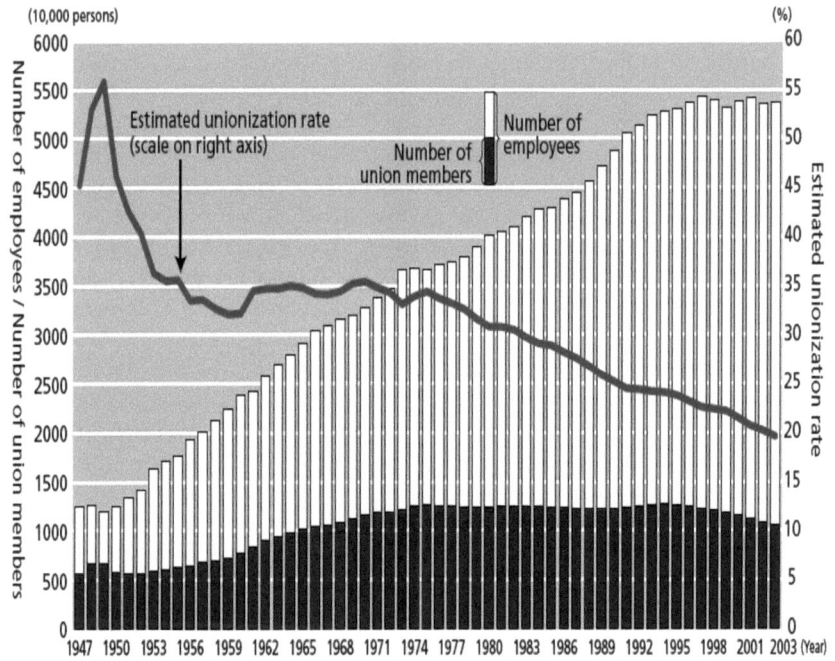

2   Militärische Macht

Vor genau einhundert Jahren besiegelte der kleine Inselstaat Japan durch seinen Sieg gegen das riesige russische Reich seinen Aufstieg in den Kreis der weltweit stärksten Militärmächte. Mit dem russisch-japanischen Krieg von 1904/05 hatte Japan erreicht, was bis dahin keinem asiatischen Staat gelingen wollte: Es hatte eine europäische Großmacht in die Knie gezwungen. In den nachfolgenden vierzig Jahren erstarkten in Japan Militarismus und Großmannssucht. Während Deutschland unter der Schreckensherrschaft des Nazi-Regimes „Lebensraum im

---

[1]   www.jil.go.jp/english/laborinfo/library/documents/2004_ch4.pdf (10.7.05), aus Japan Institute for Labour Policy and Training Graphik IV-2.

Osten" einforderte, ging Japans militaristische Regierung ihren Plänen zur Schaffung einer „großostasiatischen Wohlstandssphäre" nach: 1910 wurde Korea annektiert, 1937 der Krieg gegen China begonnen. Mit seinem Angriff auf Pearl Harbor im Jahr 1941 erklärte das ultranationalistische Kaiserreich zudem den unvorbereiteten USA den Krieg. Durch die Atombombenabwürfe auf Hiroshima und Nagasaki im Sommer 1945 wurde den japanischen Expansionsplänen jedoch unwiderruflich ein Ende gesetzt. Das Land verlor seine Souveränität und unterstand in der Folge sechs Jahre lang der Besatzung durch die alliierte Siegermacht USA, die u.a. die vollständige und nachhaltige Demilitarisierung ihres ehemaligen Kriegsgegners anstrebte.

2.1 Grundlagen der Sicherheitspolitik

2.1.1 Art. 9 der Verfassung

Eine deutlich pazifistische Prägung erhielt Japan durch Art. 9 der bereits erwähnten neuen Landesverfassung von 1947/48. Dort heißt es:

> „Im aufrichtigem Streben nach einem auf Gerechtigkeit und Ordnung gegründeten internationalen Frieden verzichtet das japanische Volk für alle Zeiten auf den Krieg als ein souveränes Recht der Nation und die Androhung oder Ausübung von militärischer Gewalt als ein Mittel zur Reglung internationaler Streitigkeiten. (…) Zur Erreichung des Zwecks des Absatz 1 werden Land-, See- und Luftstreitkräfte nicht unterhalten. Ein Kriegsführungsrecht des Staates wird nicht anerkannt."[1]

Diese sog. „Kriegsverzichtsklausel" wurde mit großer Wahrscheinlichkeit unter Federführung von US-General Douglas MacArthur, dem Oberbefehlshaber der Alliierten Streitkräfte in Japan, unter Rückbesinnung auf den Briand-Kellog-Pakt von 1928 (Vertrag über die Ächtung des Kriegs) verfasst. Durch den auf Verfassungsebene proklamierten Kriegsverzicht sowie das Verbot von eigenen Streitkräften sollte Krieg als Instrument der nationalen Politik für Japan in der Zukunft ausgeschlossen werden. Doch noch bevor die Verfassung 1948 in Kraft trat, kam bereits die Frage auf, ob die geplante Kriegsverzichtsklausel tatsächlich jede Form des militärischen Handelns, d.h. im Falle eines feindlichen Angriffs auch die Selbstverteidigung, untersage.

Der erste japanische Premierminister Shigeru Yoshida (1946–1947, 1948–1954) trat für eine rigorose Auslegung des Art. 9 ein. Jedoch wurde auf der politischen Führungsebene sowohl auf amerikanischer wie auch auf japanischer Seite schon früh die Überlegung geäußert, dass die Androhung und Anwendung

---

[1] Röhl (1963), S.98.

von Gewalt zur Selbstverteidigung im Sinne des Art. 9 wohl erlaubt sein müsse.[1] Auch wenn diese Ansicht heute von der Mehrheit der japanischen Bevölkerung geteilt wird, ist diese Verfassungsinterpretation keineswegs unumstritten. Dies lässt sich nicht zuletzt darauf zurückführen, dass Japans Oberster Gerichtshof, der in Verfassungsfragen als letzte Instanz fungiert, zur genauen Bedeutung des Art. 9 bis heute nicht eindeutig Stellung bezogen hat.

2.1.2   Selbstverteidigungsstreitkräfte und Amt für Verteidigung

Bis zum Beginn des Kalten Kriegs wurde Art. 9 noch streng wortgetreu ausgelegt. Doch in der frühen Phase der Ost-West-Konfrontation gegen Ende der 1940er Jahre deutete sich bereits an, dass die größte Bedrohung in Ostasien, zumindest aus amerikanischer Sicht, künftig nicht mehr von Japan, sondern von der Sowjetunion und ihrer kommunistischen Ideologie ausgehen würde. Im Rahmen der amerikanischen Eindämmungspolitik im asiatisch-pazifischen Raum fiel Japan plötzlich große strategische Bedeutung zu.

Als 1950 der Koreakrieg ausbrach, kommandierten die USA die Mehrzahl ihrer in Japan stationierten Soldaten auf die koreanische Halbinsel ab. Gleichzeitig gab der SCAP einen Erlass heraus, der die japanische Regierung zur Bildung einer nationalen Polizeireserve (*National Police Reserve*) aufrief. Einerseits stieß diese Direktive im vom Krieg geläuterten Japan auf Protest und Unverständnis, andererseits gingen bereits 1954 daraus die japanischen Selbstverteidigungs-streitkräfte (*Self-Defense Forces*; SDF) hervor, die in Heer, Marine und Luftwaffe untergliedert wurden. Während die nationale Polizeireserve zunächst aus 75.000 Mann bestand, umfassten die SDF zur Gründungszeit bereits 179.000 Mitglieder. Nach Daten aus dem Jahr 2002 beläuft sich die Zahl der SDF-Angehörigen heute auf knapp 240.000 Männer und Frauen. Von ihnen sind ungefähr 148.000 Personen beim Heer, 45.600 bei der Luftwaffe und 44.400 bei der Marine tätig.[2]

Nach dem Selbstverteidigungsgesetz von 1954 besteht die Hauptaufgabe der SDF darin, Japans Frieden und Unabhängigkeit zu bewahren und das Land gegen feindliche Militärangriffe zu schützen. Auslandseinsätze wurden im selben Jahr durch einen Beschluss des Oberhauses explizit untersagt und so der defensive Charakter der SDF unterstrichen. Wie in jedem demokratischen Staat unterstehen Japans Streitkräfte der zivilen Kontrolle. Tatsächlich hat das „Amt für Verteidigung" mit einem „Generaldirektor" an seiner Spitze nicht einmal den Rang eines vollwertigen Ministeriums inne, sondern ist dem Amt des Premier-

---

[1]   Tsuchiyama (2000), S.138.
[2]   International Institute for Strategic Studies (2003).

ministers (*Prime Minister's Office*) unterstellt, so dass es nur in eingeschränktem Maß eigenständig über seine Belange verfügen kann. Alle Direktorenstellen im Verteidigungsamt werden ausschließlich an Zivilpersonen vergeben; zudem müssen mindestens vier dieser zehn bürokratischen Spitzenposten von Mitarbeitern anderer Ministerien besetzt werden. Das militärische Führungspersonal tritt auf der hohen Entscheidungsebene hingegen nur in beratender Funktion auf. Durch derartige Maßnahmen sollen die zivile Aufsicht über die Streitkräfte gestärkt und der Eventualität eines erneuten Erstarkens militaristischer Tendenzen vorgebeugt werden. Die japanische Bevölkerung stand den SDF in den Nachkriegsdekaden trotz dieser Vorkehrungen skeptisch bis ablehnend gegenüber.

2.1.3 Konzept der individuellen Verteidigung

Angesichts der Tatsache, dass Japans pazifistische Verfassung sowohl das Recht auf Kriegsführung wie auch die Unterhaltung von Kriegsgerät verbietet, stellt sich die Frage, mit welcher Begründung die Existenz der SDF von offizieller Seite aus gerechtfertigt wird. Nach dem Dafürhalten der Regierung besitzt Japan, genau wie jede andere souveräne Nation, ein inhärentes Verteidigungsrecht, das auch die Kriegsverzichtsklausel nicht beschneiden kann. Hierbei dient Art. 51 der Charta der Vereinten Nationen (VN) als wichtige Argumentationsgrundlage, denn er spricht allen Staaten „das naturgegebene Recht zur individuellen und kollektiven Selbstverteidigung" zu. Seit Gründung der SDF betont Japan allerdings kontinuierlich, dass Art. 9 ausschließlich die Ausübung des Rechts auf individuelle Verteidigung anerkenne, während die Teilnahme an kollektiven Verteidigungsmaßnahmen verboten bleibt, da sie über das zur Selbstverteidigung notwendige Minimum hinausginge.[1] Aus ähnlichen Gründen will und kann Japan auch die kollektiven Sicherheitsmaßnahmen der VN nach Art. 42 der VN-Charta bis heute nicht aktiv militärisch unterstützen. Der Verfassungstext selbst äußert sich jedoch weder zu den Aspekten der individuellen und kollektiven Verteidigung noch zum Gesichtspunkt der kollektiven Sicherheit.[2] Auch wenn Japan nach der offiziellen Verfassungsinterpretation ausschließlich das Recht auf individuelle Verteidigung in Anspruch nehmen kann, stellten die Richtlinien für das Nationale Verteidigungsprogramm (*National Defense Program Outline*; NDPO) aus dem Jahr 1976 fest, dass die SDF nur eine militärische Aggression kleineren Ausmaßes eigenständig abwehren würden. Sollte sich Japans Verteidigungsfähigkeit dabei als unzureichend erweisen oder sollte es sich um einen

---

[1] Japan Defense Agency (2002).
[2] Zum Konzept der kollektiven Verteidigung in der japanischen Sicherheitspolitik vgl. Nabers (2004).

großangelegten Angriff handeln, würden die USA dem Inselstaat zur Hilfe kommen.

2.2 Sicherheitsbündnis mit den USA

2.2.1 Japanisch-amerikanischer Sicherheitsvertrag

Die Formulierung einer solchen Verteidigungspolitik war möglich, da die Regierung am 8. September 1951, nur einige Stunden nachdem Japan durch die Unterzeichnung des Friedensvertrags von San Fransisco seine volle Souveränität wiedererlangt hatte, ein bilaterales Sicherheitsbündnis mit seiner ehemaligen Besatzungsmacht eingegangen war (*Security Treaty Between Japan and the United States of America*; in Japan unter dem Akronym AMPO geläufig). Vor dem Hintergrund des immer noch andauernden Koreakriegs sowie angesichts des seit 1950 bestehenden russisch-chinesischen Bündnisses hatten die USA ein strategisches Interesse daran, das Kräftegleichgewicht in Asien zu ihren eigenen Gunsten zu verschieben. In diesem Zusammenhang wollten sie die in Japan angesiedelten Militärbasen beibehalten und den Inselstaat in die antikommunistische Eindämmungsstrategie einbinden. Im Gegenzug für den Zuspruch von Stützpunktrechten forderte die Regierung in Tokyo von den USA ihrerseits Sicherheitsgarantien für ihr Land und setzte gleichzeitig darauf, dass Amerikas Militärpräsenz auf potenzielle Feinde a priori abschreckend wirken würde.

Zunächst waren die USA juristisch jedoch nicht verbindlich zur Verteidigung Japans verpflichtet, während sie unter bestimmten Umständen immer noch militärisch gegen innere Unruhen in Japan vorgehen durften. Seit der Revision und Verlängerung des Sicherheitsvertrags vom 19. Januar 1960 (seither *Treaty of Mutual Cooperation and Security Between Japan and the United States of America*), die gegen den hartnäckigen Protest der japanischen Bevölkerung durchgesetzt wurden, sind die USA im Falle eines bewaffneten Angriffs auf Japan zum Beistand verpflichtet, während ihnen das nach innen gerichtete Interventionsrecht aberkannt wurde. Gegenseitige Beistandsgarantien jedoch sucht man im novellierten Sicherheitsdokument, das bis heute Gültigkeit besitzt, vergeblich. So blieb das Bündnis asymmetrisch und ließ die USA endgültig zur Schutzmacht Japans werden. Gemeinsam mit der Kriegsverzichtsklausel bildet die Allianz mit den USA bis heute die Grundlage der japanischen Sicherheitspolitik.

2.2.2 Sicherheitspolitische Kooperation

Konkrete Richtlinien für die Verteidigungszusammenarbeit zwischen den beiden Staaten (*Guidelines for U.S.-Japan Defense Cooperation*) traten erst 1978 in Kraft und enthielten Bestimmungen über die militärische Kooperation für den Fall eines Angriffs auf Japan. Zwar führten die Bündnispartner daraufhin bilaterale Truppenübungen und Militärstudien durch, die Formulierung einer gemeinsamen Verteidigungsstrategie oder die Schaffung einer gemeinschaftlichen Kommandostruktur erfolgten jedoch nicht.[1] Obwohl Japan dem amerikanischen Drängen nach größerer Lastenübernahme stets nur zögerlich nachgab, haben beide Allianzpartner die durch den Sicherheitsvertrag vorgegebene militärische Arbeitsteilung lange Zeit weitgehend akzeptiert. Schlussendlich erfüllte die ungleiche Verbindung während der Ost-West-Konfrontation für beide Seiten ihren Zweck.

Mit dem Zerfall der Sowjetunion und dem Ende des Systemkonflikts verlor das Bündnis zwar seinen ursprünglichen Existenzgrund, doch die instabile Lage in Asien, hervorgerufen durch Nordkoreas nukleare Ambitionen sowie Spannungen zwischen China und Taiwan, führten rasch zu einer Neuorientierung der japanisch-amerikanischen Sicherheitskooperation. Ein weiterer einflussreicher Faktor dieser Entwicklung bestand in Japans später, aus dem Golfkrieg von 1990/91 gewonnenen Erkenntnis, dass sowohl die USA wie auch die internationale Gemeinschaft mittlerweile eine stärkere sicherheitspolitische Rolle von der wirtschaftlichen Großmacht erwarteten. Nachdem beide Regierungen Studien zur gemeinsamen Sicherheits- und Verteidigungspolitik in Auftrag gegeben hatten und deren Ergebnisse vorlagen (*Nye-Report, Higuchi-Report*), wurde die japanisch-amerikanische Allianz gegen Mitte der 90er Jahre nicht nur bekräftigt, sondern neu ausgerichtet.

Zunächst wurde 1995 erstmals eine revidierte Fassung der NDPO herausgebracht. Künftig würde Japan einen Angriff, ganz unabhängig von dessen Ausmaß, immer mit Hilfe seines Bündnispartners abwehren. Nach der neuen Verteidigungsdoktrin wollte Tokyo im Falle „einer Situation in der Umgebung Japans" („situations in areas surrounding Japan"), die sich negativ auf seine nationale Sicherheit auswirken könnte, die USA nun im Rahmen seiner verfassungsrechtlichen Möglichkeiten ebenfalls aktiv unterstützen.[2] Ein Jahr später gaben US-Präsident Bill Clinton und der japanische Premierminister Ryûtarô Hashimoto (1996–1998) zudem eine gemeinsame Erklärung zur künftigen Sicherheitskooperation ihrer Länder (*Japan-US Joint Declaration on Security: Alliance for the Twenty First Century*) ab, in der sie das japanisch-amerikanische Bündnis als

---

[1] Smith (1999).
[2] Hughes (2004a), S.69-70.

Eckpfeiler der Sicherheit im gesamten (!) asiatisch-pazifischen Raum bezeichneten. Weiterhin wurden 1999 die Richtlinien für die Verteidigungszusammenarbeit novelliert. Auch sie sehen nun die bilaterale Kooperation im Falle einer Notsituation im Umfeld Japans vor und zählen vierzig spezifische Unterstützungs-maßnahmen auf, die Tokyo dabei übernehmen kann. Als Folge dieser neuen sicherheitspolitischen Bestimmungen wurden in Japan 1999 auf nationaler Ebene das Selbstverteidigungsgesetz überarbeitet, das Abkommen mit den USA über die Bereitstellung von militärischen Dienstleistungen (*Acquisition and Cross-Service Agreement*) aus dem Jahr 1996 ratifiziert sowie ein Gesetz über Notfälle in der Umgebung Japans (*Law Concerning Measures to Ensure the Peace and Security of Japan in Situations in Areas Surrounding Japan*) erlassen.[1]

Offen bleibt dabei die Frage, wie die Formulierung „Umgebung Japans" zu verstehen ist. Bis heute handelt es sich dabei um ein nicht exakt definiertes Konzept. Nach Regierungsangaben scheint das Konstrukt der Umgebung Japans jedoch keineswegs streng geographisch, sondern vielmehr situationsbezogen interpretiert zu werden. Durch diese Sichtweise behält sich Tokyo für den Fall einer sicherheitspolitischen Krise im asiatisch-pazifischen Raum (hier fehlt ebenfalls eine eindeutige Grenzziehung) einen variablen Reaktions- und Handlungsspielraum vor. Japans asiatische Nachbarn, die noch immer historisch bedingte Ressentiments gegen den Inselstaat hegen, stehen den neuen Möglichkeiten der japanisch-amerikanischen Sicherheitskooperation tendenziell misstrauisch gegenüber. Doch Kampfeinsätze außerhalb des japanischen Territoriums sind für die SDF auch nach den neuen Bündnisbestimmungen keineswegs vorgesehen.

2.2.3 Neue Herausforderungen

Vor allem Japans imminente Bedrohung durch Nordkorea, das von einem unberechenbaren Diktator beherrscht wird und vermutlich Nuklearwaffen besitzt, stellt die japanisch-amerikanische Sicherheitskooperation vor neue Herausforderungen. Nachdem Ende August 1998 eine nordkoreanische Taepdong-1-Trägerrakete zu Testzwecken über der japanischen Hauptinsel Honshu hinweggeflogen und schließlich in den Pazifik abgestürzt war, sagte Tokyo im Dezember 1998 den USA seine Mitarbeit an einem Raketenabwehrsystem (*Theater Missile Defense*; TMD) auf der Ebene der Forschung zu. Der Umstand, dass Nordkorea im Jahr 2003 aus dem Atomwaffensperrvertrag ausstieg und seither keine Kontrollbesuche der Internationalen Atomenergiebehörde mehr gestattet,

---

[1]   Hook/Gilson/Hughes/Dobson (2001), S.140-141.

lässt den Abwehrschutz für Japan immer attraktiver erscheinen. Doch sollte aus der Forschungszusammenarbeit mit den USA in der Zukunft tatsächlich die gemeinschaftliche Entwicklung und Installation des Raketenabwehrschilds hervorgehen, ergeben sich für Japan möglichenfalls auch unliebsame Folgen. China könnte, aus einem Gefühl der militärischen Unterlegenheit heraus, vermehrten Rüstungsanstrengungen nachgehen und in Tokyo als noch größere Bedrohung empfunden werden. Die USA könnten Japan, das immer stärker in ihre Militärstrategie eingebunden würde, in asiatische Regionalkonflikte (denkbar wäre etwa die Verteidigung Taiwans durch das gemeinsame Abwehrsystem) hineinziehen. Des Weiteren stellt sich die Frage, ob Japans Doktrin der individuellen Verteidigung, deren Gültigkeit von Kritikern schon jetzt in Frage gestellt wird, bei Fertigstellung des gemeinsamen Raketenabwehrsystems überhaupt noch haltbar wäre.[1]

Angesichts der latenten Bedrohung durch Nordkorea ist Japan derzeit jedoch generell um gute Beziehungen zu den USA bemüht und möchte so die Solidarität des starken Allianzpartners für eine mögliche Krise auf der koreanischen Halbinsel sicherstellen. Vor diesem Hintergrund scheinen auch die Entscheidungen Tokyos, den US-geführten Antiterrorkampf in Afghanistan, vor allem aber im Irak zu unterstützen, größtenteils auf bündnispolitische Überlegungen zurückzuführen zu sein. Allerdings basierte die Auslandsentsendung der SDF-Mitglieder in beiden Fällen nicht auf dem japanisch-amerikanischen Sicherheitsvertrag und seinen Zusatzabkommen, sondern auf nationalen Sondergesetzen mit begrenzter Laufzeit: im Fall Afghanistans auf dem *Anti-Terrorism Special Measures Law* (2001) und im Fall des Irak auf dem *Special Measures Law on Reconstruction Efforts for Iraq* (2003). Die legale Grundlage des SDF-Einsatzes im Irak hielt die amerikanische Seite jedoch nicht davon ab, Japans Engagement explizit in den Rahmen der bilateralen Sicherheitsallianz mit den USA zu stellen.[2] In der Tat macht es wenig Sinn, weitreichende sicherheitspolitische Entscheidungen Japans aus diesem Kontext zu lösen. Da die USA letztlich als Japans Schutzmacht auftreten und ihrem „Juniorpartner" nukleare Verteidigungszusagen geboten haben, kann es sich Tokyo kaum leisten, den einzigen Bündnispartner nachhaltig zu enttäuschen.

---

[1]   Hughes (2004b), S.181-188.
[2]   Berkofsky (2004).

2.3 Militärmacht Japan?

2.3.1 Militärische Einschränkungen

Japans militärische Rolle wird primär durch den 9. Verfassungsartikel und dessen Regierungsinterpretation beschränkt. Die Implementierung weiterer Gesetze, Bestimmungen und Prinzipien sollte Japans pazifistische Grundhaltung sowie die defensive Ausrichtung seiner Streitkräfte zusätzlich zementieren.

Im Atomkraftbasisgesetz von 1956, das die friedliche Erforschung, Entwicklung und Nutzung der Atomkraft erlaubt, wurde die militärische Verwendung von Nuklearmaterial explizit untersagt. Ein Jahr nachdem Tokyo 1970 den Atomwaffensperrvertrag unterzeichnet hatte (Ratifizierung erfolgte 1976), verabschiedete das Parlament zudem die „drei anti-nuklearen Prinzipien" (*Three Non-Nuclear Principles*), die Japan sowohl die Produktion wie auch den Besitz und den Import von Kernwaffen verbieten. Umstritten ist dabei allerdings, ob das letzte Prinzip, das auch die kurzzeitige Zwischenlagerung amerikanischer Atomwaffen auf US-Militärbasen in Japan untersagt, konstant eingehalten wurde. Den nuklearen Restriktionen gingen bereits 1967 die „drei Prinzipien zum Waffenexport" voraus. Danach war die Ausfuhr von Rüstungsgütern weder in kommunistische Länder noch in Staaten, die sich in internationalen Konflikten befinden oder die an Konfliktstaaten angrenzen, statthaft. 1976 folgte eine Verschärfung dieser Bestimmungen und die Exportbeschränkungen wurden in ein komplettes Lieferverbot für Waffen und Rüstungstechnologien ausgeweitet. Vor dem Hintergrund der japanisch-amerikanischen Sicherheitsallianz haben Tokyo und Washington in den 1980er Jahren dennoch verschiedene Abkommen zum gegenseitigen Technologietransfer abgeschlossen, die den USA anschließend den Zugriff auf Japans sensible Hochtechnologie ermöglichten. Der Umfang der japanischen Verteidigungsausgaben wurde 1976 gleichfalls limitiert und sollte den maximalen Grenzwert von einem Prozent des japanischen Bruttosozialprodukts (BSP) nicht mehr überschreiten. Leichte Abweichungen um maximal 0,013 Prozentpunkte waren tatsächlich nur in den Jahren 1987 bis 1989 zu verzeichnen.[1]

Die grundlegenden Vorgaben zur Rüstungspolitik fallen also überdurchschnittlich restriktiv aus. Der Verzicht auf weitreichende Rüstungsanstrengungen verhindert einerseits, dass Japan von seinen asiatischen Nachbarn als militärische Bedrohung wahrgenommen wird. Die strengen Exportbeschränkungen machen für Japan andererseits auch eine indirekte Verbindung, etwa über den Verkauf von Rüstungsgütern, mit bewaffneten Auseinandersetzungen unmöglich. Diese

---

[1]   Hook (1996), S.45-73.

militärischen Selbstbeschränkungen dienten Japan zunächst als Versicherung, sich an keinen Konflikten beteiligen zu müssen, von denen es nicht unmittelbar selbst betroffen war. Hier kam es erst im Zusammenhang mit dem Zweiten Golfkrieg von 1991 und der internationalen Kritik an Japans außenpolitischer Passivität zu einem Umdenken. Das „Gesetz über die Zusammenarbeit bei friedenserhaltenden Maßnahmen der Vereinten Nationen" (PKO-Gesetz) aus dem Jahr 1992 ermöglicht Japans SDF-Mitgliedern seither die Teilnahme an friedlichen Blauhelmeinsätzen der VN. Diese Art der multilateralen Sicherheitszusammenarbeit wurde 1995 erstmals in die NDPO aufgenommen. Eine Beteiligung an Kampfeinsätzen bleibt allerdings auch im multilateralen Kontext bis heute untersagt.[1]

2.3.2 Militärische Stärke

Trotz der Kriegsverzichtsklausel und der zahlreichen militärpolitischen Restriktionen verfügt Japan heute über eine der modernsten Streitkräfte der Welt. In Japan gibt es keine Wehrpflicht und so setzen sich die knapp 240.000 Mann starken SDF ausschließlich aus professionellen freiwilligen Berufssoldaten zusammen, die über technologisch hochwertiges Equipment verfügen.

Die Größe der SDF fällt im Vergleich zu vielen Industrienationen, aber auch im Kontrast zu zahlreichen asiatischen Staaten bescheiden aus. Obwohl Tokyo jährlich maximal einen Prozentpunkt seines BSP für die Verteidigung aufwendet und damit prozentual weit hinter den Militärinvestitionen anderer Industrienationen (sowie Chinas und Russlands) zurückbleibt, beliefen sich die Verteidigungsausgaben auf Grund der japanischen Wirtschaftskraft im Jahr 2002 auf über 37 Milliarden US$ (ca. 6% der Haushaltsausgaben). Im selben Jahr veranschlagten ausschließlich die USA, China, Russland und Frankreich größere Summen für Militär und Streitkräfte.

Tabelle 1: Militärausgaben und Truppenstärke im Jahr 2002 (ausgewählte Staaten)[2]

Staat	Militärausgaben: US$ Milliarden	Militärausgaben: Prozent am BSP	Truppenstärke
USA	329,616 (1)	3,3 (4)	1.414.000 (2)
China	48,380 (2)	4,1 (2)	2.270.000 (1)
Russland	48,040 (3)	4,8 (1)	988.000 (3)

---

[1] Vgl. Abschnitt 4.2.1.

[2] Darstellung in Anlehnung an International Institute for Strategic Studies (2003), S. 335-339.

Frankreich	38,005 (4)	2,5 (6)	260.400 (8)
Japan	37,070 (5)	1,0 (11)	239.900 (9)
Großbritannien	35,249 (6)	2,4 (7)	210.400 (10)
Deutschland	31,465 (7)	1,5 (9)	296.000 (7)
Südkorea	12,615 (8)	2,8 (5)	686.000 (4)
Indonesien	6,245 (9)	3,7 (3)	297.000 (6)
Thailand	1,730 (10)	1,5 (9)	306.000 (5)
Philippinen	1,511 (11)	2,1 (8)	106.000 (11)

Mittlerweile kann Japan seinen verfassungsrechtlichen und verteidigungspoliti-schen Restriktionen zum Trotz also als militärische Mittelmacht bezeichnet wer-den. Seit kurzem ist gar von einer militärpolitischen Normalisierung des Landes die Rede. Diese fing zunächst zögerlich mit der Implementierung des PKO-Gesetzes an, zeigte sich dann in der Neuausrichtung der japanisch-amerikanischen Allianz und wird nun in den revidierten NDPO aus dem Jahr 2005 deutlich. Dort wird die Beteiligung an internationalen Friedenseinsätzen erstmals als einer der Hauptverantwortungsbereiche der SDF benannt. Als Folge dieser Aufgabenerweiterung sollen die SDF in den kommenden Jahren umstruk-turiert und in eine multifunktionale flexible Streitkraft umgerüstet werden.[1] Kri-tiker warnen jedoch vor der Gefahr, dass Japans Streitkräfte durch die Realisie-rung der dafür vorgesehenen Rüstungsbeschaffungsprogramme zu einer „Expe-ditionsstreitkraft mit Fähigkeiten zur Machtprojektion" avancieren könnten.[2]

In diesem Zusammenhang ist ebenfalls zu erwähnen, dass sich mehrere von Japans verteidigungspolitischen Grundsätzen derzeit auf dem Prüfstand befin-den. So wird neuerdings über eine deutliche Lockerung der Waffenexportbe-stimmungen gestritten und schon seit einigen Jahren auch die Möglichkeit der Verfassungsrevision ernsthaft diskutiert. Japans Ziel scheint dabei keineswegs in militärischem Großmachtstreben zu liegen, sondern vielmehr in der konsequen-teren Verfolgung seiner nationalen Interessen zu bestehen. So werden im Rah-men der Risikoanalyse der neuen Verteidigungsdoktrin neben dem internationa-len Terrorismus erstmals Nordkorea explizit sowie China implizit als sicher-heitspolitische Bedrohungen ausgemacht. Doch obwohl Ostasien schon seit langem zu den geopolitisch instabilen Regionen gezählt werden kann, führte Japan erst im Sommer 2003 eine umfassende nationale Notstandsgesetzgebung (*National Emergency Legislation*) ein, welche die Rechte und Handlungsmög-lichkeiten der SDF im Falle eines Angriffs auf Japan festlegt und den Premier-minister in solchen Notsituationen zum Oberbefehlshaber der Streitkräfte be-

---

[1]   Japan Defense Agency (2005); http://www.jda.go.jp/e/policy/f_mark/taikou05/fy20050101.pdf (21.03.05).

[2]   Schreer (2004), S.3.

stimmt. Vermutlich hat vor allem der Anstieg zahlenmäßig weltweiter Terroranschläge dazu geführt, dass sich die Regierung nach jahrzehntelangen Diskussionen im Parlament zu diesem Schritt durchgerungen hat. Insgesamt scheint Japan heute – d.h. nach Umsetzung der sicherheits- sowie militärpolitischen Neuerungen, die seit Beginn der 90er Jahre eingesetzt haben – trotz seiner verfassungsrechtlichen Beschränkungen auf nationale sowie internationale Krisen adäquat vorbereitet zu sein.

3   Wirtschaftliche Kraft Japans

Auf Grund des geschilderten eingeschränkten eigenen militärischen Handlungsspielraums substituierte Japan seine internationalen Interessen des Machterhalts und der -erweiterung mit seiner wirtschaftlichen Kraft. Das japanische außenpolitische Konzept der „umfassenden nationalen Sicherheit" (*sôgô anzen hoshô seikaku*) geht über den rein militärischen Aspekt von Sicherheitspolitik hinaus. Den Interessen wirtschaftlicher Sicherheit wird dabei mehr Priorität als militärischen Interessen beigemessen.

Als führende Industrienation ist Japan einer der wichtigsten weltwirtschaftlichen Akteure. Seit Anfang der 70er Jahre verfügt die japanische Wirtschaft nach den USA und Deutschland über das dritthöchste Handelsvolumen. Ab den 80er Jahren war Japan wichtigstes Herkunftsland weltweiter Direktinvestitionen und seit 1985 größter Kapitalexporteur mit den höchsten Devisenreserven. Trotz seiner weltwirtschaftlichen Bedeutung fällt die japanische Außenwirtschaft im Bezug zur Größe seiner Volkswirtschaft jedoch nur gering aus. Auch seine außenwirtschaftlichen Verflechtungen sind gering. Für die marginale Außenöffnung der japanischen Wirtschaft werden häufig wirtschaftsgeographische und strukturelle Gründe genannt.

Die auf Grund seiner Insellage vermeintlichen Hindernisse für eine ökonomische Entwicklung wirkten sich in der Konsequenz positiv auf diese aus. Nach dem Zweiten Weltkrieg forderten die geographischen Gegebenheiten Staat und Privatwirtschaft zur Modernisierung der Binnenwirtschaft heraus. Bewusst nahm der Staat durch seine Industriepolitik Einfluss auf die Gestaltung nationaler entwicklungsstrategischer Vorstellungen sowie auf die Marktstrukturen der Branchen. Der „gelenkte Wettbewerb" diente insbesondere dazu, die im internationalen Wettbewerb zurückgebliebenen Technologiefelder aufholen zu lassen.[1] Die aus westlicher Sicht periphere Lage Japans galt lange Zeit als Nachteil im internationalen Handel. Doch mit der wirtschaftlichen Entwicklung Südost- und Ost-

---

[1]   Waldenberger (1998), S.20-23.

asiens seit Anfang der 90er Jahre nahm Japan in der Konkurrenz mit westlichen Industriestaaten um die Sicherung seines Marktanteils in der asiatischen Wachstumsregion eine geostrategisch günstige Lage ein. Die rasante binnenwirtschaftliche Entwicklung seit 1945 trug maßgeblich zu einer Vorbildfunktion Japans bis zur wirtschaftlichen Krise Ende der 80er Jahre bei. Auch nach dem Platzen der sog. Seifenblasenwirtschaft (*bubble economy*), der hochspekulativen Phase, betrug das Bruttoinlandsprodukt (BIP) 2002 in Japan etwa US$ 3,4 Bio. und nahm nach den USA (ca. US$ 10,5 Bio.) und den 15 EU-Staaten den dritten Platz im Ranking der OECD-Staaten ein.[1]

3.1.1 Nationale Ziele und Instrumente japanischer Außenwirtschaftspolitik

Das geringe außenpolitische Ansehen Japans in der Welt wurde erst mit dem Kurswechsel am Ende des Kalten Kriegs und der Allianz gegen den internationalen Terrorismus aufgewertet. Die Außenpolitik von Premierminister Koizumi stellt nach wie vor politische und ökonomische Aspekte in den Vordergrund, jedoch werden nach der von ihm eingeführten Neuorientierung sicherheits- und handelspolitische Aspekte miteinander verbunden.

Seit der Nachkriegszeit bis zur Asienkrise 1997 befand sich Japan international in einer machtpolitischen Außenseiterrolle. Einer Zurückhaltung in der Verteidigungspolitik stand eine merkantilistische und kompetitive Außenwirtschaftspolitik gegenüber, die eine Ausweitung des japanischen Einflusses und der Kontrolle internationaler Marktanteile anstrebte. Die japanische Außenwirtschaft zielte neben der Energie-, Rohstoff- und Nahrungsmittelversorgung auf die Sicherung seiner Exportmärkte, Seewege und des Technologietransfers sowie seiner Interessen im internationalen Währungssystem ab. Die Fukuda-Doktrin, benannt nach dem damaligen japanischen Premierminister (1976-1978), von 1977 symbolisierte nach dem zweiten Öl-Schock die Orientierung Japans auf die Rohstoffmärkte Südostasiens.

Die Versorgung mit Rohstoffen ist für die japanische Wirtschaft essentiell, weil Japan kaum über Bodenstoffe verfügt. Die eigene Förderung der natürlichen Ressourcen ist auf Grund der billigeren Herstellung im Ausland vernachlässigt worden. Die Produktionsteilung im Sinne von Rohstoffimporten aus v.a. Asien und dem Export japanischer Fertigprodukte hat sich auf Grund der Wirtschaftsentwicklung in Asien gewandelt, so dass der Importanteil an Zwischen- und Vorprodukten nach Japan gestiegen ist. Anders als zu Beginn des 20. Jahrhun-

---

[1]   Dataset: Country statistical profiles (2005); www.stats.oecd.org/wbos/viewhtml.aspx? QueryName=14&QueryType=View&Lang=en (1.08.05).

derts ist ein Handelszuwachs fast nur noch beim intraindustriellen internationalen Austausch ähnlicher Waren zu verzeichnen.

Welche handelspolitischen Instrumente setzt die japanische Regierung ein? Der Vorwurf der Handelspartner, Japan schütze seinen Markt durch zu hohe Zölle im Vergleich mit anderen Industrieländern, ist mittlerweile zu relativieren. Bis auf einen Selbstversorgungsgrad von 90% bei Reis[1] gehört Japan international zu den größten Agrarimporteuren. Inzwischen werden häufiger Handelsstreitigkeiten durch Importerschwernisse, wie nicht-tarifäre Handelshemmnisse (Quoten, Anti-Dumping-Verfahren etc.) oder den Missbrauch von institutionellen Zugangsbeschränkungen (z.B. zu Zugangsnetzwerken) im GATT- bzw. WTO-Rahmen genutzt, um die internationale Konkurrenz zu behindern.[2]

Um das inländische Wirtschaftswachstum zu steigern, wurde die Exportindustrie in jungen, noch nicht international konkurrenzfähigen Industriezweigen durch das MITI gefördert.[3] Der technische Fortschritt in der Elektro- und Autobranche wurde durch staatliche Forschungs- und Entwicklungszuschüsse in Erwartung auf *spillover*-Effekte auf andere Branchen unterstützt. Ferner nutzte Japan Direktinvestitionen, um seinen Einfluss auf dem asiatischen Markt gegenüber der internationalen Konkurrenz zu sichern und auszubauen. Die Direktinvestitionen sind ergänzend zum Export am ausländischen Absatzmarkt sowie am Binnenmarkt orientiert. Substitutiv zum Heimatland wird in ausländischen Tochterunternehmen produziert, um damit Importbarrieren zu umgehen. Die Standortverlagerung ermöglicht durch kostengünstigeren Boden, Energie, Verkehrsleistungen und Arbeitskräfte ein größeres Angebot an Vor- und Zwischenprodukten. Seit den 90er Jahren werden zunehmend japanische Produktionsbetriebe vor allem nach China verlagert. Zwar hat seit den 80er Jahren der Handel mit China kontinuierlich zugenommen, aber erst ab den 90ern ist ein sprunghafter Anstieg zu verzeichnen. Innerhalb von fünf Jahren verdoppelte sich der Anteil Chinas am Gesamtvolumen des japanischen Außenhandels (1991: 4,1%; 1996: 8,2%).[4]

---

[1] Der japanische Reisanbau gilt als Paradebeispiel des vom Ausland heftig kritisierten japanischen Protektionismus. Durch Abwehrzölle insbesondere auf Agrarimporte werden deren Preise auf Inlandsniveau angehoben, um einen Preiswettbewerb mit inländischen Produkten zu unterbinden. Die starke Fischerei- und Agrarlobby kann auf die LDP politischen Druck ausüben, da ländliche Wahlhochburgen der LDP über Jahrzehnte Regierungsbeteiligung garantierten.

[2] Pascha (2003), S.167-168.

[3] Da das MITI bei Branchen wie der Stahl- und Automobilindustrie nur eine kleine Zahl von Marktteilnehmern als wettbewerbsfähig ansah, förderte es oligopolitische Strukturen der Großunternehmen. Bis in die 70er Jahre wurden diese durch Steuererleichterungen, Devisenkontrolle und Technologieimportlizenzen etc. staatlich unterstützt, damit sie sich trotz der anfänglich hohen Investitionskosten gegenüber der ausländischen Konkurrenz behaupten konnten.

[4] Kevenhörster/Nabers (2003), S.31.

Mit seiner Zusammenarbeit mit den ASEAN-Staaten will Tokyo seine Konkurrenz zu Chinas ökonomischem und politischem Einfluss in der Region demonstrieren. Japan, das eine Festigung der wirtschaftlichen Beziehungen im asiatisch-pazifischen Raum anstrebt, war 1989 maßgeblich an der Gründung der APEC (*Asia Pacific Economic Cooperation*) beteiligt. Japan hat jedoch in der Region bislang keine nachhaltige, tragfähige Führungsrolle erlangen können. Für eine währungspolitische Kooperation in der asiatischen Region sind auf Grund des Wirtschaftsgefälles währungspolitische Anpassungsmechanismen notwendig. Ein Zusammenschluss der Währungen als „Yen-Block" ist deshalb nur langfristig wirklich absehbar.[1]

Nachdem sich transnationale wirtschaftliche Kooperationen während der Asienkrise als wenig erfolgreich erwiesen haben, ist seitens Tokyos eine zunehmende Kooperationsbereitschaft mit Staaten Südost- und Ostasiens in bilateraler Form zu erkennen. Das japanische Wirtschaftsengagement in der Region konzentriert sich insbesondere auf eine Errichtung einer asiatischen Freihandelszone, deren Mitglieder auf Handelshemmnisse verzichten.

3.1.2 Sektorale und regionale Strukturen

Der japanische Export wies lange in seiner sektoralen Struktur eine Besonderheit im internationalen Vergleich auf. Er konzentrierte sich auffällig im relativ eng begrenzten Marktsegment der Maschinen- und Transportausrüstungen, v.a. Elektromaschinen und Straßenfahrzeuge. Maschinen- und Transportausrüstungen machten 1995 70% des gesamten japanischen Exports aus. Die Konzentration auf das enge Marktsegment ist durch einen Produktionsvorteil durch Qualitätsfortschritte bei der flexiblen Fertigung in der Maschinen- und Geräteindustrie in den 70er/80er Jahren zu erklären. Bei der starken Spezialisierung kann die ausländische Industrie mit der japanischen Wettbewerbsfähigkeit kaum konkurrieren. Die starke Handelsspezialisierung ruft den Vorwurf des Handelsbilanzüberschusses insgesamt hervor, obwohl sich die Dominanz und Exporterfolge vornehmlich auf wenige Branchen konzentrieren. Der Import erstreckte sich bis in die 80er Jahre auf Grund des Mangels an landwirtschaftlich nutzbarer Fläche vor allem auf Nahrungsmittel, Rohstoffe und minerale Brennstoffe. Insbesondere nach den zwei Ölkrisen spielte die Erdöleinfuhr eine gewichtige Rolle.[2] Die Abhängigkeit von Rohstoff- und Energieimporten verstärkte die Bemühungen, insbesondere in den 70ern und frühen 80ern den Bedarf durch Senkung der E-

---

[1]   Pascha (2003), S.169-171.
[2]   Legewie (1998), S.297-298.

nergieintensität bei der Produktion oder durch Produktionsverlagerung ins Ausland zu drosseln.

Für die 80er bis 90er Jahre wird für die regionale Strukturierung das Modell des Dreieckhandels verwandt: Japan importierte Rohstoffe aus Südost- und Ostasien, aber auch aus dem Nahen Osten und Lateinamerika. Der japanische Export von verarbeiteten Produkten richtete sich auf die USA und Westeuropa. Bis in die 80er Jahre nahmen verarbeitete Produkte nur ein Drittel der japanischen Importe ein. Der Anteil stieg bis 1995 auf 50%, die durch den Wandel der Dominanz von Rohstoffimporten zu Vor- und Fertigproduktimporten aus Asien bedingt wurde. Das Dreiecksmodell wurde durch die zunehmende Bedeutung des Handels in der Region modifiziert. In der Phase des starken Yens (Mitte der 80er - Mitte 90er Jahre) reagierte die japanische Wirtschaft auf den Kostenvorteil für Auslandsproduktionen mit Produktionsverlagerungen an kostengünstigere Standorte in Südost- und Ostasien, um von dort die Weltmärkte und auch den japanischen Markt zu versorgen. Das bedeutet für Japans außenwirtschaftliche regionale Ausrichtung, dass inzwischen mehr als ein Drittel der Exporte und Importe nach Asien, v.a. nach Südost- und Ostasien gehen. 2004 nahm sogar Asien 48,4% (ca. 228 Mrd. Euro) der japanischen Exporte und 45,17% (ca. 170,87 Mrd. Euro) der Importe ein.[1]

Die Asienkrise 1997/98 traf die japanische Außenwirtschaft stark. Die Absatzmärkte verschlechterten sich und die Importe verteuerten sich durch die Abwertung des Yens. Statt sich zurückzuziehen erweiterten japanische Unternehmen ihre Exportpalette und intensivierten ihre Auslandsinvestitionen. Das japanische Investitionsmuster näherte sich dem der westlichen Industrieländer an. Es ist inzwischen weniger von nationalen und brancheneinheitlichen Vorteilskategorien geprägt. Die Handelsverflechtungen mit den USA haben sich zu Gunsten Asiens reduziert, wenngleich die USA noch zweitgrößter Abnehmer von japanischen Exporten ist. Die Handelskonflikte mit Washington schwächten sich ab der zweiten Hälfte der 90er Jahre mit dem Konjunkturaufschwung in den USA ab. Zudem traten die Handelskonflikte und Wechselkursfragen zu Gunsten der betonten erfolgreichen sicherheitspolitischen Zusammenarbeit und der Terrorbekämpfung seit dem 11. September in den Hintergrund.[2]

---

[1] Handelsstatistik: Export und Import. Quelle: MOF Japan, Monthly Finance Review, No. 380; March 2005.

[2] Mafael (2004), S.109, 113.

3.1.3   Kritik an der japanischen Außenwirtschaftspolitik

Durch einen stark gestiegenen Yen und beträchtliche Importerleichterungen wurde ab Mitte der 80er Jahre der Zugang zum japanischen Markt für ausländische Firmen liberalisiert. Dennoch blieben die hohen Handelsüberschüsse Japans mit den USA und Europa unverändert. Die zunehmend engen Außenwirtschaftsbeziehungen mit den asiatischen Staaten schufen weitere Handelskonflikte.[1] Trotz hoher Nominalwerte in den 90er Jahren belief sich die Importquote nur auf 2-3% des BIPs. Damit fällt die Importquote Japans niedriger als die der führenden Industrieländer aus. 2001 lag sie bei 8,4% des BIPs (Deutschland 26% und USA 12%). Erst ein Anteil von 5% des BIPs, der von Japan seit 1997 nicht unterschritten wurde, wäre ein eindeutiger Beleg für Protektionismus. Der Vorwurf des Auslands, insbesondere in den 80er Jahren, bezüglich des Handelsüberschusses lässt die hohen Nominalwerte außer Acht. Zudem ist der Handelsbilanzüberschuss nicht, wie häufig gemutmaßt, lediglich Ausdruck von Protektionismus. Die japanischen Leitungsbilanzüberschüsse fallen vielmehr vor allem in die Phase der Liberalisierung des Güter- und Handelsverkehrs. Seit 2000 verringerte sich der Handelsbilanzsaldo jedoch deutlich. Dieser Rückgang ist im Zusammenhang mit der Abschwächung der Konjunktur in den USA und dem pazifischasiatischen Raum zu sehen. Der strukturelle Exportüberschuss (hohe Export-, niedrige Importquote) als Erklärung für den Leistungsbilanzüberschuss allein ist unzureichend. Vielmehr spielen weitere Gründe eine Rolle:

- struktureller Überschuss der Kapitalexporte im Vergleich zu den Kapitalimporten,
- starkes japanisches Interesse an Auslandsinvestitionen,
- geringe ausländische Investitionen in Japan.

Die Regulierungsdichte und Intransparenz des japanischen Finanzmarkts sowie hohe Kosten am Finanzplatz Tokyo schrecken viele ausländische Investoren ab. Der erschwerte Zugang für ausländische Investoren und Importe wird auf die engen, strategischen Firmennetzwerke der Verbundgruppen (*keiretsu*) zurückgeführt. Die verzahnten Besitzverhältnisse, v.a. in der Automobilbranche, streuen das unternehmerische Risiko und fördern damit die wirtschaftliche Sicherheit. Der japanische Staat unterstützte die unternehmerische Verzahnung (u.a. ein dichtes Netz zwischen Abnehmern und Zulieferern), um in zukunftsträchtigen einheimischen Branchen, die knappen Ressourcen an Kapital, Rohstoffen und *know-how* effektiv zu nutzen und damit der erzwungenen Marktöffnung für ausländische Unternehmen zu begegnen.[2] Die starke Sparneigung der japanischen Bevölkerung und die wenig interessanten Investitionsmöglichkeiten im

---

[1]   Legewie (1998), S.303.
[2]   Eli (1998), S.295-296.

Inland (bei kurzfristigen Anlagen belaufen sich die Zinsen auf Werte gegen Null und bei langfristigen auf 1-2%) erzeugen hingegen großes japanisches Interesse an Auslandsinvestitionen.

Ausländische Stimmen überzeichneten in den 80er Jahren die Entwicklung japanischer Direktinvestitionen und sprachen von einem internationalen Ausverkauf an die Japaner.[1] Jedoch relativieren sich die gestiegenen Auslandsinvestitionen bei der Betrachtung ihrer Gesamtentwicklung. Bis in die 70er Jahre waren Investitionen auf Grund des Devisenmangels durch strenge Regulierungen im Außenwirtschafts- und Kontrollgesetz erschwert. Mit der Liberalisierung setzte ein Nachholeffekt vor allem in der Phase des starken Yens Ende der 80er und in den 90er Jahren ein und führte zu einer spürbaren Zunahme von japanischen Direktinvestitionen im Ausland. Jedoch blieben sie bis in die 80er Jahre im Vergleich zu anderen Industriestaaten noch relativ gering. In den 80/90er Jahren avancierte Japan weltweit zum bedeutendsten Investor. Das Importvolumen und die japanischen Auslandsinvestitionen stiegen zwar nach der Yen-Aufwertung Mitte der 80er Jahre an, die Exporte verringerten sich jedoch nicht. Die Aufwertung des Yens führte damit nicht zu einer Reduzierung japanischer Handelsüberschüsse.[2] Nach dem Platzen der *bubble economy* sank der Anteil an Direktinvestitionen Anfang der 90er Jahre.

3.1.4 Japans Aussichten als Weltwirtschaftsmacht

Wenngleich die wirtschaftliche Entwicklung Japans durch Rezession und Deflation belastet ist und sein weltwirtschaftlicher Einfluss seit den 1990er Jahren gelitten hat, so ist Japan auch zu Beginn des 21. Jahrhunderts nach den USA international die zweitstärkste Wirtschaftsmacht. Trotz des Bedeutungszuwachs der VR China entfallen zwei Drittel des asiatischen Sozialprodukts auf Japan. Andererseits wächst die Konkurrenz mit China und die japanischen Direktinvestitionen im Ausland sind rückläufig, so dass viele Anzeichen darauf hindeuten, dass die japanische ökonomische Vormachtsstellung in Asien langfristig gefährdet sein wird.

Der Schwerpunkt der außenwirtschaftlichen Interessen Japans liegt in der eigenen Region, wie die japanischen Initiativen zu Freihandelsabkommen deutlich machen. Japan gerät vor dem Hintergrund der Globalisierung bei fortschreitenden wirtschaftlichen Verflechtungen in die Defensive, wenn es ihm nicht gelingt, eine profiliertere Rolle bei der regionalen Wirtschaftszusammenarbeit zu gewinnen, um ein Gegengewicht zu den Märkten der USA, der EU und China zu

---

[1]   Pascha (2003), S.160, 163-165.
[2]   Legewie (1998), S.310.

schaffen. Nach dem Engagement der Regierung in Tokyo bei der Institutionalisierung regionaler asiatischer Kooperation verfolgt Japan jedoch auf dem Feld
der wirtschaftlichen Zusammenarbeit verstärkt bilaterale Verhandlungen. Japans
Engagement bezüglich einer asiatischen Freihandelszone (FTA) ist als Komple-
ment zur WTO zu verstehen. Japan möchte das starke Wachstumspotential seiner
chinesischen und südkoreanischen Nachbarn sowie einiger Staaten Südostasiens
nutzen.[1] Auch wenn die Region nach einer Institutionalisierung ihrer wirtschaftlichen Zusammenarbeit strebt, wird diese nicht zuletzt wegen innerregionaler
Konflikte jedoch noch einige Zeit in Anspruch nehmen.

Eine Intensivierung der wirtschaftlichen Beziehungen mit China steht trotz
der politischen Konkurrenz mit der Volksrepublik im Mittelpunkt des gegenwärtigen japanischen Interesses. Gerade aber die ökonomischen Beziehungen zu
China verdeutlichen die Schwierigkeit der Verquickung von außenpolitischen
und ökonomischen Interessen. Deutlich wurde dieses gerade in jüngster Zeit
durch die Publikation japanischer Geschichtsbücher, die die japanische Militär-
expansion in Asien euphemistisch darstellen. Sie entfachten starke anti-
japanische Proteste in China. Der nationalistische Kurs der Koizumi-Regierung
wirkt sich daher negativ auf die außenpolitische Stellung Japans in Asien aus.
Bislang konnte Japan politische Differenzen zu Gunsten einer Ausweitung und
Intensivierung der Wirtschaftsbeziehungen mit seinen asiatischen Nachbarn
erfolgreich ausklammern. Der Handel mit der VR China befindet sich auf einem
präzedenzlos hohen Niveau, auch wenn damit die technologischen und ökonomischen Voraussetzungen Chinas als militärische Macht genährt werden.[2] Ob der
gegenwärtige Tiefpunkt der politischen Beziehungen der beiden größten Volkswirtschaften Ostasiens sich auch ökonomisch auswirken wird, gilt abzuwarten.

Die japanische Wirtschaft profitierte bislang von den zunehmenden Verflechtungen im asiatischen Wirtschaftsraum. Der Auf- und Ausbau länderüber-
greifender Produktionsnetzwerke durch die vertikale Quasi-Integration einzelner
Zulieferer stärkte japanische Großunternehmen auf dem asiatischen Wachs-
tumsmarkt gegenüber der amerikanischen und europäischen Konkurrenz. Die
räumliche Produktionsausweitung ermöglichte eine effiziente Nutzung verschiedener Kostenvorteile und stärkte die internationale Wettbewerbsfähigkeit Japans.
Jedoch sind auch Nachteile der Globalisierung nicht zu verkennen: die Produktionsverlagerung führte zu einem heimischen Arbeitsplatzabbau, der auch in Japan, wo lange die lebenslange Beschäftigung bei einer Firma propagiert wurde,
die Arbeitslosenzahlen für japanische Berechnungen in die Höhe trieb (2003:
5,3%). Um einer Aushöhlung der Binnenwirtschaft (*sangyô kudôka*) entgegenzuwirken, wird zwar eine Neuorientierung innerhalb der Weltwirtschaft gefor-

---

[1]   Nabers (2004), S.82.
[2]   Kevenhörster/Nabers (2003), S.29-30.

dert. Ein notwendiger Strukturwandel blieb trotz Deregulierung und ökonomischen und politischen Reformen seit Anfang der 90er Jahre bislang jedoch aus.[1]

4   Außenpolitische Ausrichtung

Mit seiner bedingungslosen Kapitulation am Ende des Zweiten Weltkriegs begann für Japan gleichzeitig ein Jahrzehnt der außenpolitischen Isolation. Zum einen galt die ehemalige Achsenmacht in der unmittelbaren Nachkriegszeit als geächteter Paria-Staat. Zum anderen war es für Tokyo während der Besatzungszeit ohnehin nicht möglich, eine eigenständige Außenpolitik zu verfolgen. Die erste wichtige Weichenstellung für Japans Rückkehr in die internationale Gemeinschaft erfolgte 1951 durch den Friedensvertrag von San Fransisco, den insgesamt 48 Staaten unterzeichneten und mit dessen Hilfe der Inselstaat ein Jahr später seine volle Souveränität wiedererlangte. Einen ebenso wichtigen Schritt der internationalen Reintegration erlebte Japan im Dezember 1956, als es nach einigen erfolglosen Versuchen schließlich in die Vereinten Nationen (VN) aufgenommen wurde.

Im Januar 1957 verkündete Japans damaliger Premierminister Nobusuke Kishi (1957–1958) in einer Parlamentsrede schließlich die „drei Prinzipien der japanischen Außenpolitik". Diese bezogen sich auf Japans Kooperation mit freien Demokratien, auf die Entwicklung freundschaftlicher Beziehungen zu asiatischen Staaten sowie auf eine die VN besonders beachtende Diplomatie. Zwar stellte sich schnell heraus, dass jedem dieser drei Prinzipien bei der tatsächlichen Politikgestaltung ein unterschiedliches Gewicht zufallen sollte, dennoch bilden Japans bilaterale Beziehungen zu den USA (dem Führungsland der freien Demokratien), sein Verhältnis zu den asiatischen Nachbarn sowie seine um internationale Kooperation bemühte Diplomatie bis heute die bestimmenden Eckpfeiler seiner Außenpolitik.

4.1 Bilaterale und multilaterale Beziehungen

4.1.1   Japans Beziehungen zu den USA

Den japanisch-amerikanischen Beziehungen kommt auf Grund der intensiven sicherheitspolitischen und wirtschaftlichen Verflechtungen der beiden Staaten besondere Bedeutung zu. Diese engen Verbindungen fanden bereits in der unmit-

---

[1]   Legewie (1998), S.313.

telbaren Nachkriegszeit ihren Ursprung. Zu Beginn der 50er Jahre konnte der damalige Premierminister Shigeru Yoshida mit den USA ein Abkommen aushandeln, in dem die Amerikaner umfassende Schutzgarantieren einräumten. Japan war es in der Folge möglich, seine nationalen Ressourcen unter Vernachlässigung militärtechnologischer Investitionen ganz auf seinen wirtschaftlichen Wiederaufstieg zu konzentrieren.[1]

Durch die Umsetzung dieser sog. Yoshida-Doktrin avancierten die USA nicht nur im sicherheitspolitischen Bereich, sondern auch auf wirtschaftlichem Gebiet zu Japans wichtigstem bilateralen Partner. Denn angesichts der Zuspitzung der Ost-West-Konfrontation entschied Washington in den 50er Jahren, Japans ökonomisches Fortkommen aktiv zu unterstützen und auf diesem Wege zur wirtschaftlichen und politischen Stabilisierung des Inselstaats beizutragen. Die Förderung des Außenhandels wurde dabei als wichtiger Aspekt der wirtschaftlichen Stärkung benannt und die US-Märkte für japanische Produkte geöffnet.

Damit begann gleichzeitig die lange andauernde, mittlerweile aber beendete Geschichte des auffälligen Handelsungleichgewichts zwischen den beiden Staaten.[2] Seit den 60er Jahren hat Tokyos Weigerung, seine stark abgeschotteten Märkte in dem von Washington gewünschten Umfang zu liberalisieren, sowie weitere Streitfragen zahlreiche Handelskonflikte von unterschiedlicher Intensität nach sich gezogen und die japanisch-amerikanischen Beziehungen immer wieder schwer belastet. Dies ging so weit, dass die bilaterale Sicherheitsallianz bereits in den 60er Jahren von verschiedenen Beobachtern in Frage gestellt wurde: In den USA wurden Zweifel laut, ob Washington das „undankbare" Japan im sicherheitspolitischen Ernstfall wirklich unterstützen sollte, während in Tokyo Unklarheit darüber herrschte, ob sich der Inselstaat in derartigen Krisenzeiten tatsächlich auf die USA verlassen könnte.[3] Letztlich führte jedoch die Sorge um ein, durch die Eskalation der Handelsstreitigkeiten provoziertes, Scheitern der für beide Seiten überaus wichtigen Sicherheitsallianz zur graduellen Stärkung des Bündnisses.[4]

Die ungleiche Lastenteilung zwischen den beiden Staaten wurde von US-Seite dennoch immer wieder beanstandet und Japan in sicherheitspolitischer Hinsicht als Trittbrettfahrer (*security free-rider*) gescholten. Diese Kritik erreichte ihren Gipfelpunkt, als sich Tokyo beim Golfkrieg von 1990 auf Grund verfassungsrechtlicher Bedenken nicht in der Lage sah, den amerikanischen Forderungen nach einer personellen Beteiligung an den Koalitionstruppen nachzukom-

---

[1]   Pyle (1996), S.23-27.
[2]   Zu neueren wirtschaftlichen Entwicklungen siehe Abschnitt 3.
[3]   Stone (1999), S.253.
[4]   Vgl. Abschnitt 2.

men. Japans finanzielle Unterstützung von insgesamt US$ 13 Milliarden wurde kaum mit Lob bedacht, sondern vielmehr als „Scheckbuch-Diplomatie" abgetan. Auch Tokyos Entscheidung, nach der Beendigung der Kampfhandlungen eigene Schiffe zur Räumung von Minen in den Persischen Golf zu schicken, fand wenig Anerkennung.

Japans Reaktion auf die Terrorattentate vom 11. September 2001 war dagegen von überraschender Schnelligkeit geprägt. Diesmal sollte eine internationale Bloßstellung wie in den Jahren 1990/91 vermieden und dem amerikanischen Bündnispartner die Loyalität versichert werden. Keine zwei Monate nach den verheerenden Terroranschlägen erließ das japanische Parlament ein *Anti-Terrorism Special Measures Law*, das als Grundlage für den Einsatz japanischer SDF zur logistischen Unterstützung der Koalitionstruppen in Afghanistan diente. Im Juli 2003 gelang es Japans Premierminister Koizumi zudem, das *Special Measures Law on Reconstruction Efforts for Iraq* gegen den Mehrheitswillen der Bevölkerung durchzusetzen. Ein halbes Jahre später wurden die ersten SDF-Kontingente zur Durchführung von Wiederaufbauarbeiten in den Irak entsandt. Obwohl die dortige Sicherheitslage kontinuierlich erodierte und zahlreiche Mitglieder der „Koalition der Willigen" ihre Truppen längst abgezogen haben, wurde der japanische Einsatz Ende 2004 per Kabinettsbeschluss um zwölf weitere Monate verlängert.[1] Zu Beginn des einundzwanzigsten Jahrhunderts können die japanisch-amerikanischen Beziehungen also als überaus eng bezeichnet werden. Wirtschaftliche Reibungspunkte existieren zwar, werden auf Grund der im Zuge des Irakkriegs intensivierten (sicherheits-)politischen Kooperation derzeit aber in den Hintergrund gestellt.

4.1.2 Japan und seine asiatischen Nachbarn

Die Erinnerungen an die aggressive Expansionspolitik, die Japan in der ersten Hälfte des letzten Jahrhunderts in Ostasien verfolgt hat, belasten seine Beziehungen zu China sowie dem geteilten Korea bis heute. Zwar konnten Japan und die Republik Korea ihr offizielles Verhältnis bereits 1965 durch die Unterzeichnung des *Treaty of Basic Relations* normalisieren, während Japan und die Volksrepublik China erst 1972 diplomatischen Kontakt aufnahmen und 1978 einen Friedens- und Freundschaftsvertrag abschlossen, eine deutliche Erwärmung des politisch-diplomatischen Klimas blieb dennoch aus. Tokyo wird von Seoul und Peking bis heute mit Misstrauen betrachtet. Dies mag einerseits an der Weigerung des Inselstaats liegen, offizielle Reparationszahlungen an seine beiden

---

[1] Ministry of Foreign Affairs Japan (09.12.2004): Statement by Prime Minister Junichiro Koizumi http://www.mofa.go.jp/region/middle_e/iraq/issue2003/announce_pm/state0412.html (6.06.05).

Nachbarn zu leisten, scheint aber vor allem darin begründet zu sein, dass es Japan aus Sicht dieser beiden Länder bislang versäumt hat, sich eindeutig und im gebührenden Umfang zu seiner imperialistischen Vergangenheit zu bekennen. Dies lässt sich in der Einschätzung Chinas und Südkoreas durch die folgenden drei Punkte belegen: Erstens greifen japanische Politiker in ihren ohnehin nur selten gehaltenen „Versöhnungsreden" zumeist auf eine unpräzise Wortwahl zurück, aus der sich kein umfassendes Schuldeingeständnis erkennen lässt. Im Jahr 1995 äußerte der damalige Premierminister Tomiichi Murayama (1994–1996) die bis heute eindeutigste Entschuldigung, indem er sein „tiefes Bedauern" für das von Japan verursachte „ungeheure Leid" ausdrückte. Zweitens fällt die Darstellung seiner Kriegsgräueltaten in verschiedenen japanischen Schulbüchern nach Seouls und Pekings Ermessen viel zu verharmlosend aus. In einer im Frühjahr 2005 von Tokyo genehmigten Geschichtslektüre wird beispielsweise das Massaker von Nanking, bei dem bis zu 300.000 Chinesen ums Leben gekommen sein sollen, lediglich als Zwischenfall abgetan. In China rief die Zulassung dieses Buches Massenproteste hervor. Drittens verletzen die Besuche des *Yasukuni*-Schreins durch Japans politische Elite immer wieder die Gefühle seiner Nachbarn. Zwar dient dieser Shinto-Schrein in erster Linie dem Gedenken an Japans Kriegsgefallene, doch sind dort auch japanische Kriegsverbrecher der höchsten Klasse bestattet. Die alljährlichen *Yasukuni*-Besuche durch Premierminister Koizumi stoßen in Asien daher auf wenig Verständnis und haben im Falle Chinas zu einer deutlichen Abkühlung der bilateralen Beziehungen geführt.[1] Auch wenn Japans Haltung durchaus kritisiert werden kann, darf nicht übersehen werden, dass seine Kriegsschuld von den politischen Entscheidungsträgern in China und Südkorea bei Bedarf für eigene Zwecke instrumentalisiert wird. Gleichfalls gilt, dass sich Peking und Seoul ihrerseits nur wenig um die Verbreitung eines positiven Japanbildes bemühen, sondern an althergebrachten negativen Stereotypen festhalten, obwohl Japan seinen Nachbarn (besonders China) in den zurückliegenden Dekaden umfangreiche ökonomische Hilfe geleistet hat.

China hat lange Zeit zu den Hauptempfängern von Japans ODA gehört. In den 90er Jahren flossen jährlich Dollarsummen in drei- bis vierstelliger Millionenhöhe von Tokyo in das Reich der Mitte. Die Entscheidung der japanischen Regierung, diese ODA angesichts des rasanten Wirtschaftswachstums Chinas und seiner in die Höhe geschnellten Militärausgaben bis zum Jahr 2008 einzustellen, ist in Peking erwartungsgemäß auf Kritik gestoßen. Dennoch kann die dortige Führung kaum leugnen, dass japanische ODA und Direktinvestitionen zur nachhaltigen Stärkung der chinesischen Wirtschaft beigetragen haben. De facto ist die Volksrepublik mittlerweile zu Japans weltweit wichtigstem Han-

---

[1]   Japan Times Online vom 23. April 2005: 81 Diet members visit Yasukuni Shrine; http://www.japantimes.co.jp/cgi -bin/getarticle.pl5?nn20050423a2.htm (25.04.05).

delspartner aufgestiegen, so dass sich zumindest die wirtschaftlichen Beziehungen zwischen Tokyo und Peking immer mehr verdichten. Die jüngste Verschärfung des Umgangstons zwischen den beiden Staaten scheint also vor allem ihre Rivalität um die Vormachtstellung in Asien zu offenbaren. In diesem Licht dürfte auch Chinas Ablehnung des von Japan angestrebten ständigen Sitzes im VN-Sicherheitsrat zu sehen sein.

Der Umfang und die Intensität der Kontakte zwischen Japan und Südkorea haben insbesondere seit Beginn des neuen Millenniums zugenommen. Dies liegt zum einen an der gemeinschaftlich ausgetragenen Fußballweltmeisterschaft im Jahr 2002 und zum anderen an den gemeinsamen Herausforderungen durch Nordkoreas Atomwaffenprogramm. Sowohl Japan wie auch Südkorea gehören zu den Teilnehmern der sog. „Sechsergespräche", die seit dem Jahr 2003 zur Entschärfung der Nordkoreakrise beitragen sollen. Die Koreanische Volksdemokratische Republik ist weltweit der einzige Staat, zu dem Japan derzeit keine offiziellen diplomatischen Beziehungen unterhält. Die Bemühungen zur Normalisierung der inoffiziellen Kontakte Anfang der 90er Jahre scheiterten ergebnislos. Mittlerweile werden solche Anstrengungen nicht nur durch Pjöngjangs nukleare Drohgebärden, sondern auch durch die sog. „Entführtenfrage" schwer belastet. Seit seinem Amtsantritt im Jahr 2001 setzt sich Premierminister Koizumi mit Nachdruck für die Freilassung aller in der Vergangenheit von Nordkorea verschleppten Japaner und ihrer Kinder ein. Hier konnte er durch seine Kombination aus politischem Druck und humanitärer Hilfe trotz Nordkoreas konfrontativer Politik tatsächlich einige Teilerfolge erzielen.[1]

Japans Verhältnis zu China und Südkorea scheint letztlich von Gegensätzen geprägt zu sein. Während sich zwischen Tokyo und Peking bzw. Seoul längst enge wirtschaftliche Verbindungen entwickelt haben, ist die Qualität der Beziehungen auf politisch-diplomatischer Ebene Schwankungen unterworfen. Hierzu tragen neben der historischen Erblast des japanischen Militarismus diverse ungelöste Territorialkonflikte bei. Mit Südkorea streitet Japan seit Jahrzehnten um die territoriale Zugehörigkeit der Insel Takeshima/Tokdo, mit China um den von beiden Seiten erhobenen Anspruch auf die Senkaku/Diaoyu-Inseln. Auch Japans Verhältnis zu Russland wird von Territorialfragen geprägt, die den Abschluss eines bilateralen Friedensvertrags bis heute verhindert haben. Streitpunkt sind die vier, nördlich von Hokkaido gelegenen Inseln namens Shikotan, Habomai, Etorofu und Kunashiri (südliche Kurilen).

---

[1] Mafael (2004), S.112-118.

4.1.3   Regionale sowie internationale Organisationen

Die Gemeinschaft südostasiatischer Staaten (*Association of South East Asian Nations*; ASEAN) konstituiert heute die bedeutendste Regionalorganisation in Asien. Sie wurde 1967 von Indonesien, Malaysia, Singapur, Thailand und den Philippinen gegründet, um eigene zwischenstaatliche Spannungen abzubauen sowie zur Befriedung und Stabilisierung der Region beizutragen. Seit 1999 umfasst ASEAN alle zehn südostasiatischen Nationen. Japan und ASEAN nahmen bereits 1973 erste Kontakte auf und gründeten Ende der 1970er schließlich verschiedene Dialogforen auf Ministerebene, um politische und wirtschaftliche Fragen zu diskutieren.[1]

Nach dem Ende der Ost-West-Konfrontation und dem Zerfall der Sowjetunion zeigte sich Tokyo sehr darum bemüht, diese Zusammenarbeit zu intensivieren. Tatsächlich kam es 1994 auf Japans Initiative und Drängen hin zur Gründung des sicherheitspolitisch ausgerichteten *ASEAN Regional Forum* (ARF), dem neben allen ASEAN-Mitgliedern und Japan mittlerweile zwölf weitere Staaten sowie die Europäische Union angehören. Ihr gemeinsames Ziel besteht darin, über ein dreistufiges Modell, das von vertrauensbildenden Maßnahmen über präventive Diplomatie bis zur Konfliktlösung reichen soll, zur Stabilität des asiatisch-pazifischen Raums beizutragen. Obwohl ARF als Dialogforum angelegt ist und keine Organisation der kollektiven Sicherheit darstellt, konnten Fortschritte in der Zusammenarbeit auf Grund der strikten Konsensregelung bislang nur schleppend erzielt werden. Tokyos ursprünglicher Wunsch nach Schaffung einer effektiven regionalen Sicherheitsordnung scheint bislang nicht realisiert zu sein.[2]

Zwar hatten japanische Premierminister in den 90er Jahren immer wieder für eine engere ökonomische Kooperation zwischen ASEAN und Japan plädiert, letztlich trugen jedoch hauptsächlich die erheblichen Probleme bei der Lösung der asiatischen Finanzkrise zur Etablierung des wirtschaftlich ausgerichteten Konsultativforums ASEAN+3 bei. Nachdem sich die Staats- und Regierungschefs der ASEAN-Staaten 1997 erstmals mit ihren Amtskollegen aus China, Japan und Südkorea besprochen hatten, kam es bei einem Folgetreffen im Jahr 1999 bereits zur Entscheidung, diese Zusammenkünfte als ASEAN+3 zu institutionalisieren. Tatsächlich zeichnet sich die Regionalintegration auf wirtschafts- sowie finanzpolitischer Ebene über ASEAN+3 seither durch ebenso schnelle wie deutliche Fortschritte aus.[3] Langfristig ist nun gar ein einheitlicher Wirtschaftsraum der ASEAN-Staaten und Japans geplant.

---

[1]   Hook/Gilson/Hughes/Dobson (2001), S.188.
[2]   Green (2001), S.218-221.
[3]   Nabers/Ulfen (2004), S.38-52.

Während Japans institutionell verfestigter Regionalismus ein vergleichsweise neues Phänomen darstellt, strebte der Inselstaat bereits zu Beginn der 50er
Jahre den Eintritt in die einzige tatsächlich global angelegte internationale Organisation an. Am 18. Dezember 1956 wurde Japan 80. Mitglied der VN. In den
folgenden Jahrzehnten gelang dem ehemaligen Feindstaat der Aufstieg zu einem
der wichtigsten Förderer der Weltorganisation. Japan gehört seit Jahrzehnten zu
ihren großzügigsten Beitragszahlern. Dies gilt für den ordentlichen Haushalt, für
viele Sonderorgane und -organisationen der VN sowie für die zahlreichen Ein-
zelbudgets der VN-Friedensmissionen.

Tabelle 1: Pflichtbeiträge zum ordentlichen Haushalt der VN (in US$
Millionen und Prozent) am Beispiel ausgewählter Staaten[1]

	2002		2003		2004	
	US$ Mio.	Prozent	US$ Mio.	Prozent	US$ Mio.	Prozent
USA	283	24,6	341	24,2	363	24,5
Japan	218	19,0	263	18,7	280	18,9
Deutschland	109	9,5	132	9,4	124	8,4
Frankreich	72	6,3	87	6,2	87	5,9
GB	62	5,4	75	5,3	88	6,0
China	17	1,5	21	1,5	29	2,0
Russland	13	1,1	16	1,1	keine Daten	keine Daten

Dem Inselstaat gelang es zudem schon sehr früh, in die einflussreichsten Gremien der VN gewählt zu werden. Dies spiegelt sich beispielsweise in der Häufigkeit seiner Mitgliedschaftsperioden im VN-Sicherheitsrat wider. Japan ist
neben Brasilien der einzige Staat, der bereits neunmal als nichtständiges Mitglied in das oberste VN-Gremium einziehen konnte. Seit 1994 bemüht sich Tokyo im Zuge der Diskussionen um die Reform des Sicherheitsrats jedoch nachdrücklich um die *ständige* Mitgliedschaft, die derzeit nur China, Frankreich,
Großbritannien, die Russische Föderation sowie die USA inne haben. Zwar werden Japans Ambitionen von Washington und zahlreichen VN-Mitgliedern offiziell unterstützt, verschiedene asiatische Staaten (z.B. China sowie Nord- und
Südkorea) haben jedoch längst Bedenken angemeldet, ob der Inselstaat tatsächlich ein geeigneter Kandidat sei. Dem hält Japan einerseits entgegen, dass es sich
seit Jahrzehnten mit Nachdruck für die Ziele der Weltorganisation einsetzt und
mittlerweile trotz seiner pazifistisch geprägten Verfassung an den Blauhelmmissionen der VN teilnimmt. Andererseits weist die Regierung immer wieder darauf
hin, dass sie nach dem demokratischen Grundsatz „no taxation without represen-

---

[1]   http://www.globalpolicy.org/finance/tables/inxbuget.htm (14.06.05), aus: Global Policy Forum:
      UN Regular Budget: Tables and Charts.

tation" als wichtiger Beitragszahler an den Entscheidungen des Sicherheitsrats
beteiligt werden müsse.

4.2 Ausgewählte Politikfelder

4.2.1 Friedenssicherung

Japans Regierung sah auf Grund seiner pazifistisch geprägten Verfassung lange
Zeit keine Möglichkeit, sich aktiv an den Friedensmissionen der VN zu beteiligen. Als Tokyo während des Zweiten Golfkriegs von 1990/91 auch die Operation *Desert Storm* ausschließlich mit finanziellen Mitteln unterstützen wollte,
pochten Washington und seine Alliierten jedoch nachdrücklich auf ein personel-
les Engagement des Inselstaats. Nach vielen hitzigen Diskussionen verabschiedete das Parlament in Tokyo im Sommer 1992 schließlich das sog. „PKO-Gesetz"
(*Law Concerning Cooperation for United Nations Peace-keeping Operations
and Other Operations*), das seither als Grundlage für seine Teilnahme an den
friedenssichernden und humanitären Operationen der VN gilt. Nach dem PKO-
Gesetz ist Japans personelle Beteiligung an diesen Einsätzen allerdings an die
fünf nachstehenden Bedingungen bzw. Partizipationsprinzipien geknüpft. Sie
sollen einer möglichen Verstrickung Japans in militärische Auseinandersetzungen vorbeugen:

- Waffenstillstand zwischen den Konfliktparteien,
- Zustimmung aller Konfliktparteien zur Blauhelmmission und zur Teilnahme
  Japans,
- Einhaltung des Neutralitätsgebots seitens der VN,
- Abzug der SDF-Truppen, wenn die genannten Bedingungen verletzt werden
  sowie
- Waffengebrauch ausschließlich zur Selbstverteidigung.[1]

Auf Grundlage des PKO-Gesetzes haben japanische SDF-Mitglieder und Zivilpolizisten in den Jahren von 1992 bis 2005 acht Blauhelmmissionen in sechs
Staaten – in Angola, Kambodscha, Mozambique, El Salvador, Osttimor und auf
den Golan-Höhen in Syrien – unterstützt. Ihr Einsatz auf den Golan-Höhen dau-
ert derzeit noch an. Auf der selben rechtlichen Basis hat sich Tokyo zudem bis-

---

[1]   http://www.pko.go.jp/PKO_E/pref_e.html#5rules (14.06.05), aus: International Peace Cooperation Headquarters: Overview.

her an je fünf humanitären Hilfsaktionen und Wahlbeobachtungsmissionen beteiligt.[1]

Allerdings war Japans Mitwirken an den vergleichsweise risikoreichen PKO-Hauptaufgaben, wie etwa an der Kontrolle von Waffenstillstandsabkommen oder dem Einsammeln von Waffen, bei der Implementierung des Gesetzes aus innenpolitischen Gründen zunächst „auf Eis gelegt" worden. Bei ihren internationalen Einsätzen konzentrierte sich die Arbeit des SDF-Personals daher auf die rückwärtige logistische und medizinische Unterstützung. Obwohl Ende 2001 die vollständige Aufhebung dieser Einschränkungen erfolgte, hat der tatsächliche Einsatzbereich der SDF-Angehörigen seither noch keine Ausdehnung erfahren.

Da Japan auf Grund der restriktiven Partizipationsprinzipien seines PKO-Gesetzes in der Realität nur an wenigen Blauhelmmissionen mitwirken kann, ist die Regierung seit einigen Jahren aktiv darum bemüht, internationale Anstrengungen zur Friedensschaffung durch andere Maßnahmen zu unterstützten. Neue Initiativen wurden im Jahr 2002 unter den Schlagwörtern „Friedenskonsolidierung" und „Staatenaufbau" zusammengefasst. Hierzu gehören erstens die Förderung von Friedensprozessen, zweitens die Gewährleistung der inneren Sicherheit und Stabilität in (ehemaligen) Konfliktgebieten und drittens Hilfe im humanitären Bereich sowie Unterstützung beim Wiederaufbau. In die erste Kategorie fallen beispielsweise Tokyos Vermittlungsbemühungen im Konflikt zwischen der Regierung und den Tamil Tigers auf Sri Lanka. Zur zweiten Kategorie gehört u.a. Japans finanzielle Unterstützung des DDR-Programms (*disarmament, demobilization and reintegration*) zur sozialen Reintegration ehemaliger Kombattanten in Afghanistan. Die dritte Kategorie umfasst z.B. Japans finanzielle Hilfe für den Wiederaufbau Osttimors. Diese Projekte werden gewöhnlich über das Entwicklungshilfebudget des Inselstaats finanziert.

4.2.2 Entwicklungszusammenarbeit

Tokyos sog. „Scheckbuch-Diplomatie" ließ Japan international zu einem der nominal größten Geldgeber für Entwicklungszusammenarbeit werden. 2002 war Japan nach den USA mit US$ 9,283 Milliarden (15,9%) der zweitgrößte Geberstaat des DAC (*Development Assistance Commitee*) der OECD.[2] Japans ODA ist trotz seiner nominalen Größe stark in die Kritik geraten. Das Engagement des

---

[1] Ministry of Foreign Affairs Japan: Record of Japan's International Peace Cooperation Activities based on the International Peace Cooperation Law; http://www.mofa.go.jp/policy /un/pko/pamph2005-2.pdf (14.06.05).

[2] www.mofa.go.jp/policy/other/bluebook/2004/chap3-d.pdf (28.12.04).

Inselstaats, so der Vorwurf, lasse sich stärker von eigenen wirtschaftlichen Interessen als von humanitären Motiven leiten.

Die Koppelung wirtschaftlicher Interessen an die ODA wird an deren stetigem Anstieg seit den 70ern, der Dekade, in der „Sicherung der Rohstoffimporte" als außenpolitische Priorität konzipiert wurde, deutlich. Japan entwickelte sich Ende der 80er Jahren zum größten Geberstaat. Trotz der hohen Beiträge richtet sich die Kritik an Tokyos ODA darauf, dass diese Mittel als Außenwirtschaftsförderung verwendet würden und nicht der nachhaltigen Entwicklung der Empfängerstaaten dienten. Dies zeige sich insbesondere in der Konzentration der Hilfe auf Infrastrukturmaßnahmen. Außerdem würden nicht die ärmsten Länder, sondern asiatische Staaten von politischen und wirtschaftlichen Interesse Japans gefördert. Unter der Quantität der japanischen ODA leide deren Qualität. Für die organisatorischen Mängel wird der hohe Anteil an bürokratischen Routineentscheidungen im Vergabeverfahren, an dem eine zu große Zahl von Akteuren beteiligt sei, verantwortlich gemacht.

„Druck von Außen" (*gaiatsu*), die japanische Entwicklungspolitik zu reformieren und große Haushaltslöcher seit Anfang der 90er Jahre nach dem Platzen der *bubble economy* lösten schließlich einen Wandel der japanischen ODA aus. 1992 formulierte das Kabinett neue Leitlinien für die japanische Entwicklungspolitik. Die ODA-Charta zielt auf eine Angleichung der japanischen Vergabepraxis an internationale Qualitätsrichtlinien ab. Trotz dieser Leitlinien, die im Jahr 2003 revidiert worden sind, blieben die Charakteristika der japanischen ODA erhalten. Nach wie vor ist der Fokus, trotz der Zusagen über eine zunehmende Förderung Afrikas, auf Asien gerichtet. Auch die Infrastrukturmaßnahmen nehmen im Vergleich zum DAC-Durchschnitt unverändert einen hohen Anteil der Fördermaßnahmen ein.[1] Deshalb werden weitere Reformen, wie Evaluation, klare und transparente Vergaberegeln sowie die Bündelung der Akteure in einem einzigen Ressort für Entwicklungspolitik und eine aktivere Beteiligung Japans an multilateraler Entwicklungszusammenarbeit angemahnt.

5   Zukunftsaussichten und Sonderprobleme

Unter dem Titel „Wir sind die Weltmacht. Warum Japan die Zukunft gehört" wurde 1994 die deutsche Übersetzung eines Buchbandes des konservativen japanischen Politikers Shintarô Ishihara (zurzeit Gouverneur von Tokyo) veröffentlicht.[2] Im japanischen Original war das Werk unter dem Titel „Ein Japan, das Nein sagen kann" erschienen. Es eröffnete eine Reihe von Veröffentlichungen

---

[1]   http://www.oecd.org/dataoecd/42/5/1860382.gif (13.06.05).
[2]   Bergisch Gladbach: Lübbe, 1994. Der japanische Originaltitel lautete „Nô to ieru nihon".

aus ost- und südostasiatischer Feder, in denen stets die Selbstbehauptung der Region als starke, dem Westen ebenbürtige Region zum Ausdruck kam. Der Ausdruck der Ebenbürtigkeit bezog sich sowohl auf die wirtschaftlichen als auch auf die kulturellen Errungenschaften Asiens. Mit der „Asienkrise" 1997 wurde die Euphorie um die asiatischen Werte, die als maßgeblicher Motor für das Erreichte angeführt wurden, zunächst heftig gebremst. Es wurde ruhig um die sog. Wertedebatte, wenngleich sie bis heute nicht verstummt ist. Für Japan fing die Zeit des leiseren Tretens bereits vor der Asienkrise an, so dass die Formel „Wir sind die Weltmacht" im Jahr 1994 der Realität doch um einige Stufen hinterher hinkte. Die verlorene Dekade setzte vor allem nach dem Platzen der Seifenblasenwirtschaft ein, und sie zog sich bis ins neue Jahrtausend.

Eine neue Weltmacht ist dadurch aus Japan nicht geworden. Vielmehr deutet vieles daraufhin, dass die Volkrepublik China ihm eine solche Position in den internationalen Beziehungen auch streitig machen würde. Mit Fug und Recht kann Japan indes in mehrerer Hinsicht eine Sonderstellung für sich reklamieren. Dies ermöglicht Japan beispielsweise als Mittler zwischen „Asien und dem Westen" zu fungieren. Seit der Öffnung des Landes für den internationalen Handel im Jahr 1854 hat Japan teils gezielt und teils unbeabsichtigt eine Entwicklung vollzogen, die ihm eine Position des Sowohl-als-auch oder, in manchen Situationen, zwischen den Stühlen beschert. Wie eingangs erwähnt, wird Japan gerne zu den westlichen Industrienationen gerechnet. Andererseits betrachten die Staaten Südostasiens Japan als genuinen Teil Asiens – was Malaysias langjährigen Regierungschef Mahathir Mohamad in den 80er Jahren zu der Maxime „Look East" verleitete, um daheim die wirtschaftliche Entwicklung (nach japanischem Muster) voranzubringen. Der rezente Aufstieg Chinas in wirtschaftlicher wie in militärischer Hinsicht hat zu einer Rivalität der beiden großen Regionalmächte geführt, die sich mittelfristig nicht in Komplementarität oder gar regionale Arbeitsteilung transformieren lassen wird. Beide Staaten zögern nicht, ihre bilateralen Beziehungen in regelmäßigen Abständen durch politische Nadelstiche zu trüben, die auf die jüngere Kriegs- und Nachkriegsvergangenheit rekurrieren. Den wirtschaftlichen Verbindungen scheint dies indes wenig Abbruch zu tun.

Eine besondere Beziehung hat Japan durch den Territorialstreit um die Inselkette der Kurilen zu Russland. Ob sich unter Vladimir Putin und Junichirô Koizumi eine Einigung erzielen lassen wird, bleibt derzeit der Spekulation überlassen. Sicherheitspolitisch wird Japan sich solange in einer recht komfortablen Situation befinden, wie die enge Bindung an die USA besteht. Da Japan keinerlei Anzeichen macht, die bilaterale Verbindung zu lockern, wird es seine Sonderstellung als wichtigster asiatischer Verbündeter der Vereinigten Staaten bis auf Weiteres einnehmen. In innenpolitischer Hinsicht können die USA seit den vorgezogenen Unterhaus-Wahlen von September 2005 beruhigt auf ihren Partner in

Fernost blicken. Der langjährige Garant für die blendende Beziehung zwischen beiden Staaten, die Liberaldemokratische Partei Japans, sitzt mit seiner neu gewonnenen absoluten Mehrheit so fest im Parlamentssattel wie lange nicht mehr.

6   Literaturhinweise

Berkofsky, Axel: Die Entsendung des japanischen Militärs in den Irak, in: Japan Aktuell; Januar 2004, S.51 ff.

Eli, Max: Die Bedeutung wirtschaftlicher Verbundgruppen: Netzwerkstruktur und Keiretsu-Effekt, in: Pohl, Manfred/Mayer, Hans Jürgen (Hrsg.): Länderbericht Japan; Bonn 1998.

Green, Michael J.: Japan's Reluctant Realism: Foreign Policy Challenges in an Era of Uncertain Power; Houndmills/New York 2001.

Hook, Glen D.: Militarization and Demilitarization in Contemporary Japan; London/New York 1996.

Hook, Glen/Gilson, Julie/Hughes, Christopher/Dobson, Hugo (Hrsg.): Japan's International Relations; London/New York 2001.

Hughes, Christopher: Japan's Reemergence as a 'Normal' Military Power; Oxford, New York 2004a.

Hughes, Christopher: Japan's Security Agenda: Military, Economic, and Environmental Dimensions; Boulder/London 2004b.

International Institute for Strategic Studies (Hrsg.): The Military Balance 2003/2004; Oxford 2003.

Japan Defense Agency: Defense of Japan. 2002, White Paper; Tokyo 2002.

Kevenhörster, Paul/Nabers, Dirk: Japans umfassende Sicherheit; Hamburg 2003.

Legewie, Jochen: Außenwirtschaftliche Verflechtungen, in: Deutsches Institut für Japanstudien (Hrsg.): Die Wirtschaft Japans. Strukturen zwischen Kontinuität und Wandel; Berlin [u.a.] 1998.

Mafael, Rolf: Grundzüge und Tendenzen der japanischen Außenpolitik – Wohin fährt der „Wagen mit den zwei Rädern?, in: Pohl, Manfred/Wieczorek, Iris (Hrsg.): Japan 2004. Politik und Wirtschaft; Hamburg 2004.

Nabers, Dirk/Ulfen, Andreas: Der neue asiatische Regionalismus, in: Asien 90; Januar 2004, S.38-52.

Nabers, Dirk: Japans Handelspolitik zwischen globalen Verpflichtungen und bilateralen Aktionismus, in: Nord-Süd aktuell, Vol. 18, No. 1; 2004.

Pascha, Werner: Wirtschaft, in: Kevenhörster, Paul/Pascha, Werner/Shire, Karen A. (Hrsg.): Japan. Wirtschaft Gesellschaft Politik; Opladen 2003.

Pyle, Kenneth B.: The Japanese Question. Power and Purpose in a New Era; Washington D.C. 1996.

Röhl, Wilhelm: Die japanische Verfassung; Frankfurt, 1963.

Schreer, Benjamin: Japans Verteidigungspolitik,. in: SWP-Aktuell, 61; Dezember 2004.

Smith, Sheila: The Evolution of Military Cooperation in the U.S.-Japan Alliance, in: Green, Michael J./Cronin, Patrick M. (Hrsg.): The U.S.-Japan Alliance. Past Present, and Future; New York 1999, S.69 ff.

Stone, Laura: Whither Trade and Security? A Historical Perspective, in: Green, Michael J./Cronin, Patrick M. (Hrsg.): The U.S.-Japan Alliance. Past Present, and Future; New York 1999, S.247 ff.

Tsuchiyama, Jitsuo: Ironies in Japanese Defense and Disarmament Policy, in: Inoguchi, Takashi/Purnendra, Jain (Hrsg.): Japanese Foreign Policy Today; New York, Houndmills 2000, S.136 ff.

Waldenberger, Franz: Wirtschaftspolitik, in: Deutsches Institut für Japanstudien (Hrsg): Die Wirtschaft Japans. Strukturen zwischen Kontinuität und Wandel; Berlin et al. 1998, S.20 ff.

Indien – die älteste Demokratie Asiens

Saskia Hieber

Die Indische Union gehört zu den größten und bevölkerungsreichsten Staaten der Erde. Etwa eine Milliarde Menschen leben auf einem Gebiet, dessen geographische Ausdehnung der Fläche Gesamteuropas entspricht und das erhebliche klimatische Unterschiede aufweist. In Indien treffen nicht nur soziale Gegensätze aufeinander, sondern auch strukturelle Ambivalenzen: Die Indische Union ist einerseits Entwicklungsland, betreibt aber auch erfolgreich ein Atom- und Raketenprogramm. Indien ist ohne Zweifel eine regionale Großmacht, d.h. es übt erfolgreich Einfluss auf die Region Südasien und auch darüber hinaus, z.B. in Südostasien, aus. Seine geographische Größe, die hohe Bevölkerungszahl, die große Armee und der Status einer Atommacht schaffen grundsätzlich ein Potential, auch zu den internationalen Großmächten zu gehören. Doch sind die Probleme Indiens, insbesondere Armut und wachsender Nationalismus, erheblich. Die Alphabetisierungsquote liegt mit etwa 60% unter dem Weltdurchschnitt.[1] Indien verfügt allerdings auch über eine große Zahl englischsprachiger Fachleute und Techniker. Das vornehmliche Ausbildungsniveau ist neben dem zunehmenden Wirtschaftswachstum eines der Gründe, der Indien in die Portfolios internationaler Anlageberater katapultiert. Den jüngsten Aufschwung in der internationalen sicherheitspolitischen Wahrnehmung erfuhr Indien durch den im Juni 2005 aufgelegten neuen Status als strategischer Partner der USA. Spannend zu sehen sein wird, wie Indien sich angesichts drohender Verschiebungen in der regionalen Machtbalance gegenüber China und angesichts wirtschaftspolitischer Herausforderungen, die durch die internationale Verflechtung an Dynamik gewinnen, positioniert und stabilisiert.

1 Die politische Entwicklung Indiens

Indien ist die älteste Demokratie in Asien und die größte Demokratie der Welt. Die demokratische Tradition fußt auf einer modernen Verfassung, auf pluralistischen Strukturen und einem funktionierenden Wahlsystem. Ein selbständiges und funktionierendes Rechtssystem, das erwiesene Bekenntnis zu Menschen-

---

[1] CIA-World Fact Book India (2005).

rechten und eine verhältnismäßig freie Presse stellen Indien insbesondere im asiatischen Kontext heraus. In seiner Funktion als demokratische Regionalmacht erlebt Indien neue und ungeahnte Aufmerksamkeit durch den amerikanischen Kampf gegen den Terror und amerikanische Demokratisierungsbestrebungen.

Die Indische Union entstand 1947 durch die Teilung von Britisch-Indien und die Entlassung in die Unhabhängigkeit von der englischen Krone. Die Teilung in Indien einerseits und Pakistan andererseits war mit dem ersten indisch-pakistanischen Krieg 1947-48 verbunden, der seine Schatten bis in die Gegenwart wirft. Premier Nehru regierte von 1952 bis zu seiner Ermordung 1964 und führte Indien in die Blockfreiheit. In diese Periode fallen auch die indisch-chinesischen Grenzkriege 1962. Indien und China erheben kollidierende Territorialforderungen in drei Gebieten: Aksai Chin in der Kashmirregion, ein kleineres Gebiet in der Nähe der indisch-nepalesisch-chinesischen Grenze und Teile des im Nordosten Indiens gelegenen Bundesstaats Arunachal Pradesh, die von der Volksrepublik China beansprucht werden.

Die nächste bedeutende Premierministerin war Indira Gandhi (1966-77 und 1980 bis zu ihrer Ermordung 1984). Indira Gandhis Regierungszeit war einerseits geprägt durch eine Reihe von regionalen und überregionalen Bündnissen wie dem Friedensvertrag von Taschkent 1966 und dem Indisch-Sowjetischen Freundschaftsvertrag 1971. Andererseits fallen in diese Ära auch eine Reihe blutiger Kriege und sicherheitspolitischer Gratwanderungen, wie der zweite indisch-pakistanische Krieg 1965, der dritte indisch-pakistanische Krieg 1971, der indisch-pakistanische Konflikt auf dem Siachen-Gletscher 1984 und die ersten Atomtests 1974.

Nach Indira Gandhis Ermordung wurde 1984 ihr Sohn Rajiv Gandhi Premier. Mit Rajiv Gandhi wurde 1991 das dritte Mitglied der führenden Politikerdynastie Indiens ermordet. Seine Regierungszeit zeichnete sich durch verstärkte regionale und internationale Aktivitäten, wie der Gründung der SAARC (South Asian Association for Regional Cooperation) 1985, aus und dem von einer erheblichen Verbesserung der indisch-chinesischen Beziehungen gefolgten Besuch Rajiv Gandhis 1988 in Peking. Wie notwendig verbesserte Beziehungen zu Nachbarstaaten waren, zeigte sich in einer Neuauflage des Kaschmir-Konflikts 1990. Premier Rao (1991-96) schließlich führte Indien auf einen modernen Weg, indem 1991 Wirtschaftsreformen eingeleitet wurden, 1993 mit China ein Grenzvertrag und mit Russland ein neuer Freundschaftsvertrag geschlossen wurden und Indien in die Mitgliedschaft des ARF (Asian Regional Forum) trat. Dies führte jedoch nicht automatisch zu einer sicherheitspolitischen Befriedung. 1998 führte Indien wiederholt Atomtests durch, mit dem Kargil-Konflikt bekam der indisch-pakistanische Krieg seine vierte Auflage, einem Anschlag auf das indische Parlament 2001 folgte 2002 eine Kriegsdrohung an Pakistan.

Abbildung 1: Zeittafel

3. Jh. v. Chr.	Maurya-Kaiser: erstes indisches Großreich (Kaiser Ashoka)
4. Jh. n. Chr.	Gupta-Kaiser
12 Jh.	Beginn der muslimischen Herrschaft zunächst über Nordindien (Sultanat von Delhi), dann auch über andere Teile Indiens
16.-18. Jh.	Herrschaft der muslimischen Mogul-Kaiser
1757	Beginn der britischen Vorherrschaft in Indien mit dem Sieg bei Plassey
1857-1947	Durch die Meuterei indischer Regimenter angeschlagen und durch die Unabhängigkeitsbewegung unter Führung von Mahatma Gandhi bekämpft, endet die britische Kolonialzeit mit der Unabhängigkeit Indiens und der Teilung des Subkontinents.
1949	Indien wird parlamentarisch-demokratische Republik in Form eines Bundesstaates.
1949-1964	Premierminister (PM) Jawaharlal Nehru (Congress)
1964-1966	PM Lal Bahadur Shastri (Congress)
1966-1977	Premierministerin Indira Gandhi (Congress)
1977-1979	PM Morarji Desai (Janata Partei)
1979/80	PM Charan Singh (Janata Partei, Interimsregierung)
1980-84	Premierministerin Indira Gandhi (Congress)
1984-1989	PM Rajiv Gandhi (Congress), 1991 ermordet
1989/90	PM Vishwanat Pratap Singh (Janata Dal)
Nov. 1990 - Juni 1991	PM Chandra Shekhar (Samajwadi Janata Party)
Juni 1991 - Mai 1996	PM P.V. Narasimha Rao (Congress)
Juni 1996 - April 1997	PM H.D. Deve Gowda (Janata Dal)
April 1997 - März 1998	PM Inder Kumar Gujral
März 1998 - Mai 2004	PM Atal Behari Vajpayee (BJP – Bharatiya Janata Party)
Seit 22.5.2004	PM Manmohan Singh (Congress)

Ab 2004, ab der Amtsaufnahme der Regierung Singh, entschärfte sich der Kaschmir-Konflikt mit einer gemeinsamen Erklärung. Dazu hat auch der sogenannte Cricket-Gipfel beigetragen, bei dem im April 2004 Präsident Musharraf das Spiel für Gespräche mit Premier Singh und hochrangigen indischen Politikern nutzte.[1] Schließlich sucht Indien auch in Zentralasien zumindest politisches Präsenz und hat seit 2005 in der Shanghai Cooperation Organisation (SCO) Beobachterstatus.

Der indische Bundesstaat ist eine Parlamentarische Demokratie und besteht aus 28 Staaten, 6 Unions-Territorien und der Hauptstadt, dem National Capital Territory Delhi. Jeder Staat hat seine eigene Regierung; der Gouverneur wird vom Präsidenten ernannt. „Unity in Diversity" ist das Modell, um die Vielzahl der Sprachen, Religionen und der regionalen Unterschiede zu vereinen.[2] Neben der Hauptsprache Hindi existieren 18 Staatssprachen, 24 weitere Sprachen, 720 Dialekte und 23 Stammessprachen. Laut Verfassung ist Indien ein säkularer Staat. Die meisten Inder (81%) sind Hindus, 12% sind Muslime, 2,3% Christen, 1,9% Sikhs und weitere 2,5% der Bevölkerung sind Buddhisten, Jains und Parsen.

Die führenden Parteien Indiens sind Gandhis Kongresspartei (Indian National Congress) und die nationale Hindu-Partei BJP. In den Wahlen vom Mai 2004 löste die Kongresspartei die nationale Regierung ab. Regierungschef wurde nach Sonia Gandhis Verzicht der Wirtschaftsexperte Manmohan Singh. Die Kongresspartei regiert mit nur 34,6% in einer Minderheitenkoalition, der progressiven Einheitsallianz, „United Progressive Alliance" (UPA), mit Dravida Munnetra Kazhagam (DMK), Pattali Makkal Katchi (PMK), Rashtriya Janata Dal (RJD) und wird von den Kommunistischen Parteien unterstützt. Die Kongresspartei stützt sich immer noch auf die wesentliche Rolle, die sie im Unabhängigkeitskampf gegen London gespielt hatte. Von der Kongresspartei spalteten Sharad Pawar und Tariq Anwar 1999 die Nationalist Congress Party (NCP) ab – sie lehnten Sonia Gandhi wegen ihrer italienischen Herkunft ab. Dravida Munnetra Kazhagam (DMK) ist eine regionale Partei aus Tamilnadu. Die Rashtriya Janata Dal (RJD) hat ihre Basis in Bihar, mit über 80 Millionen Indiens zweitgrößter Staat. Bihar gehört zu Indiens ärmsten Staaten. Folgende kommunistische und andere Parteien unterstützen mit 16,3% die von der Kongresspartei geleitete Regierungsallianz:

- die Communist Party of India - Marxist (CPIM),
- die Samajwadi Socialist Party,
- die 1925 gegründete Communist Party of India und
- die Partei der so genannten „Unberührbaren", der Dalits, die Bahujan Samaj Party.

In der machtvollen Opposition, die 35,3% der Stimmen auf sich vereint, befinden sich unter anderem:

- die ehemalige Regierungspartei (BJP),

---

[1]   Wagner (2005), S.2.
[2]   Information des Indischen Generalkonsulats München im Februar 2004.

- die nationale Hindupartei Bharatiya Janata Party (PJP),
- die vom ehemaligen Verteidigungsminister George Fernandes geführte Janata Dal (BJD),
- die Telugu Desam Party des Staates Andhra Pradesh und
- die hauptsächlich in Tamil Nadu vertretene India Anna Dravida Munnetra Kazhagam (AIADMK).[1]

Zu den wichtigsten Regierungsmitgliedern gehören neben Premierminister Manmohan Singh Finanzminister P. Chidambaram und Wirtschaftsminister Kamal Nath. Beide Minister stärken den wirtschaftlichen Liberalisierungskurs, während sich der Premier für die soziale Einheit und die Landbevölkerung einsetzen muss. Dazu dient eine Politik der „Wirtschaftsreform mit menschlichem Antlitz", mit deren Hilfe größere soziale Verwerfungen vermieden werden sollen. Eine neue Steuerpolitik entlastet Schichten mit niedrigerem Einkommen, die Senkung von Zöllen soll den Zugang auch zu ausländischen Konsumgütern erleichtern. Generell ist trotz der Stärke des linken Blocks und dem Widerstand gegen notwendige Privatisierungen mit einer Fortsetzung der Wirtschaftsliberalisierung zu rechnen.[2]

In der Realität ist dies durch die problematische Zusammensetzung des kaum gemeinsam verhandelnden Koalitionskomitee und kommunistischer Boykottdrohungen ein zerbrechliches Arrangement. Im Ergebnis bedeutet dies, dass Indiens Reformanstrengungen verlangsamt werden und die Regierung Singh sich volkswirtschaftlich fraglichen Programmvorschlägen der Linken beugen muss, z.B. einem Gesetz, das den Haushaltsvorständen in den ärmsten Distrikten 100 Tage Arbeit garantiert.[3] Insbesondere in Bezug auf Indiens fast als postsozialistisch zu bezeichnende Arbeitsgesetze hat sich ein Reformstau gebildet. Das „common minimum programme" genannte gemeinsame Programm, das der linke Block in der Opposition der regierenden United Progressive Alliance (UPA) abtrotzen konnte, gilt als Hindernis für die wirtschaftliche Entwicklung. Das Kastenwesen ist offiziell abgeschafft, doch manifestieren sich Klassenunterschiede in vielen Bereichen. Der Zugang zu guten Kindergärten, Schulen und Universitäten ist in Indiens hoch kompetetivem Bildungssystem zwar eher von der Leistung als von der finanziellen Ausstattung der Familie abhängig, wird jedoch durch die in hohen Kasten herrschende Orientierung und Tradition diesen Kindern erleichtert.

---

[1] Informationen der Indisch-Deutschen Handelskammer Düsseldorf.
[2] Wagner (2004a), S.46.
[3] The Economist, 29. Oktober 2005, S.25.

2 Wirtschaftliche Strukturen und Besonderheiten

Bis 1991 herrschte eine so genannte „mixed economy", eine Mischung aus staatlich gelenkten und privatwirtschaftlichen Strukturen. Nach 1991 war die Notwendigkeit eines Umbaus der wirtschaftlichen Strukturen von einer Agrar- zur Dienstleistungsgesellschaft notwendig. Dies zeigte sich insbesondere im Zusammenhang mit dem Beitritt zur Welthandelsorganisation (WTO) 1995. Indiens Wirtschaftswachstum ist mit 6-8% heute beachtlich. Allerdings hat Indien der chinesischen Wirtschaftsdynamik, die bereits seit über 20 Jahren kontinuierlich wächst, noch wenig entgegenzusetzen.

Inseln der industriellen oder dienstleistungsorientierten Hochqualifikation machen Teile Indiens zu einem zweiten Los Angeles oder China, mit modernen Bürohochhäusern und schicken Vorstädten. Die indischen Software-Firmen wie z.B. Tata, Infosys und Wipro sind nicht mehr nur Dienstleister, sondern konkurrieren mit internationalen Multis um große Beratungsverträge.[1] Eines der Zauberworte für die indische Wirtschaftsentwicklung war „Outsourcing". Firmen wie Lufthansa oder General Electrics griffen auf Dienstleistungen zurück, die indische Anbieter mit guten englischen Sprachkenntnissen, IT-Kenntnissen und niedrigen Lohnkosten so attraktiv machen.

Im Verlauf der vergangenen Jahrzehnte musste die indische Regierung allerdings eine Vielzahl von Herausforderungen gegen Hunger und Armut meistern. Mit der „grünen Revolution" (Feldfrüchte) und der „weißen Revolution" (Milchprodukte) wurde ab Mitte der 1960er Jahre die Nahrungsmittelversorgung verbessert und damit erste Bedingungen für die industrielle Entwicklung geschaffen.[2] Ob Indien jedoch wirklich bald dem chinesischen Drachen wirtschaftlich die Stirne bieten kann, ist sehr fraglich. Hier kann gleich ein weiterer Mythos beseitigt werden: Obwohl die IT-Industrie zweifellos zu Indiens Aufstieg beiträgt, beschäftigt sie nur etwa eine Million Menschen – kein in der Breite arbeitsplatzschaffender Faktor zur Armutsbekämpfung also.

Die andere Seite der wirtschaftlichen Entwicklung Indiens sind Bürokratie, Mängel in der Infrastruktur, in der Armutsbekämpfung und der Reformstau in der Politik. Indien verfügt mit 40 Millionen Beamten auch über die größte Bürokratie der Welt. Die Anzahl der Beamten hat sich seit 1947 vervierfacht, doch die Eindämmung der Bürokratie ist schwierig: Eine Reduzierung der Beamtenschaft um nur ein Drittel würde die Arbeitslosenzahl landesweit um fünf Prozent steigern. Verschleppte Reformen, insbesondere in Bezug auf die Arbeitsmarktpolitik entwickeln sich zu Wachstumsbremsen und gefährden nach Ansicht einiger Experten den wirtschaftlichen Aufschwung. Starke Gewerkschaftsbewegun-

---

[1] The Economist, 29. Oktober 2005, S.25.
[2] Information des Indischen Generalkonsulats München im Februar 2004.

gen, linke und die beiden kommunistischen Parteien haben angesichts der 2006 anstehenden Wahlen wenig Interesse, die großzügigen Rechte der städtischen Arbeitnehmerschaft einzuschränken. Die Benachteiligten dieses Zustands sind Landbewohner, die kaum über geregelte und langfristige Arbeitsverhältnisse verfügen und junge Menschen, die sich einer sehr zurückhaltenden Einstellungsbereitschaft der Arbeitgeber konfrontiert sehen. Das Ergebnis ist beispielsweise in der indischen Textilwirtschaft zu beobachten, die mit etwa 7% pro Jahr wächst, ohne mehr Arbeitnehmer zu beschäftigen.[1]

Der gegenwärtige Regierungschef Manmohan Singh war 1991 bis 1996 bereits Finanzminister. Er brachte Indien auf einen dringend notwendigen wirtschaftlichen Reformkurs und baute das alte geschlossene Wirtschaftssystem mit Elementen von Planwirtschaft und einem großen Subventionssystem ab. Singh wertete die Währung ab um den Export anzukurbeln, kürzte Subventionen, reformierte die Bürokratie und öffnete das WTO-Mitglied Indien langsam für den internationalen Markt. Zu den neuen, die Außenwirtschaft fördernden Maßnahmen gehören die Aufhebung von Importrestriktionen, die Senkung des Basiszollsatzes auf 20%, die Importerlaubnis für Gebrauchtmaschinen und die Rückfuhrvereinfachung für Kapital und Dividenden.[2] Allerdings kontrolliert der Staat noch etwa die Hälfte der Betriebe, die oft nicht sehr effizient wirtschaften.

Ein erhebliches Problem ist, dass die wirtschaftliche Liberalisierung zwar für den Waren- und Dienstleistungshandel gilt, Firmenbesitz in ausländischer Hand aber nicht erlaubt ist.[3] Notwendige Privatisierungsanläufe werden weiterhin erschwert durch staatliche oder politische Einflussnahme, die zu einer ungenügenden Kalkulation und personeller Übersetzung führte. Die Preisgestaltung ist nicht kostendeckend, Gebühren für öffentliche Leistungen (wie z.B. Wasser- und Energieversorgung) sind zu niedrig oder werden ignoriert. In strategischen oder sensiblen Wirtschaftsbereichen, wie etwa Versicherungswesen, Luftfahrt, Bergbau, Kommunikation und Medien wurden Obergrenzen für ausländische Direktinvestitionen erlassen. Dies hat zur Folge, dass nach Indien nur etwa 5 Milliarden US-Dollar Fremdinvestitionen, nach China aber fast 60 Milliarden US-Dollar und erheblich mehr Technologie und Know-how fließen. Nachstehende Tabelle zeigt, wie wenige Direktinvestitionen Indien erhält und dass China mit 55 Milliarden und die USA mit etwa 115 Milliarden US-Dollar die mit Abstand höchsten Investitionen erhalten:

---

[1]   The Economist, 29.Oktober 2005, S.26.
[2]   Informationen der Indisch-Deutschen Handelskammer in Düsseldorf.
[3]   Zingel (2004), S.27.

Tabelle 1: Ausländische Direktinvestitionen im Vergleich (Foreign Direct Investments), 2004 (in Mrd. US-Dollar)[1]

China	Japan	USA	Indien
55	8	115	5

Indiens Wirtschaftsstrukturentwicklung befindet sich also in einer Art Lähmungszustand, da die Minderheitsregierung Singh sich nicht gegen die Linke, die höhere ausländische Investitionen und auch Teilprivatisierungen der Staatsbetriebe ablehnt, durchsetzen kann. Hierbei geht es nicht nur um die „neun Kronjuwelen" genannten führenden Staatsunternehmen, die Linke sperrt sich auch gegen Teilverkäufe anderer Unternehmen. Eine weitere Folge des gelenkten Wirtschaftssystems sind die hohen Zuschüsse und Subventionen, die fast 15% des Inlandsprodukts ausmachen.

Warum die indische Wirtschaft trotz angezogener Handbremse dennoch gut fährt, erklärt sich aus den oben angesprochenen, durch die Regierung Narasimha Rao in den 1990er Jahren initiierten und vom damaligen Finanzminister Singh durchgesetzten Reformen. Zu den wesentlichen Fortschritten in der wirtschaftlichen Liberalisierung kommt eine wachsende, junge und gut ausgebildete Mittelschicht, die hilft, sowohl die Spareinlagen zu heben, als auch den Konsum und damit die Konjunktur anzukurbeln. Eine Lösung, um bei einem hohen Staatsdefizit der Notwendigkeit nachzukommen, Landwirtschaft, Infrastruktur, Schulbildung und Gesundheitswesen auszubauen, ist die Ausweitung von gemischten Eigentumsformen, „public-private-ownership" und von Infrastrukturprojekten, die nicht parlamentarischer Zustimmung bedürfen. Eine kleine Erleichterung erfolgte Mitte des Jahres 2004, als die Summe der Währungsreserven mit 130 Milliarden US-Dollar, die der Auslandsschulden von etwa 120 Milliarden US-Dollar überstieg.[2] Viele dieser neuen Deviseneinlagen sind allerdings Investitionen von Privatpersonen indischer Abstammung und ausländischer Staatsbürgerschaft, die ihre Einlagen im Krisenfall wohl auch schnell wieder abziehen würden. Indiens Verschuldung ist beunruhigend, der Staat gibt etwa ein Drittel des Nationalprodukts aus, nimmt aber nur 20% ein.

Nach internationalen Angaben lebt in Indien noch etwa ein Viertel der Bevölkerung unterhalb der Armutsgrenze, während es in China nur 10% sind.[3] Im Vergleich mit China hat Indien außerdem anteilig am Bruttoinlandsprodukt weniger Investitionen und höhere öffentliche Ausgaben. Ineffizienz und Unproduktivität sind große Hindernisse für Indiens wirtschaftliche Entwicklung. Berüch-

[1] Worldbank, Country Data Profile; Worldbank Development Indicators 2005; www.worldbank.org (15.09.05).
[2] Information der Indisch-Deutschen Handelskammer Düsseldorf.
[3] CIA World Fact Book (2005).

tigt ist das Beispiel des Zweirad-Herstellers „Scooters India Ltd." dessen Produktionskosten ein Vielfaches über dem Verkaufspreis eines Motorrollers lagen. Ein Grund für die Dominanz der Staatswirtschaft lag in der Entstehungszeit: Nach der Erlangung der Unabhängigkeit 1947 war die Privatwirtschaft so gering entwickelt, dass der Staat gezwungen war, den Aufbau der Infrastruktur selbst zu übernehmen. Ein weiterer Grund lag in der eigenwilligen Gestaltung der wirtschaftlichen Grundlagen durch die politische Führung. Während Premierminister Jawaharlal Nehru ein gemischtes, wachstumsorientiertes Wirtschaftsmodell mit sozialistischen Elementen vorsah, erhöhte seine Tochter Indira Gandhi in ihrer Regierungszeit von 1966 bis 1977 das Maß staatlicher Kontrolle.

Welchen steinigen Reformpfad Indiens Wirtschaftssystem noch zu bewältigen hat zeigt sich in der Landwirtschaft: Wasser, Strom und Düngemittel sind großteils fast kostenlos und werden verschwendet. Außerdem erwirtschaftet der Sektor Landwirtschaft, mit etwa 56% der Gesamtbeschäftigen nur 22% des Bruttoinlandsprodukts, während ein weiteres Viertel der Beschäftigten im Dienstleistungssektor weit über die Hälfte (53%) des BIP erwirtschaftet und auch der Industriesektor mit nur 17% der Beschäftigten mit 25% mehr Wirtschaftsleistung erbringt als die Landwirtschaft. Die regionalen Disparitäten sind erheblich. Der GINI-Koeffizient, der Einkommensunterschied zwischen dem obersten und dem untersten Fünftel der Bevölkerung, ist mit 0,38 zwar nicht so hoch wie in China (0,56). Dies bedeutet jedoch nicht automatisch, dass es eine kaufkräftige Mittelschicht von etwa 250 Millionen Menschen gibt. Legt man etwa den Besitz eines Autos oder großen Motorrads als Indikator für Konjunktur fördernde Schichten fest, ergibt sich daraus nur ein „Mittelstand" von 20 bis 50 Millionen Menschen.[1] Nicht nur das Einkommensgefälle, auch das regionale Produktivitätsgefälle zwischen den Bundesstaaten belastet die Entwicklung. Hohe Wachstumsraten erreichen die Staaten im Süden und Westen Indiens. Zu den armen, „kranken" („bimar" heißt krank) BIMARU-Staaten dagegen gehören, entsprechend ihrer Anfangsbuchstaben Bihar, Madhya Pradesh, Rajastan und Uttar Pradesh.[2]

In den in westlicher Wahrnehmung „Elendsviertel" genannten Gegenden leben keineswegs nur sehr arme Menschen, sondern auch Angehörige der unteren Mittelschicht. Große Unterschiede liegen zwischen Einkommensspitzen von fast 50.000 Rupien (INR) pro Kopf in Bombay (Mumbai) und dem Durchschnittseinkommen ärmerer Gegenden von knapp 19.000 Rupien, wie etwa in Hyderabad.[3] Die meisten Inder (über 70% der Bevölkerung) leben auf dem Land – eine entsprechende Bedeutung hat die Landwirtschaft als Wirtschaftssektor. Ein dort vorherrschendes Dilemma ist, dass die Rechte der organisierten Arbeiter

---

[1] Zingel (2004), S.29.
[2] Zingel (2004), S.30.
[3] Informationen der Indisch-Deutschen Handelskammer. 1 Euro ≈ ca. 50 INR.

dem Großteil der Landbevölkerung nicht zu Gute kommen. So behindern also die Privilegien eines Bevölkerungsteils die Entwicklung eines anderen. Eine mit der Landwirtschaftsentwicklung zusammenhängende bedeutende Maßnahme wirtschaftlicher Konsolidierung ist der Ausbau der Nahrungsmittelindustrie. Indiens Wirtschaft wird nur Erfolg haben, wenn mehr Arbeitsplätze in der Produktion geschaffen und der Export angekurbelt werden. Dies war bisher in groben Zügen ein Rezept für Asiens Wirtschaftsboom. Die Regierung Singh im Jahr 2005 wird nicht an den Erfolgen des Finanzministers Singh in den 1990er Jahre gemessen werden, auch nicht an den heutigen wirtschaftlichen Erfolgen, sondern an der Armutsbekämpfung, denn der wirtschaftliche Aufstieg der städtischen Mittelschicht hat einige Hundert Millionen Inder in Armut zurückgelassen.

Folgende Tabelle zeigt, welche Anstrengungen Indien noch unternehmen muss, um an die regionale und internationale Wirtschaftsleistung anderer Staaten aufzuschließen. So produziert Indien z.B. mit über eine Milliarde Menschen nur etwa ein Drittel der chinesischen Wirtschaftsleistung.

Tabelle 2: Indiens Wirtschaft und Handel im internationalen Vergleich[1]

	Bruttoinlandsprodukt (in Mrd. US-$)		Wachs- tum (%)	Handel (in Mrd. US-$)		Bevölkerung (in Mio.)
Jahr	*2003*	*2004*	*2004*	*2003*	*2004*	*2004*
Indien	600	688	6,9	143	176	1.078
China	1.420	1.650	9,5	851	1.155	1.297
Japan	4.300	4.620	2,7	855	1.020	128
EU	8.200	9.400	2,0	1823	1.997	307
RUS	431	581	7,1	214	284	143
USA	10.948	11.667	4,4	2.028	2.345	293

3   Indiens Militär und Sicherheitsumfeld

Das indische Militär – *bharat rakshak* – gehört zu den größten Streitkräften der Welt und wird als Instrument der Außen- und Sicherheitspolitik durchaus eingesetzt. Zu der Vielzahl bewaffneter Auseinandersetzungen und kriegerischer Konflikte, welche die indische Armee immer wieder Kampferfahrung aussetzt, gehören die indisch-chinesischen Grenzkriege 1962, die sich über Dekaden streckenden Auseinandersetzungen mit Pakistan und die Tamilenkriege in Sri Lanka. Mit der Volksrepublik China besteht erst seit 1996 eine Art Nicht-Angriffspakt. 2003

---

[1]   www.worldbank.org; Country Data Profile, County at a Glance Tables(15.09.05).

wurde anlässlich eines Besuchs von Premierminister Vajpayee in China ein Ko-operationsabkommen zwischen Indien und China unterzeichnet.[1]
Nach Angaben der Military Balance bestehen die indischen Streitkräfte aus 1,325.000 Mann. Die Marine verfügt über 19 taktische U-Boote, 8 Zerstörer und 16 Fregatten.[2] Im regionalen Vergleich stellt sich Indien insbesondere gegenüber Pakistan mit einiger Berechtigung als Großmacht dar, verfügt über etwa doppelt so viele Soldaten und Schiffe. Doch im internationalen Kontext zeigen sich schnell die Grenzen indischer Projektionsfähigkeit. Untenstehende Tabelle zeigt, wie wenig Indien den chinesischen oder etwa den amerikanischen Streitkräften entgegenzusetzen hätte. Die USA verfügen im Vergleich zu Indiens 19 U-Booten, 8 Zerstörern und 16 Fregatten unterschiedlichen Alters über 54 takti-sche, 16 strategische U-Boote, 49 Zerstörer, 30 Fregatten und 12 Flugzeugträger.

Tabelle 3: Indiens Streitkräftepotential im Vergleich

	Soldaten	U-Boote	Zerstörer	Fregatten	Flugzeug-Träger
Indien	1,325.000	19	8	16	-
Pakistan	620.000	10	8	8	-
China	2,250.000	67	21	42	-
USA	1,430.000	54 (+ 16 SSN)	49	30	12
Russland	960.000	35 (+ 13 SSN)	14	10	-

Indien steht in einem erheblichen Wandel der regionalen und internationalen Sicherheitsarchitektur. Zunächst musste die Transformation von den Prozessen der British Raj zu einer neuen Tradition der Neutralität bewerkstelligt werden. Im asiatischen Spezialkapitel des Kalten Kriegs folgte die Anlehnung an die Sowjetunion als strategischem Verbündeten (gegen die Volksrepublik China und Pakistan) unter gleichzeitiger Pflege des Selbstverständnisses des Common-wealth. Die neue Sicherheitsarchitektur in Asien seit den späten 1990er Jahren sieht einen potentiellen Konflikt strategischer Interessen der beiden großen Mächte China und Indien durch die Ausweitung der jeweiligen Marinekapazität und durch das Streben nach einem größeren sicherheits- und wirtschaftspoliti-schen Einflussraum. Seit Peking Südostasien allgemein und insbesondere die Malaccastraße und das Südchinesische Meer in Bezug auf die Energieversorgung

---

[1] Surjit Mansingh: India-China Relations in the Context of Vajpayee's 2003 visit; www.gwu.edu/~sigur/pubs/SCAP21-Mansingh.pdf (15.09.05).
[2] International Institute for Strategic Studies (IISS): Military Balance, London 2004.

mit besonderem strategischen Interesse betrachtet und Neu-Delhi in jüngsten Berichten zum Sicherheitsumfeld erklärt hat, seinen Einfluss erheblich ausdehnen zu wollen, kollidieren indische und chinesische Interessen in Südostasien. Indien möchte ein maßgeblicher Akteur im Persischen Golf, im Mittleren Osten und in Südostasien sein und eine Hauptrolle von Socotra, einer Insel vor der jemenitischen Küste, bis nach Südostasien spielen. Dieser überregionale Anspruch wird verstärkt durch eine neue „Focus Africa"-Politik, in der die Beziehungen zu Sub-Sahara-Ländern ausgebaut werden sollen.[1] Auch in Zentralasien zeichnet sich ein potentieller indisch-chinesischer Interessenkonflikt ab. Die Region ist traditionell Schauplatz geostrategischer Wettrennen („Great Game"), Aufmarsch- und Rückzugsgebiet kriegerischer Aktivisten und verfügt über Bodenschätze und Energievorkommen. Indiens und Chinas Bedarf an Rohöl hat sich im ergangenen Jahrzehnt verdoppelt – mit ungebrochener Tendenz eines weiter steigenden Energiebedarfs. China, das 1993 noch etwa 150 Millionen Tonnen Öl verbrauchte, konsumiert inzwischen etwa 300 Millionen Tonnen pro Jahr, wovon ein immer geringer werdender Teil aus der Eigenproduktion stammt. Indiens Rohölbedarf liegt bei etwa 120 Millionen Tonnen pro Jahr.[2]

---

[1]   Minstry of External Affairs, Government of India, Annual Report 2004; www.meaindia.nic.in (15.09.05).
[2]   British Petroleum Review of World Energy 2004.

Abbildung 2:   Indiens und Chinas Interessenkollision[1]

Die indischen Streitkräfte haben ebenfalls die „Revolution in Military Affairs" mit verschiedenen Modernisierungsprogrammen erreicht. Moderne Panzereinheiten, mobile Infanterie und Luftunterstützung sollen ähnlich der amerikanischen „AirLand Battle" integriert, mobil und selbständig operieren können. Dazu sollen 300 moderne Kampfpanzer und 40 SU-30 Jagdbomber sowie für die Marine russische Produkte oder Lizenzbauten in Form mehrerer moderner Zerstörer und strategischer und taktischer U-Boote angeschafft werden.[2] Die indische Rüstungsindustrie wird in absehbarer Zeit keine ausreichenden Fähigkeiten entwickeln, um diese moderne Bewaffnung selbst herzustellen. Auf Zukäufe ist Indien weiterhin angewiesen.

    Selbstverständlich ist die Primärfunktion auch der indischen Streitkräfte die Landesverteidigung. Eine Besonderheit der indischen Armee, die in anderen Staaten eher als destabilisierend angesehen würde, ist aber seine Rolle im Inneren. Bei Unruhen oder Naturkatastrophen werden Armeeeinheiten eingesetzt,

---

[1]   Westermann Lexikon der Krisenherde der Welt. Konflikte und Krisen seit 1945. Hintergründe - Daten – Fakten; Braunschweig 1996, S.17 mit eigenen Kennzeichnungen.

[2]   Lehr (2004), S.278 ff.

was von der Gesellschaft nicht nur akzeptiert, sondern sogar erwartet wird, da man der Polizei erheblich weniger vertraut. Die Armee wurde sogar als letzte verbliebene neutrale Kraft bezeichnet und für Infrastrukturaufbau und Entwicklungsprojekte eingesetzt.

In Indiens Sicherheitsumgebung sieht das indische Verteidigungsministerium eine fortlaufende Präsenz terroristischer und fundamentalistischer Kräfte.[1] Gemeint ist Pakistan, dem Indien offen Kriegstreiberei und die Förderung von Terrorismus vorwirft. Indien muss sich also gegen jegliche Form von "low-intensity"-Konflikten, etwa durch Stammeskriege, ethnisch, radikale oder linke Bewegungen und gegen die Instrumentalisierung von Terrorismus schützen. Ein weiteres Problem für Indiens Sicherheit sind Drogen- und Waffenhandel, und die Tatsache, von zwei Staaten mit Nuklearwaffen und Raketen und einer aggressiven Geschichte umgeben zu sein: nämlich Pakistan und China. Nach wie vor sei es radikalen Fundamentalisten möglich, in Pakistan Zugang zu Massenvernichtungswaffen zu haben. Indiens Antwort auf die pakistanischen Kriege und Bedrohungen ist immer moderat gewesen – mit Blick auf die Reputation als friedliebendes Land. Nun entspricht gerade die letzte Behauptung nicht ganz der Realität – es wird ein ideales Selbstbild gezeichnet.

Die Ziele der nationalen Sicherheit Indiens sind die friedliche Koexistenz und die gesellschaftliche und wirtschaftliche Entwicklung. Dazu muss:

- die Landesverteidigung in der Verfassung festgeschrieben werden,
- Leben und Eigentum der Bürger gegen Krieg, Terrorismus, nukleare Bedrohung geschützt werden,
- das Land vor Instabilität, religiösem Radikalismus und Extremismus aus Nachbarstaaten geschützt werden,
- das Land gegen die Gefahr von Massenvernichtungswaffen gesichert werden,
- Kooperation und Vertrauensbildung mit Nachbarländern verstärkt werden und
- schließlich der strategischer Dialog mit anderen Großmächten fortgesetzt werden.

Indien hat durch seine 7.600 Kilometer lange Küstenlinie und seine strategische Lage an den Hauptseehandelswegen zwischen dem Suezkanal, dem Persischen Golf und der Malaccastraße ein besonderes Sicherheitsinteresse. Zum indischen Gebiet gehören auch Inselgruppen in physischer Nachbarschaft zu Südostasien. Hieraus wird bereits ein erstes strategisches Interesse an Südostasien abgeleitet. Um den vom Mittleren Osten bis nach Südostasien, von Zentralasien bis an den Äquator laufenden Sicherheitsbedürfnissen nachzukommen, muss Indien nach

---

[1] Ministry of Defense, Government of India, Security Environment Overview; http://mod.nic.in/aforces/welcome.html (1.10.05).

eigenen Angaben eine glaubhafte Land-, wie auch Luft- und Seestreitmacht unterhalten. In diesem Zusammenhang wird auch hervorgehoben, dass alle indischen Städte in der Reichweite chinesischer Raketen liegen und die Volksrepublik die Fähigkeit besitzt, Mittelstreckenraketen von U-Booten aus abzuschießen.

Die regionale Situation stellt sich folgendermaßen dar: Ungeachtet positiver Entwicklungen kann die Lage in Afghanistan und Sri Lanka als bestürzend beschrieben werden. Die größte Einzelbedrohung geht aber nach Einschätzung der indischen Regierung von Pakistan aus, das Terrorismus grundsätzlich und im eigenen Land fördert und das eine obsessive Feindschaft gegen Indien pflegt: „Virtually every terrorist act anywhere in the world today has a Pakistani fingerprint somewhere. It is the root and epicentre of international terrorism in the region and beyond."[1]

Pakistan habe außerdem ein Interesse an einem schwachen und instabilen Afghanistan. Es gebe Beweise, für nukleare Proliferation in und durch Pakistan. Angesichts dieser im Jahr 2004 vom indischen Verteidigungsministerium erhobenen schweren Anschuldigungen ist es erstaunlich, dass eine indisch-pakistanische Annäherung überhaupt möglich war, denn die Rhetorik auf pakistanischer Seite dürfte der indischen kaum nachstehen. Pakistan wird weiter beschuldigt, die rechten, religiös-fundamentalistischen Kräfte in Bangladesh und die Schwäche der Regierung in Nepal auszunützen. Neu-Delhi fürchtet außerdem, dass der Krieg im Irak die internationale Aufmerksamkeit von einem Fehlverhalten Pakistans ablenken könnte. In diesem Zusammenhang bestehen weitere Sorgen um die Energieversorgung und um die in der Region Persischer Golf lebenden und arbeitenden indischen Bürger, die erhebliche Geldmengen nach Indien senden. Das Ausbleiben von Geldsendungen im Zuge des ersten Golfkriegs hatten 1991 mit zur indischen Wirtschaftskrise beigetragen.

Die Beziehungen zu Nepal sind eng. Indien bestimmt im Wesentlichen Nepals Außen- und Verteidigungspolitik. Sowohl die maoistischen Aufstände, als auch Aktivitäten muslimischer Minderheiten betrachtet Neu-Delhi als Gefahr.

Der ethnische Konflikt in Sri Lanka hat Indien hohe Kosten beschert. Der Waffenstillstand wird begrüßt, die gegen die Regierung stehende Extremistenorganisation LTTE wird als terroristische Organisation bezeichnet. Kernaussage der indischen Politik gegenüber Sri Lanka ist ein Bekenntnis zur Einheit, Souveränität und territorialen Integrität der Insel. Ohne die chinesische Regierung zu nennen, liegt Indiens Hauptsorge in Bezug auf Burma bei Ländern, die gegen Indiens „legitimes Sicherheitsinteresse" in Burma arbeiten.

---

[1] Ministry of Defense, Government of India, Security Environment Overview; http://mod.nic.in/aforces/welcome.html (1.10.05).

Abbildung 3:   Der Kaschmirkonflikt[1]

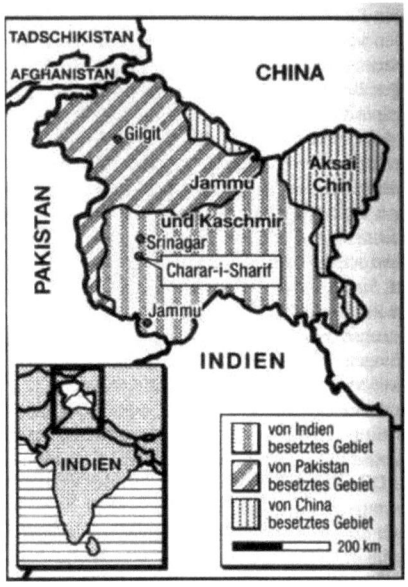

Ungeachtet Indiens Streben nach einer Erweiterung seines Einflusses in der internationalen Politik, das gewöhnlich verbunden ist mit der Funktion als kooperatives und konfliktlösendes Mitglied der internationalen Gemeinschaft, konnte Indien in Bezug auf Kaschmir auch im neuen Jahrtausend kaum Erfolge vorweisen. Der Konflikt brach 2002 neu aus und resultierte im militärischen Aufmarsch indischer und pakistanischer Verbände auf beiden Seiten der LOC (Line of Control). Erst im Jahr 2003 entspannte sich die Lage, u.a. durch indisch-pakistanische Sportveranstaltungen (Cricket) und Staatsbesuche und die Aufnahme einer Buslinie. Die Beziehungen zu Pakistan mit dem Hauptstreitpunkt Kaschmir bleiben das mit Abstand schwierigste außenpolitische Problem Indiens. Durch die Nuklearpolitik beider Staaten hat es eine neue Dimension erhalten. Phasen des Dialogs einerseits und Spannungen bis hin zur kriegerischen Auseinandersetzung andererseits haben einander in den letzten Jahren abgelöst.

Die Kaschmirfrage, die auf die Teilung des indischen Subkontinents im Jahr 1947 zurückgeht, hat die indisch-pakistanischen Beziehungen immer überschat-

---

[1]   Westermann Lexikon der Krisenherde der Welt. Konflikte und Krisen seit 1945. Hintergründe -
       Daten – Fakten; Braunschweig 1996, S.584.

tet. Pakistan erkennt weder den Beitritt Jammu und Kaschmirs zur indischen Union im Jahre 1947, noch die seit dem ersten Krieg im gleichen Jahr bestehende de-facto-Aufteilung auf beide Staaten an und fordert einen Volksentscheid in Kaschmir. Indien hingegen steht auf dem Standpunkt, dass der Anschluss Jammu und Kaschmirs an Indien nicht zur Disposition steht und beruft sich auf das Abkommen von Shimla aus dem Jahre 1972. Dort ist festgelegt, dass alle Streitfragen im bilateralen Verhältnis einschließlich des Kaschmirproblems durch bilaterale Verhandlungen zu lösen sind. Nach Terroranschlägen vom 1.10.2001 auf das Landesparlament in Srinagar und das Unionsparlament in New Delhi am 13.12.2001 hatten sich die Spannungen erheblich verschärft, seit November 2003 herrscht allerdings ein ununterbrochener Waffenstillstand zwischen Indien und Pakistan. Seit Anfang dieses Jahres ist Bewegung in den Friedensprozess zwischen den beiden Staaten gekommen. Auf der Grundlage einer Vereinbarung zwischen dem damaligen indischen Premierminister Vajpayee und dem pakistanischen Präsidenten Musharraf am Rande des SAARC-Gipfels am 6. Januar 2004 in Islamabad haben die beiden Regierungen vereinbart, in einen strukturierten Dialog ("Composite Dialogue") zu acht Themen einzutreten. Diese Politik wird auch von der neuen indischen Regierung weitergeführt. Die erste Gesprächsrunde im Rahmen des Dialogs schloss im September 2004 mit einem Treffen der beiden Außenminister ab. Bei dem umstrittenen Thema Kaschmir ist es aber noch nicht zu einer Annäherung gekommen. Beide Seiten haben jedoch ihr Interesse bekundet, den Dialog fortzuführen und haben eine neue Gesprächsrunde beschlossen.

Die Einrichtung einer Buslinie zwischen dem indischen und dem pakistanischen Teil Kaschmirs im April 2005 haben der im April 2003 begonnenen Annäherung einen deutlichen Schub gegeben.[1] Die weitere Entwicklung wird allerdings auch davon abhängen, inwieweit die pakistanische und indische Regierung jeweils religiösen und nationalistischen Strömungen nachgeben müssen. Ein Grund für den nur sehr zähen und von vielen Rückschlägen bedrohten Verhandlungsfortgang ist die unterschiedliche Agenda, in der auf pakistanischer Seite Kaschmir und auf indischer Seite die Terrorismusbekämpfung oberste Priorität haben. Seit dem sogenannten Cricketgipfel 2004 und nachdem Pakistan Aktionen militanter Gruppen in Jammu & Kaschmir als terroristische Akte einstuft, könnte Indien eigentlich darauf verzichten, Pakistan für Anschläge und eine Verbreitung des Terrorismus verantwortlich zu machen. Die Analyse der strategischen Umgebung Indiens unterstützt dagegen diese Hoffnung nicht. Was bleibt, ist die weitgehende Einhaltung des 2003 eingerichteten Waffenstillstands als Motor der Annäherung. Eine Lösung für Kaschmir liegt eventuell darin, eine

---

[1] Wagner (2005).

gemeinsame Kontrolle der Region aufzubauen, die Kontrolllinie durchlässiger und damit als Konfliktfall weniger prominent zu machen.[1] Das Jahr 2005 hat einerseits Verhandlungsergebnisse und andererseits auch durch die humanitäre Katastrophe nach dem Erdbeben zumindest Bewegung in die Kashmirfrage gebracht. Die Zukunft wird aber sehr davon abhängen, wie sich die pakistanische Regierung nach Präsident Musharraf, der sich als gleichzeitiger Oberbefehlshaber zwar auf das Militär stützen kann, wohl aber 2007 nicht wieder gewählt werden wird, zusammensetzt.

Indien hat erstmals im Jahr 1974, zehn Jahre nach China, Atomwaffentests durchgeführt und ist nicht bereit, auf diese militärische Fähigkeit zu verzichten. Zwar wird die grundsätzliche Bereitschaft erklärt, in einem zeitlichen Rahmen auf globale nukleare Abrüstung hinzuarbeiten und Indien beteiligt sich an entsprechenden Verträgen und Konferenzen. Die von der Regierung Vajpayee im Mai 1998 durchgeführten Nukleartests haben die Außenbeziehungen Indiens zunächst erheblich belastet. New Delhi hat seinen Verzicht auf den Ersteinsatz von Nuklearwaffen und auf weitere Tests erklärt. Indien lehnt es jedoch weiterhin ab, dem Atomwaffensperrvertrag (NVV) als Nicht-Kernwaffenstaat beizutreten. Die indische Nuklearpolitik verfolgt das Prinzip der Minimalabschreckung. Eine Änderung der indischen Nuklearpolitik unter der neuen Regierung zeichnet sich nicht ab:

"Nuclear policy is characterized by a commitment to no-first-use, moratorium on nuclear testing, minimum credible nuclear deterrence, and the rejection of an arms race or concepts and postures from the cold war conflict."[2]

4 Der neue außenpolitische Rahmen

Indiens verhältnismäßig geringer internationaler Einfluss ist trotz der geostrategischen Lage auf die jahrzehntelange wirtschaftliche Abschottung mit einer Art planwirtschaftlichem System, der „mixed economy", und auf das Festhalten am neutralen Status in der sicherheitspolitisch polarisierten Welt des Kalten Krieges zurückzuführen. Hinzu kommen das Trauma der verlorenen Grenzkriege mit China Anfang der 1960er Jahre und die erfolglose militärische Intervention in Sri Lanka in den 1980er Jahren. Ein weiterer Faktor sind die in Ambivalenz zu Indiens demokratischer Grundstruktur stehenden, bemerkenswert schlechten nachbarschaftlichen Beziehungen. Das Nachbarland Pakistan wird nach wie vor als sicherheitspolitische Bedrohung eingestuft. Die Beziehungen entwickeln sich

---

[1] Rothermund (2002), S.131 f.
[2] Ministry of Defence, Government of India, Security Environment 2004.

erst sehr langsam von einer Art Nullpunkt aus: Die Einrichtung einer grenzüberschreitenden Buslinie brachte Schlagzeilen. Die Beziehungen zu China sind im Vergleich zu Pakistan erheblich besser. Beide Mächte haben in den 1990er Jahren die Besuchsdiplomatie aufgekommen. Die Grenzkonflikte, die 1962 zu blutigen Kriegshandlungen führten, liegen sprichwörtlich auf Eis. Indien hat anerkannt, dass Tibet ein Teil Chinas ist und im Gegenzug bestätigte Peking Indiens Interessen und Einflusssphäre in Bezug auf die Himalaya-Königreiche. Die maoistischen Aufstandsbewegungen in Nepal beeinträchtigen das Sicherheitsgefüge und den Tourismus, eine der Haupteinnahmequellen in Nepal. Neu-Delhi könnte sich herausgefordert sehen in Nepal einzugreifen. Gegenüber Bangladesh besteht allein wegen der mehrheitlich muslimischen Orientierung der Bevölkerung Misstrauen. Indien lässt kaum Konstruktives über die Regierung in Dacca verlauten. Burma, auf der gegenüberliegenden Seite des Golfs von Bengalen zählt als Verbündeter Chinas. Indiens Vorstöße, den in erster Linie wirtschaftlichen Einfluss in Südostasien („Look East Policy") zu erweitern, stoßen nicht nur in Peking auf Widerstand.[1] Sri Lanka, Ort einer der größten politischen und militärischen Niederlagen des modernen Indien, als sich Indische Friedenstruppen 1990 nach dreijähriger Präsenz erfolglos zurückziehen mussten, zählt ebenfalls nicht als konstruktiver Nachbar, sondern leidet unter immer wieder aufflammenden Konflikten. Separatistische Gruppen im Norden und Osten der Insel fordern einen unabhängigen Tamilenstaat und verleihen diesen Forderungen sowohl gegenüber der Regierung in Colombo, als auch gegenüber dem indischen Festland mit Gewalt Nachdruck. Der 2002 ausgehandelte Waffenstillstand schien den Übergang zu einer stabilen Entwicklung anzudeuten, doch hatten die Friedenshoffnungen mit der nicht geklärten Ermordung von Außenminister Kadirgamar 2005 ein Ende.

Russland ist nach dem Ende des Sowjetsystems sowohl als Wirtschaftspartner, wie auch als Kompagnon im Mächtekonzert des Kalten Krieges in Asien weggebrochen. Zusammengefasst also startete Indien mit schweren außenpolitischen Hypotheken ins 21. Jahrhundert und bemüht sich erst seit wenigen Jahren, diese Belastungen in konstruktive Verhältnisse zu transformieren.

Auf überregionaler Ebene besitzt Indien durchaus Grundlagen, um auch die Beziehungen zur Nachbarschaft friedvoller zu gestalten. Die Union ist Mitglied in folgenden Internationalen Organisationen:

- UN und UN-Sonderorganisationen (1991/92 war Indien nichtständiges Mitglied im VN-Sicherheitsrat),
- G 15,
- Blockfreie (Präsidentschaft 1983-86),

---

[1] Ministry of External Affairs, Government of India: Annual Report, 2004; www.meaindia.nic.in (15.09.05).

- SAARC (Südasiatische Wirtschaftsgemeinschaft, seit 1985),
- Commonwealth (1947),
- ARF (Regionalforum über Sicherheitspolitik der ASEAN - Südostasiatische Staatengemeinschaft) und
- der WTO (Welthandelsorganisation).

Indien wurde im Juli 1996 Dialogpartner der ASEAN und Mitglied im "ASEAN Regional Forum" (ARF) und hat im November 2002 am ASEAN-Gipfel in Phnom Penh teilgenommen.

Indien, einst einer der führenden Staaten der Blockfreien und Fahnenträger für die auch von China prominent vertretenen, in der Konferenz von Bandung 1955 entwickelten „Fünf Prinzipien der Friedlichen Koexistenz" hat die Vereinten Nationen immer als bedeutende Institution betrachtet. So ist es nur konsequent, dass sich Indien an 11 von 15 UN-Friedensmissionen beteiligt hat. Es passt auch in dieses Bild, dass sich Indien dem aus Deutschland, Brasilien und Japan bestehenden, nach einem Sitz im Sicherheitsrat der Vereinten Nationen strebenden Viererbündnis angeschlossen hat. Dieses „Viererbündnis" macht durchaus Sinn vor dem Hintergrund der sehr unterschiedlichen Reaktionen der existierenden festen Mitglieder auf die neuen Forderungen und die Gefahr, gegeneinander ausgespielt zu werden. So gibt China vor, einer deutschen Mitgliedschaft offen gegenüber zu stehen, stellt sich aber eindeutig gegen eine Mitgliedschaft Japans und Indiens. Es ist nicht im Interesse Pekings eine weitere asiatische Nuklearmacht im Sicherheitsrat zu haben. Dies gilt vermehrt noch für Japan, insbesondere nachdem das japanisch-amerikanische Verteidigungsbündnis durch das von den japanischen und amerikanischen Außen- und Verteidigungsministern am 29. Oktober 2005 unterzeichnete Dokument „U.S.-Japan Alliance – Transformation and Realignement for the Future" neu aufgelegt wurde.

Eine der wesentlichen Neuerungen ist die Aufweichung der strengen japanischen Ablehnung gegen militärisch genutzte Atomkraft. Die Nachfolgerin der in Japan stationierten, konventionell betriebenen „Kitty Hawk" soll ein nuklear betriebener Flugzeugträger werden. Peking übertrug die neue Empfindlichkeit sofort auf den militärisch großen Nachbarn Indien. In Neu-Delhis Tradition als international agierender und fordernder Akteur steht also nicht nur der Wunsch nach einer Reform und Restrukturierung des UN-Sicherheitsrates, sondern auch das Bemühen, Multipolarität in einer Weltordnung voranzutreiben, welche die Prinzipien von Multipolarität und Nichteinmischung fördert.

Im Unterschied zu Peking fordert Neu-Delhi allerdings keine *neue* Weltordnung. Es steht auch in der Tradition indischer Außenpolitik, Gegensätzliches parallel zu betreiben. So ist der 2005 vollzogene Schulterschluss mit den USA bisher beispiellos und scheint der Forderung nach einer multipolaren Weltordnung zu widersprechen, fügt sich aber in das außenpolitische Interessenprofil angesichts der Instabilität Westasiens und der Bedrohungen durch den Terrorismus, sowohl in Nachbarländern, als auch in Indien selbst. Das neue, enge Verhältnis zu den USA hat seinen Ausgang jedoch nicht nur in amerikanischer Initiative, sondern geht auch auf die vergangene BJP-Regierung zurück, die Indien und USA sogar als natürliche Verbündete, „natural allies" sah.[1] Am 28.6.2005 unterzeichneten der amerikanische Verteidigungsminister Donald Rumsfeld und der indische Verteidigungsminister Pranab Mukherjee das „New Framework for the U.S.-India Defense Relationship". In den Augen der Regierung Bush kommt Indien eine wichtige Rolle bei der Neugestaltung der asiatischen Sicherheitsarchitektur zu. Ein weiteres Motiv für die amerikanische Aufmerksamkeit gegenüber Indien ist der Versuch Washingtons, ein Gegengewicht gegen China aufzubauen. Die indischen und amerikanischen Interessen in Süd- und Zentralasien und im Mittleren Osten stehen gegenwärtig nicht in einem Interessenkonflikt, sondern ergänzen sich im Kampf gegen den Terrorismus. Bereits im Vorfeld hatte die Regierung Bush mit dem Programm „Next Steps in Strategic Partnership" eine Intensivierung der militärischen Zusammenarbeit initiiert. Militärische Einheiten beider Staaten haben gemeinsame Manöver durchgeführt, und Indien unterstützt das amerikanische Raketenabwehrprogramm.[2] Im Gegenzug bestehen die USA nicht mehr auf einem indischen Beitritt zum nuklearen Nichterbreitungsvertrag (NPT) und stellen sogar eine Zusammenarbeit in der zivilen Nutzung von Atomenergie in Aussicht.

Unter der neuen, seit 2004 unter Führung der Kongresspartei regierenden Allianz ist eine Fortführung der Außenpolitik zu erwarten – schließlich sind die USA der wichtigste Handelspartner - wenn auch mit etwas mehr Distanz zu Washington. Eine bemerkenswerte Neuerung in der indischen Außenpolitik ist die Annäherung an Israel, das inzwischen zu einem der wichtigsten Rüstungslieferanten für Indien geworden ist.

Indien beteiligt sich auch am internationalen Kampf gegen den Terrorismus und erfuhr wohl gerade durch diese Haltung in Verbindung mit der langen demokratischen Tradition im Jahr 2005 eine erhebliche Aufwertung durch die von Washington angetragenen „Strategische Partnerschaft". Auf regionaler Ebene beförderte Indien auf dem in erster Linie der wirtschaftlichen Zusammenarbeit dienenden SAARC-Gipfel 2004 in Islamabad ein zusätzliches Protokoll zur Terrorismusbekämpfung. Zusätzlich schloss sich Indien der 2003 verabschiedeten ASEAN-Erklärung zur Kooperation gegen Terrorismus an (ASEAN Joint Declaration of Cooperation to Combat Terrorism, Treaty of Amity and Cooperation).[3] In Bezug auf die Terrorismusbekämpfung pflegt Indien aber, insbesondere

---

[1]   Wagner (2004a), S.47.
[2]   Wagner (2005).
[3]   www.aseansec.org (1.10.05).

in der unmittelbaren Nachbarschaft, eine eigene Agenda. So erstaunt die beinahe paranoide Züge annehmende Verurteilung Pakistans im Jahresbericht des Verteidigungsministeriums (siehe Kapitel „Militär") als Förderer, Ausgangspunkt und Multiplikator von Terrorismus. Nun sind Verwicklungen Pakistans mit dem internationalen Terrorismus nicht vollkommen von der Hand zu weisen. Weniger nachvollziehbar ist allerdings, welche terroristische Bedrohung z.B. vom kleinen Königreich Bhutan für Indien ausgehen soll. Der vom Außenministerium vorgelegte Jahresbericht versichert im üblichen diplomatischen Duktus Indiens Bekenntnis zu gutnachbarschaftlichen Beziehungen und wirtschaftlicher Entwicklung.[1] Etwas überraschender ist die Aussage, die Gewinne aus Indiens „Look East"-Politik (Richtung Südostasien) zu mehren und die Betonung der Fortschritte in Gebieten gemeinsamen Interesses zwischen Indien und ASEAN. Dies kann nur bedeuten, dass es außerdem eine Reihe von Aspekten gibt, in denen Indien und ASEAN keineswegs gemeinsame Interessen haben.

5   Aussicht

Indien stellt sich als widersprüchliches Mitglied der Staatengemeinschaft dar. Auf der einen Seite möchte Neu-Delhi auf globaler Ebene eine Pionierrolle in der Schaffung einer stabilen und prosperierenden Weltordnung spielen und seine Interessen in der internationalen Arena ausbauen. Auf der anderen Seite trüben der Kaschmirkonflikt und die schlechten Beziehungen zu den Nachbarstaaten Indiens regionalpolitisches Profil. Es stehen also internationale Ansprüche in einem seltsamen Gegensatz zur offensichtlichen Unfähigkeit, auf dem Subkontinent, für Frieden und Stabilität zu sorgen.

Indiens Wirtschaft ist in Teilbereichen, wie der Informationstechnologie oder der Pharmazie, in Forschung, Raumfahrt oder Biotechnologie, in die internationale Oberklasse aufgestiegen. Der Kapitalzufluss treibt die Aktienkurse an, der Sensex stieg 2003 um das Doppelte und durchschlug 2004 die Marke um 6.000. Die internationale Ratingagentur Moody's hat Indien daraufhin von „spekulativ" auf „investieren" hochgestuft.[2] In Zukunft soll Indien das Technologielabor und das „Büro" der Welt („back office of the world" werden). Ob und wann dieser Anspruch verwirklicht werden kann bleibt alleine auf Grund der Konkurrenz in der asiatisch-pazifischen Region offen. Abgesehen davon hat das allgemein gute Wirtschaftswachstum der vergangenen dreizehn Jahre das Land nicht aus der Gruppe der Entwicklungsländer herausgebracht. Ein Viertel bis ein

[1]   Ministry of External Affairs, Government of India: Annual Report 2004; www.meaindia.nic.in (1.10.05).

[2]   Zingel (2004), S.28.

Drittel der über eine Milliarde Menschen in Indien lebt unterhalb der Armutsgrenze und hat ein Einkommen von weniger als einem US-Dollar pro Tag. Knapp 80% aller Menschen leben von weniger als 2 US-Dollar am Tag. Mehr als ein Viertel aller Inder sind Analphabeten; nach Angaben der Weltbank können ca. 40% der Erwachsenen nicht lesen oder schreiben. Ein großer Teil des wirtschaftlichen Wachstums wird überdies durch das starke Bevölkerungswachstum von zur Zeit ca. 12 Mio. Menschen im Jahr aufgezehrt.

6 Literaturhinweise

Lehr, Peter: Die indischen Streitkräfte – eine Innenansicht, in: Draguhn, Werner (Hrsg.): Indien 2004. Politik, Wirtschaft, Gesellschaft; Institut für Asienkunde; Hamburg, 2004.
Mansingh, Surjit: India-China Relations in the Context of Vajpayee's 2003 visit, www.gwu.edu/~sigur/pubs/SCAP21-Mansingh.pdf.
Ministry of Defense, Government of India: Security Environment Overview, Armed Forces; 2004, http://mod.nic.in/aforces/body.htm.
Ministry of External Affairs, Government of India: Annual Report 2004, http://meaindia.nic.in/Publications.
Rothermund, Dietmar: Krisenherd Kaschmir. Der Konflikt der Atommächte Indien und Pakistan; München 2002.
Wagner, Christian: Indiens neue Politik, in: Internationale Politik; September 2004a.
Wagner, Christian: Der freundliche Hegemon? Indische Südasienpolitik zwischen *hard power* und *soft power*, in: Draguhn, Werner (Hrsg.): Indien 2004; Hamburg 2004b.
Wagner, Christian: Eine ‚roadmap' für Kaschmir?, SWP-aktuell; Berlin, April 2005
Zingel, Wolfgang-Peter: Indiens Wirtschaft zu Beginn des 21. Jahrhunderts, in: Subrata K. Mitra (Hrsg.): Herausforderungen des 21. Jahrhunderts. Staat, Gesellschaft und Wirtschaft in Indien; Heidelberg 2004.

Links:
Auswärtiges Amt, Länderinformation Indien, http://www.auswaertiges-amt.de/www/de/laenderinfos/laender/laender_ausgabe_html?type_id=2&land_id=60
BBC: Timeline India http://news.bbc.co.uk/1/hi/world/south_asia/1155813.stm.
CIA World Fact Book – India, http://www.cia.gov/cia/publications/factbook/geos/in.html.
Government of India, http://indiaimage.nic.in.
Department of Commerce, http://commerce.nic.in.
Ministry of External Affairs, http://meaindia.nic.in/.
Prime Minister of India, http://pmindia.nic.in/.
Ministry of Defense, http://mod.nic.in.
The Hindu, http://www.hinduonnet.com.
The Times of India, http://timesofindia.indiatimes.com.
Worldbank, www.wordbank.org, Country Data Profile, India at a Glance.

Die Europäische Union als internationaler Machtfaktor

Michael Piazolo

1 Die Europäische Union (EU) als Macht

1.1 Zwischen Internationaler Organisation und Großmacht?

Die Europäische Union hat sich im Lauf der Zeit von einer 6er Gemeinschaft zu einer 25er Gemeinschaft mit mehr als 450 Millionen Unionsbürgern entwickelt. In Zahlen ausgedrückt, besteht die EU aus:

Tabelle 1: Die 25 Mitgliedstaaten in Zahlen[1]

Mitgliedstaat	Einwohner (in Mio.)[2]	Fläche (in km²)	Mitgliedstaat	Einwohner (in Mio.)	Fläche (in km²)
Belgien	10,3	30.518	Malta	0,4	316
Dänemark	5,4	43.094	Niederlande	16,2	33.873
Deutschland	82,5	357.027	Österreich	8,1	83.859
Estland	1,3	43.432	Polen	38,6	312.685
Finnland	5,2	304.530	Portugal	10,1	91.906
Frankreich	60,4	543.965	Schweden	8,9	410.934
Griechenland	11,0	131.626	Slowakei	5,4	49.035
Großbritannien	59,3	244.111	Slowenien	2,0	20.273
Irland	4,0	70.273	Spanien	41,1	504.790
Italien	57,3	301.336	Tschechien	10,2	78.860
Lettland	2,3	64.589	Ungarn	9,8	93.029
Litauen	3,4	65.300	Zypern	0,8	9.251
Luxemburg	0,5	2.586	*EU (insgesamt)*	453,3	3906.590

Diese Übersicht macht aber schon deutlich, dass die EU auch noch im sechsten Jahrzehnt seit ihrer Entstehung eine „Staatengemeinschaft" ist und auch als solche wahrgenommen wird. Obwohl sie schon früh ein wichtiger Faktor der inter-

---

[1] Stat. Bundesamt Deutschland; www.destatis.de/cgi-bin/ausland_suche.pl (30.8.05). Siehe zu Daten über die einzelnen Mitgliedstaaten auch: Schley/Busse (2004); Weidenfeld (2004).

[2] Stand von 2004.

nationalen Wirtschaftsordnung war, spielte sie auf dem Parkett der Weltpolitik allenfalls eine Nebenrolle. Während der sich kurz nach dem Zweiten Weltkrieg heraus schälenden Bipolarität der Welt sah die EU sich im Wesentlichen als Teil des Westens und der atlantischen Gemeinschaft.[1] Inzwischen wird die Existenz einer eigenständigen EU-Außenpolitik mehr und mehr anerkannt, ihr häufiger sogar die Rolle eines Akteurs der Weltpolitik zugestanden.[2] Deshalb erscheint es im vorliegenden Zusammenhang – bei der Untersuchung der internationalen Großmächte - gerechtfertigt, die EU als internationalen Machtfaktor darzustellen. Dabei muss aber immer gegenwärtig bleiben, dass es sich – gerade in der Außen- und Sicherheitspolitik – um eine besondere Konstruktion handelt, die getragen vom Gedanken geteilter Souveränität, vom Zusammenspiel der EU und ihrer Mitgliedstaaten geprägt wird. Beispiele für das Glücken, aber auch das Scheitern dieser Zusammenarbeit lassen sich in der Vergangenheit leicht finden. Die unterschiedlichen Positionen des sog. „alten" und „neuen" Europas zum Irak-Krieg, teilweise auch die nationalen Egoismen in den Jugoslawien-Kriegen, aber auch die eigenen Ständigen Sitze im Sicherheitsrat der Vereinten Nationen für Frankreich und Großbritannien lassen erkennen, dass die EU-Außen- und Sicherheitspolitik noch in den Kinderschuhen steckt. Die Teilnahme des EU-Außenbeauftragten Javier Solana bei den G 8 Treffen und bei den sog. E 3/EU Gesprächen mit dem Iran wegen dessen Atomprogramm machen dagegen gelungene Zusammenarbeit deutlich. Im Bereich des Außenhandels, besonders bei den WTO-Verhandlungen, agiert die EU sogar kraft eigener Kompetenz.

Heute wird man jedenfalls keiner der „mittleren Mächte" Europas einzeln die Rolle einer Großmacht zusprechen können, die diese mit dem Ende des Zweiten Weltkriegs verloren haben.[3] Nur im EU-Verbund wird möglicherweise diese Rolle in Zukunft gespielt werden können.

1.2   Die EU zwischen Integration und Kooperation

Ihre einzigartige, für den Unionsbürger oftmals verwirrende Konstruktion, macht es schwer, die EU als Ganzes staatsrechtlich zu qualifizieren. Sicherlich ist sie (noch) kein Bundesstaat nach unserem Verständnis, dazu fehlt ihr die originäre Staatsgewalt, das Recht, selbständig über den Umfang ihrer Kompetenzen bestimmen zu können. Die EU besitzt also nicht die sog. Kompetenz-

---

[1]   So Gasteyger (2001), S.278.
[2]   Vgl. dazu Schubert/Müller-Brandeck-Bocquet, Die EU als Akteur der Weltpolitik, in: dies. (2000), S.281-288.
[3]   Robert Kagan spricht in diesem Zusammenhang von der vielleicht „stärksten Zurücknahme globalen Einflusses in der Menschheitsgeschichte". Siehe dazu Kagan (2004), S.21.

Kompetenz.[1] Sie leitet ihre Rechtsetzungsbefugnis primär von den Mitgliedstaaten ab, die weiterhin „Herren der Verträge" bleiben. Damit fehlt der EU ein entscheidendes Merkmal, um Staatsqualität zu erlangen. Man spricht daher von derivativer - von den Mitgliedstaaten abgeleiteter - Staatsgewalt. Auf der anderen Seite verfügt die EU über eine direkt gewählte Volksvertretung - das Europäische Parlament - und die Verordnungen der EG gelten unmittelbar gegenüber allen Unionsbürgern, bedürfen keines nationalstaatlichen Umsetzungsaktes, um Rechtswirkung zu entfalten. Dies geht über die Kompetenzfülle „klassischer" Internationaler Organisationen weit hinaus.

Ingesamt ist die staatsrechtliche Qualität innerhalb der sog. Tempelkonstruktion der EU keineswegs einheitlich zu bestimmen. Sie neigt teilweise mehr zu einer bundesstaatlichen Struktur - so die EG -, ähnelt teilweise mehr einer Internationalen Organisation - so die Gemeinsame Außen- und Sicherheitspolitik (GASP) und die Polizeilich und Justizielle Zusammenarbeit in Strafsachen (PJZS).

Viele versuchen den Schwierigkeiten einer Klassifizierung aus dem Weg zu gehen, indem sie die EU als „Gemeinschaft sui generis", d.h. „eigener Art" beschreiben.[2] Das Bundesverfassungsgericht hat dagegen in seinem Urteil zum Vertrag von Maastricht die EU als Staatenverbund gekennzeichnet und damit eine qualitative Einordnung vorgenommen, die materiell zwischen Staatenbund und Bundesstaat anzusiedeln ist.[3]

Die Zusammenarbeit innerhalb der EU funktioniert jedenfalls nach unterschiedlichen Prinzipien, einerseits der Kooperation, andererseits der Integration. Während die zweite und dritte Säule der EU - GASP und PJZS - im wesentlichen dem für das Völkerrecht klassischen Prinzip der Kooperation unterliegen, strukturiert sich die EG - als erste Säule - nach dem Prinzip der Integration.[4]

---

[1] Vgl. Piazolo (1999), S.42. Siehe dazu auch das sog. Maastricht-Urteil des Bundesverfassungsgerichts, BVerfGE 89, 155 [190].

[2] Piazolo (1999), S.42 mit weiteren Verweisen.

[3] Siehe zur Geschichte der EU ausführlicher Boldt (1995); Gasteyger (2001); Gehler (2005); Woyke (1998).

[4] Piazolo/Weber, Die EU als Föderation - Ein Mehrakter mit offenem Schluss, in: dies. (2004), S.304 f.

Abbildung 1: Die drei Säulen der Europäischen Union

Europäische Gemeinschaften (EG)	Gemeinsame Außen- und Sicherheitspolitik (GASP)	Polizeiliche und justizielle Zusammenarbeit in Strafsachen (PJZS)
Ziele: • Errichtung eines Gemeinsamen Marktes • Errichtung einer Wirtschafts- und Währungsunion • Hohes Beschäftigungsniveau • Hohes Maß sozialen Schutzes	Ziele: • Stärkung der Sicherheit • Wahrung des Friedens • Förderung der internationalen Zusammenarbeit • Entwicklung und Stärkung von Demokratie und Menschenrechten	Ziele: • Verhütung und Bekämpfung von Kriminalität, insb. des ⇒ Terrorismus, ⇒ Menschenhandels, ⇒ Drogenhandels und ⇒ sonstiger Formen internationaler Kriminalität
Maßnahmen: • Abschaffung der Zölle • Schaffung eines Binnenmarktes • Gemeinsame Politiken: – Agrarpolitik – Handelspolitik – Verkehrspolitik – Wettbewerbspolitik • Gemeinsame Wirtschafts- und Währungspolitik	Maßnahmen: • Entwicklung gemeinsamer Standpunkte • Abgestimmtes Verhalten im internationalen Rahmen • Gemeinsame Aktionen • Festlegung einer gemeinsamen Verteidigungspolitik	Maßnahmen: • Schaffung eines europ. Polizeiamtes (Europol) • Schaffung einer Stelle für justizielle Zusammenarbeit (Eurojust) und einer Europäischen Polizeiakademie (EPA) • Koordinierung der Zusammenarbeit zwischen den Mitgliedstaaten

Diese beiden Gestaltungsprinzipien lassen sich idealtypisch folgendermaßen unterscheiden: Das Prinzip der Kooperation ist schon seit langem in den internationalen Beziehungen bekannt und leitet sich aus den zentralen Grundsätzen des Völkerrechts, d.h. der Souveränität der Nationalstaaten und dem Gebot der Nichteinmischung in die inneren Angelegenheiten anderer Staaten, ab. Da jeder Staat völkerrechtlich grundsätzlich nach Innen und Außen souverän ist, kann danach eine internationale Zusammenarbeit nur unter Bewahrung aller Souveränitätsrechte, von Gleich zu Gleich, sich gestalten. Nach dieser Vorstellung haben in Internationalen Organisationen alle Mitgliedstaaten rechtlich die gleiche Bedeutung. Entschieden wird mit Einstimmigkeit, da Mehrheitsentscheidungen ja mit einem Souveränitätsverlust einer gingen. Klassische Mittel der Verständigung und Entscheidung sind Verträge, Resolutionen und Empfehlungen. Der einzelne Bürger steht nicht in direktem rechtlichen Kontakt zu der Internationalen Organisation, sondern nur vermittelt durch den Staat, dem er „angehört". Demgegenüber steht das neue, für das Völkerrecht revolutionäre Prinzip der Integration, das mit der Europäischen Gemeinschaft für Kohle und Stahl (EGKS) erfunden wurde und sich bald in der Europäischen Wirtschaftsgemeinschaft (EWG), heute der Europäischen Gemeinschaft (EG) perpetuierte. Nach dieser Vorstellung überträgt der einzelne Staat in einem begrenzten Politikbereich Souveränitätsrechte an eine überstaatliche Organisation, die dann quasi „staatsähnlich" als eigene Rechtspersönlichkeit handeln kann. So vermag es die EG, selbstständig Rechtsverordnungen zu erlassen, die gegenüber jedem Bürger unmittelbare Geltung erlangen, ohne dass die Mitgliedstaaten noch handeln müssten. Erstmals wurde damit der „Souveränitätspanzer", den das Völkerrecht um die Nationalstaaten legte, durchbrochen, eine supranationale, „über" den Staaten agierende Institution, eben die EG, wird zur Legislative, setzt Recht, handelt wirksam direkt gegenüber den Unionsbürgern.[1]

Abbildung 2:   Das Integrations- und Kooperationsprinzip

Integrationsprinzip	*Kooperationsprinzip*
Abgabe von Souveränität durch die Mitgliedstaaten auf supranationale Ebene	Keine Übertragung staatsrechtlicher Kompetenzen durch die Mitgliedstaaten
Starke supranationale Gemeinschaft mit eigenen staatsrechtlichen Kompetenzen	Starke Einzelstaaten, bei denen letztlich die Handlungszuständigkeit liegt
Übertragung möglichst vieler Politikbereiche auf supranationale Ebene	Regelung nur weniger Politikbereiche auf transnationaler Ebene
Schaffung eines supranationalen Parlaments infolge von Direktwahlen	Errichtung einer Versammlung auf transnationaler Ebene. Bewahrung der Rechte der einzelstaatlichen Parlamente
Häufig Mehrheitsentscheidungen in den entscheidungserheblichen Organen	Grundsätzlich Einstimmigkeit und dadurch starke Interessenwahrnehmung der Einzelstaaten
Ziel: Schaffung einer europäischen politischen Union, vielleicht sogar eines Bundesstaates	Ziel: Internationalisierung von politischen Entscheidungen ohne Aufgabe eigener Souveränität

Zusammengefasst bedeutet dies, dass die EG sich in vielerlei Hinsicht einem Staat angenähert hat, während GASP und PJZS nur wenig über die Mechanismen einer klassischen Internationalen Organisation wie z. B. der Organisation für Sicherheit und Zusammenarbeit in Europa (OSZE) oder der Vereinten Natio-

---

[1]   Piazolo (1999), S.43.

nen (VN) herausgekommen sind. Diese Einschätzung wird auch durch die Be-
zeichnung der verschiedenen Säulen bestätigt. Die EG wird „Gemeinschaft"
genannt, die beiden anderen Säulen werden mit den Begriffen „gemeinsam"
bzw. „Zusammenarbeit" beschrieben, womit auch qualitative Unterschiede ange-
zeigt werden.[1]

60 Jahre nach dem Ende des Zweiten Weltkriegs hat die Europäische Einigung schon jetzt einen Intensitätsgrad erreicht, der vor einiger Zeit als Utopie
angesehen worden wäre. Länder, die vor etwas mehr als einer Generation noch
gegeneinander gekämpft haben, gestalten heute gemeinsam Politik. In Zukunft
wird Europa nur als EU die Chance haben, im Konzert der Großen auf internationaler Bühne eine bestimmende Rolle zu spielen.

2   Politisches System und Entscheidungsmechanismen

2.1 Kompetenzen und Haushalt

Aufgrund seiner besonderen Entstehungsgeschichte und der dargestellten Grundstruktur weist das politische System der EU einen hohen Grad an Komplexität
auf, der für die Bürger Europas an vielen Stellen nicht leicht zu durchschauen
ist.[2] So obliegt dem Staatenverbund EU nicht in allen wichtigen rechtlichen
Bereichen die legislative Zuständigkeit, denn die Mitgliedstaaten haben sich
wesentliche Hoheitsreservate vorbehalten.[3] Die Kompetenzen, die der EU heute
zur Verfügung stehen, wurden schrittweise von den Mitgliedstaaten übertragen.[4]

Der ursprüngliche, 1957 geschlossene EWG-Vertrag sah eine gemeinsame
Politik im wesentlichen nur in vier Bereichen vor, die alle in engem Zusammenhang mit dem zu schaffenden Gemeinsamen Markt standen: der Agrarpolitik, der
Verkehrspolitik, der Handelspolitik und der Wettbewerbspolitik. Die Agrarpolitik sollte dazu führen, die Bürger mit den notwendigen Nahrungsmitteln zu versorgen, die Verkehrspolitik sollte zur Schaffung eines einheitlichen Binnenmark-
tes für Verkehrsleistungen beitragen, was allerdings bis heute noch nicht in allen
Punkten verwirklicht werden konnte, und die gemeinsame Handelspolitik sollte
insbesondere durch die Schaffung einer Zollunion zur schrittweisen Beseitigung
der Beschränkungen im internationalen Handelsverkehr sowie zum Abbau der

---

[1]   Mit dem schon unterschriebenen, aber noch nicht ratifizierten Vertrag über eine Verfassung soll
       diese drei Säulen Tempelkonstruktion aufgelöst und in eine einheitliche Struktur überführt wer-
       den.
[2]   Vgl. dazu u.a. Müller Graff, Die Kompetenzen in der EU, in: Weidenfeld (2004), S.141 ff.
[3]   Siehe dort.
[4]   Siehe dazu Gasteyger (2001); Gehler (2005).

Zollschranken beitragen. Die Wettbewerbspolitik schließlich war dazu vorgesehen, über die Einhaltung der Wettbewerbsbedingungen im geplanten Gemeinsamen Markt zu wachen. In diesen vier Politikfeldern wurden der damaligen EWG umfassende Kompetenzen gewährt, die Mitgliedstaaten haben sich insoweit weitgehend der Möglichkeit begeben, hier eigenes Recht zu setzen.

Im Lauf der Jahre wurden der EG immer mehr Kompetenzen übertragen. In den 70er Jahren schon sind in der Struktur- und Regionalpolitik, in der Sozialpolitik, in der Entwicklungszusammenarbeit, in der Forschungs- und Technologiepolitik sowie in der Umweltpolitik teilweise Rechtsetzungsbefugnisse auf die europäische Ebene übergegangen. Die Bandbreite an Tätigkeitsfeldern wurde in den 80er Jahren durch die Einheitliche Europäische Akte (EEA) um die Industriepolitik, den Verbraucherschutz und zusätzliche Bereiche des Umweltrechts erweitert. Zu einer weiteren Arrondierung von Befugnissen kam es durch die Verträge von Maastricht (1991), Amsterdam (1997) und Nizza (2000). Seit dem Vertrag von Maastricht sind die Bemühungen, auch eine Gemeinsame Außen- und Sicherheitspolitik sowie eine koordinierte Innen- und Justizpolitik zu gestalten, verstärkt worden.[1] Der Vertrag von Amsterdam brachte dann die Gestaltung eines „Raums der Freiheit, der Sicherheit und des Rechts",[2] der Vertrag von Nizza die Sichtbarmachung der EU als Wertegemeinschaft durch die Proklamierung einer Grundrechtscharta.[3] Daneben trat 1999 bzw. 2002 als sichtbares Symbol die Gemeinschaftswährung, der Euro.

Am 29. Oktober 2004 unterzeichneten die inzwischen fünfundzwanzig Staats- und Regierungschefs der EU in Rom feierlich den Vertrag über eine Verfassung für Europa, welcher die inzwischen beinahe unüberschaubar gewordenen Kompetenzen und Rechtsetzungsbefugnisse neu katalogisiert. Die Verfassung harrt aber noch der endgültigen Ratifizierung, die nach den gescheiterten Referenden in Frankreich und den Niederlanden mehr als zweifelhaft erscheint.[4] Auf dem Gipfel in Brüssel im Juni 2005 wurde eine einjährige Zeit der Reflexion beschlossen und der Ratifizierungsprozess bis voraussichtlich Mitte 2007 verlängert.[5]

---

[1]   Siehe vertiefend: Weidenfeld (1994), Maastricht in der Analyse.
[2]   Siehe vertiefend: Weidenfeld (1998), Amsterdam in der Analyse.
[3]   Siehe vertiefend: Weidenfeld (2001), Nizza in der Analyse.
[4]   Vgl. insoweit Jopp/Kuhle (2005) und allgemein zum Vertrag über eine Verfassung für Europa: Becker/Leiße (2005); Busek/Hummer (2005); Jopp/Matl (2005).
[5]   So Erklärung der Staats- und Regierungschefs der Mitgliedstaaten der EU zur Ratifizierung über eine Verfassung für Europa, Europäischer Rat am 16./17. Juni; www.europa.eu.int.rapid/ press-ReleasesAction?reference=DOC/05/3&=HTML (30.8.05).

Abbildung 3: Zuständigkeitserweiterungen der EU

Vertrag von Maastricht	Vertrag von Amsterdam	Vertrag von Nizza
▪ Beschäftigungspolitik ▪ Visumspolitik ▪ Kulturpolitik ▪ Innen- und Justizpolitik ▪ GASP	▪ Energiepolitik ▪ Sozialpolitik ▪ Innen- und Justizpolitik ▪ GASP	▪ Handelspolitik ▪ Justizielle Zusam- menarbeit (Eurojust)

Heute verfügt die EU jedenfalls über ein beachtlich weites Tableau an Kompetenzen in mehr als 20 Politikfeldern. Diese sind nicht mehr nur im großen Bereich der Wirtschaftspolitik angesiedelt. In so wichtigen Politikfeldern wie der Außen-, Sicherheits-, Rechts- und Innenpolitik – klassische Kernbereiche staatlicher Souveränität – hat die EU an Gestaltungsmacht gewonnen. Immer weniger Kompetenzen werden ausschließlich von den Nationalstaaten oder Regionen rechtlich geregelt, was mit ein Grund ist, warum der Ruf nach klareren Kompetenzabgrenzungsregeln zwischen EU, Mitgliedstaaten und Regionen immer lauter geworden war. Die EU befindet sich damit auf dem Weg, eine Politische Union zu werden, ein Ziel, dass weit über das hinausgeht, was Winston Churchill 1946 in Zürich vor Augen hatte, als er die Vision der "Vereinigten Staaten von Europa" entwarf.

Die über die Jahre hinweg gestiegene Bedeutung der EU wird auch deutlich, wenn man sich ihren Haushalt genauer betrachtet. Inzwischen beläuft er sich auf jährlich mehr als 100 Mrd. €. Aus dem Haushalt lässt sich aber auch ablesen, dass die EU kein staatliches Gebilde ist. Zum einen hängt sie in großen Teilen von Finanzzuweisungen der Mitgliedstaaten ab. Zum anderen ist die Ausgabenstruktur der EU eine völlig andere als bei Staaten gemeinhin. So fließen jährlich ca. 80% der EU-Gelder in die beiden zentralen Politikfelder Agrarpolitik und Strukturpolitik, ein Umstand, der inzwischen immer heftiger kritisiert wird.[1]

Tabelle 1: Anteile der EU-Einnahmen am Haushalt 2004

▪ Agrarabschöpfungen und Zuckerabgabe	1,2%
▪ Zolleinnahmen auf Grund des gemeinsamen Außenzolls der EU-Länder	10,2%
▪ Anteil (0,50%) an der in den Mitgliedstaaten erhobenen Mehrwertsteuer	14,4%
▪ Einnahmen nach der Höhe des Bruttosozialproduktes der Mitgliedstaaten	73,4%
▪ Sonstige Quellen	0,8%

---

[1]   Vgl. dazu insbesondere die Ausführungen von Premierminister Blair, die er anlässlich der Verhandlungen über den Finanzrahmen 2007-2013 gemacht hat. Diese gingen in die Richtung, mehr Geld für die sog. Lissabon-Strategie auszugeben und weniger für die Agrarpolitik.

Tabelle 2: Anteile der EU-Ausgaben am Haushalt 2005

▪ Agrarpolitik (Garantie)	42,6 %
▪ Strukturmaßnahmen	36,4 %
▪ Interne Politikbereiche*	7,8 %
▪ Externe Politikbereiche*	4,5 %
▪ Verwaltungsausgaben	5,4 %
▪ Heranführungshilfe für Beitrittskandidaten	1,8 %
▪ Ausgleichszahlungen	1,1 %
* Interne Politikbereiche sind u.a. Umwelt, Forschung und Bildung.	
Externe Politikbereiche sind u.a. Außenhandel und humanitäre Hilfe.	

2.2 Institutionelles Gefüge

Abbildung 4: Übersicht über die Organe

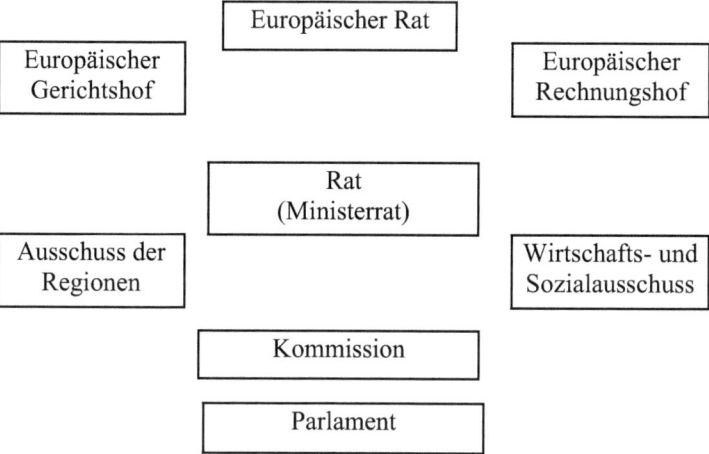

Die EU verfügt gemäß Art. 3 EUV über einen einheitlichen institutionellen Rahmen, der die Kohärenz und Kontinuität der Maßnahmen zur Erreichung ihrer Ziele unter gleichzeitiger Wahrung und Weiterentwicklung des gemeinschaftlichen Besitzstands sicherstellt. Für die Entscheidungsfindung von zentraler Bedeutung sind der Europäische Rat bzw. Ministerrat, die Kommission und das Parlament.[1]

---

[1] Vgl. dazu Herz (2002), S.62 ff.; Pfetsch (2001), S.119 ff.; Thiel (2001); Tömmel (2003), S.62 ff.; Weindl (1999), S.25 ff.; Wessels, in: Weidenfeld (2004), S.83 ff.

2.2.1 Der Europäische Rat und Ministerrat

Der Europäische Rat als immer wieder stattfindende Konferenz der Staats- und Regierungschefs der Mitgliedstaaten, deren Außenminister sowie des EU-Kommissionspräsidenten, wurde 1974 gegründet und in der EEA 1987 formell bekräftigt und institutionalisiert. Er gibt der Union die für ihre Entwicklung erforderlichen Impulse und legt die allgemeinen politischen Zielvorstellungen für diese Entwicklung fest. Seine Hauptaufgabe liegt also darin, die strategischen Ziele der EU zu formulieren und deren Umsetzung in die Wege zu leiten (vgl. Art. 4, S.1 EUV). Der Europäische Rat sieht sich als Motor der Europäischen Integration, als derjenige, der die Leitlinien verfasst. Er gab z.b. die politischen Impulse zu den Verträgen von Maastricht, Amsterdam und Nizza. Außerdem hat er auch die Debatte zum Entwurf einer Verfassung angestoßen. Die Detailarbeit wird dann dem Ministerrat und der Kommission überlassen.

Der Europäische Rat hat keine fest definierten Sitzungsperioden und Orte. Es ist aber Usance, sich mindestens zweimal pro Jahr, meistens in dem Land der Ratspräsidentschaft, sowie ad hoc bei besonderen Anlässen zu treffen. Der Europäische Rat befasst sich in seiner Arbeit neben vielen politischen Themen vor allem mit strategischen Aufgaben.

Abbildung 5: Betätigungsfelder des Europäischen Rats in der Vergangenheit

Wirtschaftspolitik	Institutionen und Reformen	Außen- und Sicherheitspolitik	Sonstiges
▪ Vollendung des Binnenmarktes ▪ Einführung einer Europäischen Währung ▪ Abbau von Handelshemmnissen ▪ Reform der Gemeinsamen Agrarpolitik	▪ Stärkung der Rechte des Europäischen Parlaments ▪ Reform der Abstimmungsmodalitäten ▪ Wege zu einer echten politischen Integration	▪ Ratifizierungen ▪ Assoziierungsabkommen	▪ Aufnahme neuer Mitgliedstaaten ▪ Vertiefung der Integration bisheriger Mitgliedstaaten

Der Ministerrat - schon in seinem jetzigen Zuschnitt in den Römischen Verträgen 1958 vorgesehen - ist immer noch das wirkmächtigste Legislativorgan der EU. Er kann als eine Art Staatenkammer betrachtet werden, denn im Ministerrat werden am deutlichsten die Interessen der Mitgliedstaaten, vertreten durch die je nach Thema zuständigen Fachminister, artikuliert. Es gibt also nicht *den* Ministerrat, sondern verschiedene Ministerräte, die entsprechend ihrer Bedeutung für die EU häufiger oder seltener zusammenkommen. Wegen der weit reichenden Wirkungen berichten die Medien häufig über den für Wirtschafts- und Finanzfragen zuständigen sog. Ecofin-Rat, den Agrarministerrat oder den Rat der Außenminister.

Die jeweiligen Minister entscheiden aber nicht allein, sie werden von verschiedenen Seiten in ihrer Arbeit unterstützt. So hat der Ministerrat eine eigene Verwaltung mit beinahe dreitausend Beamten in Brüssel. Außerdem werden die „EG-Gesetzesvorlagen" auch von den zuständigen Beamten der nationalen Ministerien bearbeitet. Darüber hinaus stehen auch die Vertretungen der Mitgliedstaaten in Brüssel dem Ministerrat hilfreich zur Seite. So werden die verschiedenen Ministerräte mit Angelegenheiten, über die in den vorgeschalteten Gremien schon Einigkeit erzielt wurde, nicht mehr behelligt. Insoweit hat der Ausschuss der Ständigen Vertreter der Mitgliedstaaten bei der EU, der sog. COREPER, die Entscheidungskompetenz (vgl. Art. 207 EGV).

Der Vorsitz im Rat wird von jedem Mitgliedstaat turnusmäßig jeweils für die Dauer von einem halben Jahr wahrgenommen. Welches Quorum bei Ministerratsentscheidungen angewandt wird, ist in den Verträgen geregelt. Im allgemeinen ist es so, dass Vorlagen aus den Bereichen Agrarpolitik, Infrastruktur, Wirtschaftspolitik der Mehrheitsentscheidung unterworfen sind. In den Bereichen Außen- und Sicherheitspolitik, Justiz, Inneres, und wenn der Rat von den Vorschlägen der Kommission oder des Europäischen Parlaments abweichen will, gilt grundsätzlich das Einstimmigkeitsprinzip.

Tabelle 3: Stimmengewichtung bei Mehrheitsentscheidungen im Ministerrat

Mitgliedstaat	Stimmen	Mitgliedstaat	Stimmen	Mitgliedstaat	Stimmen
Deutschland	29	Belgien	12	Litauen	7
Frankreich	29	Ungarn	12	Lettland	4
Großbritannien	29	Tschechien	12	Slowenien	4
Italien	29	Schweden	10	Estland	4
Spanien	27	Österreich	10	Zypern	4
Polen	27	Dänemark	7	Luxemburg	4
Niederlande	13	Slowakei	7	Malta	3
Griechenland	12	Finnland	7	Zusammen	321
Portugal	12	Irland	7		

Seit dem Vertrag von Nizza werden die meisten Entscheidungen mittels qualifizierter Mehrheit mit 232 von 321 Stimmen getroffen.[1]

---

[1] Mit der Erweiterung auf 25 Mitgliedstaaten erhöhte sich der Mindestanteil der Stimmen auf rund 72%. Ab 2007 würde sich in einer „*EU der 27*" das nötige Zustimmungsquorum sogar auf knapp 75% steigern (258 von 345 Stimmen). Um eine drohende Handlungsunfähigkeit bei einer

Abbildung 6:   Die unterschiedlichen Quoren im Ministerrat

	Einstimmigkeit	Einfache Mehrheit	Qualifizierte Mehrheit
Modus	▪ Eine Stimme je Mitgliedstaat: ⇒ Alle müssen zustimmen	▪ Jeder Mitgliedstaat hat eine Stimme: ⇒ Einfache Mehrheit entspricht 13:12 Stimmen	• Jedes Land hat eine gewichtete Anzahl von Stimmen: ⇒ Qualifizierte Mehrheit 232 Stimmen
Anwendung	• Weite Bereiche der GASP, viele Bereiche der PJZS • Bei Abweichung von Vorschlägen der Kommission oder des EP	• Wenn im Vertrag nichts anderes festgelegt (wird immer seltener verwendet)	• Agrarpolitik, Infrastruktur, Wirtschaft (z.Zt. bei ca. 70% der Abstimmungen)
Beispiele	• Aufnahme neuer Mitglieder in die Union • „Verfassungsrechtliche" Beschlüsse • Konvention zu Europol	• Geschäftsordnung des Rats • Programme im Bereich Forschung und Technologie	• GB-Rindfleisch-Export-Verbot • Bananenverordnung • Entsenderichtlinie

2.2.2   Die Europäische Kommission

Die EU-Kommission – mit Verwaltungs- und Legislativaufgaben gleichermaßen betraut - ist im Gegensatz zum Europäischen Rat und dem Ministerrat dem Wohl der Gemeinschaft als Ganzes verpflichtet (vgl. Art. 213 Abs. 2 EGV). Aufgrund ihrer konzeptionellen Auslegung und der Schlüsselstellung, die ihr aus den Verträgen zuwächst, wird sie oft als *"Motor der Gemeinschaft"* bezeichnet. Mit ihrem umfangreichen Verwaltungsapparat, den teilweise überkommenen Entscheidungsstrukturen und einer Reihe von unpopulären oder schwer nachvollziehbaren Beschlüssen ist die EU-Kommission aber häufig auch Zielpunkt der öffentlichen Kritik an der EU gewesen. Entscheidend für das Funktionieren der Kommission ist die größtmögliche Unabhängigkeit von nationalen Vorgaben, so dass die Wahrung des europäischen Gesamtinteresses im Mittelpunkt jeglicher Maßnahmen stehen sollte.

In den letzten Jahren wurde das Ernennungsverfahren für den Kommissionspräsidenten und die Kommissare geändert. Im einzelnen sieht die Neuregelung vor, dass die Amtszeit der Kommission entsprechend der des Europäischen Parlaments auf fünf Jahre verlängert wird. Der Rat, in der Zusammensetzung der

---

derart hohen Hürde abzuwenden, sieht der Entwurf der Verfassung eine Vereinfachung der Abstimmung vor. Eine Entscheidung des Ministerrates sollte dann als angenommen gelten, wenn die Abstimmungsmehrheit auch mind. 60% Gesamtbevölkerung der EU repräsentiert. In einigen Fällen fordert der Verfassungsentwurf sogar das Einverständnis von zwei Dritteln aller Mitgliedstaaten.

Staats- und Regierungschefs, benennt nach Zustimmung des Europäischen Parlaments mit qualifizierter Mehrheit den Präsidenten der Kommission. Sodann nimmt der Rat im Einvernehmen mit dem designierten Kommissionspräsidenten die gemäß den Vorschlägen der Mitgliedstaaten erstellte Liste der weiteren Kommissare an. Nach intensiver Anhörung (Hearing) der Kandidaten im Europäischen Parlament stellen sich der Präsident und die übrigen so benannten Kommissionsmitglieder als Kollegium dem Zustimmungsvotum des Parlaments. Um das ordnungsgemäße Funktionieren und die Entwicklung der EU zu gewährleisten, erfüllt die Kommission ein ganzes Bündel an Aufgaben.

Abbildung 7: Aufgaben der EU-Kommission

Initiativrechte	*Legislativrechte*
Im Bereich EG:	Im Bereich EG:
• Initiativmonopol: Rat und Parlament können Kommission aber zum Tätigwerden auffordern	• Rat kann Befugnisse in bestimmten Bereichen einräumen (z.B. Agrar-, Handels- oder Wettbewerbspolitik
• Erarbeitung von sog. Grünbüchern, Weißbüchern und Aktionsprogrammen	Im Bereich EURATOM
Im Bereich GASP und PJZS:	• Unmittelbare Rechtsetzungskompetenz
• Mitspracherecht	
• Initiativrecht nur gemeinsam mit Rat	

Exekutivrechte	*Kontrollrechte*
Verwaltung:	Als „Hüterin der Verträge":
• Erlassen von Rechtsakten	• Einleitung von Vertragsverletzungsverfahren
• Verwaltung der Fonds und der Forschungs- und Entwicklungsprogramme	• Wettbewerbs- und Fusionskontrolle
Haushalt:	• Überwachung staatlicher Beihilfen
• Aufstellen des Vorentwurfs	• Kontrolle der EG-Subventionen
• Mitwirkung bei Beratungen	• Überwachung der Haushaltslage in den Mitgliedstaaten
• Verwaltung der Finanzmittel	Art „Vorinstanz" der Judikative
Außenvertretung:	
• Verhandlungen mit Nicht-EU-Ländern	
• Vertretung in Internat. Organisationen	

Der Verwaltungsapparat der Kommission gliedert sich in Generaldirektionen, die vergleichbar mit nationalen Ministerien ressortmäßig hierarchisch strukturiert sind. Daneben unterhält die Kommission Vertretungen in allen EU-Mitgliedstaaten und ca. 120 Delegationen in Drittstaaten. Die Kommission beschäftigt insgesamt mehr als 25.000 Personen. Jedem Kommissar sind bestimmte Sachgebiete zugeordnet. In seiner Arbeit wird jedes Kommissionsmitglied durch ein selbst zu bestimmendes, ihm direkt unterstelltes Kabinett mit einem Kabinettchef unterstützt. In der Kommission als Kollegialorgan der Kommissare wird mit einfacher Stimmenmehrheit der 25 Mitglieder entschieden.

Die Stellung und Konzeption der EU-Kommission ist weltweit einzigartig, ihre komplexe innere Struktur und die wenig transparenten Entscheidungsmechanismen machen sie für den Bürger allerdings zuweilen suspekt. Problematisch ist sicherlich die lange Zeitdauer, bis ein Vorschlag überhaupt vorgelegt wird; im Schnitt vergehen nämlich 1,5 bis 4 Jahre. Kritisieren kann man auch, dass gegenüber der Kommission wenig Kontrolle ausgeübt wird. Ein Misstrauensvotum ist nur gegen die gesamte Kommission durch das Europäische Parlament möglich, ein politisch schwaches Mittel (vgl. Art. 201 EGV).

Positiv zu vermerken ist allerdings die Tatsache, dass in einer Behörde mit ca. 25.000 Beamten aus inzwischen 25 Mitgliedstaaten weitgehend wirkungsvoll zusammengearbeitet wird, was sehr zur Vertiefung des gegenseitigen Verständnisses beiträgt und die Entwicklung der Gemeinschaft wesentlich mitgestalten hilft.

2.2.3 Das Europäische Parlament

Die Interessen von mehr als 450 Millionen Bürgern aus 25 Staaten zu vertreten, ist die Aufgabe des Europäischen Parlaments (EP). Die Römischen Verträge sprachen noch nicht vom Europäischen Parlament, sondern von der Europäischen Versammlung, da seine Mitglieder in den Anfangsjahren von den jeweiligen nationalen Parlamenten entsandt wurden. Den Namen Europäisches Parlament hat sich die Versammlung 1962 selbst gegeben. Im Juni 1979 fand dann die erste allgemeine Direktwahl statt. Diese Wahl europäischer Volksvertreter war ein tief greifender Schritt zur Demokratisierung der Gemeinschaft und verhalf dem Parlament selbst zur Vervollkommnung seiner Legitimation.

Die Anzahl der Sitze - heute insgesamt 732 -, die den einzelnen Mitgliedstaaten zusteht, trägt bis zu einem gewissen Grad der Größe des jeweiligen Landes Rechnung. Ein weiterer Gesichtspunkt bei der Verteilung ist die politische Ausgewogenheit in der Repräsentanz der Mitgliedstaaten. So kommt es, dass die Zahl der Abgeordneten die Einwohnerzahlen der Mitgliedstaaten nur unvollkommen widerspiegelt: Derzeit vertritt ein deutscher Abgeordneter etwa 800.000 Bürgerinnen und Bürger, während es bei seinem Luxemburger Kollegen aus dem kleinsten Land der Union nur etwa 70.000 sind.

Tabelle 4: Sitzverteilung im Parlament

Mitgliedstaat	Sitze	Mitgliedstaat	Sitze	Mitgliedstaat	Sitze
Deutschland	99	Belgien	24	Litauen	13
Frankreich	78	Ungarn	24	Lettland	9
Großbritannien	78	Tschechien	24	Slowenien	7
Italien	78	Schweden	19	Estland	6
Spanien	54	Österreich	18	Zypern	6
Polen	54	Dänemark	14	Luxemburg	6
Niederlande	27	Slowakei	14	Malta	5
Griechenland	24	Finnland	14	Zusammen	732
Portugal	24	Irland	13		

Im Plenarsaal sitzen die Abgeordneten nicht nach nationalen Delegationen, sondern nach Fraktionszugehörigkeit. Die Fraktionen spiegeln die politischen Richtungen im Parlament wider. Augenblicklich umfasst das EP acht Fraktionen, jeder gehören Mitglieder aus mehreren Ländern an, so dass ihre politischen Standpunkte über rein nationale Belange hinausgehen.

Nicht nur die Zahl der Abgeordneten ist in den vergangenen Jahrzehnten nach und nach durch die Erweiterungsrunden der EU immer wieder angestiegen, auch die zunächst noch begrenzten Befugnisse und Kompetenzen des EP wurden schrittweise – von Vertrag zu Vertrag - verstärkt und erweitert. Dennoch sind seine Funktionen mit denen der nationalen Volksvertretungen in den Mitgliedstaaten noch nicht vergleichbar. Das EP spielt zwar neben Rat und Kommission die Hauptrolle im institutionellen Zusammenspiel der EU, aber gerade im Bereich der Legislative, dem neben dem Haushaltsrecht demokratiegeschichtlich originären Kompetenzfeld eines Parlaments, fehlt ihm die Befugnis zu verbindlichen und alleinigen Endentscheidungen. Dennoch ist der oftmals erhobene Vorwurf, das EP sei machtlos angesichts der Fülle seiner Befugnisse und Rechte, inzwischen ungerechtfertigt.

Das EP ist die einzige EU-Institution, die öffentlich zusammentritt und berät. Um die Arbeiten des Plenums vorzubereiten und zu erleichtern, sind die Abgeordneten des EP auf 19 ständige Ausschüsse verteilt, die jeweils auf einen bestimmten Sachbereich spezialisiert sind. Sie können zudem öffentliche Anhörungen anberaumen, in denen Fachleute sie über die komplexen Aspekte eines Problemkreises unterrichten. Die Ausschüsse bereiten auch die Stellungnahmen des Parlaments zu den Vorschlägen der Kommission an den Rat, die Änderungen zu den "gemeinsamen Standpunkten" des Rates sowie die auf eigener Initiative des Parlaments beruhenden Entschließungen vor. Die Sitzungen der Ausschüsse finden während zwei Wochen im Monat in Brüssel statt, während die dritte Woche den Fraktionssitzungen (meist auch in Brüssel) und die vierte den Plenartagungen in Straßburg vorbehalten sind. Sämtliche Aussprachen des Parlaments und seiner Ausschüsse können in allen Amtssprachen der Gemeinschaft geführt und dann von Simultandolmetschern übertragen werden.

Abbildung 8:   Rechte des Europäischen Parlaments

Politische Rechte	Kontrollrechte	Haushaltsrechte	Legislativrechte	Beratungsrechte
Beteiligung an der GASP und PJZS Entschließungen und Debatten zu Europa-Themen Petitionsrechte	Untätigkeitsklage gegen Rat und Kommission Misstrauensantrag gegen Kommission Anfragen an Rat und Kommission Debatten über Arbeitsprogramme	Beteiligung an der Aufstellung und Verabschiedung des EU-Etats	Konzertierungsverfahren mit Rat und Kommission bei etatrelevanten Vorschlägen Mitwirkung an der Gesetzgebung bei Zusammenarbeits- und Mitentscheidungsverfahren Mitentscheidung bei Beitritten bei Zustimmungsverfahren	Mitwirkung an der Gesetzgebung im Rahmen des Anhörungsverfahrens

Die Verträge von Maastricht, Amsterdam und Nizza haben die Mitwirkungsrechte des EP gegenüber dem durch die EEA bereits erreichten Stand schrittweise erweitert. Es erfuhr eine beträchtliche Stärkung u.a. durch die Vereinfachung des bisherigen Mitentscheidungsverfahrens und die Ausweitung seines Anwendungsbereiches um zentrale Anwendungsfälle wie z. B. auf den Gebieten Sozialpolitik, Gesundheit, Unionsbürgerschaft, Binnenmarkt und berufliche Bildung. Dies bedeutete unter anderem gleichberechtigte Entscheidungskompetenzen mit dem Ministerrat bei mehr als 75 Prozent der europäischen Gesetzgebung. Insofern kann festgestellt werden, dass das EP im institutionellen Gefüge der Gemeinschaft inzwischen eine bedeutende Stellung inne hat. Dennoch verfügt es immer noch nur eingeschränkt über die klassischen parlamentarischen Zuständigkeiten, die bei Gesetzgebung und Haushalt größere Kompetenzen aufweisen. Dies hat der EU den Vorwurf eines "Demokratiedefizits" eingetragen. Auch fehlt dem Parlament noch immer das Recht zu förmlichen Gesetzgebungsinitiativen. Trotz des erreichten echten Kompetenzzuwachses ist das Parlament insgesamt mit weniger Macht ausgestattet, als dies für eine parlamentarische Versammlung eines Mitgliedstaates üblich ist. Dies hat auch das Bundesverfassungsgericht in seiner Entscheidung vom 12. Oktober 1993 zum Maastrichter Vertrag festgestellt.[1]

2.2.4 Der Europäische Gerichtshof und sonstige EU-Institutionen

Die Europäische Gerichtsbarkeit ist zweistufig aufgebaut. Sie besteht aus dem Europäischen Gerichtshof (EuGH) und dem diesem nachgeordneten Gericht erster Instanz (EuG). Ihre Aufgabe ist es, die Wahrung des Rechts bei der Auslegung und Anwendung der Verträge zu sichern (Art. 220 EGV). Der EuGH fungiert in dieser Form sowohl als Verfassungs- als auch als Verwaltungsgericht. Kommt es zu „EG-verfassungsrechtlichen" Verfahren, so hat der Gerichtshof grundsätzlich das Interpretationsmonopol, das heißt, seine Auslegung und Rechtsprechung ist verbindlich für alle Mitgliedstaaten. Dies ist auch sinnvoll, denn so kann die Einheit der Europarechtsordnung gewährleistet werden. Der EuGH setzt also für alle Mitgliedstaaten verbindliches Recht im Rahmen der ihm übertragenen Befugnisse. Ein umfassender Rechtsschutz, wie in Deutschland durch Art. 19 Abs. 4 Grundgesetz gewährt, besteht auf europäischer Ebene nicht, da der EuGH nur aufgrund konkreter Einzelzuständigkeiten angerufen werden kann. Der Gerichtshof hat drei wesentliche Aufgaben. Er ist zuständig für die Entscheidung über Rechtsmittel gegen Entscheidungen des EuG, er ist Gericht für Streitigkeiten zwischen Organen und Mitgliedstaaten sowie zwischen Organen und er sichert die Zusammenarbeit mit den Gerichten der Mitgliedstaaten.[2] Das bedeutendste und europapolitisch interessanteste Verfahren ist das Vorabentscheidungsverfahren, wodurch die Zusammenarbeit zwischen der Judikative der Mitgliedstaaten und dem EuGH am deutlichsten wird. Es ist ein sog. Inzidentverfahren, in dem - als prozessuales Zwischenverfahren - die vom nationalen Richter formulierte Rechtsfrage seitens des EuGH in Form eines Urteils und nicht eines Rechtsgutachtens verbindlich entschieden wird. Die nationalen Richter dürfen dabei nur abstrakt-generelle Fragen vorlegen, da der EuGH nur für die Auslegung europäischen Rechts zuständig ist und nicht über den konkreten Rechtsfall entscheiden kann.

Unter den Direktklagen nimmt das Vertragsverletzungsverfahren die wichtigste Stellung ein. Danach kann die Kommission dann den EuGH anrufen, wenn sie der Auffassung ist, dass ein Mitgliedstaat gegen eine Vertragsverpflichtung verstoßen hat. Dasselbe Recht steht auch einem anderen Mitgliedstaat zu. Für die Fortentwicklung des Gemeinschaftsrechts als geschlossenes System ist dieses Verfahren eine tragende Säule. Daneben gibt es noch die Nichtigkeits- und Untä-

---

[1] BVerfGE 89, 155.
[2] Siehe dazu u.a. Pfetsch (2001), S.158 ff.

tigkeitsklagen. Ziel der Nichtigkeitsklage ist es, die Tätigkeit von Kommission und Rat einer Gültigkeits- und Rechtmäßigkeitskontrolle zu unterwerfen. Als Nichtigkeitsgründe kommen in Frage: Unzuständigkeit, Verletzung wesentlicher Formvorschriften, Verletzung des EG-Vertrages, sowie Ermessensmissbrauch. Da sich rechtswidriges Handeln neben einem Tun auch durch Unterlassen einer Rechtspflicht ausdrücken kann, ergänzt die Untätigkeitsklage die Rechtmäßigkeitskontrolle der Organe, die im Wege der Nichtigkeitsklage erfolgt.

Obwohl die europäische Gerichtsbarkeit insgesamt gut funktioniert, ist sicher die lange Verfahrensdauer von manchmal über 20 Monaten zu kritisieren. Hier besteht Bedarf zu einer Reform. Der EuGH hat sich aber insgesamt als *"Motor der Integration"* bewährt und nicht nur eine Kontrollfunktion wahrgenommen, sondern wichtige Gestaltungsaufgaben übernommen. Er hat das europäische Recht nicht nur interpretiert, sondern hat - französischer Doktrin folgend - in vielen Rechtsbereichen bei oftmals unklaren Rechtsnormformulierungen eine klare Rechtsfortbildung betrieben. Diese großzügige Lückenfüllung hat es der EU ermöglicht, Kompetenzen wahrzunehmen, die auf den ersten Blick nicht zu ihrem Aufgabenkreis gehören, was von Freunden der Integration begrüßt, von ihren Gegnern aber mit großem Missfallen aufgenommen wurde. Für die Entwicklung einer einheitlichen Europarechtsordnung spielt der EuGH eine zentrale Rolle.

Als weitere Institutionen der EU sind zu nennen vor allem der Europäische Rechnungshof (Art. 246 EGV) als fünftes offizielles Organ der EU, der über die ordnungsgemäße Verwendung der EU-Gelder wacht, die Europäische Zentralbank, der Wirtschafts- und Sozialschuss und der durch den Vertrag von Maastricht neu geschaffene Ausschuss der Regionen (AdR). Mit dem AdR wird territorialen Einheiten unterhalb der Ebene der Nationalstaaten die institutionalisierte Mitwirkung im Entscheidungsprozess der EU ermöglicht. Seine Tätigkeit besteht im Wesentlichen darin, Stellungnahmen zu allen geplanten EU-Maßnahmen abzugeben, die regionale Belange berühren. Durch den AdR hat die dritte staatliche "Gewaltebene", haben gerade die deutschen Länder nun aber die Möglichkeit, sich an den Entscheidungen der EU offiziell zu beteiligen und ihre Interessen und Bedürfnisse zu artikulieren, ein wichtiger Schritt in Richtung zu mehr Föderalismus in der Union. Die historisch gewachsene Vielfalt Europas soll auf diese Weise erhalten und eine möglichst große Bürgernähe der EU erreicht werden.

2.3 Entscheidungsmechanismen

Die Möglichkeit, eigenes Recht innerhalb der ihr von den Mitgliedstaaten übertragenen Kompetenzen zu setzen, das unmittelbare Anwendung findet und ohne
nationalstaatlichen Umsetzungsakt gegenüber allen Unionsbürgern Wirkung
entfalten kann, unterscheidet die EG eindrücklich von zwischenstaatlichen, nach
dem Prinzip der Kooperation agierenden Internationalen Organisationen und
macht sie zu einem „staatsähnlichen Gebilde".

Für viele Unionsbürger sind die Entscheidungsmechanismen, insbesondere
die Rechtsetzungsabläufe der EG, ein Buch mit sieben Siegeln geblieben. Dies
liegt zum einen sicher daran, dass die Medien der trockenen Materie der Recht-
setzung wenig Beachtung schenken, zum anderen gestalten sich die Verfahrens-
abläufe immer noch so kompliziert, dass selbst unter den EU-Organen nicht
immer Einigkeit über das richtige Verfahren herrscht.

Nach dem Prinzip der begrenzten oder enumerativen Einzelermächtigung
benötigt die Gemeinschaft grundsätzlich für jeden Rechtsakt eine ausdrückliche
Rechtsgrundlage innerhalb der Verträge. Ihre Ziele und Aufgaben sind festgelegt
in Art. 2 EUV, Art. 2 EGV. Diese sind in der dortigen Aufzählung nicht exakt
begrenzt, sondern es sind nur die Tätigkeitsfelder beschrieben.

Als Grundsatz der EG-Rechtsetzung lässt sich in einem allgemeingültigen
Merksatz festhalten: „Die EU-Kommission schlägt vor, der Ministerrat entscheidet unter Mitwirkung des Europäischen Parlaments". Besonders das inter-
institutionelle Zusammenspiel zwischen Rat und Parlament stellt sich allerdings
außerordentlich kompliziert dar. Die mehr als 20 verschiedenen Möglichkeiten
zum rechtlichen Zusammenwirken lassen sich aber idealtypisch auf fünf reduzieren:

- Verfahren der Unterrichtung,
- Verfahren der Anhörung,
- Verfahren der Zustimmung,
- Verfahren der Zusammenarbeit,
- Verfahren der Mitentscheidung bzw. Kodezision.

Welches Verfahren wann zur Anwendung gelangt, ist im EG-Vertrag, wenn
manchmal auch in verklausulierter Form, festgelegt.

3   Wirtschaftliche Macht

3.1   Wirtschaftskraft und geteilte Souveränität

Die Wirtschaftskraft der EU – so man alle Mitgliedstaaten zusammenfasst – ist beachtlich: Sie ist der weltweit größte Exporteur von Waren mit einem Volumen von 985 Mrd. Euro, was ca. 20% der gesamten internationalen Ausfuhren entspricht und einem Dienstleistungsvolumen von 307 Mrd. Euro.[1]

Tabelle 5:   Die wirtschaftliche Stärke der EU und ihrer Mitgliedstaaten in Zahlen[2]

Mitgliedstaat	Bruttoinlandsprodukt (in Mrd. US-Dollar)[3]	Mitgliedstaat	Bruttoinlandsprodukt (in Mrd. US-Dollar)
Belgien	301.753	Malta	4.826
Dänemark	211.145	Niederlande	512.217
Deutschland	2403.160	Österreich	253.126
Estland	8.383	Polen	209.552
Finnland	161.876	Portugal	147.684
Frankreich	1757.619	Schweden	301.752
Griechenland	173.205	Slowakei	32.519
Großbritannien[4]	1865.233	Slowenien	27.650
Irland	148.894	Spanien	838.652
Italien	1468.314	Tschechien	85.438
Lettland	10.284	Ungarn	82.806
Litauen	18.209	Zypern	12.809
Luxemburg	26.501	*EU (insgesamt)*	11063.607

Sicherlich ist es jedoch zweideutig, die EU als solche als *„Wirtschaftskraft"* zu bezeichnen, auch hier handelt es sich um geteilte oder gemischte Souveränitäten. Die EU hat die Schwerpunktkompetenz u.a. in den Bereichen Binnenmarkt, Währungsunion, Außenhandel, Strukturpolitik und Landwirtschaft. Die Mitgliedstaaten bestimmen weitgehend u.a. die Bereiche Arbeitsmarktpolitik, Steuerpolitik und Sozialpolitik.

Aber im Bereich der Wirtschaftspolitik wurde die EU viel früher als in der Außen- und Sicherheitspolitik als *„eigene Macht"* wahrgenommen. Dies lag

---

[1]   Vgl.   dazu   Eurostat;   www.europa.eu.int/abc/keyfigures/trading/index.animated_de.htm (17.08.05).

[2]   Stat. Bundesamt Deutschland; www.destatis.de/cgi-bin/ausland_suche.pl (30.08.05).

[3]   Daten von 2003.

[4]   So www.auswertiges-amt.de/www/de/laenderinfos/laender/laender_ausgabe_html (30.08.05).

sicherlich zum einen daran, dass hier – im Gegensatz zur Bipolarität in der Sicherheitspolitik – auf ökonomischem Gebiet sich eine Multipolarität der drei
großen Wirtschaftsblöcke Nordamerika, Japan bzw. Ostasien und Westeuropa
herausbildete, zum anderen stellte und stellt sich immer noch die EU zuallererst
als eine Wirtschaftsgemeinschaft dar. Der Handel zwischen den Mitgliedstaaten
hat sich seit Beginn der europäischen Integration mehr als verdreißigfacht. Diese
Entwicklung war nur möglich in Folge eines engen wirtschaftlichen Zusammen-
schlusses in Westeuropa. Seit Gründung der drei Gemeinschaften EGKS, EWG
und Euratom stand die europäische Wirtschaftspolitik im Blickpunkt des Interesses. Dies ist schon durch die Verträge, insbesondere durch die Garantie der sog.
vier Freiheiten, vorgegeben und wurde durch die Europapolitik der ersten Jahrzehnte auch entsprechend umgesetzt. Die EG hat schon in den 70er Jahren die
Zollunion verwirklicht, die den Abbau aller Binnenzölle und die Festlegung
einheitlicher Außenzölle zum Inhalt hatte. In den 80er und 90er Jahren rückten
dann zwei Großprojekte im Bereich der Wirtschafts- und Währungspolitik in den
Vordergrund, zum einen der inzwischen weitgehend verwirklichte *„Binnenmarkt
1993 "*, zum anderen die Währungsunion.

3.2 Binnenmarkt

Mit der Idee eines einheitlichen Binnenmarkts wurden Zielvorgaben, die schon
in den sog. Römischen Verträgen 1957 niedergelegt waren, wieder aufgenommen.[1] In einem sog. Weißbuch hat die Kommission 1985 mehr als 270 Rechtsakte aufgeführt, deren Umsetzung Voraussetzung für die endgültige Realisierung
eines einheitlichen Marktes seien. Durch den EG-Binnenmarkt sollte erreicht
werden:
▪   die Stärkung des Wirtschaftswachstums in der Gemeinschaft durch Schaf-
    fung gemeinsamer, marktwirtschaftlich orientierter Rahmenbedingungen,
▪   die Verbesserung der Wettbewerbsfähigkeit der Unternehmen in der Ge-
    meinschaft, insbesondere im Verhältnis zu den Weltmarktkonkurrenten,
▪   eine größere Identifikation der Bürger mit der Gemeinschaft sowie
▪   die Vertiefung der politischen Integration.
Dieses ehrgeizige Projekt wurde dann in der EEA noch einmal vertraglich wirksam verankert. Konkret bedeutete dies, die Schaffung eines EG-weiten einheitlichen Wirtschaftsraumes kontinentaler Dimension bis Ende 1992 durch Abbau
sämtlicher noch bestehender Schranken und Hemmnisse in der Gemeinschaft
sowie die Verwirklichung der vier Grundfreiheiten des EG-Vertrages, nämlich

---

[1]   Vertiefend zum EG-Binnenmarkt siehe u.a.: Dicke, Hugo, Der europäische Binnenmarkt, in:
      Weidenfeld (2004), S.223 ff.; Pfetsch (2001), S.191 ff.; Weindl/Woyke (1999), S.87 ff.

die vollständige Freizügigkeit für Personen, Waren, Dienstleistungen und Kapital.

Abbildung 9:   Die Bedeutung des Binnenmarkts

Beseitigung materieller Schranken	Abbau technischer Hemmnisse	Wegfall der Steuerschranken
Handels- und Wirtschaftspolitik: • Wegfall der Grenzkontrollen; Aufhebung von Einfuhrkontingenten; Abschaffung der Agrarausgleichsbeträge Gesundheitsschutz: • Verlagerung von Gesundheitszeugnissen für Tiere und Pflanzen ins Inland Verkehr: • Beseitigung der Grenzkontrollen; Annäherung der Wettbewerbsbedingungen für Fuhrunternehmen Personenkontrolle: • Zusammenarbeit der Polizeibehörden; Nutzung gemeinsamer Datenbanken; Kooperation der Sicherheitsorgane an den EU-Außengrenzen; Angleichung der Waffen- und Drogengesetze sowie der Asylpolitik	Freier Warenverkehr: • Gegenseitige Anerkennung der nationalen Regelungen und Normen; Festlegung elementarer Standards; Schaffung von EU-Normen-Institutionen; Wegfall von Doppelprüfungen Öffentliches Auftragswesen: • Freigabe öffentlicher Dienstleistungen; Zugang zu öffentlichen Ausschreibungen in den Mitgliedstaaten ohne nationale Schutzzäune Freizügigkeit für Arbeitnehmer und Selbständige: • Freier Zugang zu allen in der Gemeinschaft angebotenen Arbeitsplätzen; Gegenseitige Anerkennung von Zeugnissen und Diplomen Verkehr: • Einheitliche Kraftfahrzeugsteuer für LKW; Liberalisierung des Güterverkehrs; Wegfall von Quoten und Kabotage Audiovisueller Bereich: • Telekommunikationsnetz mit gemeinsamen Normen; Gemeinschaftsweite Ausstrahlung von Sendungen; EU-Regeln für Rundfunkwerbung Freier Kapitalverkehr	Mehrwertsteuer: • Annäherung der Steuersätze; Schaffung zentraler Rechnungsstelle Harmonisierung der Verbrauchssteuern: • Abschaffung zahlreicher Steuern auf den Verbrauch; Gemeinsame Bemessungsgrundlage.

Der Binnenmarkt ist heute weitgehend verwirklicht. Die konkreten wirtschaftlichen Vorteile pro Jahr lassen sich schwer beziffern, werden aber auf dreistellige Milliardenbeträge geschätzt. Trotzdem konnten die rezessiven Phasen der Wirtschaft in Westeuropa mit steigenden Arbeitslosenzahlen, die in den letzten Jahren zu beklagen waren, nicht verhindert werden. Es wäre jedoch verfehlt, diese Entwicklung der durch die Verwirklichung des Binnenmarkts entstandenen größeren Wettbewerbssituation anzulasten. Hier spielen verschiedene andere Faktoren, nicht zuletzt die zunehmende Verflechtung und Globalisierung der gesamten Weltwirtschaft, eine Rolle. Ganz im Gegenteil hat der europäische Binnenmarkt wahrscheinlich dazu beigetragen, die Negativauswirkungen verfehlter nationaler

Wirtschaftspolitiken abzufedern. Nicht zu unterschätzen ist auch die positive Signalwirkung, die vom Gelingen des EG-Binnenmarktes für „Resteuropa" sowie andere wirtschaftliche Zusammenschlüsse in der ganzen Welt ausgegangen ist. Projekte, die in der EU oftmals herber Kritik ausgesetzt sind, werden von außen wesentlich günstiger beurteilt.

3.3 Währungspolitik

1999 trat - entsprechend der Vorgaben des Maastrichter Vertrages - die Europäische Währungsunion in Kraft.[1] Auslöser für dieses Projekt war der Wunsch nach mehr Stabilität und Sicherheit der Währungen, sowie die Hoffnung auf stetiges wirtschaftliches Wachstum mit dem Ziel einer engeren Zusammenführung der EU-Volkswirtschaften. Von einer Europäischen Währungsunion wurden von finanzwirtschaftlicher Seite insbesondere Synergie-Effekte erwartet. Zum 1. Januar 2002 gaben die Geldinstitute in allen Euro-Ländern die neuen Euro-Münzen und -Banknoten heraus. Die noch materiell vorhandenen nationalen Währungen der teilnehmenden Mitgliedstaaten waren nur noch verschiedene Umrechnungseinheiten zur gemeinsamen Währung. Zur Zeit gehören der Euro-Zone innerhalb der EU folgende 12 Staaten an: Belgien, Deutschland, Finnland, Frankreich, Griechenland, Irland, Italien, Luxemburg, Niederlande, Österreich, Portugal und Spanien. Der Euro gilt in den erwähnten Ländern als alleiniges Zahlungsmittel seit dem 1. März 2002. Dänemark, Großbritannien und Schweden behalten sich den Beitritt weiterhin vor. Für alle EU-Mitgliedstaaten – auch für die im Mai 2004 beigetretenen – steht die Währungsunion, vorausgesetzt sie erfüllen die sog. Konvergenzkriterien, offen.

Eine stabile Währung erfordert eine solide Wirtschafts- und Haushaltspolitik, nach Möglichkeit in allen Mitgliedstaaten. Daher informiert die Kommission den Rat regelmäßig über wirtschaftliche Entwicklungen in den EU-Staaten und macht wirtschaftspolitische Vorschläge, die der Rat mit qualifizierter Mehrheit beschließt. Die Kommission überwacht darüber hinaus die Staatshaushalte der Mitgliedstaaten. Die jährliche Neuverschuldung eines Landes darf die Grenze von 3% seiner Wirtschaftsleistung (BIP) nicht überschreiten. Ausnahmeregelungen gelten nur im Falle einer nachweisbar schweren Rezession. Dieses Instrument des Stabilitäts- und Wachstumspaktes sieht empfindliche Strafen für Länder mit zu hohen Verschuldungsraten vor und geht maßgeblich auf deutsche

---

[1] Vertiefend zur Währungspolitik siehe u.a.: Hillenbrand, Olaf, Die Wirtschafts- und Währungspolitik, in: Weidenfeld (2004), S.242 ff.; Weindl/Woyke (1999), S.319 ff.

Initiative zurück, ist aber in letzter Zeit durch Neuformulierungen erheblich
abgeschwächt worden.[1]

3.4 Außenhandelspolitik

Als Außenwirtschaftspolitik werden die in den Kompetenzrahmen der EG (Erste
Säule) fallenden Beziehungen der EU zu Nicht-Mitgliedstaaten und Internationalen Organisationen in den Bereichen Wirtschaft und Handel bezeichnet. Geregelt
werden der Handel mit gewerblichen Gütern mit Ausnahme von Agrarproduk-
ten, der Textilhandel sowie der Handel mit Dienstleistungen. Darunter fallen
auch gemeinsame Ein- und Ausfuhrregeln, Schutzmaßnahmen gegen Dumping,
subventionierte Importe sowie mengenmäßige Beschränkungen.

Obwohl der Welthandel gemäß der Vereinbarungen der WTO, mit der die
EG kraft ihr übertragener Kompetenz die Verhandlungen führt, grundsätzlich
frei ist, gibt es viele Ausnahmeregelungen und Präferenzabkommen. Über die
Jahre hinweg hat die EU-Kommission eine ganze Reihe von Handelsabkommen
geschlossen, u. a.

- der 1992 ins Leben gerufene Europäische Wirtschaftsraum (EWR), der
  Länder wie Lichtenstein, Island oder die Schweiz umfasst, die aus unterschiedlichen Gründen nicht Mitglieder der EU sind,
- die sog. Europaabkommen mit beitrittswilligen Staaten wie z.B. Bulgarien
  oder Rumänien,
- sog. asymmetrische Freihandelsabkommen mit Ländern des Mittelmeer-
  raumes sowie
- Entwicklungshilfeabkommen mit Ländern aus Afrika, dem pazifischen und
  karibischen Raum (sog. AKP-Staaten).

Durch entsprechende Abkommen hat die EU also im Bereich der Außenwirtschaftspolitik ein dichtes Netz der Kooperationen zu verschiedenen Staaten und
Regionen der Welt geschaffen, die größtenteils zu bevorzugten Wirtschaftsbeziehungen zu Drittstaaten führten. In diesem Zusammenhang - ähnlich wie bei
der Entwicklungszusammenarbeit - spielen immer wieder historisch gewachsene
Netzwerkbildungen der einzelnen Mitgliedstaaten, die teilweise auf die Koloni-
alzeit zurückgehen, eine Rolle.

Über solche „solidarischen Partnerschaftsmodelle" gestaltet die EU ihre
Beziehungen in den Außenbereich, ordnet die sie umgebenden Räume in unterschiedlicher, nach Entfernung, historisch und kulturelle gewachsener Interde-
pendenzen eher abnehmender Intensität auf sich zu.[2]

---

[1]   Vgl. www.bmf.gv.at/Budget/Finanzbeziehungenzu_658/ AKTUELLDiewichtigst_3371/_start
      .htm (30.08.05).
[2]   So Piazolo (2004), S.378.

4 Außenpolitik und militärische Kraft

4.1 Entwicklung

Grundlage des Gedankens einer gemeinsamen europäischen Außenpolitik waren sicher die schlechten Erfahrungen der Zwischenkriegszeit, als ein Zweiter Weltkrieg auch auf Grund nationaler Egoismen nicht verhindert werden konnte. Insofern kann man den Pleven-Plan Anfang der 50er Jahre zur Schaffung einer Europäischen Verteidigungsgemeinschaft (EVG) und eben auch einer Europäischen Politischen Gemeinschaft (EPG) durchaus als ersten Vorstoß zu einer gemeinsamen Außen- und Sicherheitspolitik ansehen.[1] Er konnte durch den Einspruch der Französischen Nationalversammlung jedoch nie verwirklicht werden. Das Vorhaben, zumindest auf westeuropäischer Ebene auch in der Außenpolitik zusammenzuarbeiten, wurde dennoch nicht aufgegeben. Fortschritte ließen sich jedoch - je stärker die einzelnen Mitgliedstaaten wieder zu ihrer nationalen Identität fanden - nur langsam erzielen. Gerade in der Außen- und Sicherheitspolitik, die sichtbarer Ausdruck einer eigenständigen, souverän gestalteten, nationalen Politik ist, fiel ein Souveränitätsverzicht besonders schwer.

Also wählten die Mitgliedstaaten der EG eher den Weg des kooperativen Zusammenwirkens. Der Luxemburger Bericht - Initialzündung der sog. Europäischen Politischen Zusammenarbeit (EPZ) – gipfelte 1970 in der Kernaussage: *"In dem Bestreben, Fortschritte auf dem Gebiet der politischen Einigung zu erzielen, beschließen die Regierungen, in der Außenpolitik zusammenzuarbeiten."*[2] Im folgenden Jahrzehnt wurde auf Gipfelkonferenzen in Kopenhagen, Paris und London die außenpolitische Zusammenarbeit weiter verstärkt, die strukturelle Trennung zwischen der „integrativen" EG und der „kooperativen" EPZ allerdings beibehalten. In der EEA wurde letztere dann mit einem eigenen Sekretariat institutionell verankert.

Mit dem Vertrag von Maastricht reagierte die EU erstmals auf die durch den Zusammenbruch der Sowjetunion und die Demokratisierung ihrer „Satellitenstaaten" einsetzende Verschiebung des Mächtegleichgewichts in der Welt, besonders aber Europa. Der Umbruch in den Grundkoordinaten der Weltpolitik zog ein neues Sicherheitsverständnis nach sich und machte eine Neukonzeption von Sicherheitspolitik notwendig.[3] 1992 wurde daher die auf außenpolitische Zusammenarbeit konzentrierte EPZ durch die sog. Gemeinsame Außen- und

---

[1]   Der Pleven-Plan ist abgedruckt in: Europa-Archiv 5, 22; 1950, S.3518-3520.
[2]   Abgedruckt unter Auswärtiges Amt (1994), S.89.
[3]   Schubert, Klaus, Auf dem Weg zu neuen Formen der Staatlichkeit und zu einer neuen Qualität von Außenpolitik? In: Schubert/Müller-Brandeck-Boquet (2000), S.9.

Sicherheitspolitik (GASP) als zweiten Pfeiler der Tempelkonstruktion ersetzt.[1] Die EU wollte damit die Behauptung ihrer Identität auf internationaler Ebene sichtbar verstärken, wozu auf längere Sicht sicherlich auch die Festlegung einer Gemeinsamen Verteidigungspolitik gehörte. Wichtig war, neben der Aufnahme der Sicherheitspolitik als gemeinsames Ziel, die Tatsache, dass die GASP in die Gesamtstruktur der EU eingebettet wurde, somit einen offiziellen Charakter erhielt. Damit verbunden war gleichzeitig, dass ab da auch die EU-Kommission die Außen- und Sicherheitspolitik mitgestalten konnte, ein weiterer Schritt hin zu einer beginnenden Supranationalität in diesem Bereich.

Positiv zu vermerken war sicherlich, dass zwar die Leitlinien der Außenpolitik einstimmig im Ministerrat beschlossen werden mussten, auf dieser Grundlage jedoch gemeinsame Aktionen mit Zweidrittelmehrheit eingeleitet werden konnten. Die Mitgliedstaaten waren also zum ersten Mal bereit, einen gewissen Souveränitätsverzicht in dieser sensiblen Materie zu akzeptieren. Auf der anderen Seite war die GASP noch sehr unvollständig und ineffektiv, wie sich eindrücklich und schmerzhaft in den Jugoslawien-Kriegen herausgestellt hat. Insgesamt stellte die GASP keinen radikalen Umbruch, sondern eine vorsichtige Weiterentwicklung der EPZ dar. Als Ziele der GASP lassen sich nach Art. 11 Abs. 1 EUV benennen:

- Wahrung der gemeinsamen Werte, der grundlegenden Interessen, der Unabhängigkeit und der Unversehrtheit der Union,
- Stärkung der Sicherheit der Union,
- Wahrung des Friedens und Stärkung der internationalen Sicherheit,
- Förderung der internationalen Zusammenarbeit,
- Entwicklung und Stärkung von Demokratie und Rechtsstaatlichkeit sowie die
- Achtung der Menschenrechte und Grundfreiheiten.

---

[1] Zur Entwicklung der GASP u.a.: Erhart (2004); Gütt (2003); Müller-Brandeck-Bocquet (2002); Regelsberger (2004); Schubert/Müller-Brandeck (2000).

Abbildung 10: Wichtige Etappen der Gemeinsamen Außen- und Sicherheitspolitik

1950	Pleven-Plan: EVG + EPG. Gescheitert 1954 am Veto der Franz. Nationalversammlung
1961	Fouchet-Plan (Versuch der Gründung einer politischen Union) scheitert
1970	Luxemburger Bericht: Geburtsstunde der sog. Europäischen Politischen Zusammenarbeit (EPZ)
1973	Kopenhagener Bericht: Beschluss zur Vertiefung, Verdichtung und Erweiterung der europäischen Außenpolitik
1974	Pariser Gipfeltreffen
1981	Londoner Bericht: Weiterhin strikte Trennung von EG und EPZ
1986	Einheitliche Europäische Akte (EEA): Völkerrechtliche Verankerung der EPZ. Eigenes Sekretariat in London
1991	Vertrag von Maastricht: Einführung einer Gemeinsamen Außen- und Sicherheitspolitik (GASP)
1997	Vertrag von Amsterdam: Schaffung des Amtes des Hohen Vertreters für die Außen- und Sicherheitspolitik
1999	Europäischer Rat von Köln: Stärkung der Gemeinsamen Europäischen Sicherheits- und Verteidigungspolitik (ESVP)
2000	Vertrag von Nizza. ESVP wird offizieller Teil der GASP
2001	Gipfel von Laeken: Symbolische Erklärung der Einsatzbereitschaft der EU-Eingreiftruppe
2003	Entwurf für eine Europäische Sicherheitsstrategie durch Javier Solana
2004	Gipfel von Rom: Feierliche Unterzeichnung des Vertrages über eine Verfassung für Europa; darin Beseitigung der Tempelkonstruktion und Überführung der GASP in einen einheitlichen EU-Rahmen

Für eine zukünftig stärker integrierte Außenpolitik war es notwendig, einen gemeinsamen Repräsentanten, einen „Monsieur GASP", zu installieren, denn gerade in der auf kooperatives Wirken angelegten Internationalen Politik sind Personen von besonderer Bedeutung. Durch den Vertrag von Amsterdam wurde daher dann das Amt eines *Hohen Vertreters für die Gemeinsame Außen- und Sicherheitspolitik* geschaffen. Der Hohe Vertreter unterstützt die jeweilige Ratspräsidentschaft der EU in ihren Kontakten mit Drittstaaten und ist aufgrund seines Amtes Mitglied der sog. „Troika", der neben ihm der Außenminister des jeweiligen EU-Vorsitz-Landes und der zuständige Vertreter der Kommission angehören. Als wichtige Voraussetzung für eine verbesserte Handlungsfähigkeit der EU im Bereich des Krisenmanagements bezog der Amsterdamer Vertrag die sogenannten „Petersberg-Aufgaben" der Westeuropäischen Union (WEU) in die

GASP ein und eröffnete die Möglichkeit einer vollständigen Integration der WEU in die EU. Zu den „Petersberg-Aufgaben" zählen insbesondere humanitäre Angelegenheiten, Rettungseinsätze, Friedenserhaltung sowie Krisenbewältigung und Friedensschaffung durch Kampfeinsätze.

Trotz dieser Neuerungen kann man bis heute noch nicht von einer einheitlichen Außen- und Sicherheitspolitik sprechen; vielmehr sind die Souveränitäten geteilt. Die Außenwirtschaftspolitik, die Befugnis, auf globaler Ebene den institutionellen europäischen Zusammenschluss zu vertreten, ist so eng mit der Wirtschaftspolitik verknüpft, dass sie schon seit längerem zum Kompetenzbereich der EG - also der ersten Säule - gehört. Die EG als Rechtssubjekt agiert somit im Bereich der Außenwirtschaftspolitik auf internationaler Ebene, so zum Beispiel bei den WTO-Verhandlungen. Die Verteidigungspolitik im engeren Sinn, soweit es sich um militärische Sicherheit handelt, wird im wesentlichen immer noch national gestaltet. Erste Ansätze auf europäischer Ebene, wie das Eurocorps oder gemeinsame militärische Übungen, sind nicht innerhalb der Tempelkonstruktion institutionell verankert. Somit umfasst die zweite Säule nur einen Ausschnitt der Außen- und Sicherheitspolitik.

Tabelle 6: Die militärische Truppenstärke der einzelnen Mitgliedstaaten[1]

Mitgliedstaat	Truppenstärke	Mitgliedstaat	Truppenstärke
Belgien	40.800	Malta	2.140
Dänemark	22.880	Niederlande	53.130
Deutschland	284.500	Österreich	34.600
Estland	5.510	Polen	163.000
Finnland	27.000	Portugal	44.900
Frankreich	259.050	Schweden	27.600
Griechenland	177.600	Slowakei	22.000
Großbritannien	212.600	Slowenien	6.550
Irland	10.460	Spanien	150.700
Italien	200.000	Tschechien	57.050
Lettland	4.880	Ungarn	33.400
Litauen	12.700	Zypern	10.000
Luxemburg	900	*EU (insgesamt)*	1.863.950

---

[1]   Zahlen von 2004. Vgl. dazu: www.iss-eu.org/esdp/10-jhfc.pdf (30.08.05).

4.2 Institutioneller Rahmen

Die Europäische Union verfügt seit dem Vertrag von Maastricht über einen einheitlichen institutionellen Rahmen. So sollen Kohärenz und Kontinuität in der Union sichergestellt werden. Das bedeutet aber nicht, dass die Institutionen in allen Politikbereichen gleichermaßen mitentscheiden können. Außenpolitik ist traditionell ein Gebiet, in dem die Exekutivorgane mehr Macht haben als in anderen Politikfeldern. Dies gilt z.b. auch für die USA (Kompetenzschwerpunkt beim Präsidenten) und für die Bundesrepublik Deutschland (Kompetenz liegt im wesentlichen bei der Bundesregierung). Insofern nimmt es nicht wunder, dass die Entscheidungsstruktur der GASP anders geordnet ist als die der EG und dass der Europäische Rat Hauptakteur der Europäischen Außen- und Sicherheitspolitik ist.

Abbildung 11: Institutionelle Umsetzung der GASP

INSTITUTION	AUFGABE
Europäischer Rat (Staats- und Regierungschefs + Präsident der Kommission)	• Festlegung d. Grundsätze u. allgemeinen Leitlinien der GASP mit verteidigungspolitischen Bezügen • Beschluss gemeinsamer Strategien
Rat der Europäischen Union (Ministerrat)	• Durchführung der Entscheidungen des Europäischen Rates • Annahme gemeinsamer Standpunkte und gemeinsamer Aktionen • Empfehlung und Durchführung gemeinsamer Strategien
Europäisches Parlament / **Europäische Kommission**	• Kommission vertritt die Union zusammen mit dem Vorsitzenden des Rates in Fragen der GASP nach außen und unterbreitet Vorschläge
Hoher Vertreter für die GASP (Art. 26 EUV) / **Politische Direktoren der Auswärtigen Dienste**	• Laufende Beobachtung der internationalen Lage • Überwachung der Durchführung der vereinbarten Politiken

Die Steuerung und Fortentwicklung der GASP obliegt dem Rat „Allgemeine Angelegenheiten", in dem die Außenminister der fünfundzwanzig EU-Mitgliedstaaten zusammentreffen. Er tagt in der Regel einmal monatlich und verfügt im Bereich der GASP vor allem über drei Instrumente, die im Amsterdamer Vertrag genauer definiert worden sind:

- Das erste Instrument ist der *Gemeinsame Standpunkt* (Art. 15 EUV). Damit wird ein für die Mitgliedstaaten verbindliches „Konzept der Union für eine bestimmte Frage geographischer oder thematischer Art" bestimmt. Die Mitgliedstaaten „tragen dafür Sorge, dass ihre einzelstaatliche Politik mit den gemeinsamen Standpunkten in Einklang steht." Die Annahme Gemeinsamer Standpunkte erfolgt in der Regel einstimmig.
- *Gemeinsame Aktionen* (Art. 14 EUV) als zweites Instrument werden verabschiedet, wenn die Union auf einem konkreten Gebiet der Außenpolitik operativ tätig werden will, wie z. B. durch die Entsendung von Wahlbeobachtern, die Ernennung eines Sonderbeauftragten oder die Verhängung bestimmter Sanktionen. In den Gemeinsamen Aktionen sind die Ziele, ihr Umfang, die dafür eingesetzten Mittel sowie Bedingungen und gegebenenfalls der Zeitraum zu nennen. Die Entscheidung über eine Gemeinsame Aktion erfolgt in der Regel ebenfalls einstimmig.
- Das Instrument der *Gemeinsamen Strategie* ist mit dem Vertrag von Amsterdam neu geschaffen worden. Damit verfolgt man das Ziel, die Mitgliedstaaten in ihren Politiken noch stärker als bisher auf eine gemeinsame EU-Linie festzulegen. Diese Strategien können ein umfassendes Konzept der Union zu einem bestimmten geographischen oder thematischen Bereich ihrer Außenpolitik enthalten, zu dessen Umsetzung eine Reihe konkreter Maßnahmen verbindlich festgeschrieben werden. Sie wird einstimmig durch den Europäischen Rat der Staats- und Regierungschefs der Mitgliedstaaten beschlossen.

Neben diesen drei Instrumenten gibt die Union regelmäßig Erklärungen zu aktuellen politischen Ereignissen ab.[1] Die der EU assoziierten Staaten können sich solchen Erklärungen, aber auch Gemeinsamen Standpunkten und Gemeinsamen Aktionen anschließen.

4.3 Die Europäische Sicherheits- und Verteidigungspolitik

Inzwischen hat man aufgehört, von Sicherheit nur im Sinne rein militärischer Sicherheit zu sprechen, da die Herausforderungen und das Bedrohungspotential heute viel weiter reichen und neben militärischen Risikolagen auch andere Unsicherheitsfaktoren, wie ökologische Katastrophen, internationaler Terrorismus, Flüchtlingswellen oder groß angelegte Bandenkriminalität, die Unionsbürger in

---

[1]   Vgl. zu einer Auflistung gemeinsamer Aktionen und Standpunkte Gottschald (2001), S.152-167.

ihrem Sicherheitsempfinden spürbar beeinträchtigen.[1] Die EU hat daher im Rahmen der zweiten Säule eine weit gefasste Europäische Sicherheits- und Verteidigungspolitik (ESVP) initiiert. Die ESVP war bereits im Vertrag von Amsterdam genannt worden, aber insbesondere der Kosovo-Krieg 1998, durch den offenbar wurde, dass die EU selbst bei der Lösung eines innereuropäischen Konflikts nicht ohne die militärische Hilfe der USA auskam, führte zu weiteren Verhandlungserfolgen.[2] Damit verfolgt die Union das Ziel, ihre äußere Handlungsfähigkeit durch den Aufbau gemeinsamer ziviler und militärischer Fähigkeiten zur internationalen Konfliktverhütung und Krisenbewältigung zu verstärken. Die Mitgliedstaaten betrachten die ESVP nicht als Ersatz für die NATO, sondern als Ergänzung. Ende 2002 gelang es, die strategische Partnerschaft zwischen NATO und ESVP durch den Abschluss von EU-NATO-Dauervereinbarungen zu untermauern. Die Regelungen betreffen vor allem einen gesicherten EU-Zugang zu NATO-Planungskapazitäten und einen Rückgriff auf sonstige NATO-Mittel und NATO-Fähigkeiten.[3]

Gleichzeitig soll die ESVP auch andere Internationale Organisationen stärken. Die EU möchte in der Lage sein, auf Ersuchen federführender Internationaler Organisationen wie der Vereinten Nationen und der OSZE, eigene Kräfte zur Verfügung zu stellen. Auf dem Treffen des Europäischen Rats in Helsinki im Dezember 1999 setzten sich die EU-Mitgliedstaaten das Leitziel, innerhalb von 60 Tagen für gemeinsame Einsätze bis zu 60.000 Soldaten verlegen und diese Operation mindestens ein Jahr durchhalten zu können. Das deutsche Kontingent im Rahmen dieser Truppen beträgt 33.000 Soldaten.[4] Auch für den Aufbau ziviler Kräfte sind Planziele aufgestellt worden. So sollen bis zu 5.000 Polizisten, ein kurzfristig entsendbares Katastrophenschutz-Team mit 2.000 Personen und 200 Experten in rechtlichen Fragen - Richter, Staatsanwälte und Strafvollzugsbeamte - verfügbar sein. Auf dem Treffen des Europäischen Rats von Laeken im Dezember 2001 wurde die Einsatzbereitschaft der Eingreiftruppe in einer Grundsatzerklärung symbolisch festgestellt.[5]

---

[1]   Vgl. dazu oben den Aufsatz Piazolo, Gibt es eine neue Unübersichtlichkeit in der internationalen Ordnung, S.21 ff.

[2]   Siehe dazu Fröhlich (2002), S.1.

[3]   Fröhlich (2002), S.1.

[4]   So Algieri, Franco, Europäische Sicherheits- und Verteidigungspolitik, in: Weidenfeld (2001), S.161.

[5]   www.auswaertiges-amt.de/www/de/infoservice/download/pdf/eu/schlussf_laeken.pdf (30.8.05).

4.4 Konkrete Einsätze

Der erste friedenserhaltende Einsatz in kleinem Umfang im Rahmen der ESVP begann am 1. April 2003 mit der Ablösung der NATO-Operation „Allied Harmony" in Mazedonien. Zentrale Aufgabe der ca. 350 Soldaten umfassenden Mission unter dem Namen „Concordia" war es, die Umsetzung des im August 2001 abgeschlossenen Abkommens von Ohrid zu überwachen und damit den Waffenstillstand zwischen Regierungstruppen und albanischen Rebellen weiter zu sichern. Durch den Rückgriff auf Mittel und Fähigkeiten der NATO war „Concordia" auch das erste Beispiel für die strategische Partnerschaft zwischen EU und NATO.

Anfang Juni 2003 kam es erstmals zu einem Beschluss über einen militärischen Einsatz der EU ohne Unterstützung von NATO-Kapazitäten. Mit der Entsendung einer 1.700 Soldaten umfassenden „schnellen Eingreiftruppe" in den zentralafrikanischen Staat Kongo sollten Gewalt und Völkermord in der dortigen Provinz Ituri beendet sowie Flüchtlinge und Mitarbeiter von dort tätigen Hilfsorganisationen geschützt werden.[1] Die Operation, die den Namen „Artemis" trug, war auf Grund einer dringlichen Anfrage von UN-Generalsekretär Kofi Annan in den Kongo entsandt worden und durch ein UN-Mandat völkerrechtlich legitimiert. Am Einsatz unter französischer Führung beteiligten sich Deutschland, Schweden, Großbritannien und Belgien sowie auch einige Nicht-EU-Staaten. Am 1. September 2003 löste sie eine UN-geführte Blauhelm-Mission ab.

4.5 Die Europäische Sicherheitsstrategie (ESS)

Mittelbar sicherlich ausgelöst durch die Terroranschläge des 11. September 2001 entwarf die EU Ende 2003 eine eigene Sicherheitsstrategie. Diese lehnt sich in weiten Teilen an die Nationale Sicherheitsstrategie der USA[2] an. Kern des von Javier Solana vorgestellten Papiers ist die Forderung, dass die EU ihr Wirkungsfeld global zu definieren habe.[3]

Die ESS ist ein Konzept, dass die Ziel- und Interessenbestimmung europäischer Sicherheitspolitik vornimmt und die mögliche Richtung der EU als global wirkender außerpolitischer Akteur vorgibt.[4] Konsequenterweise enthält sie des-

---

[1]   So Flechtner (2003), S.5 f.

[2]   Siehe dazu die amerikanische „National Security Strategy (NSS)" von 2002; www.whitehouse.gov/nsc/nss.pdf (30.08.05).

[3]   Vgl. die Europäische Sicherheitsstrategie ESS: „Ein sicheres Europa in einer besseren Welt" 12.12.2003; www.ue.eu.int/cms3_fo/showPage.ASP/tmp/031208ESSEEDA.pdf (30.08.05).

[4]   So Flechtner (2003), S.5.

halb eine Analyse der Bedrohungslagen[1] - z.b. Terrorismus, Proliferation von Massenvernichtungswaffen, Organisierte Kriminalität, Failing States oder Regionalkonflikte -, dementsprechende Zielvorgaben und mögliche daraus resultierende Auswirkungen auf die EU-Politik. Als strategische Ziele werden benannt:

- Stabilisierung und Stärkung der Sicherheit in der Nachbarschaft durch Schaffung eines Sicherheitsgürtels,
- Aufbau und Förderung einer Weltordnung auf der Grundlage eines wirksamen Multilateralismus, u.a. durch die Stärkung der Rolle der Vereinten Nationen, regionaler Organisationen und der internationalen Rechtsordnung,
- Reaktion durch eine Kombination von Instrumenten, die sowohl zivile als auch militärische Mittel einschließen.[2]

Um diese Ziele zu erreichen, müssten laut ESS mehr Finanzen für die Verteidigung zur Verfügung gestellt werden und gleichzeitig die vielen nebeneinander verlaufenden militärischen Strukturen gebündelt werden.

Mit der ESS ist die EU, zumindest was die Entwicklung einer einheitlichen Strategie in der Außen- und Sicherheitspolitik anbetrifft, in eine neue Phase eingetreten, langfristig kann die EU aber nur zu einem globalen Akteur werden, wenn es ihr gelingt, die unterschiedlichen strategischen Kulturen und militärischen Strukturen zusammenzuführen.

4.6 Bewertung der EU-Außen-, Sicherheits- und Verteidigungspolitik

Mit den Verträgen von Maastricht, Amsterdam und Nizza ist sicherlich eine positive Entwicklung in Richtung auf eine gemeinsam gestaltete europäische Außen- und Sicherheitspolitik fortgeführt worden. Ihren Endpunkt darf sie aber noch nicht erreicht haben.[3] Positiv zu beurteilen ist, dass die Außenpolitik in den einheitlichen institutionellen Rahmen der EU eingegliedert wurde und dass mit der Sicherheitspolitik eine sachlich notwendige Annexkompetenz der EU übertragen wurde. Ein richtiger Schritt hin zu mehr Supranationalität ist die - wenn auch eingeschränkte - Möglichkeit von Mehrheitsentscheidungen innerhalb des zweiten Pfeilers.

Die zentralen Fragestellungen für die Zukunft der GASP drehen sich zum einen um das Bestreben einiger Länder wie Frankreich, Deutschland und Belgien, sie zu einer Europäischen Sicherheits- und Verteidigungs-Union (ESVU)

---

[1] Vgl. ESS (2003), S.4.
[2] Siehe dazu ESS (2003), S.6-12. Im letzten Punkt wird eine deutliche Abgrenzung zur amerikanischen NSS deutlich, in der die Notwendigkeit betont wird, sich offensiv zu verteidigen und man sich auch das Recht eine präemptiven Intervention vorbehält.
[3] Vgl. Ehrhart (2002), S.22.

weiterzuentwickeln, um durch eine noch engere sicherheits- und verteidigungspolitische Kooperation die Einigung und Stärkung Europas weiter voranzutreiben. Zum anderen muss die Praxis zeigen, ob sich das im Verfassungsentwurf
vorgesehene EU-Außenministeramt etablieren kann und in der Lage sein wird,
die zum Teil stark unterschiedlichen außenpolitischen Standpunkte der Mitgliedsländer zu koordinieren.

5   Die EU auf der Suche nach ihrer Rolle in der Welt

5.1 Neue und alte Herausforderungen

In der EU ist Politik stets „erlebbar" gewesen. Ihre Entwicklung zeichnete sich
durch ständige Veränderungen und eine besondere Dynamik aus. Nicht alles,
was man sich in der Zeit nach dem Ende des Zweiten Weltkriegs erhofft oder
erträumt hat, ist durchsetzbar gewesen, vieles scheiterte an der Notwendigkeit,
jeden wichtigen Reformschritt mit Einstimmigkeit zu beschließen. In ihrer länger
als 50-jährigen Geschichte vollzogen sich jedoch radikale Umbrüche, welche die
EU in ihrer Metamorphose zu einer Politischen Union wesentlich vorangebracht
haben.

Die Entwicklung ist jedoch keineswegs abgeschlossen. Für die nächsten
Jahre hat sich die EU ein großes Programm vorgenommen. Eine ganze Reihe
von Großprojekten stehen zur Realisierung an, die sowohl die innere Struktur als
auch die äußere Gestalt verändern sollen und mit den Schlagworten Erweiterung
und Vertiefung auf einen kurzen Nenner gebracht werden können.[1]

Zum einen soll die EU vergrößert werden. Als wirtschaftliches und politisches Erfolgsmodell löst sie bei den Staaten an ihren Rändern eine erhebliche
Sogwirkung aus. Der gesamte Balkanraum, aber auch große Staaten wie die
Türkei oder die Ukraine streben zumindest mittelfristig den Beitritt zur EU an.
Zum anderen trachtet die EU selbst nach innerer Vollendung. Immer noch gilt
es, trotz negativer Referenda in Frankreich und den Niederlanden den schon
unterschriebenen Vertrag über eine Verfassung zu ratifizieren und in Kraft zu
setzen. Daneben steht die Verabschiedung des Finanzrahmens für die Jahre 2007
bis 2013 auf der politischen Agenda.

So dringend notwendig eine erfolgreiche Verwirklichung der angestrebten
Reformvorhaben auch ist, in der aktuellen politischen Gesamtsituation, in der
sich die EU und ihre Mitgliedstaaten befinden, darf man skeptisch sein, ob alle
Bemühungen von Erfolg gekrönt sein werden. Die Rahmenbedingungen für eine

---

[1]   Vgl. dazu u.a.: Varwick (2004) und zu den Vorstellungen wichtiger Politiker ur Zukunft der EU
Marhold (2001).

erfolgreiche Europapolitik sind heute nicht mehr so, wie sie Mitte der 80er Jahre waren, als das Binnenmarktprojekt vorangetrieben wurde und mit der EEA und den Vorbereitungen zum Vertrag von Maastricht mit dem Plan einer Währungsunion große Integrationsschritte verbucht werden konnten. In der EU wächst in den letzten Jahren die Euroskepsis, die Unionsbürger sehen immer weniger die Vorteile gemeinsamen europäischen Vorgehens, was die nachlassende Beteiligung bei den Wahlen zum Europaparlament nahe legt.

Die Erfahrung zeigt allerdings, dass sich die politischen Rahmenbedingungen schnell ändern können. Insofern hoffen die Verfechter einer weiter voranschreitenden europäischen Integration auf einen Meinungsumschwung bei den Unionsbürgern, wozu Erfolge bei der Ratifizierung des Verfassungsvertrages und bei der Integration der neuen Mitgliedstaaten einen wertvollen Beitrag leisten könnten. Außerdem besteht ein breiter Konsens unter den Politikern nicht nur in Deutschland, dass angesichts universaler Gefährdungspotentiale, insbesondere vor dem Hintergrund einer fortschreitenden Globalisierung und eines internationalen Terrorismus, eine Renationalisierung kontraproduktiv wäre.

5.2 Die EU als internationale Zivilmacht

Welche Rolle wird die EU im weltweiten Mächtekonzert in Zukunft spielen? Schon 1973 bekannte sie sich zum Leitbild einer „Zivilmacht"[1], anknüpfend an ein Schlagwort, das der Wissenschaftler François Duchêne bereits Anfang der 70er Jahre in einem Aufsatz prägte.[2]

Eine Zivilmacht setzt nach heute herrschender Meinung zum Erreichen ihrer außenpolitischen Ziele auf den Einsatz sowohl ökonomischer als auch diplomatischer Instrumente und verzichtet bewusst auf militärische Drohgebärden sowie Gewaltanwendung.[3] Zivilmächten geht es besonders um den Einsatz von "soft power". Der Politikstil ist durch eine Präferenz von Multilateralismus gekennzeichnet. Zivilmächte zeichnen sich insbesondere durch fünf Eigenschaften aus:[4]

- einem Primat der Diplomatie,

---

[1] Vgl. dazu Gasteyger (2001), S.284. Vgl. zum Zivilmachtkonzept der EU allgemein Schlotter (2003).

[2] Duchêne, François, Die Rolle Europas im Weltsystem, in: Kohnstamm/Hager (1973), S.11-35. Er entwickelte drei mögliche Entwicklungsszenarien für Europa, die er mit dem Modell einer europäischen Supermacht, einer neutralen Gemeinschaft und einer Zivilmacht Europa bezeichnete.

[3] So Jünnemann/Schörning (2002), S.6.

[4] Vgl. dazu insb. Maull (1992), S.269-278; ders./Kirste (1996), S.238-312.

- dem Vorrang von ökonomischen Mitteln und Anreizen zur Durchsetzung außenpolitischer Ziele,
- der Bevorzugung von multilateralen Arrangements, insbesondere durch die Verrechtlichung zwischenstaatlicher Beziehungen,
- der Durchsetzung von Interessen mit militärischer Macht als bloßes Reserveinstrument sowie
- dem fehlenden Streben nach Ausbau der eigenen Machtposition oder Ausweitung des eigenen Territoriums.

Der entscheidende Unterschied zu „klassischen" Großmächten liegt in der Wahl der Mittel. Manche der genannten Aspekte lasen sich in der Sicherheitsstrategie der EU wiederfinden. So sieht sich die EU eher als „Friedensmacht", befürwortet die strikte Einhaltung des Völkerecht als alleinige Grundlage von Zwangsmaßnahmen und präferiert die „zivile" Lösung der Krisenbearbeitung im Zusammenspiel mit den Vereinten Nationen, der NATO und der OSZE.[1] Führt man sich das Selbstbild der EU vor Augen, so scheint die Zuschreibung als Zivilmacht also gut zu passen. So soll z.b. nach der Erklärung von Laeken „Europa eine führende Rolle in der Weltpolitik einnehmen" und zugleich eine „stabilisierende Rolle" spielen.[2] Besonders die ersten drei der genannten Kriterien treffen zu. In der Wahl der Mittel – besonders wenn man die jeweiligen Sicherheitsstrategien mit einander vergleicht – wird deutlich, dass die EU – und sicher auch ein Großteil ihrer Mitgliedstaaten – substantiell andere sicherheits- und verteidigungspolitische Vorstellungen vertritt als die USA. Zweifelsohne hat die EU auch nicht den Anspruch einer militärischen Gegenmachtbildung zu den USA.

Man wird sich aber die Frage stellen müssen, ob die EU in den letzten Jahren – spätestens vielleicht mit der Formulierung einer eigenen Sicherheitsstrategie – die mögliche Einordnung als „Zivilmacht" nicht schon hinter sich gelassen hat.[3] Zumindest lehnt die EU den Einsatz militärischer Mittel nicht gänzlich ab und hat sich diesbezüglich ja auch schon bei einigen Einsätzen aktiv beteiligt. Auch ist die EU, im Gegensatz zu den meisten ihrer Mitgliedstaaten, am Ausbau ihrer eigenen Machtposition durchaus interessiert. Das ganze Konzept der europäischen Integration ist prozesshaft angelegt, strebt nach Vertiefung und Erweiterung. Die Geschichte der europäischen Einigung ist gekennzeichnet durch eine stetige, wenn auch nicht aggressive Ausweitung des Territoriums sowie der eigenen Kompetenzen und Handlungsoptionen. Zumindest stellt die Europäische

---

[1] So auch die Einschätzung von Ehrhart, Hans-Georg, Leitbild Friedensmacht? Die Europäische Sicherheits- und Verteidigungspolitik und die Herausforderung der Konfliktbearbeitung, in: ders. (2002), S.245.

[2] Vgl. dazu die Erklärung des Europäischen Rats von Laeken zur Zukunft der EU, 2001, S.2; www.auswaertiges-amt.de/www/de/infoservice/download/pdf/eu/schlussf_laeken.pdf (30.8.05).

[3] So jedenfalls eine Einschätzung von Janning (2002), S.2.

Sicherheitsstrategie, die wie beschrieben einen qualitativen Sprung in der militärischen Struktur der EU beinhaltet, einen ersten Schritt weg von einer reinen Zivilmacht dar.[1] Ob dies nur ein neues Anspruchsdenken ohne realen Hintergrund darstellt, wird die Zukunft zeigen müssen.

Die ESVP und auch die ESS sind noch zu jung, um wirklich beurteilen zu können, ob sich die EU immer mehr von einer reinen Zivilmacht entfernt und in Richtung auf eine Großmacht zu, entwickelt. Das Hauptaugenmerk europäischer Außenpolitik liegt jedenfalls immer noch auf einer Politik des Dialogs und des Einsatzes wirtschaftlicher Instrumente. Trotz aller Fortschritte fehlen der EU die finanziellen und militärischen Mittel, um in absehbarer Zeit eine effektive, einheitliche, in sich schlüssige Außen-, Sicherheits- und Verteidigungspolitik selbstständig zu gestalten. Dazu sind die Einzelinteressen der verschiedenen Mitgliedstaaten – gerade sog. „mittlerer Mächte" wie Deutschland, Frankreich oder Großbritannien - zu heterogen und die Verführung, selbst die Macht in der Hand zu behalten für die jeweiligen Staats- und Regierungschefs zu groß. Immer noch entscheidet kein einheitlich global handelnder EU-Akteur, sondern eine Gemeinschaft mit 25 Mitgliedstaaten mittels intergouvernementaler Zusammenarbeit über ihre Außen- und Sicherheitspolitik.

6 Literaturhinweise

Auswärtiges Amt (Hrsg.), Gemeinsame Außen- und Sicherheitspolitik der EU (GASP); Bonn 1994, S.67 ff.

Becker, Peter/Leiße, Olaf (Hrsg.): Die Zukunft Europa. Der Konvent zur Zukunft der EU; Wiesbaden 2005.

Blauberger, Michael: Zivilmacht Europa?; Marburg 2005.

Boldt, Hans: Die Europäische Union - Geschichte, Struktur, Politik; Mannheim [u.a.] 1995.

Busek, Erhard/Hummer, Waldemar (Hrsg.): Der Europäische Konvent und sein Ergebnis. Eine Europäische Verfassung; Wien [u.a.] 2004.

Ehrhart, Hans-Georg (Hrsg.): Die Europäische Sicherheits- und Verteidigungspolitik; Baden-Baden 2002.

Ehrhart, Hans-Georg (Hrsg.): Die Sicherheitspolitik der EU im Werden - Bedrohungen, Aktivitäten, Fähigkeiten; Baden-Baden 2004.

Flechtner, Stefanie: Neue Impulse in der europäischen Außen- und Sicherheitspolitik; Berlin 2003.

Fröhlich, Stefan: Das Projekt der Gemeinsamen Europäischen Sicherheits- und Verteidigungspolitik (GESVP): Entwicklungen und Perspektiven; Bonn 2002.

---

[1] Siehe insoweit auch Blauberger (2005), S.88.

Gasteyger, Kurt: Europa von der Spaltung zur Einigung, Bundeszentrale für politische Bildung, Neuaufl.; Bonn 2001.

Gehler, Michael: Europa. Ideen, Institutionen, Vereinigung; München 2005.

Gottschald, Marc: Die GASP von Maastricht bis Nizza; Baden-Baden 2001.

Gütt, Tilmann M.: Die gemeinsame Außen- und Sicherheitspolitik und ihre Bedeutung für die Europäische Union - Rechtspersönlichkeit und Rechtsnatur der EU; München 2003.

Herz, Dietmar: Die Europäische Union; München 2002.

Janning, Josef: Europa - Von der Zivilmacht zur militärischen Reaktionsfähigkeit, 2002; www.stmuk.bayern.de/blz/web/10111/janning.htm (17.08.05).

Jopp, Mathias/Kuhle, Gesa-S.: Wege aus der Verfassungskrise - die EU nach den gescheiterten Referenden in Frankreich und den Niederlanden; integration 2005, 257 ff.

Jopp Mathias/Matl, Saskia (Hrsg.): Der Vertrag über eine Verfassung für Europa. Analysen zur Konstitutionalisierung der EU; Baden-Baden 2005.

Jünemann, Anette/Schörning, Niklas: Die Sicherheits- und Verteidigungspolitik der „Zivilmacht Europa". Ein Widerspruch in sich?, HSFK-Report 13/2002.

Kagan, Robert: Macht und Ohnmacht. Amerika und Europa in der neuen Weltordnung; Berlin 2003.

Kohnstamm, Max/Hager, Wolfgang (Hrsg.): Zivilmacht Europa – Supermacht oder Partner?; Frankfurt a. M. 1973.

Marhold, Hartmut (Hrsg.): Die neue Europadebatte; Bonn 2001.

Maull, Hanns W.: Zivilmacht Bundesrepublik Deutschland, in: Europa Archiv, Jg. 47, Nr. 10, 1992, S.269-278.

Maull, Hanns W./Kirste, Knut: Zivilmacht und Rollentheorie, in: Zeitschrift für internationale Beziehungen, Jg. 3, Nr. 2, 1996, S.238-312.

Müller-Brandeck-Bocquet, Gisela (Hrsg.): Europäische Außenpolitik – GASP- und ESVP-Konzeptionen ausgewählter EU-Mitgliedstaaten; Baden-Baden 2002.

National Security Strategy (NSS) von 2002; www.whitehouse.gov/nsc.nss.pdf (17.08.05).

Pfetsch, Frank R.: Die Europäische Union. Geschichte, Institutionen, Prozesse, 2. Aufl.; München 2001.

Piazolo, Michael: Zum Demokratieprinzip in der EU - sieben Thesen und ein Plädoyer, in: März, Peter/Piazolo, Michael (Hrsg.), Legitimation, Transparenz, Demokratie. Fragen an die EU; München 1999.

Piazolo, Michael: Solidarität - Deutungen zu einem Leitprinzip der EU; Würzburg 2004.

Piazolo, Michael/Weber, Jürgen (Hrsg.): Föderalismus. Leitbild für die Europäische Union?; München 2004.

Regelsberger, Elfriede: Die gemeinsame Außen- und Sicherheitspolitik der EU (GASP) - konstitutionelle Angebote im Praxistest 1993 – 2003, 1. Aufl.; Baden-Baden 2004.

Schley, Nicole/Busse, Sabine/Brökelmann, Sebastian J.: Knaurs Handbuch Europa - [Daten - Länder - Perspektiven; aktuell: die neuen EU-Länder]; München 2004.

Schlotter, Peter (Hrsg.): Europa – Macht – Frieden? Zur Politik der „Zivilmacht Europa"; Baden-Baden 2003.

Schubert, Klaus/Müller-Brandeck-Bocquet, Gisela (Hrsg.): Die Europäische Union als Akteur der Weltpolitik; Opladen 2000.

Thiel, Elke: Die Europäische Union, 4. Aufl.; München 2001.

Tömmel, Ingeborg: Das politische System der EU; München [u.a.] 2003.

Varwick, Johannes (Hrsg.): Neues Europa, alte EU? - Fragen an den europäischen Integrationsprozess; Opladen 2004.

Weidenfeld, Werner (Hrsg.): Amsterdam in der Analyse; Gütersloh 1998.

Weidenfeld, Werner (Hrsg.): Europahandbuch; Bonn 2002.

Weidenfeld, Werner (Hrsg.): Die Europäische Union - politisches System und Politikbereiche, 3. Aufl.; Bonn 2004.

Weidenfeld, Werner (Hrsg.): Maastricht in der Analyse; Gütersloh 1994.

Weidenfeld, Werner (Hrsg.): Nizza in der Analyse; Gütersloh 2001.

Weindl, Josef/Woyke, Wichard: Europäische Union. Institutionelles System, Binnenmarkt sowie Wirtschafts- und Währungsunion auf der Grundlage des Maastrichter Vertrages, 4. Aufl.; München [u.a.] 1999.

Woyke, Wichard: Europäische Union - erfolgreiche Krisengemeinschaft. Einführung in Geschichte, Strukturen, Prozesse und Politiken; München [u.a.] 1998.

Die Macht der Internationalen Organisationen

Die Vielfalt der Internationalen Organisationen – ein Überblick

Michael Piazolo

1 Einführung

Internationale Politik ist nicht allein eine exklusive Angelegenheit der Staaten. In den vergangenen Jahrzehnten haben Internationale Organisationen (IGOs) und sog. Nichtregierungsorganisationen (INGOs) immer mehr Bedeutung erlangt. Die Gesamtzahl der Internationalen Organisationen wird inzwischen auf mehr als 3.000 geschätzt.[1] Unter einer IGO wird eine durch einen völkerrechtlichen Vertrag geschaffene Staatenverbindung mit eigenen Kompetenzen und Organen verstanden, die eine multilaterale Zusammenarbeit auf politischem und/oder militärischem, ökonomischem, sozialem oder kulturellem Gebiet anstrebt. IN-GOs sind dagegen Institutionen des internationalen Privatrechts.[2]

Dennoch hat sich der Staat – gerade auch in Zeiten der Globalisierung – erstaunlich wandlungsfähig gezeigt und bleibt aktuell die einzige Organisationsform, die national, aber auch international über eine umfassende Regelungskompetenz und Legitimationsbasis verfügt.[3] Auch innerhalb der Internationalen Organisationen spielt er die entscheidende Rolle, setzen diese sich doch aus Staaten zusammen, sind Staatengemeinschaften.

Internationale Organisationen bestimmen aber heute auf beinahe allen Feldern der internationalen Beziehungen zumindest mit, üben einen erheblichen Einfluss aus. Doch sind sie ein recht neuartiges Phänomen in der internationalen Ordnung, traten erst im Laufe des 19. Jahrhunderts in Erscheinung,[4] seitdem die Abhängigkeiten und der Austausch der Staaten untereinander stark zugenommen haben und zu einem erhöhten Regelungs- und Organisationsbedarf geführt ha-

---

[1] Wobei das Verhältnis zwischen Regierungs- und Nicht-Regierungsorganisationen bei etwas 1:10 liegt – mit einer stärkeren Wachstumsdynamik bei letzteren. So Andersen/Woyke (1995), im Vorwort.

[2] Diese Definitionen finden sich in Andersen/Woyke (1995), im Vorwort.

[3] Vgl. insofern u.a. Freiburghaus, Dieter: Am Ende des demokratischen Rechtsstaats? Territorialität und Institutionen, in: Oberreuter/Piazolo (2001), S.22 ff.

[4] Zur Entwicklungsgeschichte Internationaler Organisationen vgl. z. B. Rittberger (1994), S.14 ff. Einen ersten merklichen Wachstumsschub hatten Internationale Organisationen mit und nach der Gründung des Völkerbunds 1919 zu verzeichnen.

ben. Motivierend für einen Staat, einer IGO beizutreten, ist die Frage, ob er ansonsten imstande ist, mit eigenen Mitteln, die auf ihn zukommenden internationalen Probleme zu lösen.[1]

In allen politikwissenschaftlichen Theorien der internationalen Politik finden Internationale Organisationen ihren Platz, wobei Charakterisierung, Machtzuschreibung und funktionale Einordnung variieren. Eine einheitliche Definition
existiert nicht. Gemeinhin werden sie als relativ eigenständige Akteure beschrieben, mit nicht unerheblichen Einfluss auf die Bearbeitung und Lösung von Konflikten zwischen den Akteuren der internationalen Beziehungen.[2] Unterscheiden
lassen sie sich u.a. nach Trägerschaft (Staaten oder gesellschaftliche Organisationen), Reichweite (örtlich, sachlich und funktional), Instrumenten (nur beschränkend kontrollierend oder auch positive Anreize setzend) sowie Finanzierungsmustern (Mitgliedsbeiträge oder direkte Haushaltsmittel). IGOs lassen sich
allgemein charakterisieren durch:

▪ Einen Gründungsvertrag, in dem die wesentlichen Ziele, Organe und Mittel
  festgelegt sind,
▪ eine freiwillige Mitgliedschaft rechtlich gleichberechtigter Staaten und
▪ eine ständige Organisationsstruktur.[3]

Insgesamt zeichnet sich die Entwicklung in einer globalisieren, internationalen
Politik der letzten Jahrzehnte durch mindestens drei Tendenzen aus:

▪ einer verstärkten Zusammenarbeit der Staaten, die von Koexistenz über
  Kooperation bis hin zu Integration als strukturelle Spielformen reicht,
▪ einer stetigen Verrechtlichung der staatlichen und nicht-staatlichen Beziehungen,
▪ einer verstärkten Rolle des Menschen und seiner fundamentalen Rechte in
  der internationalen Ordnung.[4]

Im Folgenden soll es darum gehen, einen kurzen Überblick über die Vielfalt der
Internationalen Organisationen zu geben und einige wenige, die aber die internationale Ordnung wesentlich mitbestimmen, in Entwicklung, Aufbau und Funktionen vorzustellen. Behandelt werden Europarat, WEU, NATO, OSZE, GATT,
WTO, UNO, IWF, G-8 sowie Weltbank. Den beiden wohl wirkmächtigsten
Internationalen Organisationen - UNO und NATO - ist dann jeweils ein eigener
Beitrag gewidmet.[5] Dargestellt wird jeweils, wenn auch in unterschiedlicher

---

[1] So Schraepler (1994), in der Einführung.
[2] Siehe zu unterschiedlichen Definitionsversuchen u. a. Rittberger (1994), S.27 ff.
[3] Vgl. insoweit auch Woyke (1995), S.2.
[4] Vertiefend zu diesem Entwicklungstendenzen Piazolo, Michael: Mensch – Recht – Staat: Ein
     Dreiecksverhältnis der internationalen Politik im Umbruch, in: Oberreuter/Piazolo (2001),
     S.102 ff.
[5] Vgl. dazu die beiden folgenden Beiträge.

Gewichtung: Entwicklung, Ziele, Organisationsstruktur, Einzelprobleme sowie Perspektiven.

2   Der Europarat

2.1 Entstehung, Ziele und Entwicklung

Um nach dem Wiederaufbau des durch den Zweiten Weltkrieg zerstörten europäischen Kontinents eine dauerhafte Friedensordnung zu erreichen, hatte u.a. Winston Churchill bereits 1946 einen europäischen Zusammenschluss nach dem Vorbild der Vereinigten Staaten von Amerika angeregt. Als sich zwischen 1945 und 1949 die Spannungen zwischen der Sowjetunion und den ehemaligen Westalliierten deutlich verschärft hatten und damit die Chance einer gesamteuropäischen Vereinigung in weite Ferne rückte, gründeten am 5. Mai 1949 neun west- und mitteleuropäische Staaten, nämlich Belgien, Dänemark, Frankreich, Großbritannien, Italien, Luxemburg, Niederlande, Norwegen und Schweden, den bis heute bestehenden Europarat als erste europäische Nachkriegsorganisation auf demokratischer und freiheitlicher Grundlage. Die Bundesrepublik Deutschland wurde bereits am 13. Juli 1950 als zehntes Mitglied in den Europarat aufgenommen.[1]

Nach Art. 1 seiner Satzung verfolgt der Europarat noch heute die Aufgabe, eine engere Verbindung zwischen seinen Mitgliedern zum Schutze und zur Förderung der Ideale und Grundsätze, die ihr gemeinsames Erbe bilden, herzustellen und ihren wirtschaftlichen und sozialen Fortschritt zu fördern. Als zentrale Ziele kann man beschreiben:

▪ den Schutz und die Stärkung der pluralistischen Demokratie und der Menschenrechte,

▪ die Ausarbeitung gemeinsamer Lösungen für die Probleme der europäischen Gesellschaft sowie

▪ die Stärkung des Bewusstseins einer europäischen kulturellen Identität.

1950 nahm der Europarat die Europäische Menschenrechtskonvention an, die bis heute als eine seiner größten Errungenschaften gilt. Die Konvention verpflichtet die Staaten, allen Menschen, die ihrer Gerichtsbarkeit unterliegen, bestimmte Grund- und Menschenrechte zu garantieren.

Im Lauf der Jahre traten immer mehr europäische Länder dem Europarat bei. Als eine wirklich „paneuropäische" Institution kann der Europarat allerdings erst seit dem Ende des Kalten Krieges verstanden werden. Im Prozess der demo-

---

[1]   Siehe zur historischen Entwicklung des Europarates Schmuck (1990).

kratischen Umgestaltung Mittel-, Ost- bzw. Südosteuropas traten von 1990 bis 1995 die meisten Länder des ehemaligen sowjetischen Einflussbereichs dem Europarat bei, 1996 folgte die Russische Föderation selbst.[1] „Jüngste" Mitglieder des nun 46 Staaten umfassenden Europarates sind die beiden kaukasischen Republiken Armenien und Aserbaidschan (2001), Bosnien-Herzegowina (2002), Serbien-Montenegro (2003) und Monaco (2004).

2.2 Organe

Zentrale Organe des Europarates sind das Ministerkomitee der Außenminister und die parlamentarische Versammlung mit Abgeordneten aus den nationalen Parlamenten, denen ein Sekretariat beratend zur Seite steht. Ergänzt werden diese durch den Kongress der Gemeinden und Regionen Europas sowie den Europäischen Gerichtshof für Menschenrechte.

Das *Ministerkomitee* ist das zwischenstaatliche Organ des Europarates und wird gebildet von den Außenministern der Mitgliedstaaten. Als Entscheidungs-, aber auch Exekutivorgan ist es nach Art. 13 des Statuts allein berechtigt, im Namen des Europarates zu handeln und bestimmt so maßgeblich die Arbeit des Europarates. Die Sitzungen auf Ministerebene bestehen im Wesentlichen aus politischen Konsultationen, Entscheidungen haben einstimmig zu erfolgen.

Die *Parlamentarische Versammlung* setzt sich zusammen aus derzeit 315 Mitgliedern, denen genauso viele Stellvertreter zugeordnet sind. Sie sind ausnahmslos Mitglieder ihrer jeweiligen nationalen Parlamente, werden für jeweils ein Jahr delegiert und entsprechen in etwa der politischen Zusammensetzung der heimischen Parlamente. Die Zahl der Mitglieder variiert je nach Größe des Mitgliedslandes zwischen zwei und achtzehn.

Die Parlamentarische Versammlung tagt viermal im Jahr für einen Zeitraum von jeweils einer Woche in öffentlicher Sitzung. Neben einem ständigen Ausschuss, der zwischenzeitlich die Kontinuität der Arbeit sicher stellen soll, wurden 13 Ausschüsse für die wichtigsten Aufgabenfelder gebildet. Entsprechend ihres Namens kann die Versammlung nicht als klassisches Parlament angesehen werden, insbesondere fehlen ihr Legislativbefugnisse. Sie kann Empfehlungen und Entschließungen auf allen Sachgebieten, für die der Europarat zuständig ist, aussprechen. Die meisten bedürfen einer Zweidrittelmehrheit.[2]

Das Ministerkomitee und die Parlamentarische Versammlung werden unterstützt vom *Sekretariat* des Europarates, das aus dem *Generalsekretär*, einem Stellvertreter und insgesamt ca. 1.800 Beamte aus den Mitgliedstaaten besteht.

---

[1]   Siehe zu dieser Entwicklung auch Tarschys (1999).
[2]   Vgl. insgesamt Mühleisen (1998) und Antretter (1995).

Jeder Angehörige des Personals des Sekretariats hat in einer feierlichen Erklärung seine Treuepflicht gegenüber dem Europarat zu bekräftigen und zu geloben, dass er seine Pflichten gewissenhaft, ohne sich dabei durch nationale Erwägungen beeinflussen zu lassen, erfüllen wird.

Der Europarat hat seinen Sitz in Straßburg und seine Amtssprachen sind Französisch und Englisch. Die Mitgliedstaaten können jederzeit wieder aus dieser Internationalen Organisation austreten.

2.3 Aufgaben, Zuständigkeiten und Konventionen

Wichtige Aufgaben des Europarates sind:
- der Aufbau und die Bewahrung demokratischer und rechtsstaatlicher Verhältnisse in Europa,
- die Durchsetzung der Menschenrechte und
- die Bewahrung des europäischen Kulturerbes.

Der Europarat ist insbesondere tätig in den Bereichen Menschenrechte, Medien, rechtliche Zusammenarbeit, Wirtschaft und Soziales, Kultur und Sport, Jugend, Gesundheit, kulturelles Erbe und Umwelt sowie Gemeinden und Regionen. In den Mittelpunkt seiner Aktivitäten rückten in jüngster Zeit darüber hinaus auch Fragen wie Migration, Neue Technologien, Bioethik oder die Bekämpfung des Internationalen Terrorismus und der Kriminalität.

Der Europarat kann - im Gegensatz zur EU - keine unmittelbar wirksamen Rechtsakte erlassen. Er verabschiedet durch Beschluss des Ministerkomitees sog. Konventionen, denen die Mitgliedstaaten beitreten können. Die Konventionen sind gewissermaßen Aufforderungen an die Mitgliedstaaten, diese zu ratifizieren. In Deutschland geschieht dies durch Parlamentsbeschluss. Die Folge davon ist, dass nicht alle Konventionen von allen Mitgliedstaaten ratifiziert worden sind, so dass man nicht von einer „Einheit des Rechtsbestandes" sprechen kann.

Die politische Wirkung und die konkreten Auswirkungen der Konventionen sind höchst unterschiedlich. Unter den bislang mehr als 180 verabschiedeten Konventionen des Europarates kommen der Europäischen Menschenrechtskonvention vom 4. November 1950, der Europäischen Sozialcharta vom 18. Oktober 1961, der Anti-Folter-Konvention vom 26. November 1987 und der Minderheiten-Konvention vom 1. Februar 1995 besondere Bedeutung zu. Die meisten anderen Konventionen sind nicht sehr öffentlichkeitswirksam und regeln eng begrenzte Teilbereiche des wirtschaftlichen, sozialen und kulturellen Lebens in Europa.

2.4 Die Europäische Menschenrechtskonvention und das Verfahren vor dem
Europäischen Gerichtshof für Menschenrechte

Frühzeitig war es das Ziel gewesen, die in der Menschenrechtskonvention verankerten Grundrechte jusitiabel zu machen und so ihre Wirksamkeit zu erhöhen. Jeder Bürger eines Mitgliedstaates des Europarates, der die Konvention unterschrieben hat, sollte ein Klagerecht zum Europäischen Menschenrechtsgerichtshof haben. Verwirklicht wurde diese Vorstellung in vollem Umfang erst 1998.

Juristisch gesehen ist die Menschenrechtskonvention ein völkerrechtlicher internationaler Vertrag, in dem die vertragsschließenden Staaten die gegenseitige Verpflichtung eingehen, die dort niedergelegten Menschenrechte und Grundfreiheiten zu achten und in ihrem Staatsgebiet für alle ihrer Hoheitsgewalt unterworfenen Personen zu gewährleisten.

Abbildung 1:   Zentrale Werte der Europäischen Menschenrechtskonvention

Recht auf Leben (Art. 2)	Gedanken-, Gewissens- und Religionsfreiheit (Art. 9)
Verbot der Folter (Art. 3)	Freiheit der Meinungsäußerung (Art. 10)
Verbot der Sklaverei und der Zwangsarbeit (Art. 4)	Versammlungs- und Vereinigungsfreiheit (Art. 11)
Recht auf Freiheit und Sicherheit (Art. 5)	Recht auf Eheschließung (Art. 12)
Recht auf ein faires Verfahren (Art. 6)	Recht auf wirksame Beschwerde (Art. 13)
Keine Strafe ohne Gesetz (Art. 7)	Diskriminierungsverbot (Art. 14)
Recht auf Achtung des Privat- und Familienlebens (Art. 8)	

In Zusatzprotokollen wurden darüber hinaus das Recht auf Eigentumsschutz, bestimmte Bildungs- und Erziehungsrechte sowie das Recht auf Freizügigkeit garantiert.

Jeder Mitgliedstaat (Staatenbeschwerde) oder jede Einzelperson (Individualbeschwerde), kann direkt eine Beschwerde beim Europäischen Menschenrechtsgerichtshof in Straßburg einlegen mit der Behauptung, eines seiner durch die Konvention garantierten Rechte sei verletzt worden. Das Verfahren ist kontradiktorisch und öffentlich. Alle endgültigen Entscheidungen des Gerichtshofs sind bindend für die Mitgliedstaaten gegen welche die Beschwerde gerichtet war.

Das Ministerkomitee des Europarates ist für die Überwachung der Umsetzung der Urteile verantwortlich. Seine Aufgabe ist es, sicherzustellen, dass die Staaten, die eine Konventionsverletzung begangen haben, die notwendigen Maßnahmen ergreifen, um die Verpflichtungen aus dem Urteil zu erfüllen.

2.5 *Bewertung*

Der Europarat hat sicherlich nicht die Erwartungen erfüllt, die bei seiner Gründung an ihn geknüpft worden sind. Das liegt bestimmt zum großen Teil an der Europäischen Union. In ihr sind viele Prinzipien und politischen Hoffnungen verwirklicht, die der Europarat - aus strukturellen Gründen - nicht zu leisten vermochte. Während die EU in wesentlichen Teilen nach dem Prinzip der Integration funktioniert, ist der Europarat mit wenigen Ausnahmen als „klassische" Internationale Organisation dem Prinzip der Kooperation verhaftet. Damit verbunden ist oftmals das Schicksal, auf Grund des Gebots der Einstimmigkeit, sich nur auf den politisch kleinsten gemeinsamen Nenner einigen zu können. Eine Ausnahme stellt die Europäische Menschenrechtskonvention dar. Besonders seit es die Individualbeschwerde zum Europäischen Menschenrechtsgerichtshof gibt, hat sie zu einem umfassenden europäischen Grundrechtsschutz geführt.

Eine weitere, nicht unwesentliche, wenn auch informelle Aufgabe des Europarates bestand und besteht in seiner „Schleusenfunktion" für die EU. Nur ein Staat, der sich schon durch seine mehrjährige Mitgliedschaft im Europarat auf der europäischen Bühne bewährt hat und dadurch seine Bereitschaft dokumentiert hat, sich an die gemeinsame europäische Grundwerteordnung zu halten, erscheint reif für einen EU-Beitritt.

Insgesamt trug und trägt der Europarat wesentlich zu einem friedlichen und immer vertrauensvolleren Miteinander in Europa bei.

3   Die internationale Sicherheitsarchitektur

3.1 Die Westeuropäische Union (WEU)

Die Westeuropäische Union (WEU) ging aus dem 1948 gegründeten „Brüsseler Pakt" hervor, der als Verteidigungsbündnis vor allem gegen die Expansionsbestrebungen der Sowjetunion in Mitteleuropa, aber auch gegen ein mögliches Wiedererstarken Deutschlands angelegt war. Mit dem Beitritt der Bundesrepublik Deutschland und Italiens 1955 wurde das Bündnis in „Westeuropäische Union" umbenannt und verfolgte drei Hauptziele:
- den wirtschaftlichen Wiederaufbau Europas,
- den gegenseitigen militärischen Beistand im Falle eines Angriffs von außen und
- die Entwicklung der Integration Europas.

Allerdings führte die WEU jahrzehntelang ein Schattendasein neben dem NATO-Verteidigungsbündnis, in das seine Mitglieder ebenfalls eingebunden waren. De facto war die WEU ein sicherheitspolitisches Konsultationsforum, eine Art "europäischer Pfeiler der NATO". Sie konzentrierte sich auf Fragen der Krisenbewältigung und führte humanitäre sowie friedenserhaltende und friedenschaffende Einsätze durch - 1994 z.b. im Auftrag der EU die Aufstellung einer europäischen Polizeieinheit für Mostar. Die ursprüngliche WEU-Struktur ist inzwischen aufgelöst. Aufgaben und Institutionen sind in die EU integriert worden. Die WEU bleibt als Organisation jedoch rechtlich bestehen.

3.2   Der Nordatlantik-Pakt (NATO)[1]

3.2.1   Entstehung, Ziele und Grundstruktur

Am 4. April 1949 unterzeichneten in Washington die Vertreter von zwölf europäischen und nordamerikanischen Staaten den Vertrag über die Gründung eines Nordatlantik-Paktes (North Atlantic Treaty Organization). Vorausgegangen waren kommunistische Machtübernahmen in einer Reihe ost- und südosteuropäischer Staaten unter Druck der Sowjetunion, u. a. in Ungarn, Polen, der Tschechoslowakei und Rumänien. Die Allianz sollte ihre Mitglieder gegen das Vordringen des totalitären Kommunismus wie gegen jede Art von Gewalt und Aggressionen in den internationalen Beziehungen schützen.

Die NATO, die in eine politische und eine militärische Organisation gegliedert ist, verstand sich von Anfang an auch als Wertegemeinschaft. Sie ist ein reines Verteidigungsbündnis, wie die Ministertagung des Nordatlantikrates 1983 betonte: „Unser Bündnis bedroht niemanden. Keine unserer Waffen wird jemals eingesetzt werden, es sei denn als Antwort auf einen Angriff." Auch verpflichten sich die Vertragsparteien gemäß Art. 1 in Übereinstimmung mit der Satzung der Vereinten Nationen, jeden internationalen Streitfall, an dem sie beteiligt sind, auf friedlichem Wege so zu regeln, dass der internationale Friede, die Sicherheit und die Gerechtigkeit nicht gefährdet werden. Zugleich gehen sie die Verpflichtung ein, in ihren internationalen Beziehungen keine Gewaltmaßnahmen anzudrohen oder anzuwenden, die mit den Zielen der Vereinten Nationen nicht vereinbar sind.

Im Falle eines bewaffneten Angriffs gegen eine Vertragspartei im NATO-Gebiet wird hingegen der „Bündnisfall" ausgelöst. Dann muss gemäß Art. 5 des NATO-Vertrages jeder Bündnispartner „unverzüglich für sich und im Zusammenwirken mit den anderen Parteien" die Maßnahmen ergreifen, die er für erforderlich hält, um die Sicherheit des nordatlantischen Gebietes wieder herzu-

---

[1]   Vgl. dazu ausführlich den Beitrag in diesem Band von Michael Staack.

stellen. Art. 5 stellt in gewisser Weise die Kernbestimmung des Nordatlantikpaktes dar. Sie hat den Sinn, einen möglichen Friedensstörer von einem Angriff gegen die Vertragsstaaten abzuschrecken. Unter dem Eindruck des Korea-Krieges (1950–1953), der als eine Art „Stellvertreterkrieg" eine Zuspitzung der politischen Lage zwischen Ost und West darstellte und auch Ängste vor einer militärischen Auseinandersetzung in Europa auslöste, entwickelte die NATO schnell eine integrierte, multinational geführte Militärstruktur. Über die Aufgabe der militärischen Verteidigung hinaus erhielt die NATO 1967 in dem vom NATO-Rat verabschiedeten „Harmel-Bericht" den Auftrag, auch mit Hilfe von politischen Maßnahmen die Sicherheit in Europa zu gewährleisten. Das damalige NATO-Selbstverständnis brachte man auf die Kurzformel: Verteidigung + Entspannung = Sicherheit.

3.2.2   Die veränderte Sicherheitslage seit 1990 und der neue Sicherheitsansatz

Nach dem Ende des Kalten Krieges und den Neuregelungen für Deutschland stand die NATO vor einem grundlegenden Wandel. Seit Anfang der 90er Jahre äußerten die Staaten Ostmitteleuropas immer stärker den Wunsch, in die NATO aufgenommen zu werden. Das Verteidigungsbündnis verfolgte in dieser Situation seit dem Gipfel in Rom vom November 1991 ein „neues strategisches Konzept", das die beiden bisherigen Bausteine der NATO-Politik - Verteidigungsfähigkeit und Dialog - durch das Element der Kooperation ergänzte, und darauf abzielte, den Aufbau Mittel- und Osteuropas militärisch, wirtschaftlich, politisch und sozial zu stabilisieren.[1]

Mit den früheren Mitgliedern des Warschauer Paktes wurde im Dezember 1991 der Nordatlantische Kooperationsrat (NAKR) gebildet. Den Ländern Mittel- und Osteuropas, die sich seit 1993 um einen Beitritt zur NATO bemühten, bot der NATO-Gipfel in Brüssel vom Januar 1994 eine Partnerschaft für den Frieden (Partnership for Peace, PfP) an. NAKR und PfP mündeten am 30. Mai 1997 in der Gründung des Euroatlantischen Kooperationsrates, der dem Dialog zwischen Mitgliedstaaten und Nicht-Mitgliedstaaten dient. Russland, das die NATO-Osterweiterung als Bedrohung empfand und deswegen ablehnte, erzielte nach mehreren Verhandlungsschritten die Gründung des gemeinsamen NATO-Russland-Rats. Damit entsandte es einen ständigen Vertreter in das NATO-Hauptquartier und erhielt die Möglichkeit zur Mitsprache über die neuen Aufgaben der Friedenssicherung und des Krisenmanagements, ohne jedoch ein Veto-Recht gegen interne NATO-Entscheidungen zu besitzen.

---

[1]   Vgl. dazu vertiefend Borchert (1999); Calleo (1989); Hirschmann (2001); Varwick/Woyke (2000); Weisser (1999) sowie Wellershoff (1999).

Auf der Gipfelkonferenz aus Anlass ihres 50-jährigen Bestehens vom
24./25. April 1999 in Washington legte die Allianz ein weiter entwickeltes strategisches Konzept vor. Zu den sicherheitspolitischen Risiken zählte das Bündnis
darin insb. regionale Instabilitäten außerhalb des NATO-Gebietes, die ihren
Ursprung in wirtschaftlichen, sozialen, politischen, territorialen, ethnischen und
religiösen Konflikten haben können. Künftiger Handlungsbedarf bestünde nach
dem Konzept darin, gegen die Verletzung von Menschenrechten, die weltweite
Verbreitung von atomaren, biologischen und chemischen Waffen sowie die Auf-
rüstung terroristischer Organisationen vorzugehen.

Abbildung 2: Komponenten der *neuen Schlagkraft* der NATO

Straffung der Kommandostruktur	Einrichtung eines strategischen Kommandos	Stärkung der Streitkräfte	Schnelle Eingreiftruppe
Zwei Kommandos auf höchster Ebene. Eines für Einsätze und eines für die funktionelle Umstrukturierung der alliierten Streitkräfte.	Verantwortlich für die Vorbereitung und Durchführung aller Operationen, einschließlich der Verteidigung von NATO-Gebiet.	Ausstattung mit modernsten Kommunikations- und Waffensystemen, um eine technische Dominanz zu erreichen.	Luft-, Marine und Bodenkontingente, die schnell verlegungsfähig sind und eine Durchhaltefähigkeit von 30 Tagen haben.

Dieser neue Sicherheitsansatz beschränkte sich aber keineswegs nur auf eine
Aufrechterhaltung und einen Ausbau bisher vorhandener militärischer Fähigkeiten. Die NATO zeigte sich vielmehr entschlossen, ihr Sicherheitsumfeld zu gestalten und damit Frieden und Stabilität im euro-atlantischen Raum weiter zu
erhöhen. Die Allianz betonte die Fähigkeit und Bereitschaft zu Konfliktverhütung und Krisenbewältigung innerhalb und auch außerhalb des Bündnisgebietes.
Auch unterstrich sie weiterhin ihre Offenheit für Beitritt, Partnerschaft, Zusammenarbeit und Dialog. Auf einem Gipfeltreffen in Prag im November 2002 wurden weit reichende Entscheidungen für die Zukunft der NATO getroffen. Indem
man die eigenen Fähigkeiten verbesserte, wollte man den neuen Herausforderungen begegnen können.

Gegenwärtig sind 26 Staaten in der NATO. Polen, Ungarn und die Tschechische Republik traten als erste Staaten des mitteleuropäischen Raums, der
ehemals zum sowjetischen Einflussbereich gehörte, am 12. März 1999 der
NATO bei. Am 1. Mai 2004 stießen Estland, Lettland, Litauen, die Slowakische
Republik, Slowenien, Rumänien und Bulgarien zur Nordatlantischen Gemeinschaft. Mit den drei baltischen Länder sind nun auch Staaten Mitglied der
NATO, die bis Anfang der 90er Jahre Teil der Sowjetunion waren. Damit hat die

NATO ihre bisher größte Erweiterungsrunde vollzogen, die dazu führte, dass inzwischen bereits 40% der NATO-Mitgliedstaaten ehemals sozialistische oder kommunistische Länder sind.

3.2.3 Aufbau, Institutionen und Einsätze

Als Organisation souveräner Staaten trifft die NATO ihre Entscheidungen gemeinsam und im Konsens. Hauptentscheidungsgremium ist der *Nordatlantikrat*. Er tagt in der Regel einmal wöchentlich auf der Ebene der Ständigen Vertreter (Botschafter) der Mitgliedstaaten, halbjährlich auf der Ebene der Außen- und Verteidigungsminister sowie alle drei Jahre auf der Ebene der Staats- und Regierungschefs. Die Verteidigungsminister treffen sich im Verteidigungsplanungsausschuss und in der nuklearen Planungsgruppe der NATO. Das *Sekretariat* der NATO unter Leitung eines *Generalsekretärs* befindet sich in Brüssel.

Oberstes militärisches Gremium ist der *Militärausschuss*, der wöchentlich auf der Ebene der Nationalen Militärischen Vertreter der Mitgliedstaaten bei der NATO sowie dreimal jährlich auf der Ebene der Generalstabschefs zusammentritt. Er untersteht den politischen Gremien und berät diese in militärischen Angelegenheiten. Außerdem ist er für alle militärische Aufgaben, insb. Planung, Ausbildung, Übungen und operationelle Einsätze verantwortlich.[1]

Auf der Grundlage der Erklärung von 1991, den Vereinten Nationen bzw. der OSZE Einheiten für Maßnahmen der Konfliktprävention, Friedenserhaltung oder Friedensschaffung zur Verfügung zu stellen, engagierte sich die NATO seit 1992 unter einem VN-Mandat mit Luft- und Seestreitkräften im „Bosnien-Krieg", um das verhängte Embargo gegen die Kriegsparteien zu überwachen. Der VN-Sicherheitsrat ermächtigte die NATO im Dezember 1995, mit einer 60.000 Soldaten umfassenden Truppe das von den Kriegsparteien unterzeichnete Friedensabkommen von Dayton umzusetzen. Die sog. IFOR (Implementation Force) bestand aus 27 Staaten und wurde unter NATO-Kommando geführt. Sie überwachte die Einhaltung des Waffenstillstandes und der Truppenentflechtung. Ein Jahr später löste sie die SFOR (Stabilisation Force) ab, die mit immerhin noch 30.000 Soldaten ein sicheres Umfeld für die Befriedung und den Wiederaufbau des vom Krieg zerstörten Bosnien-Herzegowina schuf.

Zum ersten deutschen Kampfeinsatz im Rahmen der NATO kam es beim Eingreifen der NATO im Kosovo-Konflikt vom 24. März bis 3. Juni 1999. Erstmals in der Geschichte der NATO lag diesem Kampfeinsatz kein Mandat des VN-Sicherheitsrates zu Grunde, denn dieser konnte sich auf Grund der vorher-

---

[1]   Siehe dazu genauer Ehrhart/Varwick (2004).

sehbaren Blockade der Veto-Mächte Russland und China nicht einigen. Angesichts der von Serbien 1998 gezielt begonnenen Politik von Völkermord und Vertreibung gegen die albanische Bevölkerungsgruppe in der Provinz Kosovo sahen sich die NATO-Staaten zu einer völkerrechtlich stark umstrittenen „humanitären Intervention" gezwungen. Nach Ende der Kampfhandlungen besetzte eine multinationale Streitmacht (KFOR, Kosovo Forces) unter Führung der NATO den Kosovo. Inzwischen von den Vereinten Nationen mandatiert, garantieren KFOR-Truppen bis heute die Stabilität im Kosovo.

Ihren ersten Einsatz im Bereich der Konfliktprävention leistete die NATO im Rahmen der Operation „Essential Harvest" im August/September 2001 in Mazedonien auf Wunsch der mazedonischen Regierung, um das Übergreifen des ethnischen Konfliktes aus dem angrenzenden Kosovo auf das unabhängige, ehemals zu Jugoslawien gehörende Mazedonien zu verhindern. Ihr schlossen sich die Nachfolgeoperationen „Task Force Fox" und „Allied Harmony" an, in denen das Bündnis vom 26. September 2001 bis 31. März 2003 eine internationale zivile Beobachterpräsenz von OSZE und EU schützte.

3.2.4   Neue Herausforderungen nach dem 11. September 2001

Die Terroranschläge des 11. September 2001 in New York und Washington stellten das NATO-Bündnis vor eine neue Herausforderung.[1] Bereits am 12. September erklärte der NATO-Rat, dass die Terrorangriffe gegen die USA als Angriffe auf alle Bündnispartner im Sinne der Beistandsverpflichtung nach Art. 5 des NATO-Vertrages zu werten seien und rief am 2. Oktober 2001 erstmals in seiner Geschichte den Bündnisfall aus. Unter der Führung der USA formierte sich allerdings statt eines koordinierten NATO-Einsatzes eine breite Ad-Hoc-Koalition zum Kampf gegen den weltweiten Terrorismus. Diese „Anti-Terror-Koalition" begann am 7. Oktober 2001 den Angriff auf Afghanistan mit dem erklärten Ziel, das dort herrschende terroristische Regime der Taliban zu entmachten. In der sog. Operation „Enduring Freedom" spielte die NATO nur eine nebengeordnete Rolle. Die Truppen-Beiträge der Verbündeten beschränkten sich im Wesentlichen auf Überwachungs- und Präsenzmissionen im Mittelmeer, am Horn von Afrika oder in Kuwait.

Mit dem Ziel, den Irak mit Gewalt vollständig zur Vernichtung aller restlichen Massenvernichtungswaffen zu zwingen und einen Regimewechsel herbeizuführen, um damit das Land zu demokratisieren und Terroristen weitere Unterstützung zu entziehen, begannen die USA am 20. März 2003 den Krieg gegen

---

[1]   Vgl. insoweit Meier-Walser (2004); Reiter (2004).

den Irak. Während weder die NATO noch der Sicherheitsrat der Vereinten Nationen über die Notwendigkeit bzw. völkerrechtliche Grundlage eines solchen Angriffs Einigung erzielen konnten, agierten die USA laut Präsident George W. Bush mit einer „Koalition der Willigen" unter amerikanischer Führung.

Trotz dieser tief greifenden Meinungsverschiedenheiten demonstrierte die NATO Anfang Juni 2003 einmütig die generelle Handlungsfähigkeit der Allianz angesichts laufender Missionen (Kosovo, Bosnien, Afghanistan) und bekräftigte außerdem die Bereitschaft des Bündnisses zu vermehrten Einsätzen außerhalb des Bündnisgebietes.

3.2.5 Künftige Aufgaben, Problemlagen und Bewertung

Die NATO ist für viele das erfolgreichste Militärbündnis aller Zeiten, das militärisch sehr effektiv zu handeln vermag und vielen Mitgliedstaaten das Gefühl der Sicherheit gibt. Das macht sie auch für weitere Kandidaten sehr attraktiv. Die NATO wird daher auch weiterhin für neue Mitgliedstaaten offen sein, was die Teilnahme der Regierungschefs Albaniens, Kroatiens und Mazedoniens an der Zeremonie der letzten Beitrittsrunde in Washington verdeutlicht hat. So hat z.B. Georgien als erstes Partnerland Anfang April 2004 einen sog. „Individual Partnership Action Plan" (IPAP) eingereicht, der dazu führen soll, die „Partnerschaft für den Frieden" (PfP) auf operativer Ebene noch stärker mit Leben zu füllen.

Die aktuelle Sicherheitslage erfordert ein langfristiges politisches und militärisches Engagement der Staatengemeinschaft, das auch über den Euro-Atlantischen Raum hinaus reichen muss. Es geht heute primär nicht mehr darum, wie viele Staaten die NATO zu verteidigen hat, sondern wie viele Staaten zu dem Bündnis stehen, wenn es zum Ernstfall kommen sollte. Die Frage ist, ob die NATO politisch wie organisatorisch dieser Aufgabe gewachsen ist.

Die NATO ist mitten in einem Transformationsprozess, der ihr Erscheinungsbild - gerade auch durch den Beitritt der neuen Mitglieder - stark verändert hat. Man erkennt die „traditionelle" NATO kaum wieder.[1] Die Allianz wird sich mehr noch als bisher zu einem flexiblen Rahmen entwickeln, in dem nicht nur die 26 Mitgliedstaaten vertreten sind, sondern in den sich die insgesamt über 50 NATO- und Partnerstaaten einbinden lassen. Die NATO sollte allerdings nicht zu einer Art „Werkzeugkasten" für unterschiedliche Konfliktsituationen mit wechselnden „Koalitionen der Willigen" werden.

Eine große Herausforderung für die NATO besteht in einer weiteren Modernisierung ihrer Mittel und Fähigkeiten. Dabei geht es weniger um den techno-

---

[1]   Vgl. vertiefend Haftendorn (2005). Siehe zu den unterschiedlichen Sicherheitsstrategien auch Jäger/Höse (2005).

logischen Bereich, sondern um die Fähigkeit, die ca. 1,4 Millionen nicht-amerikanischen NATO-Truppen angesichts immer neuer weltweiter Friedens-missionen schnell verlegen zu können. Bis 2006 soll mit der sog. „Nato Respon-se Force" (NRF) als militärischem Kern der „neuen NATO" eine hoch mobile, moderne und schnell reagierende Einheit geschaffen werden, die neue Sicher-heitsbedrohungen wie den Terrorismus weltweit wirksam und auch vorbeugend bekämpfen kann. Im Oktober 2003 nahm ein Teilkontingent bereits den Dienst auf.

Langfristig wird sich die Zusammenarbeit zwischen NATO und UNO wei-ter verstärken müssen, denn die Vereinten Nationen sind die einzige Internatio-nale Organisation, die NATO-Einsätzen die politisch und rechtlich notwendige Legitimität verschaffen kann. Die UNO kann aber auch - nach einer möglichen militärischen Aktion der NATO - den Wiederaufbau koordinieren. Darüber hin-aus sollten aber auch die vielfältigen Partnerschaftsbeziehungen, insbesondere zur EU und OSZE gestärkt werden. Mit ihren Fähigkeiten und ihrem politischen Willen ist die NATO jedenfalls die treibende Kraft des internationalen Sicher-heitssystems der Gegenwart.

3.3 Die Organisation für Sicherheit und Zusammenarbeit in Europa (OSZE)

3.3.1 Entwicklung

Die OSZE ging mit dem Beginn des Jahres 1995 aus der seit 1975 regelmäßig zusammentretenden KSZE (Konferenz für Sicherheit und Zusammenarbeit in Europa) hervor. Zu den 55 Mitgliedstaaten der OSZE zählen alle Staaten in Eu-ropa, die Nachfolgestaaten der Sowjetunion, sowie die USA und Kanada. Die Schlussakte von Helsinki (1975), die Charta von Paris (1990) und die Europäi-sche Sicherheitscharta von Istanbul (1999) sind die bedeutendsten Dokumente der OSZE. Sie bilden ein mit der Zeit gewachsenes und weiter entwickeltes Sys-tem, das eine gegenseitige Garantie von Sicherheit und Stabilität beinhaltet.

Während des Kalten Krieges etablierte die KSZE zwar nicht rechtlich ver-bindliche, aber politisch-moralisch verpflichtende Regeln für den Umgang zwi-schen den Staaten der verfeindeten Blöcke sowie für die darin lebenden Bürger. Der KSZE-Prozess trug über mehr als zwei Jahrzehnte zur zwischenstaatlichen Entspannung und Kooperation in Europa bei und stärkte die Position der Opposi-tionellen in den kommunistischen Gesellschaften.

Den Beginn dieses Prozesses markierte die erste KSZE-Konferenz in Hel-sinki, die am 3. Juli 1973 von den Außenministern der 35 teilnehmenden Staaten eröffnet wurde und am 1. August 1975 mit der Unterzeichnung der Schlussakte durch die Staats- und Regierungschefs endete. Ein Hauptziel dieser Konferenz bestand darin, dem Entspannungsprozess zwischen den Großmächten Kontinuität und Impulse zu verleihen. Die historische Schlussakte von Helsinki bestand aus drei Teilen oder sogenannten „Körben". Der erste Korb umfasste den Bereich der Sicherheit und formulierte zehn Prinzipien für das friedliche Zusammenleben der Staaten, der zweite Korb beinhaltete die Zusammenarbeit in Wirtschaft, Wissenschaft, Technik sowie Umweltfragen und der dritte Korb behandelte die sog. menschlichen Kontakte, insbesondere die Lösung humanitären Probleme.

Darüber hinaus vereinbarte man Folgekonferenzen, um die Durchführung der Schlussakte und die Weiterentwicklung ihrer Bestimmungen zu beraten. Obwohl die beiden Folgetreffen von Belgrad (1977/78) und Madrid (1980–1983) von den sich wieder verschärfenden Ost-West-Beziehungen überschattet waren, führte keiner der Kontrahenten ein Scheitern der Konferenz herbei. Man einigte sich vielmehr in Madrid auf die Einberufung einer Konferenz über vertrauens- und sicherheitsbildende Maßnahmen und Abrüstung in Europa (KVAE).

Das dritte Folgetreffen in Wien (1986–1989) stand bereits im Zeichen der vom sowjetischen Präsidenten Gorbatschow betriebenen Politik des „Neuen Denkens", die eine Entspannungs- und Öffnungspolitik gegenüber dem Westen verfolgte und Fortschritte bei Verhandlungen über die konventionelle Rüstungskontrolle und über vertrauensbildenden Maßnahmen brachte. Die Ergebnisse wurden beim KSZE-Sondergipfel in der Charta von Paris für ein neues Europa am 21. November 1990 niedergelegt. Darin erklärten die Mitgliedstaaten von NATO und Warschauer Pakt den Kalten Krieg für beendet. Über konventionelle Abrüstung wurde der umfangreiche Vertrag zur Reduzierung der konventionellen Streitkräfte in Europa (KSE-Vertrag) geschlossen. Weiterhin verpflichteten sich die Mitgliedstaaten zu enger Zusammenarbeit auf der Grundlage des friedlichen Miteinanders und der Menschenrechte. Des Weiteren erfuhr die KSZE eine politische und institutionelle Aufwertung: In Prag, Wien und Warschau eingerichtete Zentren sollten die KSZE-Tätigkeit koordinieren, der Konfliktverhütung dienen und die Durchführung von freien Wahlen überall in Europa überwachen.

Mit den Beschlüssen des Helsinki-Gipfels von 1992 wurde die 1990 begonnene Entwicklung der KSZE zu einer Internationalen Organisation vorangetrieben. 1995 wurde die *Konferenz* für Sicherheit und Zusammenarbeit in Europa (KSZE) wegen ihrer bis dahin erfolgten organisatorischen Verdichtung in *Organisation* für Sicherheit und Zusammenarbeit in Europa (OSZE) umbenannt.[1] In der Folge wurde sie durch verschiedene Missionen in der politischen Streitschlichtung, Konfliktverhütung und Friedenserhaltung selbstständig tätig. In der

---

[1]   Vgl. zur Entwicklung auch Auswärtiges Amt (1998).

Europäischen Sicherheitscharta des Gipfels in Istanbul vom November 1999 schließlich einigten sich die 30 Vertragsstaaten auf ein neues System von Beschränkungen im Bereich konventioneller Waffensysteme, das zulässige Rüstungsobergrenzen auf Einzelstaaten zuschnitt.

In den letzten Jahren übernahm die OSZE dann neue Aufgaben im Bereich der Frühwarnung, Konfliktverhütung und Konfliktnachsorge. Vor-Ort-Missionen und Büros der OSZE haben sich bisweilen als sachnahe Instrumente der Konfliktbewältigung bewährt. Sie werden im Konsens aller OSZE-Mitgliedstaaten und im Einvernehmen mit den Gastländern eingerichtet. Die derzeit größte Mission mit ca. 350 internationalen und 1.200 lokalen Mitarbeitern ist jene im Kosovo. Sie ist als dritte Säule der Mission der Vereinten Nationen im Kosovo (UNMIK) für den Aufbau demokratischer und rechtsstaatlicher Institutionen im Kosovo zuständig. Dabei betreibt sie insbesondere eine Polizeischule, in der die zukünftigen Polizisten des Kosovo ausgebildet werden.

3.3.2 Institutionen

Der *Ministerrat* der OSZE tagt als zentrales Beschluss- und Leitungsgremium in der Regel gegen Ende der einjährigen Amtsperiode des amtierenden Vorsitzes. Der Vorsitzende koordiniert die laufenden OSZE-Angelegenheiten und kann auf Krisenentwicklungen durch die Entsendung von persönlichen Beauftragten reagieren. Dabei wird er jeweils von seinem Vorgänger und seinem Nachfolger in der sogenannten „Troika" unterstützt. Der *Hohe Rat*, bei dem sich Spitzenbeamte aus den Außenministerien einfinden, fungiert seit 1997 lediglich als Wirtschaftsforum. Der nahezu wöchentlich tagende *Ständige Rat* hingegen bildet das reguläre, für die politische Konsultation und Entscheidungsfindung zuständige Gremium, welches auch zu außerordentlichen Dringlichkeitssitzungen zusammenkommen kann. Der *Generalsekretär*, der an der Spitze des in Wien ansässigen Sekretariats steht und an allen Treffen der Minister-Troika teilnimmt, ist als höchster Verwaltungsbeamter der OSZE in alle administrativen Aspekte der Organisation eingebunden. Außerdem arbeitet das Sekretariat mit dem Konfliktverhütungszentrum (KVZ) der OSZE zusammen. Seit Juli 1992 tritt die Parlamentarische Versammlung der OSZE jährlich in Kopenhagen zusammen. Zu ihren Aufgaben gehören die Überprüfung, Beratung und Förderung von Themen und Maßnahmen der Zusammenarbeit.

Die Zuständigkeiten des Konfliktverhütungszentrums (KVZ) bestehen in vertrauens- und sicherheitsbildenden Maßnahmen, der Durchführung und Kontrolle von Übereinkommen auf dem Gebiet der Abrüstungs- und Rüstungskontrolle sowie der friedlichen Streitbeilegung. Friedenserhaltende Operationen der

OSZE sind der Neutralität verpflichtet und nur nach Zustimmung der betroffenen Parteien und nach der einmütigen Entscheidung von Ministerrat und Hohem Rat möglich. Es steht der OSZE offen, die EU oder die NATO um Unterstützung zu ersuchen.

4   Die internationalen Wirtschafts- und Finanzorganisationen

Zu den bedeutendsten Wirtschafts- und Finanzorganisationen zählen die OECD (Organization for Economic Cooperation and Development), die G-8 (Gruppe der führenden Industrienationen), die WTO (World Trade Organization) sowie der Internationale Währungsfonds (IWF) und die Weltbank.[1]

4.1   *Die Organisation für wirtschaftliche Zusammenarbeit und Entwicklung (OECD)*

Die OECD ging 1961 aus der OEEC (Organization for European Economic Cooperation) hervor, die gegründet wurde, um die amerikanische und kanadische Hilfe im Rahmen des Wiederaufbauprogramms für Europa nach dem Zweiten Weltkrieg (sog. „Marshall-Plan") zu organisieren. Der OECD gehören zur Zeit 30 Industrieländer an, die ihre Wirtschafts- und Sozialpolitiken koordinieren, um ihre Wirtschaft und ihren Lebensstandard zu fördern und zur Entwicklung der Weltwirtschaft auf „multilateraler und nicht-diskriminierender Grundlage" beizutragen. OECD-Mitgliedstaaten innerhalb der EU sind die Länder Belgien, Dänemark, Deutschland, Finnland, Frankreich, Griechenland, Großbritannien, Irland, Italien, Luxemburg, Niederlande, Österreich, Polen, Portugal, Spanien, Schweden, die Slowakische Republik, Ungarn und die Tschechische Republik. Zu den OECD-Mitgliedstaaten außerhalb der EU gehören die Länder Australien, Island, Japan, Kanada, Korea, Mexiko, Neuseeland, Norwegen, Schweiz, Türkei und USA. Thematische Schwerpunkte der OECD-Aktivitäten betreffen:
- die wirtschaftliche Entwicklung (u.a. Analyse und Prognose wirtschaftlicher Daten wie z.b. der globalen Konjunktur),
- den sozialen Wandel (Alterung der Bevölkerung, Reform der Sozialsysteme),
- Arbeitsmarktprobleme (OECD-Beschäftigungsstrategie),
- Erziehung und Bildung (Vergleiche der Effizienz von Bildungssystemen, so vor allem die PISA-Studie),

---

[1]   Vgl. dazu im allgemeinen Überblick insb. Wagner (2003); Deutsche Bundesbank (1992); Dieckheuer (2001).

- handels- und finanzpolitische Themen (z.b. Waren- und Dienstleistungshandel, Investitionen, elektronischer Handel, nationales Steuerwesen und
  Verwaltung) sowie
- die Bekämpfung von Bestechung und Korruption.

Im Zuge der fortschreitenden weltwirtschaftlichen Vernetzung intensiviert die
OECD auch den Dialog und die Zusammenarbeit mit gegenwärtig 70 Staaten
außerhalb ihrer Organisation, beispielsweise in Südost- und Osteuropa sowie den
Wachstumsregionen Südamerikas und Asiens.

Als oberstes Organ der OECD tagt regelmäßig der *Rat der Ständigen Vertreter der Mitglieder*, der einmal im Jahr auf Ministerebene zusammenkommt.
Beschlüsse und Empfehlungen ergehen einstimmig. Der *Exekutivausschuss* der
OECD besteht aus 14 jährlich neu zu wählenden Mitgliedern. Die G-8 Mitglieder Deutschland, Frankreich, Italien, Großbritannien, Japan, Kanada und die
USA haben einen ständigen Sitz inne. Er bereitet die Ratssitzungen vor und
koordiniert die Aktivitäten. Über 150 Ausschüsse, Arbeitsgruppen und Expertengremien befassen sich darüber hinaus mit einem breiten wirtschaftlichen und
sozialen Themenspektrum.

4.2 Die Gruppe der Acht (G-8)

Die G-8-Runde, der die sieben größten Industrienationen Deutschland, Frankreich, Großbritannien, Italien, Japan, Kanada, USA sowie Russland angehören,
wurde 1975 - damals noch als Gruppe der Sechs - bei einem ersten Gipfeltreffen
in Rambouillet (Frankreich) gegründet. Seinerzeit sahen der deutsche Bundeskanzler Helmut Schmidt und der französische Staatspräsident Valéry Giscard
d'Estaing die Notwendigkeit, die Wirtschaftspolitiken der wichtigsten Volkswirtschaften auf internationaler Ebene abzustimmen. Kanada kam 1976 als sieb-
tes, Russland 1997 als achtes Mitglied hinzu. Die G-8 Länder vereinigen ca. 50%
des Welthandels und des Weltbruttosozialproduktes auf sich.

Nach dem Scheitern des Systems der festen Wechselkurse von Bretton
Woods und unter dem Eindruck der ersten Ölkrise sahen die Teilnehmer in den
70er Jahren des 20. Jahrhunderts die Notwendigkeit, als wichtigste Volkswirtschaften der Erde ihre Wirtschaftspolitiken aufeinander abzustimmen und damit
dem damaligen weltweiten Abschwung koordiniert entgegenzusteuern. In den
folgenden Jahren wurden die „Weltwirtschaftsgipfel" zu einer festen, jährlich
stattfindenden Einrichtung. Seit Ende der 90er befassen sich die Staats- und
Regierungschefs auf ihren Treffen zunehmend mit den Herausforderungen, die
angesichts der Globalisierung gemeinsamer Antworten bedürfen.

Der sichtbarste Teil des G-8-Prozesses sind die jährlichen Wirtschaftsgipfel, zu denen die Staats- und Regierungschefs üblicherweise zur Jahresmitte vom Vorsitz eingeladen werden. Diese Treffen bieten ihnen die Möglichkeit, im persönlichen Gespräch ihre Standpunkte auszutauschen. Den Vorsitz übernimmt jeweils ein Land für die Dauer eines Jahres. Die G-8 gilt nicht als Internationale Organisation. Ihre Treffen sind informell, um in entspannter Runde globale Themen und Probleme zu beraten.

Im Mittelpunkt der Beratungen der G-8 Staaten stehen in Zeiten der fortschreitenden Globalisierung umfassende Fragestellungen, so dass auch die Fachminister jährlich gemeinsame Handlungsoptionen, wie z.B. Strukturreformen zur Belebung der Wirtschaft, eine nachhaltige Entwicklungspolitik, die breitere Nutzung von erneuerbaren Energien, die Nichtverbreitung von Kernwaffen oder den internationalen Kampf gegen organisierte Kriminalität und Terrorismus beraten. Im Laufe der Jahre hat sich so um die Gipfeltreffen ein dichter Prozess der politischen Abstimmung entwickelt, der als „G-8-Prozess" bezeichnet wird. Obwohl die G-8-Runde als informelles Forum anderen Staaten oder Institutionen lediglich Hilfestellungen, Lösungsoptionen oder Denkanstöße anbieten kann, darf ihr Einfluss auf Grund ihres wirtschaftlichen Gewichtes nicht unterschätzt werden.

4.3 Das Allgemeine Zoll und Handelsabkommen (GATT) und die Welthandelsorganisation (WTO)

Bei der Neuordnung der internationalen Beziehungen nach dem Zweiten Weltkrieg sind angesichts der schweren Krisenerfahrungen, wie etwa der Weltwirtschaftskrise 1929, auch auf ökonomischem Gebiet Schutzmechanismen geschaffen worden. Nachdem die Gründung der Internationalen Handelsorganisation ITO gescheitert war, kam man überein, wenigstens einige Fragen des weltweiten Handels im Rahmen von völkerrechtlichen Verträgen zu regeln. Im Jahr 1947 einigten sich zunächst 23 Staaten auf den Abschluss des ersten Allgemeinen Zoll- und Handelsabkommens (GATT, General Agreement on Tarifs and Trade) zum Abbau von Handelsschranken, das 1948 in Kraft trat. Grundlage des GATT war Art. 1 UN-Charta, der die Zusammenarbeit der Mitgliedstaaten zur Lösung wirtschaftlicher Probleme vorschreibt. Das GATT verfolgte als Ziele:

- die Erhöhung des Lebensstandards,
- die Verwirklichung der Vollbeschäftigung,
- ein hohes und ständig steigendes Niveau des Realeinkommens und der wirksamen Nachfrage sowie
- die Steigerung der Produktion und des Austausches der Waren.

Diese Ziele sollten durch eine umfassende Liberalisierung des Welthandels und die Ausweitung der internationalen Handelsbeziehungen erreicht werden. Als Instrumente des weltweiten Freihandels wurden im GATT u.a. angewandt:

- der geregelte Abbau von Zöllen und von sonstigen Handelsbeschränkungen,
- der Grundsatz der Meistbegünstigung,
- die Prinzipien der Reziprozität und der Nichtdiskriminierung und
- die Gebote der Transparenz und der Inländerbehandlung.

Abbildung 3:   Grundprinzipien des WTO-Regimes

Prinzip der Konsensentscheidung	Eine Entscheidung gilt als angenommen, wenn ihr kein Mitgliedstaat formell widerspricht
Prinzip der Meistbegünstigung	Handelsvorteile müssen allen Mitgliedstaaten in gleicher Weise gewährt werden
Prinzip der Nichtdiskriminierung	Keine Benachteiligung eines einzelnen Mitgliedstaates gegenüber anderen Mitgliedstaaten
Prinzip der Inländerbehandlung	Keine Begünstigung inländischer Güter und Dienstleistungen gegenüber ausländischen Produkten
Prinzip der Transparenz	Keine geheimen Abkommen, sondern gegenseitige Information über Handelsvorschriften

Seit 1948 sind als Ergebnis von bislang acht „Welthandelsrunden" in Rahmen des GATT-Regimes die Zölle im weltweiten Waren- und Dienstleistungshandel von über 40% auf weniger als 5% des durchschnittlichen Einfuhrzollwertes gesenkt worden. Außerdem ergänzten zahlreiche Zusatzabkommen - sog. „Kodizes" - die ursprünglichen Bestimmungen zur reinen Zollreduzierung des GATT von 1948. Diese Kodizes umfassen Regelungen für Antidumping, Einfuhrlizenzen, gesundheitspolizeiliche und pflanzenschutzrechtliche Maßnahmen, und seit der achten Verhandlungsrunde erstmals Abkommen im Bereich des Investitionsschutzes, des Schutzes von geistigem Eigentum sowie bei Dienstleistungen. Außerdem hat sich die Anzahl der teilnehmenden Länder von 23 auf 123 kontinuierlich erhöht.

Abbildung 4: Die acht Welthandelsrunden im Rahmen des GATT

Zeitraum	Haupttagungsort	Übliche Bezeichnung
1947	Genf	
1949	Annecy (Frankreich)	
1951	Torquay (England)	
1956	Genf	
1960/1961	Genf	Dillon-Runde
1964-1967	Genf	Kennedy-Runde
1973-1979	Genf	Tokio-Runde
1986-1994	Genf	Uruguay-Runde

Im Rahmen der Uruguay-Runde unterzeichneten die Mitgliedstaaten ein neues Welthandelsabkommen, das eine weitere Liberalisierung des Welthandels und weitere Zollsenkungen vorsah. Darüber hinaus wurde die Gründung der Welthandelsorganisation (WTO), die am 1. Januar 1995 ihre Arbeit aufnahm beschlossen, die ab diesem Zeitpunkt als Regelungsinstanz für den Welthandel wirkte. Die WTO mit Sitz in Genf ist damit eine der jüngsten Internationalen Organisationen von Gewicht. Sie zählt derzeit 148 Mitglieder, die über 90% des Welthandels abdecken.[1]

Die WTO übernahm die Verwaltungsstrukturen des GATT. Ihr Aufgabengebiet umfasst die Bestimmungen der bisherigen GATT-Verhandlungsrunden für den Handel mit Gütern, sowie darüber hinaus viele zusätzliche Aufgaben wie beispielsweise die Regulierung des Handels mit Dienstleistungen. In der WTO hat jeder der Unterzeichnerstaaten - unabhängig von seiner wirtschaftlichen Stärke - eine Stimme. Wichtigstes Organ ist die *Ministerkonferenz*, die mindestens in jedem zweiten Jahr zusammentritt. Die Tagesgeschäfte führt der sog. *Allgemeine Rat* - normalerweise die Botschafter bzw. Delegationsleiter der Mitgliedstaaten in Genf -, der Entscheidungen je nach Tragweite mit einfacher oder qualifizierter Mehrheit fällt. Die Leitung der WTO obliegt einem *Generalsekretär*, der von der Ministerkonferenz gewählt wird. Ferner gibt es jeweils einen Rat für Dienstleistungen, für Waren und für geistiges Eigentum sowie Komitees für Handel und Entwicklung, Zahlungsbilanzen sowie Budgetfragen. Die Verwaltung, das sog. Sekretariat, die in Genf angesiedelt ist, umfasst etwas mehr als 500 Mitarbeiter. Da die zentralen Entscheidungen von den Mitgliedstaaten bzw. der EU getroffen werden, hat das Sekretariat keine so wichtige Entscheidungsrolle inne, wie z.B. die EU-Kommission oder das Sekretariat der Weltbank. Seine Hauptaufgabe ist es, die verschiedenen Räte bei ihrer Arbeit zu unterstützen und diese vorzubereiten. Für Konflikte besitzt die WTO einen spezifischen Streit-

---

[1] Siehe vertiefend dazu u.a.: Beise (2001); Hoekman (2002); Krajewski (2001); Prieß/Berrisch (2003); Senti (2000) sowie Stoll/Schorkopf (2002).

schlichtungsmechanismus, der für alle multilateralen Handelsabkommen gilt und völkerrechtlich verbindlich ist.
Heute umfasst das WTO-Regime insgesamt ca. 60 verschiedene Abkommen mit insgesamt ungefähr 30.000 Rechtstexten. Die laufenden Verhandlungen der neunten, so genannten „Doha-Runde" betreffen die Verbesserung bzw. Weiterentwicklung der bestehenden Übereinkommen.

Abbildung 5:   Wichtigste WTO-Abkommen[1]

Güter- und Zollabkommen (GATT)	Dienstleistungsabkommen (GATS)	Abkommen über geistiges Eigentum (TRIPS)
Regelt den Warenverkehr in den Bereichen: • Industriegüter (Zollsenkungen bis zu 100%) • Landwirtschaft (Abbau von Subventionen) • Textilhandel (Abbau von Exportbeschränkungen)	Regelt den Handel mit Dienstleistungen, die Öffnung der Märkte und den Abbau von Handelshemmnissen in den Bereichen: • Telekommunikation • Banken und Versicherungen • Transport • Tourismus	Regelt den Schutz des geistigen Eigentums in den Bereichen: • Patente • Marken • Urheberrecht • Industriedesign • Computerprogramme

4.4 Internationaler Währungsfond (IWF) und Weltbank

Internationaler Währungsfonds und Weltbank, beide 1945 in Bretton Woods, einer Kleinstadt im US-Bundesstaat New Hampshire von 44 Staaten als Unterorganisationen der Vereinten Nationen gegründet, werden gerne als Schwesterorganisationen oder auch als Bretton-Woods-Institutionen bezeichnet.[2]
Dem IWF, der seinen Sitz in Washington hat, gehören aktuell 184 Staaten an. Die Bundesrepublik Deutschland trat 1952 bei. Seine Kernaufgabe ist es, die makroökonomische Stabilität in der Weltwirtschaft, insbesondere ein ausgeglichenes Wachstum des Welthandels, zu sichern. Ursprünglich hatte der Fonds die Aufgabe, das an den US-Dollar gekoppelte Weltwährungssystem der Nachkriegszeit zu stabilisieren. Mit der Freigabe der Wechselkurse 1973 änderte sich das Aufgabenfeld. Seitdem agiert der IWF vornehmlich als Krisenfinacier für Entwicklungs- und Schwellenländer, z.B. in Argentinien, Brasilien oder der Türkei. Aufgaben des IWF sind im einzelnen:

---

[1]   www.lpb.bwue.de/aktuell/puu/4_03/c5-c9.htm (30.09.05).
[2]   Siehe vertiefend Dreher (2003); Ferber/Winkelmann (1985); Nunnenkamp (2002) sowie Sander/Somme (1987).

- die Zusammenarbeit in Währungsfragen mit dem Ziel der Förderung der Stabilität der Währungen,
- die Errichtung eines multilateralen Zahlungssystems auf der Basis stabiler Wechselkurse,
- die Beseitigung von Devisen- und anderen Handelsbeschränkungen sowie
- die Gewährung von Krediten und Finanzhilfen bei vorübergehenden Schwierigkeiten in der Zahlungsbilanz eines Mitgliedstaates.

Im Bedarfsfall können Mitgliedsländern, die an einem Sonderziehungskonto beteiligt sind, zur Ergänzung ihrer Währungsreserven Kredite in Form von sog. Sonderziehungsrechten zugeteilt werden. Dieser Fonds finanziert sich aus den Beiträgen der Mitglieder, die nach der entsprechenden Finanzkraft berechnet werden. Bedingungen für die Gewährung von Krediten sind zum Beispiel: Kürzung der Staatsausgaben, Steigerung des Exports, niedrige Inflation sowie die Liberalisierung des Bankwesens. Die den Staaten auferlegten Strukturanpassungsprogramme können aber auch die Privatisierung öffentlicher Einrichtungen wie Sparkassen, Telekommunikation oder Elektrizitäts- und Wasserversorgung vorsehen.

Abbildung 6:   Größte Anteilseigner der Fonds

Vereinigte Staaten von Amerika	17,5%
Japan	6,3%
Deutschland	6,1%
Frankreich	5,1%
Großbritannien	5,1%

Eine wichtige Aufgabe besteht ferner in einer regelmäßigen umfassenden Analyse der allgemeinen wirtschaftlichen Lage und der Wirtschaftspolitik der Mitgliedstaaten. Oberste Organe sind:

- der Gouverneursrat,
- das Exekutivdirektorium,
- der Geschäftsführende Direktor sowie
- der Interimsausschuss als politisches Lenkungsgremium.

Die Grundsatzentscheidungen werden vom Gouverneursrat und vom Interimsausschuss getroffen, die bei den Frühjahrs- und Herbsttagungen von IWF und Weltbank zusammen kommen. Die Einzelentscheidungen des IWF werden vom IWF-Stab unter Leitung des Geschäftsführenden Direktors vorbereitet und vom Exekutivdirektorium gebilligt. Deutschland ist einer der wichtigsten Anteilseigner des IWF und wirkt über einen der Exekutivdirektoren an den Entscheidungen mit. Der IWF verfügt über ca. 2.700 Mitarbeiter. Es ist allgemeine

Praxis, dass der Direktor des IWF ein Europäer, der Direktor der Weltbank dagegen ein Amerikaner ist.

Die Weltbank wurde gleichzeitig mit dem Internationalem Währungsfonds gegründet, hat ebenfalls ihren Sitz in Washington und verfügt über genauso viele Mitglieder. Sie ist auch eine Unterorganisation der UNO mit weitgehend autonomen Befugnissen und in ihren Strukturen ähnlich wie der IWF aufgebaut.

Nachdem die Weltbank in der Nachkriegszeit besonders Kredite für den Wiederaufbau Europas vergab, richten sich ihre Aktivitäten seither immer stärker auf die sog. Entwicklungsländer. Offizielle Zielsetzung der Weltbank ist die Förderung der wirtschaftlichen Entwicklung und die Bekämpfung der Armut. Aufgaben der Weltbank sind im einzelnen:

- die Gewährung von Investitionshilfe für produktive Zwecke, Wiederaufbau und Entwicklung in den Mitgliedstaaten sowie
- die Förderung internationaler Privatinvestitionen.

Auch die Weltbank erstellt länder- oder regionalbezogene Entwicklungsstudien und ist der größte Geldgeber für Entwicklungsprojekte weltweit, insbesondere mittels langfristiger, weitgehend zinsfreier Kredite, die nicht zurückgezahlt werden müssen. Sie ist aber auch der stärkste internationale Geldgeber in den Bereichen Bildung und Aids-Bekämpfung. Kredite werden nur den Mitgliedstaaten bzw. dort ansässigen Betrieben gewährt. Die Darlehenspolitik erfolgt nach privatwirtschaftlichen Grundsätzen. Die gewährten Darlehen sind festverzinslich und haben in der Regel eine Laufzeit von 15 bzw. 25 Jahren. Ihre Finanzierung erfolgt aus dem von den Mitgliedstaaten gezeichneten Grundkapital, den Darlehensrückzahlungen, den Reingewinnen, Schuldverschreibungen und dem Verkauf von Darlehensforderungen.

Die wirtschaftspolitischen Vorstellungen und Leitbilder des IWF und der Weltbank führten zwischen den Industriestaaten und den Entwicklungsländern in den vergangenen Jahren immer wieder zu Kontroversen. Aber auch aus den Reihen der Globalisierungsgegner kommt zunehmend Kritik. Gerade während der sog. Ostasien-Krise 1997 wurden Stimmen laut, die Programme hätten nicht zur Lösung der Krise beigetragen, sondern diese noch verschärft. Deshalb wurde inzwischen ein Reformprozess in Gang gesetzt, infolge dessen das umfangreiche Instrumentarium zur Kreditvergabe vereinfacht wurde. Auch stehen nun mehr Informationen über die wirtschaftliche Lage der Mitgliedstaaten zur Verfügung. Der Umstrukturierungsprozess ist aber noch keineswegs abgeschlossen.

5 Die Vereinten Nationen (UNO)[1]

5.1 Gründung, Ziele und Grundsätze

Die Organisation der Vereinten Nationen (VN) wurde am 26. Juni 1945 in San Francisco als Nachfolgerin der ersten Weltfriedensorganisation, des Völkerbundes, gegründet.[2] Als Teilnehmer der Gründungskonferenz waren 47 Staaten eingeladen, die sich schon vorab der sog. „Erklärung der Vereinten Nationen" angeschlossen hatten. Gegenwärtig gehören ihr 191 Staaten an.

Die Charta der Vereinten Nationen mit 29 Kapiteln und 111 Artikeln formuliert als unbefristeter völkerrechtlicher Vertrag die Ziele, Aufgaben, den Aufbau und die Mitgliedsbedingungen der Organisation, stellt aber keine Verfassung eines „Weltstaates" dar. Die Vereinten Nationen erkennen das Recht der nationalen Souveränität als oberstes Prinzip an und können gegenüber ihren Mitgliedern letztlich nur Handlungsempfehlungen aussprechen.

Primäres Ziel ist die Wahrung des internationalen Friedens. In der Präambel der Charta bekräftigten die Gründer ihren Willen, „künftige Generationen vor der Geißel des Krieges zu bewahren" sowie sich für humanitäre Grundrechte, die Gleichberechtigung von Mann und Frau sowie der Nationen, die Achtung des Völkerrechts und die Förderung sozialen Fortschritts einzusetzen. Als konkrete politische Ziele werden neben der Friedenssicherung in Art. 1 die wirtschaftliche, soziale, kulturelle und humanitäre Zusammenarbeit der VN-Mitglieder sowie die Achtung der Menschenrechte auf der ganzen Welt genannt. Die Organisation unterliegt folgenden Grundsätzen, die in Art. 2 der Charta niedergelegt sind:

- dem Prinzip der „souveränen Gleichheit aller ihrer Mitglieder" (Art. 2 Abs. 1),
- der Verpflichtung aller Mitglieder gegenüber der Charta (Art. 2 Abs. 2),
- dem Gebot, internationale Streitigkeiten mit friedlichen Mitteln beizulegen (Art. 2 Abs. 3),
- dem Verzicht auf „Androhung oder Anwendung von Gewalt" (Art. 2 Abs. 4),
- der Versicherung des gegenseitigen Beistandes und der Unterlassung von Beistand für Staaten, gegen die Vorbeugungs- oder Zwangsmaßnahmen verhängt wurden (Art. 2 Abs. 5),

---

[1] Vgl. zu den Vereinten Nationen als Friedensmacht ausführlich in diesem Band der Aufsatz von Erasmus Khan/Thomas Meerpohl.

[2] Zur Entwicklung und zur Vorgängerinstitution Völkerbund siehe Herz/Jetzlsperger/Schattenmann (2002); Knipping/von Mangoldt (1995); von Mangoldt/Rittberger (1995) sowie Volger (1995).

- dem Bemühen, auch Nichtmitglieder zur Wahrung des Weltfriedens anzuhalten (Art. 2 Abs. 6) und
- dem Verbot, in Angelegenheiten, „die ihrem Wesen nach zur inneren Zuständigkeit eines Staates gehören", einzugreifen (Art. 2 Abs. 7).

5.2 Institutionen und Haushalt

Das System der Vereinten Nationen setzt sich zusammen aus sechs Hauptorganen, mehreren Spezialorganen bzw. Ständigen UN-Hilfsorganisationen und den Sonderorganisationen.[1]

Das maßgebliche Organ der VN ist der *Sicherheitsrat*, der die Hauptverantwortung für die Aufrechterhaltung des Weltfriedens und der internationalen Sicherheit trägt. Der Sicherheitsrat besteht aus fünf ständigen Mitgliedern - China, Frankreich, Großbritannien, Russland sowie den USA - und zehn weiteren Mitgliedern, die von der Generalversammlung für eine Dauer von zwei Jahren gewählt werden. Jedes Mitglied des Sicherheitsrates hat eine Stimme. Beschlüsse zu Sachfragen bedürfen der Zustimmung von jeweils neun Mitgliedern unter denen sich alle fünf ständigen Mitglieder befinden müssen.

Die UN-Charta stellt dem Sicherheitsrat eine ganze Reihe von Verfahren und Methoden zur Verfügung. Nur er besitzt das Recht, gegen Staaten, die den Weltfrieden bedrohen, Zwangsmaßnahmen zu verhängen. Der Sanktionskatalog schließt neben nicht-militärischen Sanktionen, wie z.B. Wirtschafts- und Waffenembargos, den militärischen Einsatz von Land-, Luft- und Seestreitkräften mit ein. Deren Durchführung „werden je nach dem Ermessen des Sicherheitsrats von allen oder von einigen Mitgliedern der Vereinten Nationen getroffen". So agierten die alliierten Streitkräfte im zweiten Golfkrieg 1991 oder im Afghanistan-Krieg 2001 mit einem VN-Mandat.

In der *Generalversammlung* sind entsprechend des Prinzips der Gleichheit alle Mitgliedstaaten mit Sitz und Stimme vertreten. Mit Ausnahme von Sicherheitsfragen, die grundsätzlich dem Sicherheitsrat vorbehalten sind, verfügt die Generalversammlung über eine universelle thematische Zuständigkeit. Schwerpunktthemen sind insbesondere:

- der Schutz der Menschenrechte,
- die Entwicklungszusammenarbeit sowie
- die Fortentwicklung des Völkerrechts.

Ihre Empfehlungen gibt die Generalversammlung in Form von Resolutionen ab. Zur Beschlussfassung genügt in der Regel die einfache Mehrheit. Bei „wichtigen

---

[1]   Siehe dazu ausführlich: Gareis/Varwick (2003); Mangoldt/Rittberger (1995); Opitz (2002), Rittberger/Mogler/Zangl (1997); von Schorlemer (2003); Unser (2004) sowie Wolfrum (1991).

Fragen" ist eine Zweidrittelmehrheit erforderlich. Jährlich werden über 200 solcher Resolutionen verabschiedet.

Die Generalversammlung tritt zu ihren ordentlichen Tagungen jedes Jahr am dritten Dienstag im September zusammen. Die am Anfang stattfindende Generaldebatte ist immer ein politisches Großereignis, an dem oftmals die Staats- und Regierungschefs oder Außenminister ihren Auftritt haben. Die Versammlung endet meistens erst am Anfang des folgenden Jahres. Die wesentliche Arbeit findet in Haupt- und Unterausschüssen statt.

Das *Sekretariat* unterstützt als eine Art Exekutive der Vereinten Nationen deren Arbeit. Inzwischen sind in New York und Genf, den Hauptsitzen der Vereinten Nationen mehr als 30.000 internationale Beamte beschäftigt. Diese werden nach einem bestimmten Quotensystem, das allen Staaten eine bestimmte Anzahl an Posten gewährt, ausgesucht. An der Spitze des Sekretariats steht der *Generalsekretär*, der auf Empfehlung des Sicherheitsrates von der Generalversammlung für fünf Jahre gewählt wird. Auch insoweit haben die fünf ständigen Mitglieder ein Vetorecht und daher großen Einfluss auf die Besetzung dieses Postens. Über rein verwaltungstechnische Aufgaben hinaus werden dem Generalsekretär entsprechend Art. 98 UN-Charta vom Sicherheitsrat weitere Aufgaben im Bereich der friedlichen Beilegung von internationalen Streitigkeiten übertragen. Dabei ist die Vorbereitung und Durchführung friedenssichernder Missionen besonders wichtig. Darüber hinaus hat das Amt des Generalsekretärs über die Jahrzehnte hinweg an politischer Autorität und auch Gestaltungskraft gewonnen. Inzwischen sind eigenständige diplomatische Initiativen keine Seltenheit mehr. Gerade die Verleihung des Friedensnobelpreises an Kofi Annan und die Vereinten Nationen 2001 hat das Amt noch einmal politisch und moralisch aufgewertet.

Als Rechtsprechungsorgan der Vereinten Nationen dient der *Internationale Gerichtshof* (IGH) mit Sitz in Den Haag. Er entscheidet internationale Streitigkeiten auf der Grundlage des Völkerrechts. Seine Justiziabilität wird aber durch den Grundsatz eingeschränkt, dass er Streitigkeiten nur mit der Zustimmung der beteiligten Staaten entscheiden kann. Deshalb ist die Zahl der bisher entschiedenen Fälle auch relativ gering. Obwohl der IGH keine unmittelbare Zwangsgewalt hat, werden seine Urteile auf Grund der hohen Autorität des Gerichtshofs zumeist befolgt.

Von den drei größten Beitragszahlern der Vereinten Nationen, USA (22%), Japan (19,5%) und Deutschland (8,7%) werden mehr als 50% der Ausgaben der Vereinten Nationen geschultert, während die 134 Mitgliedstaaten der Gruppe 77 weniger als 10% zum Haushalt der Vereinten Nationen beitragen.

Abbildung 7:   Der Haushalt der Vereinten Nationen

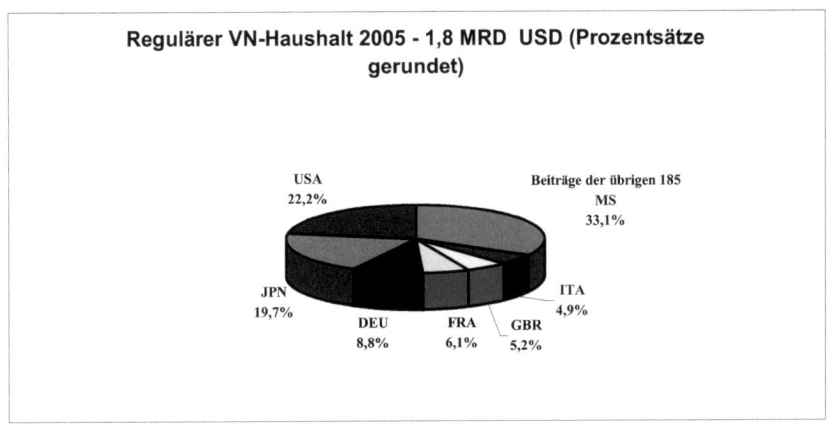

Regulärer VN-Haushalt 2005 - 1,8 MRD USD (Prozentsätze gerundet)

Insgesamt summierten sich die Beiträge Deutschlands im Jahr 2002 auf rund 910 Mio. €; die Bundesrepublik ist damit drittgrößter Beitragszahler des Systems der Vereinten Nationen. Darin enthalten sind der reguläre Haushalt der Weltorganisation und der Finanzbedarf der friedenserhaltenden Maßnahmen sowie die Zuschüsse an die zahlreichen UN-Hilfsorganisationen und deren Projekte.

5.3 Das System der kollektiven Sicherheit und die UN-Friedenseinsätze

Das System der kollektiven Sicherheit ist natürlich immer nur so wirksam, wie es der Konsens in der Organisation erlaubt. Eine Beschlussfassung innerhalb des Gremiums setzt voraus, dass keines der fünf ständigen Mitglieder von seinem Veto-Recht gegen die Ratsentscheidungen Gebrauch macht. In der Ära des Kalten Krieges lähmte der fehlende Konsens in der Runde der ständigen Sicherheitsratsmitglieder die Handlungsfähigkeit der Vereinten Nationen. Eine neue Phase der Weltpolitik konnte erst mit der von Michail Gorbatschow eingeleiteten Entspannungspolitik zwischen Ost und West eintreten. Während zwischen 1945 und 1990 234 Vetos eingelegt worden waren, ging der Gebrauch dieses Instruments danach deutlich zurück. Im Zuge dieser verbesserten Handlungsfähigkeit wurden zur Reform der VN neue Handlungskonzepte entwickelt (z.B. 1992 die „Agenda für den Frieden" des damaligen VN-Generalsekretärs Boutros Boutros-Ghali); die Zahl der Friedensmissionen stieg an.[1]

---

[1]   Siehe dazu Eisele (2004).

Ausgangspunkt für die UN-Friedensmissionen war die sog. „Uniting-for-Peace-Resolution, die von der Mehrheit der westlichen Staaten in Folge des Korea Kriegs 1950 verabschiedet wurde. In einer Art „Verfassungsänderung" der UN-Charta schrieb sich die Generalversammlung das Recht zu, im Falle der Blockade des Sicherheitsrates alle erforderlichen Empfehlungen zur Wahrung des Friedens erlassen zu können, eine bis auf den heutigen Tag umstrittene Tat. Ausgehend von dieser Resolution entsandten die Vereinten Nationen anlässlich der Suez Krise 1956 ihre ersten Friedenstruppen, die sich seither zum wichtigsten Instrument der VN zur Wahrung des Friedens entwickelt haben. Die drei zentralen Aktivitäten der UN-Friedenseinsätze (Peace Operations) sind:

- Konfliktprävention und Friedensherstellung,
- Friedenserhaltung und
- Friedenskonsolidierung.

5.4 Problemlagen und Bewertung

Diskussionen über eine Reform der Vereinten Nationen sind zu einem Dauerbrenner in den politischen Debatten geworden. Aber auch die Wissenschaft nimmt sich des Themas intensiv an.[1] Angesichts diverser Defizite bei der Bewältigung vergangener Friedensmissionen befindet sich die Weltfriedensorganisation aber gegenwärtig in einer besonders komplexen Reformdiskussion.

Auch nach Beendigung des Kalten Krieges gibt es genug Hemmnisse, welche die Wirksamkeit des VN-Systems schmälern. Die Euphorie, die Mitte der 90er Jahre des vergangenen Jahrhunderts im Hinblick auf die Möglichkeiten der Vereinten Nationen entstand, ist inzwischen wieder abgeebbt, wenn nicht gar einer Ernüchterung gewichen. Eine sehr umfassende Reformidee, die sog. Agenda für den Frieden, die bis heute leider eine Vision geblieben ist, legte der damalige Generalsekretär der Vereinten Nationen Boutros Boutros-Ghali 1992 vor. Bei einer noch ausstehenden Reform der Vereinten Nationen steht die Struktur des Sicherheitsrates an oberster Stelle, um die Handlungsfähigkeit zu steigern. So bemühen sich einige Staaten, unter ihnen auch Deutschland, um eine ständigen Sitz im Sicherheitsrat. Ob dies allerdings zu einer Verbesserung der Effizienz der Arbeitsabläufe führt, mag bezweifelt werden.

Die Vereinten Nationen sind keine supranationale Weltregierung, können deshalb auch nicht eine entsprechende Wirkung entfalten. Charakter, Struktur und auch manche Grundprinzipien bringen es mit sich, dass die Vereinten Nationen nicht die Schlagkraft haben, die sich viele angesichts der Herausforderun-

---

[1] Vgl. dazu Annan (2003).

gen, die in der internationalen Politik bestehen, wünschen. Ein multilaterales Verhandlungssystem wie die Vereinten Nationen ist von Natur aus schwerfällig. Trotzdem bewirken die Vereinten Nationen viel. Als weltweite Internationale Organisation bieten sie einen Rahmen für die Kooperation von Staaten. Sie geben die Möglichkeit von allen akzeptierte Lösungen zu finden, die für viele Menschen unmittelbare Hilfe bedeuten.

6 Literaturhinweise

6.1 Internationale Organisationen (allgemein)

Andersen, Uwe/Woyke, Wichard (Hrsg.): Handwörterbuch internationale Organisationen, 2. Aufl.; Opladen 1995.

Baratta, Mario von/Clauss, Jan Ulrich: Internationale Organisationen - ein Handbuch; Frankfurt a.M. 1991.

Czempiel, Ernst-Otto: Weltpolitik im Umbruch. Die Pax Americana, der Terrorismus und die Zukunft der internationalen Beziehungen, 3. Aufl.; München 2003.

Oberreuter, Heinrich/Piazolo, Michael (Hrsg.): Global denken. Die Rolle des Staates in der internationalen Politik zwischen Kontinuität und Wandel; München 2001.

Proske, Christine: Internationale Organisationen; München 1996.

Rittberger, Volker: Internationale Organisationen. Politik und Geschichte; Opladen 1994.

Rittberger, Volker/Zangl, Bernhard: Internationale Organisationen - Politik und Geschichte, 3. Aufl.; Opladen 2003.

Schraepler, Hans-Albrecht: Taschenbuch der internationalen Organisationen - Daten, Aufbau, Ziele, Entstehung und Mitglieder der wichtigsten europäischen und internationalen Zusammenschlüsse; München 1994.

Woyke, Wichard: Europäische Organisationen; München [u.a.] 1995.

Woyke, Wichard (Hrsg.): Handwörterbuch Internationale Politik, 8. Aufl.; Bonn 2000.

6.2 Europarat

Antretter, Robert (Hrsg.): Quo vadis Europarat?; Bonn 1995.

Mühleisen, Hans-Otto: Der Europarat; Lindenberg 1998.

Schmuck, Otto (Hrsg.): Vierzig Jahre Europarat - Renaissance in gesamteuropäischer Perspektive?; Bonn 1990.

Tarschys, Daniel: 50 Jahre Europarat - der Weg nach einem Europa ohne Trennungslinien; Bonn 1999.

6.3 Internationale Sicherheitspolitik (insb. NATO, WEU, OSZE)

Auswärtiges Amt (Hrsg.): Von der KSZE zur OSZE; Bonn 1998.

Borchert, Heiko: Europäische Sicherheitsarchitektur – Erfolgsfaktoren, Bestandsaufnahme, Handlungsbedarf; Baden-Baden 1999.

Calleo, David P: Die Zukunft der westlichen Allianz. Die NATO nach dem Zeitalter der amerikansichen Hegemonie; Bonn 1989.

Ehrhart, Hans Georg/Varwick, Johannes (Hrsg.): Lexikon Europäische Sicherheitspolitik; Stuttgart 2004.

Hirschmann, Kai: Sicherheitspolitik in neuen Dimensionen - Kompendium zum erweiterten Sicherheitsbegriff; Hamburg [u.a.] 2001.

Jäger, Thomas/Höse, Alexander/Oppermann, Kai (Hrsg.): Die Sicherheitsstrategien Europas und der USA; Baden-Baden 2005.

Meier-Walser, Reinhard C. (Hrsg.): Gemeinsam sicher? - Vision und Realität europäischer Sicherheitspolitik; Neuried/München 2004.

Reiter, Erich (Hrsg.): Jahrbuch für internationale Sicherheitspolitik 2004; Hamburg 2004.

Varwick, Johannes/Woyke, Wichard: Die Zukunft der NATO – Transatlantische Sicherheit im Wandel, 2. Aufl.; Opladen 2000.

Weisser, Ulrich: Sicherheit für ganz Europa: die Atlantische Allianz in der Bewährung; Stuttgart 1999.

Wellershoff, Dieter: Mit Sicherheit - neue Sicherheitspolitik zwischen gestern und morgen; Bonn 1999.

6.4 Internationale Wirtschaftsorganisationen (insb. WTO, IWF, Weltbank)

Beise, Marc: Die Welthandelsorganisation (WTO) - Funktion, Status, Organisation; Baden-Baden 2001.

Deutsche Bundesbank: Internationale Organisationen und Gremien im Bereich von Währung und Wirtschaft, 4. Aufl.; Frankfurt a.M. 1992.

Dieckheuer, Gustav: Internationale Wirtschaftsbeziehungen, 5. Aufl.; München/Wien 2001.

Dreher, Axel: Die Kreditvergabe von IWF und Weltbank - Ursachen und Wirkungen aus politisch-ökonomischer Sicht; Berlin 2003.

Ferber, Manfred/Winkelmann, Günter: Internationaler Währungsfonds, Weltbank, IFC, IDA, 3. Aufl.; Frankfurt a. M. 1985.

Hoekman, Bernard M.: Development, trade and the WTO - a handbook; Washington D.C. 2002.

Krajewski, Markus: Verfassungsperspektiven und Legitimation des Rechts der Welthandelsorganisation (WTO); Berlin 2001.

Nunnenkamp, Peter: IWF und Weltbank: Trotz aller Mängel weiterhin gebraucht?; Kiel 2002.

Prieß, Hans-Joachim (Hrsg.)/Berrisch, Georg M. (Bearb.): WTO-Handbuch; München 2003.

Sandner, Paul/Sommer, Michael: IWF, Weltbank, Entwicklungshilfe oder finanzpolitischer Knüppel für die "Dritte Welt"?, 4. Aufl.; Stuttgart 1987.

Senti, Richard: WTO-System und Funktionsweise der Welthandelsordnung; Zürich 2000.

Stoll, Peter-Tobias/Schorkopf, Frank: WTO - Welthandelsordnung und Welthandelsrecht; Köln/München [u.a.] 2002.

Wagner, Helmut: Einführung in die Weltwirtschaftspolitik - internationale Wirtschaftsbeziehungen - internationale Organisationen - internationale Politikkoordinierung, 5. Aufl.; München [u.a.] 2003.

6.5   Vereinte Nationen

Annan, Kofi A.: Unvollendeter Weg - die UNO im 21. Jahrhundert; Hamburg [u.a.] 2003.

Eisele, Manfred: Die Vereinten Nationen und das internationale Krisenmanagement; Frankfurt a. M. 2000.

Gareis, Sven Bernhard/Varwick, Johannes: Die Vereinten Nationen – Aufgaben, Instrumente und Reformen, 2. Aufl.; Bonn 2003.

Herz, Dietmar/Jetzlsperger, Christian/Schattenmann, Marc (Hrsg.): Die Vereinten Nationen – Entwicklungen, Aktivitäten, Perspektiven; Frankfurt a. M. 2002.

Knipping, Franz/von Mangoldt, Hans (Hrsg.): Das System der Vereinten Nationen und seine Vorläufer; München 1995.

Mangoldt, Hans von/Rittberger, Volker: Das System der Vereinten Nationen und seine Vorläufer; München 1995.

Opitz, Peter J. (Koordination): Die Vereinten Nationen. Geschichte, Struktur, Perspektiven, 4. Aufl.; München 2002.

Rittberger, Volker/Mogler, Martin/Zangl, Bernhard: Vereinte Nationen und Weltordnung – Zivilisierung in der internationalen Politik?; Opladen 1997.

Schorlemer, Sabine von (Hrsg.): Praxishandbuch UNO - die Vereinten Nationen im Lichte globaler Herausforderungen; Berlin [u.a.] 2003.

Unser, Günther: Die UNO - Aufgaben, Strukturen, Politik, 7. Aufl.; München 2004.

Volger, Helmut: Geschichte der Vereinten Nationen; München/Wien 1995.

Wolfrum, Rüdiger (Hrsg.): Handbuch Vereinte Nationen, 2. Aufl.; München 1991.

Im Gleitflug. Hat die NATO noch eine Zukunft?

Michael Staack

1 Einleitung

Die NATO versteht sich als „erfolgreichstes Bündnis der Geschichte". Tatsächlich ist die Entwicklung der Atlantischen Allianz beeindruckend. Während des Ost-West-Konflikts hat sie über vierzig Jahre hinweg die Freiheit und Selbstbestimmung ihrer Mitgliedstaaten geschützt und sich im Ergebnis mit ihrer kombinierten Strategie von „Verteidigungsbereitschaft plus Entspannung" gegenüber der Sowjetunion bzw. dem Warschauer Pakt durchsetzen können. Auch nach dem Ende des Blockgegensatzes wurde ihre Existenz nicht ernsthaft in Frage gestellt. Stattdessen hat die NATO ihre inhaltliche Aufgabenstellung – hin zur internationalen Krisenbewältigung – schrittweise verändert und ihren geographischen Aktionsradius globalisiert. Seit 1999 hat sie zehn neue Mitglieder aufgenommen und besondere Partnerschaften mit der Russischen Föderation und der Ukraine etabliert. Weitere Beitrittskandidaten stehen vor der Tür.

Gleichwohl befindet sich das Bündnis in einer fundamentalen Krise, die durch die schweren internen Zerwürfnisse im Kontext des Irak-Konflikts schonungslos offengelegt wurde. Nach dem Wegfall der konstituierenden Bedrohung und gefördert durch die Ausweitung der Mitgliederzahl hat sich der inhaltliche Zusammenhalt der Allianz beständig gelockert. Die USA als einzig verbliebene und militärisch weltweit dominierende Supermacht sind immer weniger geneigt, ihre Globalstrategie durch Konsultation mit Verbündeten beeinflussen zu lassen. Diese Mitsprache wird von den Allianzpartnern – nicht nur im „alten Europa", sondern ebenso in Kanada und zunehmend auch bei den mittel- und osteuropäischen Neumitgliedern – aber gewünscht und eingefordert. Mit ihrer Europäischen Sicherheits- und Verteidigungspolitik (ESVP) entwickelt die Europäische Union seit 1999 eine sicherheitspolitische Handlungsfähigkeit, die von den Vereinigten Staaten als latente Herausforderung der NATO verstanden wird. Auch über die Einschätzung neuer Bedrohungen (z.B. Terrorismus und „Schurkenstaaten") und – noch wichtiger – die angemessenen Strategien zu deren Bekämpfung gehen die Meinungen innerhalb des Bündnisses auseinander. Die Frage ist also berechtigt: Was hält die NATO heute noch zusammen? Und: Welche Bedeutung wird ihr im beginnenden 21. Jahrhundert zukommen?

Abbildung 1: Entwicklung der NATO-Mitgliedschaft[1]

1949	1952	1955	1982	1999	2004
Belgien Dänemark Frankreich Großbritannien Island Italien Kanada Luxemburg Niederlande Norwegen Portugal USA	Griechenland Türkei	Deutschland	Spanien	Polen Tschechien Ungarn	Bulgarien Estland Lettland Litauen Rumänien Slowakei Slowenien
NATO-12	NATO-14	NATO-15	NATO-16	NATO-19	NATO-26

An dieser Stelle soll die These vertreten werden, dass die Atlantische Allianz als wichtige Sicherheitsorganisation und Grundlage für die kollektive Verteidigung ihrer Mitglieder auf überschaubare Zeit Bestand haben wird. Allerdings wird sich der Zusammenhalt der NATO weiter lockern und ihre Bedeutung für die transatlantischen Beziehungen in einem länger währenden „Gleitflug"[2] abnehmen. Die künftige NATO wird auch weiterhin als militärisches Dienstleistungsunternehmen tätig sein und ein wichtiges Diskussionsforum für ausgewählte Sicherheitsprobleme bleiben können. Auf Grund der unterschiedlichen Interessenslagen ihrer Mitglieder, insbesondere der alleinigen Weltmachtstellung der USA sowie der zunehmenden Bedeutung der Europäischen Union bzw. der ESVP, wird das Bündnis aber weder einen exklusiven Anspruch als vorrangige Sicherheitsorganisation des Westens noch als der entscheidende Ort zur umfassenden Koordinierung der transatlantischen Sicherheitspolitik zurückgewinnen können. Stattdessen wird sie immer dann gefragt sein, wenn sie nach der Interessenslage ihrer Partnerstaaten das geeignetste Forum darstellt, um bestimmte Sicherheitsfragen zu bearbeiten. In diesem Kontext dürfte weniger das kollektive Handeln sämtlicher Mitglieder im Vordergrund stehen, sondern die fallweise Bildung von „Koalitionen der Willigen", allerdings basierend auf der Zustim-

---

[1] Quelle: http://www.crp-infotec.de/07orgs/nato.html (20.09.05).
[2] So Schmidt, Helmut, Der Spiegel vom 3. Februar 2003, S.41.

mung – oder Duldung – aller Mitglieder. Aus dem absehbaren Bedeutungsverlust der NATO ergibt sich die Forderung nach einem Ausbau der Beziehungen zwischen den Vereinigten Staaten von Amerika und der Europäischen Union und nach einer Aufwertung der nicht-militärischen Elemente in den transatlantischen Beziehungen.

Im Folgenden wird zunächst gefragt, welche Erkenntnisse die Geschichte der NATO sowie ausgewählte politiktheoretische Erklärungsansätze für die Beantwortung der Leitfrage liefern können. Danach wird die eingangs entwickelte These anhand von drei zentralen inhaltlichen Sachbereichen - der Suche nach einer neuen „Grand Strategy" für das Bündnis, ihrer Rolle als militärisches Dienstleistungsunternehmen sowie der Evolution von Konkurrenz und Komplementarität zwischen NATO und ESVP - weiter ausgeführt, um eine zusammenfassende Bewertung zu ermöglichen.

2   Ein Blick auf Geschichte und Theorie

Die Geschichte der NATO ist nicht nur eine Geschichte des Zusammenhalts, sondern auch eine Geschichte schwerer Krisen.[1] In der Suez-Krise (1956/57) zwangen die USA ihre wichtigsten europäischen Bündnispartner Frankreich und Großbritannien dazu, die militärisch bereits eroberte, von Ägypten zuvor verstaatlichte Suez-Kanalzone wieder zu räumen. Ein Jahrzehnt später (1966/67) veranlasste der Rückzug Frankreichs aus der militärischen Integration der Allianz nicht nur den Umzug des Hauptquartiers von Fontainebleau (bei Paris) nach Brüssel, sondern auch eine Neubestimmung der Bündnispolitik.[2] Aus der Fortentwicklung der Nuklearstrategie der Vereinigten Staaten – von der „Massive Retaliation" über die „Mutual Assured Destruction" bis hin zur „Flexible Response" – ergaben sich seit den 1950er Jahren bis zum Ende des Ost-West-Konflikts immer wieder heftige Debatten zwischen den USA und ihren europäischen Verbündeten. Dabei ging es um die Glaubwürdigkeit der Abschreckung, eine mögliche Abkoppelung Amerikas sowie die nukleare Mitsprache der Europäer.[3] In den 1980er Jahren schließlich, von der Afghanistan-Invasion über den NATO-Doppelbeschluss bis hin zum „Neuen Denken" Gorbatschows, führte der Streit über die richtige Politik gegenüber der Sowjetunion zu erbittertem Streit vor und hinter den Kulissen.[4]

---

[1]   Für einen konzisen Überblick siehe Calleo (1989).
[2]   Haftendorn (1994).
[3]   Freedman (1983); Haftendorn (1988); Kaplan (1983).
[4]   Czempiel (1989); Garthoff (1994); Staack (1987).

Für alle diese Krisen konnten – mehr oder weniger überzeugende – politische Lösungen gefunden werden, weil die Rahmenbedingungen des Ost-West-Konflikt zur Einigung zwangen. Die europäischen NATO-Partner waren auf den nuklearen Schutzschirm der USA existentiell angewiesen und deshalb gezwungen, sich der Prärogative der Führungsmacht unterzuordnen. Im Gegenzug fanden sich die Vereinigten Staaten grundsätzlich bereit, den Verbündeten – z.b. über die „Nukleare Planungsgruppe" – Mitspracherechte zu gewähren. Mit der Überwindung des Ost-West-Konflikts gehörten diese klar geordneten Verhältnisse der Vergangenheit an. Auch der vom ersten Generalsekretär der Allianz, Lord Ismay, beschriebene erweiterte Daseinszweck des Bündnisses – „to keep the Russians out, the Americans in, and the Germans down"[1] – ließ sich nicht mehr umstandslos auf die neuen Verhältnisse übertragen. Für die Suche nach dem heutigen Rational der Allianz hilft die Erfahrung der Geschichte deshalb kaum weiter.

Ertragreicher für die Beantwortung der Frage nach der Entwicklungsperspektive der NATO erscheint der Blick auf die politikwissenschaftliche Theorie. Dabei bietet sich der Rückgriff auf drei erklärungskräftige Ansätze an, nämlich die Allianztheorie, das Konzept der Pluralistischen Sicherheitsgemeinschaft sowie Theorien der Hegemonie. Aus der Sicht der *Allianztheorie* kann ein Bündnis ohne Gegner nicht existieren.[2] In einem grundsätzlich anarchischen, d.h. ohne Weltregierung bzw. internationales Gewaltmonopol existierenden internationalem Selbsthilfesystem, seien Staaten im Regelfall an Formen der Zusammenarbeit, die ihre Autonomie beschränkten, nicht interessiert. Eine Kooperation mit anderen Staaten erscheine nur dann vertretbar, wenn dadurch eine militärische Bedrohung abgewehrt werden könne und wenn diese Kooperation rückholbar sei, also nicht auf einen fortgesetzten Autonomieverzicht hinauslaufe. Als klassische Form einer solchen begrenzten Kooperation stelle sich ein Zusammenschluss mit weiteren Staaten zu einer Allianz dar, um die Macht eines überlegenen Gegners auf der Grundlage von Beistandsverpflichtungen ausbalancieren und die eigene Sicherheit besser gewährleisten zu können.[3] Entfalle der Gegner, so erledige sich auch die Notwendigkeit zur Bildung von Gegenmacht. Ein Bündnis ohne Gegner verspreche keinen nutzenmaximierenden Gewinn und sei ein Anachronismus.

Folgt man dieser Argumentation, so hätte die NATO nach der Beendigung des Ost-West-Konflikts bzw. dem Zerfall der Sowjetunion und des Warschauer Pakts ihr grundlegendes Rational verloren und müsste über kurz oder lang selbst

---

[1] Haftendorn (1991), S.7.
[2] Mearsheimer (1994/95), S.5-49; Walt (1987).
[3] Snyder (1990), S.103-123.

vom Prozess der Desintegration erfasst werden.[1] Dass sich dieser Prozess in den 1990er Jahren noch nicht vollzogen habe, gehe im wesentlichen auf zwei Ursachen zurück. Einerseits wird auf die Restbedrohung durch eine innen- wie außenpolitisch noch ungefestigte Russische Föderation sowie ganz generell durch die Risiken des Zerfalls der UdSSR (z. B. nukleare Proliferation) verwiesen. Andererseits sei die Gegenmachtbildung zum Ostblock der primäre Zweck der NATO gewesen, zugleich habe diese aber auch der Kontrolle über Deutschland und der Bindung der USA an Europa gedient. Diese beiden Funktionen hätten sich noch nicht erledigt, reichten längerfristig aber nicht aus, um die Existenz der NATO zu sichern. Diese – so die allianztheoretische Prognose – werde nur dann überleben, wenn ein neuer Grundkonsens in Bezug auf eine überragende Bedrohung und auf die Notwendigkeit zu deren gemeinsamer Abwehr zustande komme. Als eine solche Bedrohung – oder Bedrohungs-Trias – könnten der islamistische Terrorismus, die Verbreitung von Massenvernichtungswaffen und die Ausbreitung von „Schurkenstaaten" verstanden werden.

Im Gegensatz zur Allianztheorie konzentriert sich das Konzept der *Pluralistischen Sicherheitsgemeinschaft* auf das Binnenverhältnis der Bündnisstaaten und begreift Integration als einen zwischenstaatlichen und gesellschaftlichen Lernprozess, der gemeinsame Identitäten und Loyalitäten innerhalb eines bestimmten Gebietes schafft. Als Pluralistische Sicherheitsgemeinschaften werden soziale Strukturen zwischen Staaten und ihren Gesellschaften verstanden, die das Sicherheitsdilemma in den internationalen Beziehungen einhegen oder strukturell über-winden.[2]

Eine solche Pluralistische Sicherheitsgemeinschaft wird gekennzeichnet durch:

- einen *Wertekonsens*, d.h. die Übereinstimmung ihrer Mitglieder in Bezug auf die grundlegenden politischen Werte bis hin zu einem hohen Maß an kollektiver Identität,
- *gewaltfreie Problembewältigung*, d.h. die Fähigkeit der beteiligten politischen Systeme bzw. Entscheidungsträger, auf Bedürfnisse, Aktionen oder Botschaften der jeweils anderen Seite schnell und angemessen zu reagieren, ohne auf Gewaltinstrumente zurückzugreifen,
- *Erwartungsverlässlichkeit*, also die gegenseitige Vorhersehbarkeit des politischen, ökonomischen und sozialen Verhaltens.[3]

Aus dieser Sichtweise stellt sich die NATO vor allem als Werte- und Friedensgemeinschaft dar.[1] Das Bündnis beruhe auf dem verbindenden Fundament von

---

[1] Mearsheimer (1990); S.5-56; Waltz (1993), S.44-79.
[2] Dazu nach wie vor grundlegend: Deutsch/Burell/Kann (1957); Deutsch/Burell/Kann (1989); Adler/Barnett (1998).
[3] Deutsch/Burell/Kann (1989), S.281.

Freiheit, Rechtsstaat und Demokratie bis hin zur kollektiven Selbstidentifikation als „der Westen". Es habe in seiner Geschichte erfolgreiche Regeln und Verfahren („Standing Operative Procedures") entwickelt, um interne Konflikte rechtzeitig friedlich zu lösen und ein hohes Maß an inhaltlichem Konsens und Berechenbarkeit herbeizuführen. In einer Welt, die zunehmend von komplexer Interdependenz geprägt sei, wirke die NATO durch ihren Beitrag zur kooperativen Verregelung der internationalen Beziehungen als ordnungsstiftende internationale Institution.[2] Dementsprechend benötige sie für ihren Zusammenhalt keinen Gegner, sondern generiere nach dem Ende des Ost-West-Konflikts ihre Existenz aus eigener Kraft. Wer zu diesem „Club" gehöre, erwerbe größtmögliche Sicherheit. Daraus resultiere auch die ungebrochene Anziehungskraft der Allianz auf Neumitglieder und Beitrittskandidaten im ehemaligen sowjetischen Machtbereich und darüber hinaus.

Demgegenüber suchen *Theorien der Hegemonie* die Erklärung für den Zusammenhalt der NATO bei Führungsmacht und Führungskraft. Hegemonie wird verstanden als ein Führungsverhältnis, bei dem ein mächtiger Staat bestimmenden Einfluss ausübt und andere Staaten (Gefolgsstaaten) dies akzeptieren.[3] Eine „sanfte Hegemonie" wird gekennzeichnet durch das Interesse der „Geführten" an der Führungskraft des Hegemons und an dessen Bereitschaft, die Interessen der Gefolgsstaaten zu berücksichtigen. Sie gründet sich auf Überzeugung und Akzeptanz, wird gekennzeichnet durch Multilateralismus und Institutionenbildung und steht dem Konzept einer Pluralistischen Sicherheitsgemeinschaft inhaltlich sehr nahe. Dagegen beruht eine „imperiale Hegemonie" auf der Dominanz der Führungsmacht, auf Gehorsam und Unterwerfung. Der imperiale Hegemon führt unilateral und benutzt Multilateralismus allenfalls als Instrument; Information und Konsultation erfolgen nur, wenn es dem Bedarf der Führungsmacht entspricht. Während der „sanfte Hegemon" in dem von ihm geführten Ordnungssystem Mitwirkung unter Ungleichen zugesteht, fordert der „imperiale Hegemon" seit jeher deren Gefolgschaft: „Wissen wir doch beide nur zu gut, dass es bei Verhandlungen unter Menschen nur dann Gerechtigkeit gibt, wenn beide unter dem gleichen Zwange stehen, dass dagegen die Überlegenen unternehmen, was möglich ist, und die Schwachen es ihnen zugestehen."[4]

Aus hegemonialtheoretischer Perspektive kann die Entwicklung der NATO nach dem Ende des Ost-West-Konflikts auch als eine Auseinandersetzung zwischen „sanfter" und „imperialer Hegemonie" gedeutet werden: „Im Kampf mit

---

[1]   Risse-Kappen (1995).
[2]   Keohane (1990).
[3]   Dazu grundlegend: Triepel (1974). Für einen knappen Überblick zum aktuellen Forschungsstand: Albert (2001), S.375-389. Vgl. dazu auch: Münkler (2005), S.67-77.
[4]   Thukydides (1985), S.443.

der Sowjetunion war Amerika der Hegemon, seit dem Ende der Sowjetunion akzeptiert es nur noch die Rolle des Herrn."[1] Übermächtig geworden, würden die Vereinigten Staaten danach streben, sich von den institutionellen Fesseln zu befreien, die Bestandsgrundlage der „alten NATO" als einer Hegemonie „feinerer Art"[2] gewesen seien.[3] Nach einem solchen Verständnis müsste „Washington politisch und militärisch Herr in Europa (...) bleiben",[4] um die Entwicklung einer auch sicherheitspolitisch handlungsfähigen Europäischen Union zum eigenständigen Pol der Weltpolitik nicht zuzulassen. Die NATO wäre kein Konsultationsforum mehr, sondern würde „verkommen (...) zu einem amerikanischen Instrument der politischen Kontrolle Europas"[5] und herabgestuft zu einem „Werkzeug für die globale Politik Amerikas".[6] Aus US-amerikanischem Nutzenkalkül entscheidend wäre ihr Beitrag dazu, den Aufstieg von konkurrierenden Mächten zu verhindern: „Stabilisierung des geopolitisch-militärischen Machtbereichs der USA gegenüber Russland, gegenüber dem Mittleren Osten und gegenüber China sowie Kontrolle der militärischen Kapazitäten der europäischen Staaten, darunter insbesondere Kontrolle Deutschlands."[7]

Der Befund der Theorie ist ambivalent. Am wenigsten erklärungskräftig erscheint die Allianztheorie, denn eine gemeinsam, als überragend eingestufte neue Bedrohung ist nicht in Sicht. Als Pluralistische Sicherheitsgemeinschaft ließ sich die NATO in den 1990er Jahren erfassen, und Elemente des Konzepts wirken auch heute noch nach. Als „sanfte Hegemonie" gehört die Allianz vorerst der Vergangenheit an. Der Versuch aber, sie zu einem Instrument der „imperialen Hegemonie" umzugestalten, kollidiert mit dem Aufstieg der Europäischen Union als internationaler Akteur und mit dem Eigengewicht der größten NATO-Staaten. Am ehesten lässt sich die heutige NATO als ein *Paradox* beschreiben. Sie ist ein Bündnis, dass seinen ursprünglichen Zweck verloren hat, aber nach wie vor über einen großen Militärapparat verfügt, von zahlreichen Mitgliedern – insbesondere den seit 1999 neu beigetretenen – als Pluralistische Sicherheitsgemeinschaft aufgefasst wird, während gleichzeitig die stärkste Macht versucht, die Allianz für das Ziel ihrer imperialen Hegemonie zu instrumentalisieren.

---

[1]   Bender (2003), S.237.
[2]   Calleo (1989), S.25.
[3]   Link (2003), S.48-56.
[4]   Bender (2003), S.233.
[5]   Schmidt (2004), S.109; Münkler (2005), S.12.
[6]   Bender (2003), S.236.
[7]   Schmidt (2004), S.109.

3   Eine neue „Grand Strategy" nach dem 11. September?

Nach dem Ende des Ost-West-Konflikts und der Zustimmung der Sowjetunion
zur NATO-Mitgliedschaft eines vereinten Deutschlands stand eine Auflösung
der Atlantischen Allianz zu keinem Zeitpunkt ernsthaft zur Diskussion. Stattdessen begann das Bündnis, sich zügig an die veränderten Rahmenbedingungen
anzupassen und seine Aufgaben neu zu bestimmen. Dabei stand zunächst der
Aufbau von Partnerschaftsbeziehungen mit den ehemaligen Gegnern des Warschauer Pakts im Vordergrund. Seit Mitte der 1990er Jahre verstand sich die
NATO zunehmend als Instrument zur internationalen Krisenbewältigung. An die
Stelle der Abschreckung trat die Aufgabe der Ordnungsstiftung: die Allianz
wurde zu einem „Bündnis im Einsatz".[1] Ihr entsprechendes Engagement ergab
sich aus den Interessen der Mitgliedstaaten; ihre Legitimation erhielt sie durch
Mandate des Sicherheitsrates der Vereinten Nationen. Der relativ hohe Grad der
inhaltlichen Übereinstimmung zwischen den NATO-Partnern spiegelte sich auch
im „Strategischen Konzept" des Bündnisses wider, dass anlässlich des
50jährigen Gründungsjubiläums der Organisation am 23. und 24. April 1999 von
den Staats- und Regierungschefs der Allianz in Washington verabschiedet wurde.[2]

Nach einem Jahrzehnt der relativen Harmonie, in dessen Verlauf sich sogar
Frankreich der militärischen Integration wieder annäherte,[3] legte der Krieg im
Kosovo (1999) tiefgreifende Auffassungsunterschiede über den Sinn und Zweck
der NATO offen.[4] Die Vereinigten Staaten, die militärisch die Hauptlast dieses
ersten NATO-Krieges trugen, fühlten sich durch die komplizierten Abstim-
mungsprozesse – z.B. bei der Freigabe militärischer Ziele – in einer effizienten
Kriegführung beeinträchtigt und entwickelten eine nachhaltige Abneigung gegen
den von ihnen so perzipierten „war by committee". Dagegen mussten die europäischen Verbündeten erneut ihre relative militärische Ohnmacht erkennen, die
sich schon in den vorausgegangenen jugoslawischen Zerfallskriegen manifestiert
hatte. Die USA waren immer weniger bereit, den nur äußerst bedingt kriegsfüh-
rungsfähigen Europäern eine entscheidende Mitsprache einzuräumen. Die Forderung nach dem Abbau der „Fähigkeitslücke" zwischen Führungsmacht und Alliierten rückte in den Vordergrund der Bündnisdebatte. Als ein weiterer wichtiger
Streitpunkt kam die Auseinandersetzung über eine „Selbstmandatierung" der
NATO oder das Festhalten an einer Legitimierung durch den Sicherheitsrat der
Vereinten Nationen hinzu. Nachdem eine solche Autorisierung für den Kosovo-

---

[1]   Theiler (1997), S.101-136.
[2]   Für den Wortlaut siehe: Internationale Politik, 54, 10 (1999), S.107-123.
[3]   Ehrhart (2000).
[4]   Daalder/O'Hanlon (2000); Giersch (2000), S.443-466; Kamp (2000), S.709-723.

Krieg nicht zu Stande gekommen war, favorisierten die USA die Option der Selbstmandatierung, während wichtige Bündnispartner wie Deutschland das unilaterale Eingreifen der NATO im Kosovo als einmaligen Ausnahmefall betrachteten.

Abbildung 2:   Verteidigungsausgaben der NATO-Staaten[1]

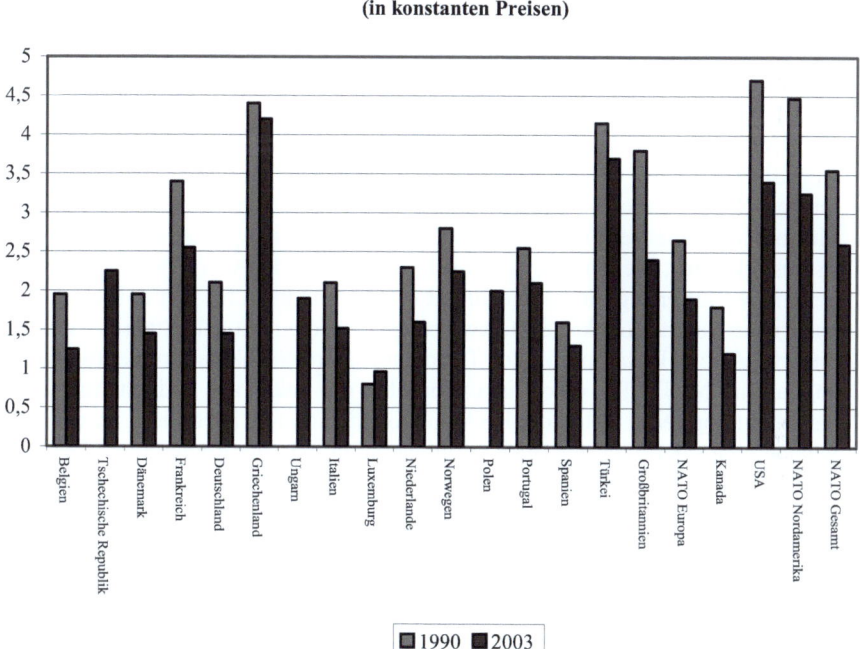

Verteidigungsausgaben als Anteil des Bruttoinlandprodukts (in konstanten Preisen)

Während die Clinton-Administration (1993-2001) die NATO stets als zentrales Forum der transatlantischen Politikkoordinierung begriffen hatte, war der neue Kurs der Bush jun.-Administration (seit Januar 2001) eher durch eine Mixtur von Unilateralismus und Desinteresse gekennzeichnet. Große Irritationen in Folge der US-amerikanischen Abwendung vom ABM-Vertrag zur Begrenzung von

---

[1]   Quelle: eigene   Darstellung   in   Anlehnung   an   www.nato.int/docu/review/ 2004/issue1/graphics/contents/i1_st5_ge.gif (20.09.05).

Raketenabwehrsystemen, vom Projekt eines Internationalen Strafgerichtshofs oder dem Klimaschutzprotokoll von Kyoto wurden nach den megaterroristischen Anschlägen vom 11. September 2001 in den Hintergrund gedrängt. Erstmals in der Bündnisgeschichte rief der NATO-Rat am 2. Oktober 2001 den Bündnisfall aus und globalisierte zugleich den geographischen Aktionsraum der Allianz. Dieses Angebot zur umfassenden Solidarität griffen die USA nicht auf. Statt das Bündnis als Ganzes zu aktivieren, sicherten sie sich in „Koalitionen der Willigen" die bilaterale Unterstützung ausgewählter Partner beim Krieg gegen das Taliban-Regime in Afghanistan und für ihre globale „Operation Enduring Freedom" gegen den islamistischen Terrorismus. Deutlicher hätte der Bedeutungsverlust der Allianz nicht demonstriert werden können.[1]

Die Absage der Bush jun.-Administration an die – aus ihrer Sicht – schwerfällige und wenig effiziente NATO wurde zunächst durch die Schockwirkung des 11. September und die ungebrochene Solidarität mit den Vereinigten Staaten überdeckt. Erst als der Irak Saddam Husseins immer deutlicher als nächstes Angriffsziel auf der US-amerikanischen Agenda sichtbar wurde, begannen zahlreiche NATO-Partner an der Richtigkeit der Politik Washingtons zu zweifeln. Sie konnten keine Verbindung des irakischen Regimes zum islamistischen Terrorismus erkennen, hielten das Land nach dem Golf-Krieg von 1991 und den VN-Sanktionen für erfolgreich eingedämmt und befürchteten für den Fall eines neuen Krieges kontraproduktive Rückwirkungen auf die regionale Stabilität und auf die erfolgreiche Bekämpfung des Terrorismus.[2] Im Nachhinein mutet es grotesk an, dass im NATO-Rat eine Diskussion über die Irak-Frage nicht stattgefunden hat. Nicht nur verzichteten die USA auf Konsultationen, auch die – immer noch vorsichtigen – Kritiker der Bush-Administration, wie die Regierungen Deutschlands, Frankreichs und mehrerer kleinerer Bündnispartner, führten keine solche Debatte herbei. Der sich abzeichnende Dissens gewann an Schärfe, als die Administration am 17. September 2002 ihre neue Nationale Sicherheitsstrategie vorlegte.[3] Darin ermächtigte sie sich selbst zu militärischen Präventivschlägen mit oder ohne konkrete Bedrohung, rückte die Bildung von „Koalitionen der Willigen" gegenüber den klassischen Sicherheitsorganisationen in den Vordergrund und definierte die NATO im wesentlichen als Instrument US-amerikanischer Hegemonialpolitik.

Das Zerwürfnis der westlichen Partner über den Irak-Konflikt 2002/2003 führte zur schwersten Krise in der Geschichte des Atlantischen Bündnisses:

[1]   Haftendorn (2003), S.249-275.
[2]   Zur Vorgeschichte des Irak-Krieges: Kubbig (2003).
[3]   The White House, The National Security Strategy of the United States of America, Washington, D.C., 17.09.2002, www.whitehouse.gov/nsc/nss.html (26.08.05). Leicht gekürzt abgedruckt in: Internationale Politik, 57, 12 (2002), S.113-138.

„Drei für das Funktionieren wesentliche Leitsterne der Allianz sind im Irak-Krieg verglüht – Konzept, Konsens und Koalition."[1] Der Konflikt ging mitten durch Europa, denn wichtige Verbündete wie Großbritannien, Spanien oder Italien unterstützen den Kurs der Bush jun.-Administration.[2] Das Bündnis erwies sich als nahezu handlungsunfähig, und die Vertrauensbasis innerhalb der NATO war nachhaltig zerstört.[3] Angesichts des Triumphalismus der Bush-Administration nach dem offiziellen Kriegsende schien sich die Spaltung der Allianz noch zu vertiefen. Doch bereits wenige Monate später begünstigte der Ausbruch eines Guerilla-Krieges und die Entwicklung des Irak zur – nach dem Wegfall Afghanistans – neuen Plattform für den islamistischen Terrorismus eine Wiederannäherung der zerstrittenen Partner. Die USA erfuhren – zumindest ansatzweise – die Grenzen ihrer imperial definierten Gestaltungsmacht. Alle europäischen Verbündeten – auch die Gegner der Irak-Invasion – blieben an der Erhaltung der transatlantischen Partnerschaft interessiert. Darüber hinaus teilten sie nun das Interesse Amerikas an einer Befriedung des Brandherds Irak.

Ursächlich für das Zerwürfnis über den Irak, das sich in inhaltlich abge-schwächter Form schon mit dem Kosovo-Krieg angekündigt hatte, sind struktu-relle Veränderungen in den transatlantischen Beziehungen.[4] Diese waren nach dem Ende des Ost-West-Konflikts bereits ansatzweise erkennbar geworden, in ihrer Wirkungsmacht aber noch abgeschwächt: Erst mit zeitlicher Verzögerung entdeckten die Vereinigten Staaten ihr überwältigendes Gestaltungspotential als einzig verbliebene Supermacht, erst mit Verzögerung erkannten die Europäer, dass die bisherigen Mechanismen von Konsultation und Information nur noch höchst unzulänglich funktionierten:

„Die Unsicherheiten über die künftige Bündnispolitik Washingtons ergeben sich weder aus der Persönlichkeit von George W. Bush noch aus dem konservativen Zu-schnitt seiner Administration. Die Gründe liegen zum einen in der einzigartigen Stel-lung der USA nach dem Zusammenbruch der Sowjetunion als dominante Macht in der Welt, der durch keine Gegenmacht Grenzen aufgezeigt werden, zum anderen in der globalen Ausrichtung ihrer Politik, und schließlich in der politischen und militä-rischen Überlegenheit Amerikas im Bündnis, der die anderen Mitglieder bisher we-nig Äquivalentes entgegenzusetzen haben."[5]

---

[1]   Stützle (2003), S.62.
[2]   Staack/Voigt (2004).
[3]   Symptomatisch für diese Vertrauenskrise ist die nachfolgende Weigerung des NATO-Botschafters der USA, sich informell mit seinen deutschen und französischen Kollegen zu tref-fen. Vgl. Haftendorn, (2005), S.26.
[4]   Czempiel (2002); Daalder/Lindsay (2003); Müller (2003).
[5]   Haftendorn (2005), S.29.

Es kommt hinzu, dass sich das Interesse der USA an Europa auch deshalb reduziert hat, weil diese Region nicht mehr die zentrale strategische Bedeutung besitzt, die ihr während der Blockkonfrontation zukam.

Kann vor diesem Hintergrund der *Terrorismus* als eine dem Ost-West-
Konflikt vergleichbare Bedrohung das Bündnis zusammenhalten? Die NATO hat
den internationalen Terrorismus nach den Anschlägen vom 11. September zur
wichtigsten Gefahr für die internationale Sicherheit erklärt und sich auch praktisch auf ein Konzept zur Terrorismusbekämpfung geeinigt.[1] Dieses beinhaltet
u.a. einen verbesserten Austausch von nachrichtendienstlichen Erkenntnissen,
die Unterstützung von ISAF in Afghanistan sowie Notfallplanungen bei terroristischen Anschlägen. Gleichwohl bestehen innerhalb des Bündnisses erhebliche
Meinungsunterschiede in Bezug auf die angemessenen Strategien gegen den
Terrorismus. Die USA räumen dem – auch präventiven – Einsatz von militärischer Macht primäre Bedeutung ein, während für viele europäische Regierungen
die geheimdienstliche und polizeiliche Prävention sowie die Beseitigung von
Konfliktursachen im Vordergrund steht. Die Entwicklung im Irak nach dessen
Besetzung wird von beiden Seiten höchst unterschiedlich interpretiert. Auch
deshalb konnte die von den USA 2003/04 lancierte „Greater Middle East Initiative" zur umfassenden Demokratisierung und Modernisierung dieser Region
kaum für neue Gemeinsamkeiten sorgen und wurde – der Aufgabenstellung der
NATO entsprechend – beim NATO-Gipfeltreffen in Istanbul Anfang Juli 2004
auf ein Angebot zur sicherheitspolitischen Kooperation reduziert.[2]

Vergleichbare Unterschiede existieren auch in der *Anti-Proliferationspolitik*.[3] Auf diesem Gebiet gibt es keine NATO-Strategie. Die Vereinigten Staaten behalten sich das Recht auf notfalls auch unilaterale militärische Prävention
vor und betrachten die existierenden Vertragswerke mit Skepsis, während die
Europäer multilaterale Strategien und eine Stärkung der entsprechenden interna-
tionalen Regime favorisieren. Außerhalb des NATO-Rahmens arbeiten 15
Bündnisstaaten – darunter auch Deutschland und Frankreich – in der von den
USA initiierten „Proliferation Security Initiative" zusammen, um vor allem den
Transport von Massenvernichtungswaffen auf den Seewegen zu verhindern.
Innerhalb des Bündnisrahmens verbessert wurden die Fähigkeiten zur ABC-
Abwehr, u.a. durch eine schnell verlegbare Truppe und ein mobiles Labor. Diese
Einheit ist Bestandteil der „NATO Response Force" (NRF).

---

[1]   Partnership Action Plan against Terrorism, Prag, 22.11.2002, www.nato.int/
      docu/basictext/b021122e.html (26.08.05).
[2]   Istanbul Cooperation Initiative, NATO Policy Document, 9.07.2004, www.nato.int/docu/comm/
      2004/06-istanbul/docu-cooperation.html (28.08.05).
[3]   Haftendorn (2005), S.10.

Auch die *Aufstellung der NRF* ist im Kontext der Terrorismusbekämpfung zu betrachten.[1] Auf Vorschlag der USA beschlossen die Staats- und Regierungschefs der NATO-Staaten bei ihrem Gipfeltreffen vom 20. bis 22. November 2002 in Prag die Aufstellung dieser schnellen Eingreiftruppe, die innerhalb von fünf Tagen voll einsatzbereit und für 30 Tage voll durchhaltefähig sein soll. Die uneingeschränkte Einsatzfähigkeit der NRF wird für Oktober 2006 mit dann 20.000 bis 24.000 Soldaten angestrebt, die erste Einsatzstufe mit 17.500 Soldaten steht seit dem 15. Oktober 2004 zur Verfügung. Die Ausbildung und Führung dieser Eliteeinheit zur Krisenreaktion erfolgt nach dem Rotationsprinzip, wodurch Ausbildung und Ausrüstung der beteiligten Truppenteile nachhaltig verbessert werden können. Zur NRF gehören gegenwärtig nahezu ausschließlich Soldaten der europäischen NATO-Partner, darunter auch Frankreichs. Mit der Aufstellung dieser Einheit wurden die militärischen Fähigkeiten der NATO im Bereich der schnellen Krisenreaktion entscheidend verbessert. Kein Konsens besteht jedoch über die Einsatzoptionen. Während die Bush-Administration Teile der NRF beispielsweise nach Afghanistan entsenden oder zur Absicherung der Wahlen im Irak Anfang 2005 einsetzen wollte, bestehen zahlreiche europäische Verbündete darauf, die Truppe für wirkliche Kriseneinsätze vorzuhalten.

Auch in diesem Fall erweist sich das schmaler gewordene Fundament an inhaltlichen Gemeinsamkeiten als zentrales Hindernis für die Funktionsfähigkeit der NATO. Initiativen für eine Grundsatzdebatte über die Bündnisstrategie, wie sie im Februar 2004 auf der Münchner Konferenz über Sicherheitspolitik von den deutschen Ministern Struck und Fischer auch öffentlich vorgetragen wurden, stießen bei den Partnern auf eine äußerst verhaltene Resonanz.[2] Während das Interesse der USA an einer solchen Strategiedebatte ohnehin gering war und ist, rieten auch wichtige europäische Verbündete wie Frankreich und Großbritannien von einer solchen Debatte ab, weil sie im Ergebnis eher mit einer Vertiefung der Divergenzen rechneten. Tatsächlich existieren zwischen der Nationalen Sicherheitsstrategie der USA und der Ende 2003 erstmals vorgelegten Europäischen Sicherheitsstrategie (ESS) der Europäischen Union[3] zwar viele Gemeinsamkeiten (z.B. in Bezug auf die Analyse der Bedrohungslage), aber auch wesentliche und nur schwer überbrückbare Unterschiede (Bedeutung der Vereinten Nationen, Multilateralismus, militärische Prävention/Präemption, Völkerrecht).[4] Das nach wie vor gültige „Strategische Konzept" der NATO aus dem Jahr 1999 ist mit

---

[1] Haftendorn (2005), S.16-17.
[2] Struck, Peter, Die Zukunft der NATO. Rede auf der Münchner Sicherheitskonferenz, 7.02.2004; www.securityconference.de/konferenzen/rede.php?menu_2 (30.08.05).
[3] Ein sicheres Europa in einer besseren Welt. Europäische Sicherheitsstrategie, Brüssel 12.12.2003; ue.eu.int/pressdata/EN/reports/76255.pdf (26.08.05).
[4] Jäger/Höse/Oppermann (2005).

Blick auf diese Konfliktpunkte zwar teilweise interpretationsfähig, tendiert inhaltlich aber eher zur ESS. Die NATO wird auch künftig mit der Ausklammerung von Kontroversen und mit Formelkompromissen leben müssen. Eine „Grand Strategy" über Ziele, Zwecke und Mittel der Allianz ist nicht in Sicht.

4   Auftrag Friedenssicherung: Die NATO als militärisches Dienstleistungsunternehmen

Während es der Atlantischen Allianz an einer stimmigen „Grand Strategy" mangelt, stellt sich ihre Einsatzpraxis als Erfolgsgeschichte dar. Beginnend mit der Mission „Implementation Force Joint Endeavour" (IFOR) in Bosnien-Herzegowina zur Durchsetzung des Friedensabkommens von Dayton (1995) engagiert sich die NATO weltweit und auf der Grundlage von Mandaten der Vereinten Nationen als ordnungsstiftende Institution der Krisenbewältigung. Gegenwärtig (November 2005) finden drei derartige Friedens- und Stabilisierungsmissionen statt: nach wie vor in Bosnien, außerdem im Kosovo und in Afghanistan. Auch nach der Übergabe der Hauptverantwortung an die Europäische Union Anfang Dezember 2004 ist die NATO – auf Wunsch der USA – mit einer kleinen Gruppe in Bosnien-Herzegowina präsent, um zur Ergreifung der noch flüchtigen Kriegsverbrecher beizutragen. Zahlenmäßig wesentlich größer und politisch wichtiger ist ihre Aufgabe im Kosovo, wo sie seit 1999 die Übergangsverwaltung der Vereinten Nationen unterstützt und den Wiederaufbau dieses Gebiets absichern soll.[1] Die schweren Gewaltakte von Albanern gegen Angehörige der noch verbliebenen serbischen Minderheit (März 2004) und die andauernde Durchdringung des Kosovo durch die organisierte Kriminalität unterstreichen die Notwendigkeit einer robusten NATO-Präsenz. Die bisherige Strategie „Standards vor Status" hat – bedauerlicherweise – nur begrenzte Erfolge gezeigt und eine friedenssichernde politische Perspektive, die die Klärung der Status-Frage für das Kosovo beinhalten muss, ist demgemäß nur eingeschränkt in Sicht.[2] Auch für das Kosovo ist eine Ablösung der NATO-Mission durch die Europäische Union in den nächsten Jahren denkbar.

Ähnlich bedeutsam – und problematisch – ist der Einsatz der „International Security Assistance Force" (ISAF) in Afghanistan.[3] Diese seit Ende 2001 laufende Mission hat zum Ziel, den politischen und wirtschaftlichen Wiederaufbau in Afghanistan nach dem Sturz des Taliban-Regimes zu flankieren und dabei

---

[1]   Der NATO-geführten „Kosovo Force" (KFOR) sind knapp 18.000 Soldaten aus 36 Ländern unterstellt. Zu den Truppenstellern gehören auch Nichtmitglieder der NATO.

[2]   Altmann (2005).

[3]   An diesem Einsatz sind über 7.000 Soldaten aus 37 Staaten beteiligt.

insbesondere die Zentralregierung unter Präsident Karsai zu schützen. Anfangs von einer Koalition von NATO-Staaten mit einer wechselnden „Lead Nation" getragen, wird er seit August 2003 in direkter Verantwortung der Allianz weitergeführt. Während der größte Teil der NATO-geführten Truppen nach wie vor in und um die Hauptstadt Kabul stationiert ist, wurde der Einsatz seit 2003 mittels sog. „Provincial Reconstruction Teams" (PRT) auf verschiedene regionale Zentren ausgedehnt. Vor allem im Grenzgebiet zu Pakistan setzen – unabhängig von der NATO-Mission – Streitkräfte der USA, Afghanistans und einiger verbündeter Staaten den Krieg gegen die Taliban im Rahmen der „Operation Enduring Freedom" (OEF) fort.

Zweifellos hat die Präsenz der ISAF zur Stabilisierung des Landes und zur Selbstbehauptung der schwachen Zentralregierung beigetragen. Nach den Präsidentschaftswahlen vom Herbst 2004 erfolgten die – mehrfach verschobenen – Parlamentswahlen im September 2005. Auch hat Afghanistan seine Funktion als „sicherer Hafen" und als Ausbildungslager für den islamistischen Terrorismus weitestgehend eingebüßt. Andererseits ist in den meisten Provinzen die Macht der „Warlords" größer als die der Zentralregierung, der wirtschaftliche Aufschwung konzentriert sich auf den prosperierenden Drogenanbau und in Teilen des Landes herrschen nach wie vor – oder wieder – die Taliban.[1] Von einer Stabilisierung aus eigener Kraft ist Afghanistan weit entfernt.[2] Die immer wieder vorgetragene Forderung der USA, die ISAF-Mission und den OEF-Einsatz zu vereinigen, wird von Deutschland, Frankreich und anderen NATO-Partnern abgelehnt, weil sie negative Rückwirkungen auf den Stabilisierungsprozess befürchten. Da die Vereinigten Staaten bei der angestrebten Zusammenlegung das Gesamtkommando für sich beanspruchen, ergäbe sich die paradoxe Situation, dass ein NATO-Einsatz nicht unter Führung des Bündnisses, sondern eines einzelnen Mitgliedstaates stattfinden würde.

Innerhalb der Allianz äußerst strittig war – und ist – die im August 2004 eingerichtete Ausbildungsmission der NATO im Irak. Die ca. 200 Angehörigen der Mission sollen ein Ausbildungszentrum für Truppenführer der neuen irakischen Streitkräfte aufbauen.[3] Formell erfolgte die Einrichtung der „Training Mission" auf der Grundlage eines Beschlusses des VN-Sicherheitsrats sowie einer Bitte der damaligen Übergangsregierung des Irak. Den Befürwortern dieses Einsatzes, vor allem den USA und Großbritannien, wird nicht ohne Grund unterstellt, dass sie die Ausbildungsmission hauptsächlich als „Türöffner" für eine spätere, weit größere Rolle der NATO im Irak analog zum IFOR-, KFOR- oder

---

[1] Baraki (2004), S.24-30.
[2] Kühn (2005).
[3] Speckhard, Daniel, Beitrag zur Stabilisierung Iraks, in: NATO Brief, 3, 2004; www.nato.int/docu/review/2004/issue3/german/art2.html (24.08.05).

ISAF-Einsatz betrachten. Die Gegner dieses Auftrags – u.a. Belgien, Deutschland, Frankreich und Spanien – ließen deshalb zwar das entsprechende Mandat im NATO-Rat passieren, bestanden aber auf seiner inhaltlichen bzw. zahlenmäßigen Begrenzung und kündigten an, sich selbst nur an einer Ausbildung irakischer Sicherheitskräfte außerhalb des Landes beteiligen zu wollen.

Nicht von den Vereinten Nationen mandatiert, sondern im Rahmen der Beistandsverpflichtung nach Art. 5 des NATO-Vertrages führt das Bündnis seit Ende 2001 die „Operation Active Endeavour" durch. Diese Mission dient der Überwachung der Seewege im Mittelmeer, am Horn von Afrika und im Persischen Golf. Auf diese Weise sollen terroristische Aktivitäten unter Einschluss der Verbringung von Massenvernichtungswaffen verhindert werden. An der Operation beteiligen sich neben Streitkräften der NATO-Staaten (seit 2004) auch die Russische Föderation und die Ukraine.

Mit den verschiedenen Missionen weist sich die NATO als effizientes militärisches Dienstleistungsunternehmen aus. Das Bündnis konnte in diese Rolle hineinwachsen, weil es als einzige Internationale Organisation zu einer Durchführung von Einsätzen in diesem Umfang und mit robuster Abschreckungswirkung in der Lage ist. Die NATO handelt dabei als mandatierter Auftragnehmer der Vereinten Nationen, bestimmt die Gestaltung der Mandate aber weitestgehend selbst. Die erfolgreiche Durchführung der genannten Missionen wird durch drei Einflussfaktoren beeinträchtigt:

(1) Die politischen Ziele und Strategien, zu deren Absicherung der militärische Beitrag dienen soll, sind nicht immer hinreichend klar erkennbar. Militäreinsätze können Erfolg versprechende politische Perspektiven nicht ersetzen. Die komplexe Konfliktstruktur – z.B. in Afghanistan – erfordert eine kontinuierliche Überprüfung der politischen Strategien.

(2) Die unterschiedlich gewichteten nationalen Eigeninteressen der NATO-Mitgliedern beeinträchtigen die Durchführung auch solcher Missionen, die gemeinsam beschlossen wurden, durch mangelnde Bereitschaft zur Beteiligung.[1]

(3) Die Teilnahme einer Reihe von NATO-Staaten an der „Koalition der Willigen" im Irak hat zu einer Ausdünnung für das Bündnis einsatzfähiger Kräfte geführt und dessen Aufgabenwahrnehmung beeinträchtigt.

---

[1] Symptomatisch für diese mangelnde Beteiligungsbereitschaft sind die wiederkehrenden Auseinandersetzungen über Truppen- und Materialstellungen für den ISAF-Einsatz in Afghanistan. So gab es 2004 ein monatelanges Tauziehen um die Entsendung von drei (!) zusätzlichen Hubschraubern, die schließlich von Luxemburg bereitgestellt wurden, nachdem sich Tschechien und die Türkei nicht dazu in der Lage gesehen hatten. Siehe dazu Haftendorn (2005), S.14.

5   Konkurrenz oder Komplementarität - Atlantische Allianz und Europäische Union

Nach dem Scheitern der Europäischen Verteidigungsgemeinschaft (1954) hatten die europäischen NATO-Partner ihre Sicherheit ausschließlich im Bündnisrahmen organisiert. Auch nach der Überwindung des Ost-West-Konflikts erwiesen sich deutsch-französische Vorschläge für eine eigenständige sicherheitspolitische Handlungsfähigkeit Europas nur in engen Grenzen als durchsetzungsreif (z.b. Einrichtung des „Eurokorps"). Erst die Bereitschaft der neuen britischen Regierung unter Premierminister Tony Blair (seit 1997) zu einer europäischen Verteidigungskooperation innerhalb der Europäischen Union ermöglichte eine weitergehende Politik, für die der Kosovo-Krieg – wie bereits skizziert – als Katalysator wirkte.[1] Auf Vorschlag der deutschen EU-Ratspräsidentschaft beschloss der Europäische Rat der Staats- und Regierungschefs am 3. und 4. Juni 1999 in Köln, den Aufbau von „glaubwürdigen militärischen Fähigkeiten (...), um – unbeschadet von Maßnahmen der NATO – auf internationale Krisensituationen ... reagieren" zu können. Diese Reaktion sollte „sowohl durch EU-geführte Operationen unter Rückgriff auf Mittel und Fähigkeiten der NATO als auch durch EU-geführte Operationen ohne Rückgriff auf Mittel und Fähigkeiten der NATO" möglich sein.[2] Spätestens im Jahr 2003 sollten die EU-Staaten das „Headline Goal" erreichen, innerhalb von 60 Tagen Streitkräfte im Umfang von 50.000 bis 60.000 Personen verlegen und für mindestens ein Jahr im Einsatz halten zu können. Diese Kräfte sind sowohl für friedenserhaltende Missionen als auch für Kampfeinsätze vorgesehen.

Seither hat sich die ESVP zwar nicht unbedingt mit „Lichtgeschwindigkeit" (so der seit 1999 amtierende Hohe Vertreter der EU für die Außen- und Sicherheitspolitik und vorherige NATO-Generalsekretär Javier Solana), aber doch mit großem Erfolg entwickelt.[3] Die „europäische Säule" in der Verteidigungspolitik entstand nicht im Rahmen der NATO, sondern innerhalb der Europäischen Union. Gleichwohl wurde die ESVP vorerst eng mit dem Bündnis verschränkt. Das Regelwerk des „Berlin Plus"-Abkommens vom 17. März 2003 sieht „Standing Operative Procedures" vor, um militärische Einsätze der EU unter Rückgriff auf Mittel und Fähigkeiten der NATO durchführen zu können.[4] Dafür ist stets die Zustimmung des NATO-Rates erforderlich. Der ersten, unter Rückgriff auf Mit-

---

[1]   Deutschmann (2002), S.58-73.
[2]   „Erklärung des Europäischen Rates am 3./4.6.1999 in Köln zur Stärkung der gemeinsamen Europäischen Sicherheits- und Verteidigungspolitik", abgedruckt in: Internationale Politik, 54, 10 (1999), S.133-137.
[3]   Ehrhart/Schmitt (2004); Gnesotto (2004).
[4]   Haftendorn (2005), S.20-21.

tel und Fähigkeiten der NATO erfolgenden EU-Militärmission in Mazedonien (31. März 2003) folgte am 2. Dezember 2004 die Übernahme der bisherigen NATO-Mission in Bosnien-Herzegowina. Eine erste autonome EU-Mission wurde im Sommer 2003 in der Demokratischen Republik Kongo durchgeführt. An der militärisch-logistischen Unterstützung der Friedensbemühungen der Afrikanischen Union im Sudan beteiligen sich seit Ende 2004 sowohl die NATO als auch die EU.

Mit dem „Berlin Plus"-Abkommen wurde auch den prinzipiellen Bedenken der Vereinigten Staaten Rechnung getragen. Die Clinton-Administration stand dem ESVP-Projekt skeptisch, aber nicht völlig ablehnend gegenüber. Sie erhoffte sich auf diesem Wege größere Verteidigungsanstrengungen der Verbündeten und strebte zugleich danach, das Projekt soweit wie möglich zu kontrollieren. Diese Einflussnahme sollte vor allem durch drei Bedingungen gesichert werden:

- *kein* Decoupling *(der Entscheidungsprozesse der EU von der NATO),*
- *keine* Duplication *(keine Verdoppelung der Planungs-, Kommando- und Beschaffungsstrukturen) und*
- *keine* Discrimination *(Nichtbeteiligung von NATO-Mitgliedern, die nicht der EU angehören, an Entscheidungsprozessen – gemeint war vor allem die Türkei).*[1]

Während des Irak-Konflikts nahm die negative Haltung der US-Administration zum ESVP-Projekt wieder zu, weil sie glaubte, darin den Kern einer europäischen Gegenmachtbildung zu erkennen.[2]

Erstaunlicherweise wurde die ESVP durch die Auseinandersetzungen über den Irak nicht beschädigt, sondern gewann sogar noch an Dynamik. Kriegsbefürworter und –gegner stimmten überein, dass sich eine solche Spaltung nicht wiederholen dürfte, und Großbritannien blieb an weiteren Fortschritten interessiert.[3] Das erste Ergebnis dieser Wiederannäherung war die Erarbeitung der Europäischen Sicherheitsstrategie. Im Konvent über eine Verfassung für Europa konnte man sich auf die Etablierung eines Europäischen Außenministers, eines Diplomatischen Dienstes der EU, auf eine Beistands- bzw. Solidaritätsklausel sowie auf die Möglichkeit der „strukturierten Zusammenarbeit" für eine Avantgarde-Gruppe in der Verteidigungspolitik verständigen. Zwar wurde – wie von den Regierungen Frankreichs, Deutschlands, Belgiens, Luxemburgs und Griechenlands 2003 vorgeschlagen – kein militärisches Hauptquartier der EU eingerichtet, wohl aber eine „militärisch-politische Zelle" beim Hohen Beauftragten, die bei Bedarf weiter ausgebaut werden kann. Erfolgreich entwickelte sich auch die im November 2004 beschlossene Aufstellung sog. „Battle Groups", d.h.

---

[1]   Thränert (2002), S.216-228.
[2]   Algieri (2004), S.81-100.
[3]   Menon (2004), S.631-648.

schneller Eingreiftruppen der EU z.B. für Aufträge der Vereinten Nationen.[1]
Auch das Scheitern der Verfassungsreferenden in Frankreich und den Niederlanden beschädigte die ESVP nicht.[2]

Abbildung 3: Präferenzen für die Europäische Verteidigung[3]

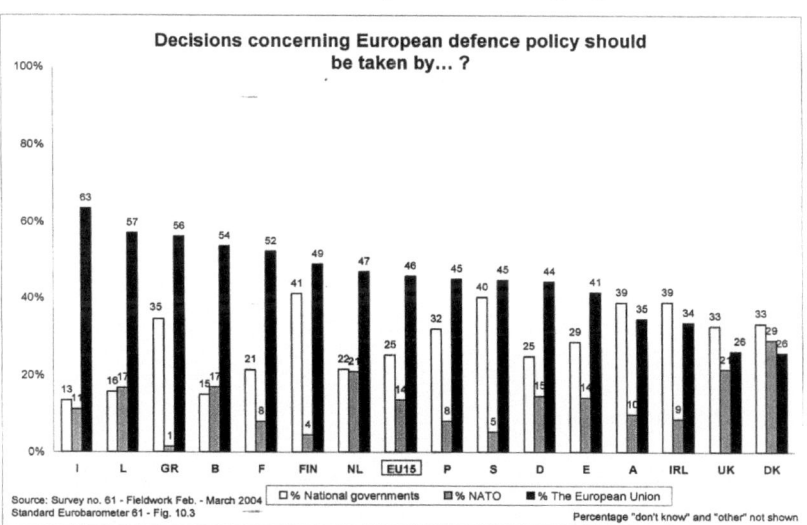

Damit hat die Entwicklung der ESVP in kurzer Zeit eine Eigendynamik gewonnen, die von den Vereinigten Staaten nur noch bedingt kontrolliert werden kann. Sie korrespondiert mit dem großen Bedeutungszuwachs der Europäischen Union als Akteur der Weltpolitik seit den 1990er Jahren. Auch ist die ESVP Ausdruck eines wachsenden Selbstbewusstseins der Union. Die Europäische Union „wird (...) nicht akzeptieren, dass ihr die USA oder die NATO vorschreiben, wie weit (die) Entwicklung (der ESVP) gehen darf."[4] Bei der großen Mehrheit der Bevölkerung in nahezu allen 25 EU-Staaten findet dieses neue Schlüsselprojekt der europäischen Integration eine beständige Unterstützung von etwa 70 Prozent[5] und eine Europäisierung der Verteidigung wird auch im direkten Vergleich mit der NATO überwiegend favorisiert. Die Neigung vieler Doppelmitglieder von

---

[1]   Military Capability Commitment Conference, Declaration on European Military Capabilities, Brüssel, 22.11.2004; http//:ue.eu.int/ueDocs/cms_Data/docs/pressData/en/misc/82761.pdf (30.08.05).

[2]   Petersohn/Lang (2005).

[3]   Eurobarometer 61.

[4]   Haftendorn (2005), S.28.

[5]   Vgl. dazu die Erhebungen des Eurobarometers der EU-Kommission.

EU und NATO dürfte zunehmen, begrenzt verfügbare Ressourcen im Zweifels-
fall eher für die ESVP als für die NATO zu investieren. Zwar ist die Europäische
Union auch in der Krisenreaktion immer noch nur zu begrenzten Einsätzen in der
Lage, aber der voranschreitende Ausbau der ESVP wird „die Realisierung einer
autonomen europäischen Handlungsfähigkeit"[1] weiter forcieren.

Allen anders lautenden Bekenntnissen zum Trotz betrachten die Vereinigten
Staaten die ESVP unverändert als eine latente Konkurrenz zur NATO. So wurde
denn auch ihre NRF-Initiative als ein Versuch verstanden, die Dynamik der
ESVP zu bremsen.[2] Gleichwohl werden sich die USA höchstwahrscheinlich mit
dem weiteren Aufbau des Projekts arrangieren. Diese Bereitschaft dürfte dadurch
gefördert werden, dass es innerhalb der am 1. Mai 2004 auf 25 Mitglieder erweiterten EU auf absehbare Zeit zwar fallweise US-kritische, aber keine grundsätzlich „anti-amerikanischen" Mehrheiten geben wird. Auf die Dauer kann aber
auch eine NATO-kompatible Gestaltung der ESVP nicht verhindern, dass diese
neue europäische Handlungsfähigkeit das Verhältnis zwischen NATO und EU
strukturell verändert und neue Handlungsoptionen zu Gunsten der Union schafft.

6   Schlussbemerkung

Dass die NATO ihre zentrale institutionelle Funktion in den transatlantischen
Beziehungen zurückgewinnt, muss bezweifelt werden. Der militärisch leistungs-
fähigen Organisation fehlt die umfassende politische Grundlage. In Frage gestellt
ist aber weder der Bestand der Organisation noch ihre Kernaufgabe in der kollektiven Verteidigung, sondern ihre Relevanz als prioritäres, von allen Mitgliedern akzeptiertes Forum der transatlantischen Politikkoordinierung. Weil sich
die NATO inhaltlich auf die Sicherheitspolitik beschränkt, kann sie sich nur
unzureichend an den Wandel anpassen, der die transatlantischen Beziehungen
seit dem Ende des Ost-West-Konflikts fundamental verändert. Ihr relativer Bedeutungsverlust wird sowohl durch die „imperiale Ambition"[3] der allein verbliebenen Supermacht USA als auch durch den Aufstieg der Europäischen Union als
internationaler Akteur gefördert.

Gleichwohl bleiben die transatlantischen Beziehungen als Allianz zwischen
den beiden entscheidenden demokratischen Polen der Weltpolitik von größter
Bedeutung. Sie stellen einen tragenden Pfeiler des internationalen Systems der
Gegenwart dar. Weltordnungspolitisch wäre es stets der beste und wirkungs-
vollste Weg, wenn die USA und Europa ihre Ressourcen bündeln und gemein-

---

[1]   Haftendorn (2005), S.21.
[2]   Bailes (2003), S.49-54.
[3]   Ikenberry (2002), S.44-62.

same oder abgestimmte Strategien verfolgen würden. Dazu bedarf es des Willens und der Leistungsfähigkeit beider Seiten. Es wäre falsch und grob verkürzend, die transatlantischen Beziehungen auf die sicherheitspolitische Zusammenarbeit in der NATO reduzieren zu wollen. Die transatlantischen Beziehungen in ihrer Gesamtheit sind ebenso multidimensional wie eng geknüpft: politisch in allen Teilbereichen, wirtschaftlich, kulturell, in den Alltagswelten und Beziehungen der Bürger. Auch die transatlantische Wertegemeinschaft, durch die Anti-Terror-Politik (Abu Ghraib et al.) und den Unilateralismus der USA zuletzt stark beschädigt, lässt sich in diesem Kontext viel besser bewahren als innerhalb einer funktional begrenzten Sicherheitsallianz.

Ein Ausbau der Beziehungen zwischen den Vereinigten Staaten von Amerika und der Europäischen Union stellt die funktional angemessene Antwort dar, um sowohl dem schleichenden, kaum abwendbaren Bedeutungsverlust der NATO als auch der anhaltenden Notwendigkeit intensiver transatlantischer Beziehungen Rechnung zu tragen. Der institutionelle Rahmen USA-EU würde es den Europäern besser als das Nordatlantische Bündnis gestatten, die asymmetrische militärische Machtfigur mit der symmetrischen ökonomischen und politisch-kulturellen („Soft Power") Machtfigur zu verknüpfen. In einem solchen Rahmen könnte Europa seine Funktion als transatlantischer Einflussfaktor – bis hin zu einem politisch gleichgestellten Partner für die USA – am wirkungsvollsten entfalten.

Um die Relevanz der NATO zu sichern, erscheint ihre Wiederbelebung als Konsultationsforum am dringlichsten. Die Aussage Gerhard Schröders, die NATO sei „nicht mehr der primäre Ort, an dem die transatlantischen Partner ihre strategischen Vorstellungen konsultieren und koordinieren"[1], stellt eine korrekte Lageanalyse dar und hat gerade deshalb zu aufgeregten Reaktionen geführt. Weil es eine Globalstrategie der NATO nicht geben wird, müssen sich die Partner verständigen, welche Fragen sie im Bündnis behandeln wollen. Dazu sollte sicherlich die Politik gegenüber Russland und der Ukraine gehören, ebenso wie die Mittelmeer-Politik oder die weitere Bekämpfung des Terrorismus. Aber nicht die gesamte transatlantische Agenda gehört in die NATO. Der Umgang mit dem Iran, das Verhältnis zum weltpolitisch aufstrebenden China, der Diskurs über eine Modernisierung des „Greater Middle East" oder die Anti-Proliferationspolitik sind im Dialog zwischen USA und EU inhaltlich besser aufgehoben.

Eine Fortsetzung der NATO-Erweiterung, vor allem von den Vereinigten Staaten favorisiert, dürfte die Probleme des Bündnisses eher vergrößern. Als

---

[1] Rede von Bundeskanzler Gerhard Schröder auf der Münchner Konferenz für Sicherheitspolitik am 12.2.2005, wegen Erkrankung vorgetragen von Verteidigungsminister Peter Struck, in: Internationale Politik, 60, 3 (2005), S.138.

Beitrittskandidaten werden nicht nur die Staaten des westlichen Balkan, sondern auch die Ukraine, Georgien, Aserbaidschan, Israel oder der Irak genannt. Für die Projektion von Sicherheit durch die Allianz sind auch andere Lösungen als die NATO-Mitgliedschaft möglich. Die Funktionsfähigkeit des Bündnisses beruht auf dem Konsensprinzip. Ein Übergang zu Mehrheitsentscheidungen ist weder wünschenswert noch realistisch. Konsens bedarf des inhaltlichen Fundaments. Über den Zusammenhalt und die künftige Rolle der NATO entscheidet nicht die militärische Effizienz der Organisation, sondern die Bereitschaft ihrer Mitglieder zu hinreichender politischer Gemeinsamkeit.

7   Literatur

Adler, Emanuel/Barnett, Michael (Hrsg.): Security Communities; Cambridge/Ma. 1998.

Albert, Matthias: Hegemonie und Multipolarität unter den Bedingungen von Entgrenzung, in: Leggewie, Claus/Münch, Richard (Hrsg.): Politik im 21. Jahrhundert; Frankfurt a.M. 2001.

Algieri, Franco: Europas Selbstbestimmungsprozess. Wie definiert sich Europa gegenüber den USA?, in: Staack, Michael/Voigt, Rüdiger (Hrsg.): Europa nach dem Irak-Krieg. Ende der transatlantischen Epoche?; Baden-Baden 2004.

Altmann, Franz-Lothar: Kosovo 2005/06: Phased Independence?, SWP Comments 28; Berlin 2005.

Bailes, Alyson: Reaktionsstreitmacht der NATO. Eine Herausforderung für Europas Eingreiftruppe, in: Internationale Politik; 58, 1, 2003.

Baraki, Matin: Afghanistan nach den Taliban, in: Aus Politik und Zeitgeschichte, 48, 2004.

Bender, Peter: Weltmacht Amerika. Das Neue Rom; Stuttgart 2003.

Calleo, David P.: Die Zukunft der westlichen Allianz. Die NATO nach dem Zeitalter der amerikanischen Hegemonie; Bonn 1989.

Czempiel, Ernst-Otto: Machtprobe. Die USA und die Sowjetunion in den achtziger Jahren; München 1989.

Czempiel, Ernst-Otto: Weltpolitik im Umbruch. Die Pax Americana, der Terrorismus und die Zukunft der internationalen Beziehungen; München 2002.

Daalder, Ivo H./O'Hanlon, Michael E.: Winning ugly. NATO's war to save Kosovo; Washington D.C. 2000.

Daalder, Ivo H./Lindsay, James M.: America Unbound. The Bush Revolution in Foreign Policy; Washington D.C. 2003.

Deutsch, Karl W./Burell, Sydney A./Kann, Robert A.: Political Community and the North Atlantic Area: International Organization in the Light of Historical Experience; Princeton/N.J. 1957.

Deutsch, Karl W./Burell, Sydney A./Kann, Robert A.: The Analysis of International Relations; Englewood Cliffs/N.J. 1989.

Deutschmann, Alrun: Die britische Position zur GASP/ESVP: von Maastricht nach Nizza, in: Ehrhart, Hans-Georg (Hrsg.): Die Europäische Sicherheits- und Verteidigungspolitik. Positionen, Perzeptionen, Probleme, Perspektiven; Baden-Baden 2002.

Ehrhart, Hans-Georg: France and NATO: Change by Rapprochement; Hamburg 2000.

Ehrhart, Hans-Georg/Schmitt, Burkard (Hrsg.): Die Sicherheitspolitik der EU im Werden. Bedrohungen, Aktivitäten, Fähigkeiten; Baden-Baden 2004.

Freedman, Lawrence: The Evolution of Nuclear Strategy; New York 1983.

Garthoff, Raymond L: The Great Transition. American-Soviet Relations and the End of the Cold War; Washington D.C. 1994.

Giersch, Carsten: NATO und militärische Diplomatie im Kosovo-Konflikt, in: Clewing, Konrad/Reuter, Jens (Hrsg.): Der Kosovo-Konflikt. Ursachen, Akteure, Verlauf; München 2000.

Gnesotto, Nicole (Hrsg.): EU Security and Defense Policy: The First Five Years (1999-2004); Paris 2004.

Haftendorn, Helga: Eine schwierige Partnerschaft. Bundesrepublik Deutschland und USA im Atlantischen Bündnis; Berlin 1988.

Haftendorn, Helga: European Security Cooperation and the Atlantic Alliance; San Domenico 1991.

Haftendorn, Helga: Kernwaffen und die Glaubwürdigkeit der Allianz: Die NATO-Krise von 1966/67; Baden-Baden 1994.

Haftendorn, Helga: A Poisoned Relationship? Die transatlantischen Beziehungen nach den Terrorangriffen des 11. September 2001, in: Kremp, Werner/Wilzewski, Jürgen (Hrsg.): Weltmacht vor neuer Bedrohung. Die Bush-Administration und die US-Außenpolitik nach dem Angriff auf Amerika; Trier 2003.

Haftendorn, Helga: Das Atlantische Bündnis in der Anpassungskrise. SWP-Studie; Berlin 2005.

Ikenberry, G. John: America's Imperial Ambition, in: Foreign Affairs, 81, 5; 2002.

Jäger, Thomas/Höse, Alexander/Oppermann, Kai (Hrsg.): Die Sicherheitsstrategien Europas und der USA. Transatlantische Entwürfe für eine neue Weltordnungspolitik; Baden-Baden 2005.

Kamp, Karl-Heinz: Die NATO nach Kosovo: Friedensengel oder Weltpolizist?, in: Reiter, Erich (Hrsg.): Jahrbuch für internationale Sicherheitspolitik 2000; Hamburg 2000.

Kaplan, Fred: The Wizzards of Armageddon; New York 1983.

Keohane, Robert O.: International Institutions and State Power. Essays in International Relations Theory; Boulder/Colo. 1990.

Kubbig, Bernd W. (Hrsg.): Brandherd Irak. US-Hegemonieanspruch, die UNO und die Rolle Europas; Frankfurt/New York 2003.

Kühn, Florian: Außer Balance: Militärische und politische Strategien zur Terrorismusbekämpfung in Afghanistan; München 2005.

Link, Werner: Imperialer oder pluralistischer Frieden? Plädoyer für eine Politik der kooperativen Balance, in: Internationale Politik, 58, 5; 2003.

Menon, Anand: From Crisis to Catharsis: ESDP after Iraq, in: International Affairs, 80, 4, 2004.

Mearsheimer, John J.: Back to the Future. Instability in Europe After the Cold War, in: International Security, 15, 1; 1990.

Mearsheimer, John J.: The False Promise of International Institutions, in: International Security, 19, 3, 1994/95.

Müller, Harald: Amerika schlägt zurück. Die Weltordnung nach dem 11. September; Frankfurt a. M. 2003.

Münkler, Herfried: Imperien. Die Logik der Weltherrschaft – vom alten Rom bis zu den Vereinigten Staaten; Berlin 2005.

Petersohn, Ulrich/Lang, Sibylle: Die Zukunft der ESVP nach den gescheiterten Referenden, SWP Aktuell 34; Berlin 2005.

Risse-Kappen, Thomas: Cooperation among Democracies. The European Influence on U.S. Foreign Policy; Princeton/N.J. 1995.

Schmidt, Helmut: Die Mächte der Zukunft. Gewinner und Verlierer in der Welt von morgen; München 2004.

Snyder, Glenn H.: Alliance Theory. A Neorealist First Cut, in: Journal of International Affairs, 44, 1; 1990.

Staack, Michael: Kurswechsel in Washington. Entspannungsgegner und Rüstungskontrolle unter der Präsidentschaft Ronald Reagan; Berlin 1987.

Staack, Michael/Voigt, Rüdiger (Hrsg.): Europa nach dem Irak-Krieg. Ende der transatlantischen Epoche?; Baden-Baden 2004.

Stützle, Walther: Europa zwischen Anspruch und Wirklichkeit. Strukturwandel in den internationalen Beziehungen, in: Internationale Politik, 58, 10; 2003.

Theiler, Olaf: Der Wandel der NATO nach dem Ende des Ost-West-Konfliktes, in: Haftendorn, Helga/Keck, Otto (Hrsg.): Kooperation jenseits von Hegemonie und Bedrohung. Sicherheitsinstitutionen in den internationalen Beziehungen; Baden-Baden 1997.

Thränert, Oliver: Zwischen Hoffnungen und Befürchtungen: Die USA und die europäische Sicherheits- und Verteidigungspolitik, in: Ehrhart, Hans-Georg (Hrsg.): Die Europäische Sicherheits- und Verteidigungspolitik. Positionen, Perzeptionen, Probleme, Perspektiven; Baden-Baden 2002.

Thukydides: Der Peloponnesische Krieg. Vollständige Ausgabe; Essen 1985.

Triepel, Heinrich: Die Hegemonie. Ein Buch von führenden Staaten, 2. Neudruck; Aalen 1974.

Walt, Stephen M.: The Origins of Alliances; Ithaca/N.Y. 1987.

Waltz, Kenneth M.: The Emerging Structure of International Politics, in: International Security, 18, 2; 1993.

Die UNO als Friedensmacht

Daniel-Erasmus Khan und Thomas Meerpohl

1   Friede als Utopie

Vor dem Gebäude der Vereinten Nationen in New York steht eine beeindru-ckende Plastik aus Eisenguss.[1] Mit kräftigen Hammerschlägen verwandelt ein Mann ein Schwert zu einer Pflugschar. Ein auf den ersten Blick erstaunliches Geschenk der Sowjetunion: Ein atheistisches Land beschenkt die organisierte Staatengemeinschaft mit einem biblischen Motiv.[2] Aber in der Tat, über alle zeitlichen, räumlichen, ideologischen und religiösen Grenzen hinweg, die Sehn-sucht nach Frieden scheint allen Menschen gleichermaßen eigen zu sein, scheint „Friede" in der Wertehierarchie gar seit jeher den höchsten Rang überhaupt ein-zunehmen.[3]

Friedensutopien beherrschen das philosophische und politische Denken denn auch seit dem Altertum, ebenso wie die Realität seit jeher durch den Krieg geprägt wird.[4] Als Erfolgsmodell für die Herstellung inneren bzw. innergesell-schaftlichen Friedens erwies sich zu Beginn der Neuzeit das Konzept des souve-ränen Staates, wobei „Souveränität" als Chiffre für die Konzentration von Macht über ein bestimmtes Territorium in der Hand eines Einzigen, eben des „Souve-räns", steht.[5]

Bedeutet dies aber nun, dass „Macht" und „Frieden" in einem untrennbaren Zusammenhang stehen und Frieden auf internationaler, zwischenstaatlicher Ebe-

---

[1]   Skulptur von Jewgeni W. Wutschetitsch 1959.

[2]   Jesaja 2, 4: "Da werden sie ihre Schwerter zu Pflugscharen und ihre Spieße zu Sicheln machen. Denn es wird kein Volk wider das andere das Schwert erheben, und sie werden hinfort nicht mehr lernen, Krieg zu führen" (ebenso Micha 4, 3).

[3]   So bezeichnet etwa Augustinus (De Civitate Dei/Vom Gottesstaat) den Frieden nicht nur als höchstes irdisches Gut (XIX, 11: "Denn solch großes Gut ist der Friede, dass man auch im Be-reich der irdischen und vergänglichen Dinge [...] nichts Besseres finden kann"), sondern sieht im Streben nach diesem Idealzustand menschlichen Zusammenlebens sogar eine Art allgemeines Naturgesetz (XIX, 12).

[4]   Vgl. Luard (1980) mit einer umfangreichen Übersicht militärischer Konflikte von 1400-1986 (ebd., S.421 ff.) sowie (für den Zeitraum von 1480-1941) bereits das Pionierwerk von Wright (1965). Eine aktuelle Statistik für das Jahr 2004 notiert insgesamt 42 Kriege und bewaffnete Konflikte vgl. Schreiber (2005).

[5]   Grundlegend: Jean Bodin, Six livres de la République (1576).

ne damit letztlich so lange eine Utopie bleiben muss, bis es zur Errichtung eines universellen Machtmonopols, also einer Art „Weltregierung", kommt?[1] Zahlreiche, teilweise sehr konkret ausgearbeitete „Friedenspläne", unter denen diejenigen des Georg von Podiebrad (1462-1464), des Herzogs von Sully (Maximilian de Bethune, ca. 1635), des Abbé de Saint-Pierre (1711-1716), von Emeric Crucé (1623), William Penn (1693), Jeremy Bentham (1786-1789) sowie natürlich Immanuel Kant's „Zum Ewigen Frieden" (1795)[2] besondere Erwähnung verdienen, geben auf diese Frage unterschiedliche Antworten.[3] Gemeinsam ist all diesen Projekten jedoch zweierlei: Erstens setzen sie einen Konsens der internationalen Akteure, konkret also der Staaten, über die Einhaltung bestimmter Grundregeln im gegenseitigen Verkehr voraus, wobei dem „Pacta sunt servanda Grundsatz"[4] sowie dem Prinzip der souveränen Gleichheit gleichermaßen fundamentale Bedeutung zukommen. Und zweitens besteht Einigkeit darüber, dass die Errichtung und Gewährleistung von Frieden als eines Dauerzustandes jedenfalls einer irgendwie gearteten internationalen Organisationsstruktur bedürfe.

Während eine materielle Völkerrechtsordnung bereits spätestens seit dem 17. Jahrhundert zum europäischen ordre public zählt,[5] blieb die organisatorische Struktur der Staatenwelt hingegen noch bis zum Beginn des 20. Jahrhunderts weitgehend durch Anarchie gekennzeichnet: Der Staat als gottesgleicher Leviathan (Thomas Hobbes[6]) - eine Vorstellung, die in der Überhöhung des (europäischen) Nationalstaates des 19. Jahrhunderts als „Ziel der Weltgeschichte" seine wohl höchste Steigerung erfahren hatte[7] - war schlichtweg nicht bereit, seine souveräne Allmacht innerhalb eines übergeordneten institutionellen Rahmens Beschränkungen zu unterwerfen.

---

[1] Vgl. zu dieser „Option" nur – mit Bezug auf und in Auseinandersetzung mit Kant's Schrift „Zum ewigen Frieden" - die Beiträge von Höffe, Eine Weltrepublik als Minimalstaat, S.154 ff. und Steinvorth, Soll es mehrere Staaten geben?, S.256 ff., in: Merkel/Nida-Rümelin (1996) sowie Ballestrem, Auf dem Weg zur Weltrepublik?, in: Senghaas (1997), S.513 ff.

[2] Vgl. speziell hierzu nur mit umfassenden Nachweisen zur inzwischen ausufernden Literatur die Beiträge in Höffe (2004).

[3] Überblick und weitere Nachweise bei Dietze, Einleitung. Abriss einer Entwicklungsgeschichte der Friedensidee vom Mittelalter bis zur Französischen Revolution, in: Dietze (1989), S.7 ff. sowie bereits von Raumer (1953).

[4] Für Kelsen stellt dies sogar die Grundnorm des Völkerrechts schlechthin dar Siehe Khan, Principles of International Law (1952), S.417 f.

[5] Eine zentrale Rolle für Ausbildung und Inhalt dieser Rechtsordnung spielen einerseits das Hauptwerk des Hugo Grotius „Vom Recht des Krieges und des Friedens" (1625) und andererseits die Friedensverträge von Münster und Osnabrück (1648), die das rechtliche Fundament der sog. „Westfälischen Ordnung" bilden. Vgl. hierzu mit weiteren Nachweisen Fassbender, Die verfassungs- und völkerrechtsgeschichtliche Bedeutung des Westfälischen Friedens von 1648, in: Erberich (1998), S.9 ff., insb. S.21 ff.

[6] Hobbes (1986), Teil II Kap. VII.

[7] Hegel (1921), S.195.

Erst das im Ersten Weltkrieg mündende totale Versagen traditioneller zwischenstaatlicher Konfliktvermeidungs- bzw. –eindämmungsmechanismen, gemeinsam mit einem bis dahin unbekannten Zerstörungspotential „totaler" Kriegsführung, machte die Staatenwelt schließlich empfänglich für Ideen zur praktischen Realisierung einer permanenten Weltfriedensorganisation.[1] Die Bewahrung äußeren, zwischenstaatlichen Friedens - so die damalige Erkenntnis - konnte und sollte nicht länger eine „domaine reservé" der Staaten bleiben, sondern vielmehr (zumindest auch) zu einer Angelegenheit der organisierten Staatengemeinschaft in ihrer Gesamtheit werden.

2 Frieden als Rechtsordnung

Die Gründung des Völkerbundes (1919) - ebenso wie ein Viertel Jahrhundert später diejenige der Vereinten Nationen (1945) - beruhte auf der Einsicht, dass ein institutionalisiertes kollektives Zusammenwirken auf universeller Ebene offensichtlich die einzig realistische Option für die Wahrung des Weltfriedens darstellt, und dass die internationale Staatengemeinschaft der Erreichung dieses Ziels - nicht zuletzt im Lichte des Vernichtungspotentials moderner Waffentechnologie - oberste Priorität einräumen müsse.[2] Grundsätzliche Einigkeit bestand auch hinsichtlich der wesentlichen Elemente, derer es für die Errichtung einer effektiven Friedensordnung bedurfte - wobei eine deutliche Parallele zur (erfolgreichen) Genese der (inner-)staatlichen Rechts- und Friedensordnung zu beobachten ist.

Erforderlich ist erstens ein materielles Verbot der Kriegsführung, die den Staaten als Mittel zur Durchsetzung ihrer Interessen jedoch richtiger- und realistischer Weise nur dann untersagt werden kann, wenn den Staaten als Substitut hierfür zweitens ein möglichst obligatorisches System der friedlichen Streitbeilegung bereitgestellt und für den Fall dessen Versagens drittens ein funktionierendes System kollektiver Sicherheit geschaffen wird. Dem Abbau von Bedrohungspotentialen und idealer Weise der Vernichtung der faktischen Kapazitäten zur Kriegführung insgesamt dient schließlich viertens das Ziel von Rüstungskontrolle und Abrüstung. Diese, sowohl in der Satzung des Völkerbundes als auch in

---

[1] Schücking/Wehberg (1931), S.6 ff. zählen 55 „bekanntere" Projekte für eine Friedensorganisation auf.

[2] Der Völkerbund bekennt sich an prominenter Stelle in der Präambel seiner Satzung (RGBl. 1919, 701) zur „Gewährleistung des internationalen Friedens und der internationalen Sicherheit"; die Charta der Vereinten Nationen (BGBl. 1973 II, 431) zeigt sich entschlossen, „künftige Geschlechter vor der Geißel des Krieges zu bewahren" (Präambel) und sieht es als ihr vornehmstes Ziel an (Art. 1 Ziff. 1), „den Weltfrieden und die internationale Sicherheit zu wahren".

der Charta der Vereinten Nationen verankerten Elemente,[1] stehen nicht nur in einem untrennbaren Zusammenhang miteinander, sondern bilden auch ein fragiles Gleichgewicht und stellen damit eine Art „magisches Viereck" der Friedenssicherung dar: Die „Magie" besteht darin, dass diese Elemente in der Weise komplementär sind, dass Defizite an einer Stelle stets unmittelbare Auswirkungen auf die Funktionsfähigkeit des Gesamtsystems haben.

Mit der Formulierung schließlich, dass es „zur Gewährleistung des internationalen Friedens [...] wesentlich ist, [...] die Gerechtigkeit herrschen zu lassen", lässt die Präambel der Völkerbundsatzung erkennen, dass bereits zur damaligen Zeit die bloße Sicherstellung der Abwesenheit von Krieg (enges oder „negatives" Friedenskonzept) zwar als notwendige, keinesfalls aber als hinreichende Bedingung für eine dauerhafte Wahrung des Weltfriedens erkannt worden ist. Dieses positiv aufgeladene Friedenskonzept, für das der damalige US-Präsident Woodrow Wilson wohl die wichtigsten programmatischen Anstöße gegeben hatte,[2] bezog sich zur Zeit des Völkerbundes allerdings ganz primär auf die Herstellung zwischenstaatlicher Gerechtigkeit und allenfalls noch einer solchen zu Gunsten bestimmter Volksgruppen (Minderheitenschutz). Unter dem Eindruck des Holocaust an den Juden und anderer schwerster Verbrechen gegen die Menschlichkeit, die sich im Schatten des Zweiten Weltkrieges abgespielt hatten, waren es erst die Vereinten Nationen, die 1945 die Freiheit des Individuums von Unterdrückung und Not als eine weitere *conditio sine qua non* für einen wahren (d.h. weiten oder „positiven") Friedenszustand anerkannten und später über ein umfangreiches Instrumentarium (politischer und sozialer) Menschenrechte[3] in einer breit angelegten Entwicklungsstrategie auch normativ absicherten.

Dennoch, sowohl Völkerbund als auch Vereinte Nationen waren bzw. sind in erster Linie „klassische" Friedensorganisationen, die dem Ideal einer Welt verpflichtet sind, in der Konflikte nicht mit militärischen, sondern mit friedlichen Mitteln gelöst werden. Dass die Verwirklichung dieses ambitionierten Zieles richtigerweise einen Ansatz erfordert, der über den Aufbau einer kollektiven militärischen Abschreckungskulisse hinausgehen muss, steht dem nicht entge-

---

[1] Völkerbund: Art. 11/12 (eingeschränktes Kriegsverbot; ausgebaut durch den sog. Briand-Kellogg Pakt 1928); Art. 12-14 (friedliche Streiterledigung); Art. 15-17 (System kollektiver Sicherheit); Art. 8, 9 (Abrüstung/Rüstungsausschuss) – UNO: Art. 2 Ziff. 4 (absolutes Gewaltverbot); Art. 2 Ziff. 3, 33 ff. (friedliche Streiterledigung); Art. 39 ff. (System kollektiver Sicherheit); Art. 11 I, 26 (Abrüstung).

[2] Vgl. die berühmte Erklärung vom 8. Jan. 1918, den sog. „14 Punkten". Die entscheidenden Auszüge in dt. und engl. bei Schlochauer (1953), S.150 ff. Siehe auch Unser (2004), S.7.

[3] Als umfassendes Kompendium der einschlägigen Verträge siehe Simma/Fastenrath (2004).

gen: „Frieden machen"[1] ist auch nach dem neueren Verständnis der Vereinten Nationen - so wie es etwa in der „Agenda for Peace" des UN-Generalsekretärs vom 17. Juni 1992[2] seinen Ausdruck gefunden hat - ein Gesamtprojekt, das auch die Bekämpfung der Ursachen militärischer Konflikte („economic despair, social injustice and political oppression") umfasst. Aber auch wenn das Friedenssicherungskonzept der organisierten Staatengemeinschaft damit weit über die römische Maxime „si vis pacem para bellum"[3] hinaus geht, funktional ausgerichtet ist das in der Charta verankerte Instrumentarium doch letztlich darauf, „künftige Geschlechter vor der Geißel des Krieges zu bewahren". Dies ist und bleibt das vornehmste Ziel der UNO – so im Jahre 2000 ganz explizit auch der vom UN-Generalsekretär in Auftrag gegebene sog. Brahimi Report.[4] Dem zunehmend auch auf der UNO lastenden Druck, den Krieg als Mittel einer „verantwortungsvollen" Politik im Dienste vorgeblich gleichwertiger bzw. gar übergeordneter Interessen zu akzeptieren (humanitäre Intervention, Demokratisierung etc.), ist denn auch mit allergrößter Skepsis zu begegnen. Das Beispiel des jüngsten Irak-Krieges (2003) scheint die Befürchtung zu bestätigen, dass der Versuch einer militärischen Lösung eben oftmals nicht mehr, sondern eher weniger Frieden schafft und auch nicht notwendig zu mehr Demokratie und Menschenrechtsschutz führt. Es bleibt daher festzuhalten: Aufgabe der UNO ist es, Kriege zu verhindern und nur als wirkliche ultima ratio - in Reaktion auf einen Friedensbruch und final strikt begrenzt auf die Wiederherstellung des Friedens -, auch solche zu führen bzw. führen zu lassen. Nur der Bewältigung dieser „Kernaufgabe", die zu Recht als entscheidende Messlatte für den Erfolg der Weltorganisation angesehen wird,[5] sollen daher auch die folgenden Überlegungen dienen.

3   Der organisierte Frieden

Die Vereinten Nationen, wie zuvor bereits der Völkerbund, stellen die aus einem siegreichen Kriegsbündnis hervorgegangene institutionelle Erbschaft eines mili-

---

[1] Zu einem weiten Friedenskonzept im Sinne eines „si vis pacem, para pacem" vgl. die Beiträge in Senghaas (1995). Senghaas selbst spricht an anderer Stelle (und skizziert dies ebd.) von Frieden als einem „mehrfachen Komplexprogramm". Vgl. Senghaas, in: ders. (1997), S.560 ff.

[2] UN-Doc. A/47/277 – S/24111, ergänzt am 3. Jan 1995 durch UN Doc. A/50/60 – S/1995/1.

[3] „Wenn du den Frieden willst, bereite den Krieg vor"; Nachweise zu den Fundstellen in der antiken Literatur bei Lamer (1976), S.687 f.

[4] Report of the Panel on United Nations Peace Operations: UN-Doc. A/55/305 – S/2000/809.

[5] Brahimi Report, ebd.: „Meeting this challenge is [...] to a very significant degree, the yardstick by which it [the Organization] is judged by the peoples it exists to serve."

tärischen Konfliktes,[1] ja (im Falle des Zweiten Weltkrieges) einer zivilisatorischen Katastrophe größten Ausmaßes dar. Beide Weltorganisationen bedienen sich deshalb auch bei der Architektur einer der dauerhaften Friedenswahrung verpflichteten Nachkriegsordnung ganz ähnlicher Konstruktionselemente.[2] Aus dem Scheitern des Völkerbundes bei der Erfüllung seiner Hauptaufgabe,[3] der Friedenswahrung, zieht die UN-Charta aber auch gewisse Konsequenzen: Aus dem für Umgehungen anfälligen, lediglich partiellen Kriegsverbot der Völkerbundzeit wird ein totales Gewaltverbot; aus dem Lähmung begünstigenden Einstimmigkeitsprinzip im Völkerbundrat wird das grundsätzliche Mehrheitsprinzip im Sicherheitsrat, dessen Beschlüssen zur Wahrung bzw. Wiederherstellung des Friedens die Staaten nunmehr auch von Rechts wegen uneingeschränkt Folge zu leisten verpflichtet sind.[4] Zudem sind die Staaten 1945 in einem bis dahin undenkbaren Umfang an einen rechtlich verbindlichen Katalog von Gemeinschaftswerten gebunden worden, der zur Charakterisierung der Charta als einer „Verfassung der internationalen Gemeinschaft" geführt hat, und die man unter einem vielleicht etwas realistischeren Blickwinkel zumindest (auch) als Versuch einer Konstitutionalisierung der internationalen Beziehungen werten kann.[5]

Schließlich sind allzu idealistische Wilson'sche Visionen einer Anerkennung machtpolitischer Realitäten gewichen, was seinen institutionellen Niederschlag vor allem im Vetorecht der Großmächte im Sicherheitsrat gefunden hat. Im Sinne einer Steigerung der Effektivität des Friedenssicherungsmechanismus, bedeutete dies aber gegenüber dem bisherigen Rechtszustand mit seinem faktischen Vetorecht aller Staaten einen erheblichen Fortschritt, der allerdings seinerseits mit einem nicht minder erheblichen Souveränitätsopfer der Nicht-Veto-Mächte erkauft wurde.

---

[1] Vgl. die Joint Declaration by the United Nations (der gesamten Anti-Hitler-Koalition) vom 1. Januar 1942 sowie bereits zuvor die sog. (US/britische) Atlantic Charter vom 14. August 1941, in der bereits die Errichtung eines „wider and permanent system for general security" angedacht wird. Beide Texte sind bei Knipping/von Mangoldt (1995), Bd. I/1, S.2 ff., S.6 ff. zu finden.

[2] Vgl. hierzu den instruktiven Überblick bei Heideking (1983), S.3 ff.

[3] Die Gründe hierfür sind vielfach beschrieben und analysiert worden. Vgl. hierzu zusammenfassend nur Märker/Wagner (2005), S.3 ff., insb. S.5 f.

[4] Zu einem Vergleich der konstitutiven Elemente beider Systeme vgl. bereits Barandon (1948), S.6 ff.

[5] Ausführliche Diskussion der unterschiedlichen Sichtweisen mit umfassenden Nachweisen bei Paulus (2001), S.286 ff.

4 Instrumente der Friedenssicherung in der UN Charta

Die in den Art. 1 und 2 UN-Charta niedergelegten Ziele und Grundsätze bestätigen den zentralen Stellenwert, der der Wahrung des Weltfriedens und der internationalen Sicherheit in der Arbeit der Weltorganisation beigemessen wird. Letztlich sind – jedenfalls nach der ursprünglichen Konzeption der Charta[1] - auch alle anderen Aufgaben der Weltorganisation im Sinne der Verwirklichung eines positiven Friedenskonzeptes funktionell, d.h. sozusagen als flankierende Maßnahmen auf dieses eine Ziel „Frieden" hin ausgerichtet. Art. 2 Ziff. 6 UN-Charta geht sogar soweit, Nichtmitgliedstaaten auf die vorgenannten Grundsätze zu verpflichten, eine Bestimmung, die allerdings heute angesichts der inzwischen universellen Mitgliedschaft in der Weltorganisation ihre praktische Bedeutung verloren hat.[2] Dem universellen Charakter der Aufgabe entspricht es, dass alle Organe der Vereinten Nationen in die Friedensarbeit der Weltorganisation eingebunden sind.

Gemäß Art. 24 UN-Charta liegt die „Hauptverantwortung für die Wahrung des Weltfriedens und der internationalen Sicherheit" zwar beim Sicherheitsrat, dem hierfür in den Kapiteln VI, VII und VIII der Charta auch ein breites, bis hin zur Ergreifung militärischer Zwangsmaßnahmen (Art. 39, 42 ff. UN-Charta) reichendes Spektrum von Handlungsoptionen zur Verfügung steht.

„Hauptverantwortung" bedeutet nach der Konzeption der Charta allerdings nicht „Alleinverantwortung". So kann sich etwa auch die Generalversammlung grundsätzlich mit allen Fragen des Friedens und der internationalen Sicherheit, einschließlich Abrüstungsfragen, befassen (Art. 10 UN-Charta), vorausgesetzt der Sicherheitsrat macht von seinen entsprechenden Befugnissen im konkreten Fall keinen Gebrauch (Art. 12 UN-Charta). Die Generalversammlung ist insoweit zwar auf das Instrument bloßer „Empfehlungen" beschränkt und kann Staaten und andere Akteure (einschließlich des Sicherheitsrats[3]) damit nicht rechtlich

---

[1] Zur Rechtfertigung sog. „humanitärer Interventionen" wird in jüngerer Zeit allerdings zunehmend ein Zielkonflikt zwischen Friedenswahrung und Menschenrechtsschutz angenommen, der im Wege praktischer Konkordanz eben gelegentlich auch zu Lasten des strikten Gewaltverbots zu lösen sei. Vgl. statt aller nur von Schorlemer (2000).

[2] Früher war diese Bestimmung aber durchaus von erheblicher Bedeutung, insb. wegen der Absenz der geteilten, und damit potentielle Krisenherde ersten Grades darstellenden Staaten Deutschland, Vietnam und Korea, die erst 1973, 1977 (nach der Wiedervereinigung) und 1991 Mitglieder der UNO geworden sind.

[3] Zu nennen ist hier etwa die sog. „Aggressionsdefinition" vom 14. Dez. 1974 (Anhang zu GV-Res. 3314 [XXIX], in der die Generalversammlung detaillierte Kriterien für die Auslegung und Anwendung eines zentralen Tatbestandsmerkmals des Art. 39 UN-Charta aufgestellt hat, der den Sicherheitsrat zu Zwangsmaßnahmen i.S.d. Kapitels VII berechtigt. Rechtlich an sich zwar nicht verbindlich, haben diese Kriterien inzwischen materiell doch weitgehende Anerkennung gefunden.

verbindlich zu einem bestimmten Verhalten verpflichten. Dies steht allerdings weder ganz allgemein dem Vorhandenseins eines durchaus erheblichen Druck-potentials dieses Organs entgegen - zumal wenn dieses mit überwältigenden Mehrheiten entscheidet -,[1] noch werden dadurch im Einzelfall spektakuläre und durchaus wirkungskräftige Aktionen, wie etwa die sog. „Uniting for Peace Reso-lution" des Jahres 1950,[2] die Einberufung von (Notstands-)Sondertagungen[3] oder z.b. jüngst die Anrufung des Internationalen Gerichtshofs in der Frage des israe-lischen Mauerbaus im palästinensischen Westjordanland,[4] ausgeschlossen.

Auch das eigentliche Exekutivorgan der Vereinten Nationen, der General-sekretär und der ihm zugeordnete administrative Apparat - „das Sekretariat" - ist in zweifacher Hinsicht in den Friedenssicherungsauftrag eingebunden: Gemäß Art. 98 UN-Charta hat er zunächst alle ihm von den anderen Organen übertrage-nen Aufgaben zu erfüllen und in diesem Rahmen obliegt ihm heute die gesamte Vorbereitung und Durchführung der friedenssichernden Operationen. Zudem wird er vom Sicherheitsrat – zumeist recht pauschal – mit (weiteren) friedensstif-tenden Maßnahmen betraut.[5] Daneben verfügt dieses Organ auf dem Gebiet der Friedenssicherung aber gemäß Art. 99 UN-Charta auch über einen originären Aufgabenbereich, den alle Generalsekretäre – mehr oder minder erfolgreich – zu einer vorbeugenden, stillen Diplomatie, aber auch zu anderen Deeskalations-maßnahmen[6] genutzt haben.

Nach der Konzeption der Charta bildet schließlich auch das Angebot einer friedlichen Beilegung zwischenstaatlicher Streitigkeiten durch das Hauptrecht-sprechungsorgan der Vereinten Nationen, den Internationalen Gerichtshof in Den Haag (Art. 92 ff. UN-Charta), einen integralen und unverzichtbaren Bestandteil eines kohärenten und vollständigen Friedenssicherungsmechanismus. Nicht zufällig steht die rechtliche Verpflichtung zur friedlichen Streiterledigung in der Charta vor dem Gewaltverbot (Art. 2 Ziff. 3 und Ziff. 4). Ohne die Bereitstellung eines wirksamen Mittels zur friedlichen Durchsetzung der eigenen Interessen

---

[1] Als Beispiel sei an die Serie von Resolutionen zur Südwestafrika/Namibiafrage erinnert, die nicht unwesentlich zur Unabhängigkeit dieses Territoriums beigetragen haben. Siehe Resolution 1596 [XV] (1961); Resolution 1899 [XVIII] (1963); Resolution 2074 [XX] (1965); Resolution 41/39 (1986).

[2] Vgl. hierzu noch unten 5.1.

[3] Vgl. hierzu eingehend Eick, Art. 20, insb. Rdnr. 23 ff., in: Simma (2002).

[4] Resolution ES-10/14 vom 8. Dezember 2003. Vgl. hierzu Khan (2004), S.345 ff.

[5] Vgl. Unser (2004), S.163.

[6] So erfolgt etwa gegenwärtig die Implementierung eines Urteils des IGH vom 10. Okt. 2002 in einem langwierigen Grenzstreit zwischen Kamerun und Nigeria unter aktiver Vermittlung und sowohl logistischer als auch materieller Unterstützung des Generalsekretärs. Vgl. zur Cameroon-Nigeria Mixed Commission, die unter den Auspizien des United Nations Office for West Africa eingesetzt worden ist: www.un.org/Depts/dpa/prev_dip/africa/office_for_srsg/fst_office_for-_srsg.htm (15.08.05).

muss - so die zutreffende Erkenntnis der Charta - die rigide Forderung nach einem Gewaltverzicht der Staaten als (zumindest ultima ratio) Mittel der Politik eine realitätsfremde Illusion bleiben. Als sowohl materielles als auch institutionelles Herzstück einer „Konstitution des Friedens als Rechtsordnung"[1] stellt die UNO-Charta damit einen rechtlichen Rahmen bereit, in dem eine effektive Sicherung des Weltfriedens möglich ist - vorausgesetzt, die Staaten nehmen dieses Angebot an.

5   Friedensarbeit der Vereinten Nationen

Die Praxis der Vereinten Nationen im Bereich der Konfliktprävention und Friedenssicherung ist vielfältig und vielschichtig. Die Aktivitäten der bereits dargestellten UN Organe reichen von der Autorisierung einer militärischen Intervention, wie beispielsweise zur Befreiung Kuwaits nach dessen Okkupation durch den Irak 1990/1991[2], bis zur Einrichtung von *ad hoc* Strafgerichten zur Verurteilung der Kriegsverbrecher nach den Bürgerkriegen im ehemaligen Jugoslawien[3] und in Ruanda[4]. Teilweise wird die UN auch als temporäre Territorialverwaltung – als Quasi-Regierung also – tätig und füllt so ein nach einem Konflikt entstandenes Machtvakuum selbst vollständig aus; so geschehen in Ost-Timor[5] oder derzeit im Kosovo[6].

Die naheliegende Differenzierung der UN Friedensarbeit in präventive Maßnahmen zur Konfliktverhinderung einerseits und repressive Maßnahmen zur Konfliktbeendigung andererseits bleibt eine theoretische und kann auf Grund der Komplexität der Friedensarbeit zu keinen sinnvollen Ergebnissen führen. Denn ein Eingreifen der UNO erfolgt in aller Regel in Zeiten zwischenstaatlicher oder innerstaatlicher Krisen – also *repressiv* – wobei das Primärziel der Aktionen in der Verhinderung weiterer Eskalation und Gewalt liegt, also im *präventiven* Bereich.

---

[1]   Vgl. Delbrück (1996).

[2]   Vgl. die Resolutionen des UN Sicherheitsrats 678 (1990) vom 29. November 1990 und 687 (1991) vom 3. April 1991.

[3]   Der Internationale Strafgerichtshof für das ehemalige Jugoslawien (ICTY) wurde durch Resolution 808 (1993) vom 22. Februar 1993 eingerichtet. Verfahrensrecht sowie auch materielles Recht sind im Statut des Tribunals kodifiziert (BGBl. 2000 II, 1394).

[4]   Vgl. Resolution 955 (1994) vom 11. November 1994.

[5]   Die „United Nations Transitional Administration in East Timor" (UNTAET) wurde eingerichtet durch Resolution 1272 (1999) vom 25. Oktober 1999. Die Mission endete mit der Unabhängigkeit des Staates Ost-Timor am 20. Mai 2002.

[6]   Die „United Nations Interim Administration Mission in Kosovo" (UNMIK) wurde durch Resolution 1244 (1999) vom 10. Juli 1999 eingerichtet. Derzeit wird auf politischer Ebene über mögliche Szenarien einer politischen Neuordnung diskutiert.

Die nachfolgende Darstellung versucht daher die vielseitige Friedensarbeit der UNO chronologisch aufzuarbeiten. Es können zwei wichtige Phasen in der Praxis der Vereinten Nationen unterschieden werden:
(1) Vom Entstehen der UNO 1945 bis zum Ende des Ost-West Konflikts 1990 sowie
(2) Vom Fall des eisernen Vorhangs bis in die Gegenwart.

5.1 UN Friedensaktivitäten von 1945-1990

Die Welt teilte sich schon bald nach dem Sieg der Alliierten über Nazi-Deutschland erneut in zwei große Machtblöcke. Neben den USA und den mit ihr verbündeten westlichen Mächten, wie Großbritannien und Frankreich, positionierte sich die Sowjetunion als zweite Supermacht. Diese bipolare weltpolitische Situation übertrug sich auch auf die Organe der Vereinten Nationen: Der erklärte Wille der Supermächte, die Politik des jeweils anderen unter keinen Umständen mitzutragen, führte die UN in weiten Teilen in eine Lähmung. Insbesondere das nach der Konzeption der Charta an und für sich mächtigste UN-Organ, der Sicherheitsrat, war durch die exzessive Nutzung des Vetos[1] weitgehend handlungsunfähig. In dieser Phase konnte daher von den oben skizzierten Mechanismen der Charta kein effektiver Gebrauch gemacht werden. Jedoch führte dies keinesfalls zu einem völligen Stillstand der Friedenssicherungsarbeit der Vereinten Nationen. Die Mitgliedstaaten der Vereinten Nationen fanden im Rahmen der Charta andere Mittel und Wege, Friedensaktivitäten zu entfalten.

Als prominentestes Beispiel ist in diesem Zusammenhang die „Uniting for Peace" Resolution der Generalversammlung anzuführen.[2] Im Juli 1950 überfiel Nordkorea die Republik Korea im Süden der Halbinsel. Zwar konnte der Sicherheitsrat im Laufe der Monate Juni und Juli 1950 noch vier Resolutionen, die den klaren Angriff Nordkoreas geißelten, verabschieden,[3] bevor die Sowjetunion sodann ihre „Politik des leeren Stuhls"[4] beendete und damit jedes Handeln des

---

[1]   Gemäß Art. 27 Abs. 3 der UN-Charta kommen Beschlüsse des Sicherheitsrates nur dann zustande, wenn mindestens 9 Mitglieder des Sicherheitsrates mit „Ja" votieren und keines der fünf Ständigen Ratsmitglieder (USA, Russland, Frankreich, England und China) mit „Nein" stimmt. Siehe hierzu mit weiteren Nachweisen Simma/Brunner/Kaul, Art. 27, Rdnr. 46-74, in: Simma (2002).

[2]   Resolution der Generalversammlung 377 (V) vom 3. November 1950. Siehe hierzu aus der jüngeren Literatur Tomuschat (2001), S.289.

[3]   Vgl. SR-Resolutionen 82 (1950) vom 25. Juni 1950; 83 (1950) vom 27. Juni 1950; 84 (1950) vom 7. Juli 1950 und 85 (1950) vom 31. Juli 1950.

[4]   Nach der (isolierten) Rechtsauffassung der Sowjetunion konnte bei Abstinenz eines Ständigen Mitglieds der Sicherheitsrat keine wirksamen Beschlüsse fassen. In der Praxis der UN hat sich entgegen dem Wortlaut von Art. 27 Abs. 3 hingegen die Rechtsauffassung durchgesetzt, dass

Sicherheitsrates verhinderte. Der Ausweg aus dieser Lähmung wurde über die Generalversammlung gefunden. Am 3. November 1950 verabschiedete diese gegen die Stimmen des Ostblocks unter dem Titel „Uniting for Peace" die Resolution 377 (V) und forderte die Mitgliedstaaten der Vereinten Nationen dazu auf, der Republik Südkorea die notwendige Hilfe zu leisten. Ob diese Autorisierung des Korea Krieges mit den Vorschriften der UN-Charta vereinbar war oder nicht, ist ein bis heute umstrittenes Rechtsproblem, das inzwischen allerdings letztlich nur mehr von historischem Interesse ist.[1] Viel interessanter ist denn auch die Frage, warum auf dieses Modell einer Umgehung des Sicherheitsrates später nicht erneut zurückgegriffen wurde. Zu denken ist hier sowohl an den Einmarsch der Sowjetunion in Ungarn 1956 und die Tschechoslowakei 1968 als auch an die aggressive Politik der USA gegenüber Libyen, Panama und Grenada. In beiden Konstellationen war der Sicherheitsrat jeweils auf Grund der Einlegung eines Vetos daran gehindert, einen konstruktiven Beitrag zur Konfliktlösung zu leisten. In einem gewissen zeitlichen Vorgriff sei hier daran erinnert, dass insbesondere die Situation vor dem Kosovo Krieg 1999 in vielerlei Hinsicht der Blockade von 1950 ähnelte. Bedingt durch seine besondere, historisch bedingte Nähe zu Serbien, sperrte sich Russland damals gegen sämtliche Beschlüsse des Sicherheitsrates gegenüber Jugoslawien.

Christian Tomuschat[2] mutmaßt, dass in all diesen Fällen der Weg über die Generalversammlung nicht etwa deshalb vermieden wurde, weil die Rechtmäßigkeit der Resolution 377 (V) angezweifelt wurde. Vielmehr erschien es denjenigen Staaten, die davon überzeugt waren, dass allein eine militärische Intervention eine humanitäre Katastrophe verhindern könne, zweifelhaft, ob sich für dieses Vorhaben eine ausreichende Mehrheit in der Generalversammlung erzielen ließe. „Uniting for Peace" setzt eben voraus, dass die militärische Option im Dienste des Friedens in concreto mehrheitsfähig ist. Wie die lebhafte Diskussion zeigt, war dies im Kosovo – wohl zu Recht – nicht der Fall.

In dieser ersten Phase ihrer Existenz hat die UNO aber vor allem durch sogenannte „Peacekeeping-Einsätze" eine aktive Rolle bei der Wahrung des Weltfriedens gespielt.[3] Die UN sandte Blauhelme beispielsweise in die Konfliktregionen Sinai, Zypern und auf die Golanhöhen zu Friedenseinsätzen der sogenann-

---

nur ein explizites Veto, nicht aber eine Enthaltung oder Nichtabstimmung, einen wirksamen Beschluss verhindern kann. Diese Praxis wurde durch den IGH in seinem Namibia Gutachten vom 21. Jun. 1971 bestätigt. Vgl. ICJ Reports 1971, S.16 (22) sowie Simma/Brunner/Kaul, Art. 27, Rdnr. 67 ff., in: Simma (2002).

[1] Vgl. hierzu statt vieler: Stein/Morrissey, Uniting for Peace Resolution, in: Bernhardt (2000), S.1232.

[2] Tomuschat (2001), S.289.

[3] Zwischen 1948 und 1989 hat die UNO insgesamt 18 Peacekeeping Einsätze begonnen. Für eine ausführliche Analyse hierzu siehe: United Nations (1996).

ten „ersten Generation"[1]. Der Erfolg dieser Einsätze lässt sich schwer messen: Ihren Auftrag haben diese Missionen zumeist sehr wohl erfüllen können, auch wenn in all diesen Krisengebieten bis heute kein stabiler, dauerhafter Friede herrscht.[2]

Auf den ersten Blick überraschend erscheint die Aussage, dass die UN in der Zeit zwischen 1945 und 1990 durch Abrüstungsaktivitäten erfolgreich zum Weltfrieden beigetragen hat, ist doch gerade diese Periode in die Geschichtsbücher unter der Überschrift des „Wettrüstens" eingegangen. Bei näherem Hinsehen erkennt man jedoch, dass es zwar richtig ist, dass die USA und die Sowjetunion in der Zeit des Kalten Krieges ihre Machtbalance durch drastisches Aufrüsten beibehalten haben. Andererseits vermochte die UN aber zur gleichen Zeit auch Meilensteine der Abrüstungs- und Waffenkontrolle zu setzten. So wurde beispielsweise bereits 1957 mit der „Atoms for Peace" Initiative Eisenhowers[3], die heutige Internationale Atomenergie Behörde (IAEA) als institutioneller Waffenkontrollmechanismus geschaffen.

Mit dem Nichtverbreitungsvertrag von Kernwaffen[4], der Biowaffenkonvention[5] und den Atomwaffensperrverträgen von Tlatelolco[6] oder Rarotonga[7] wur-

---

[1] Peacekeeping Einsätze der UNO werden regelmäßig in drei Generationen eingeteilt: Die Peacekeeping Operationen der ersten Generation waren von klassischen, zwischenstaatlichen Konfliktlagen geprägt. Die Aufgabe der UNO bestand darin, die Einhaltung der zwischen den Konfliktparteien getroffenen Vereinbarungen – insbesondere Waffenstillstandsabkommen – zu überwachen und zu kontrollieren. Diese Maßnahmen waren dadurch gekennzeichnet, dass sie nicht im Wege einer verbindlichen Sicherheitsratsresolution verabschiedet wurden, sondern vielmehr mit dem Einverständnis der Konfliktparteien zwischen diesen und der UN vereinbart wurden. Dogmatisch handelt es sich bei Peacekeeping Operationen der ersten Generation somit nicht um eine Sanktionsmaßnahme der UN nach Kapitel VII, was auch erklärt, dass in diesen Situationen streng die Grundsätze des rein defensiven Waffengebrauchs und der Überparteilichkeit der UN galten. Als Beispiele können die Aktionen im Sinai, in Zypern oder auf den Golanhöhen angeführt werden. Zu den weiteren „Generationen" vgl. unten 5.2.3.

[2] Ein solch positives Fazit zieht beispielsweise Kühne (2005), S.25, unter Berufung auf eine Studie der RAND Corporation.

[3] Siehe hierzu die Ansprache von Präsident Eisenhower vor der Generalversammlung vom 8. Dezember 1953; www.iaea.org/About/history_speech.html (15.08.05) sowie das Statut der IAEA vom 26. Oktober 1956 (BGBl. 1957 II 1357).

[4] Vertrag über die Nichtverbreitung von Kernwaffen vom 1. Jul. 1968 (BGBl. 1974 II, 786). Diesem Vertrag vorangegangen war der Abschluss des Moskauer Atomteststopabkommens vom 5. Aug. 1963 (BGBl. 1965 II, 907).

[5] Übereinkommen über das Verbot der Entwicklung, Herstellung und Lagerung bakteriologischer (biologischer) Waffen und von Toxinwaffen sowie über die Vernichtung solcher Waffen vom 10. April 1972 (BGBl. 1983 II, 436).

[6] Treaty for the Prohibition of Nuclear Weapons in Latin America and the Caribbean (Treaty of Tlatelolco) vom 14. Februar 1967, www.opanal.org/opanal/Tlatelolco/Tlatelolco-i.htm (15.08.05).

[7] South Pacific Nuclear Free Zone Treaty, www.opanal.org/NWFZ/Rarotonga/rarotonga.htm (15.08.05).

den darüber hinaus völkerrechtlich verbindliche Normen zur Waffenkontrolle geschaffen, die noch heute als Grundpfeiler der Waffenkontrollmechanismen der internationalen Gemeinschaft anzusehen sind.

5.2 Die Zeit nach dem Ende des Ost-West Konflikts

Der Fall des Eisernen Vorhangs und die damit verbundene Auflösung des Ostblocks wirkten sich sehr rasch auch auf Art und Umfang der friedenssichernden Aktivitäten der Vereinten Nationen aus. Insbesondere der Sicherheitsrat gewann durch den Wegfall der ideologisch bedingten Konfrontation neue Handlungsspielräume. In der Folgezeit legte der Sicherheitsrat seine Kompetenzen auch zunehmend extensiv aus, so dass dieses Organ in dieser zweiten Phase (endlich) tatsächlich zum Zentrum der Friedensaktivitäten der Weltorganisation wurde - so wie es auch der Gesamtkonzeption der Charta entspricht.[1]

Neben der Renaissance der „klassischen" Kapitel VII Sanktionsmechanismen, hat der Sicherheitsrat vor allem durch Interventionen in innerstaatliche Konflikte, die Einrichtung von Kriegsverbrechertribunalen, die Ausstattung der Peacekeeping Operationen mit sog. „robusten" Mandaten sowie durch die Autorisierung von Maßnahmen kollektiver Sicherheit die zunehmend aktive Rolle der UN als „Friedensmacht" entscheidend (mit-)geprägt.

5.2.1 Sanktionen: Von Staatenboykotten zu Individuallisten[2]

Tatsächlich war es die Sanktionspraxis des Sicherheitsrates, durch die sich die UN der Weltöffentlichkeit am auffälligsten als „Friedensmacht" präsentierte: Artikel 39 und 41 der UN-Charta sehen vor, dass der Sicherheitsrat bei Vorliegen einer Bedrohung des Weltfriedens Maßnahmen gegen einen Staat verhängen kann, an die alle Mitgliedstaaten der UN rechtlich gebunden sind. Solche Maßnahmen können nach dem Wortlaut von Artikel 41 beispielsweise in der Unter-

---

[1] Dieser Trend zeigt sich schon allein an der Anzahl der durch den Sicherheitsrat verabschiedeten Resolutionen. In den 45 Jahren von 1945–1990 fasste der Sicherheitsrat insgesamt gerade einmal 627 Resolutionen, was einem Jahresdurchschnitt von 14 Resolutionen entspricht. In den nur 15 Jahren seit der „Wende" hingegen wurde der Sicherheitsrat insgesamt in 992 Fällen tätig und damit durchschnittlich mehr als 60 Mal im Jahr.

[2] In der Zeit vor dem Ende des Ost West Konflikts wurden hingegen nur in zwei Ausnahmefällen Sanktionen gemäß Art. 39, 41 der UN-Charta durch den UN Sicherheitsrat verhängt: Mit Resolution 232 (1966) vom 16. Dezember 1966 gegen Rhodesien und durch Resolution 418 (1977) vom 4. November 1977 gegen Südafrika.

brechung der Wirtschaftsbeziehungen oder des Eisenbahn-, See-, oder Luftverkehrs bestehen.

Derartige staatengerichtete Sanktionen wurden im Laufe der 90er Jahre gegen den Irak (1990), Jugoslawien (1991), die bosnischen Serben (1993), Somalia (1992), Libyen (1992), Liberia (1992), Haiti (1993), Angola (1993), Ruanda (1993), den Sudan (1996), Sierra Leone (1997) und erneut gegen die Bundesrepublik Jugoslawien (1998) verhängt.[1] Intensität und Richtung dieser Sanktionen variierten: So wurde gegen den Irak ein umfassendes Handelsembargo verhängt,[2] während hingegen beispielsweise gegen die UNITA in Angola ein auf Waffen und militärische Ausrüstungsgegenstände sowie Erdöl beschränktes Teilembargo ausgesprochen wurde.[3]

Nicht zuletzt wegen der tiefgreifenden Konsequenzen solcher Handelsboykotte für die zivile Bevölkerung des betroffenen Landes wurden schon bald Rufe nach gezielteren Maßnahmen laut.[4] Unter dem Stichwort der sogenannten „targeted sanctions" ging der Sicherheitsrat in der Folge dazu über, Maßnahmen allein gegen die Führungseliten der betroffenen Staaten - insbesondere durch Einfrieren von Finanzressourcen oder Reisebeschränkungen - zu verhängen.[5] Diese Praxis wurde nach dem 11. September 2001 dahingehend modifiziert und ausgeweitet, dass Individualsanktionen unter Aufgabe eines territorialen Bezugspunktes - und damit zumindest mittelbaren Staatsbezuges - nunmehr auch unmittelbar gegen Individuen, beziehungsweise deren Organisationen gerichtet wurden.[6]

5.2.2   Frieden durch individuelle Verantwortlichkeit: ICTY, ICTR, und ICC

„Frieden" und „Gerechtigkeit" stehen auch nach der Konzeption der Charta in einem engen und untrennbaren Zusammenhang. „Gerechtigkeit" aber setzt letztlich auch voraus, dass diejenigen Individuen auch persönlich zur Verantwortung

---

[1]   Vgl. Gowlland-Debbas, UN Sanctions and International Law: An Overview, in: Gowlland-Debbas (2001), S.1 ff.

[2]   Resolution 660 (1990) vom 2. August 1990 ordnet in Ziff. 3 an, dass alle Mitgliedstaaten dafür Sorge zu tragen haben, dass ihre Staatsangehörigen weder Güter, die aus dem Irak stammen, erwerben, noch Güter irgendwelcher Art in den Irak exportieren. Dieses absolute Handelsembargo wurde durch das „Oil for Food" Programm der Resolutionen 706 (1991) und 712 (1991) teilweise eingeschränkt.

[3]   Vgl. Resolution 864 (1993) vom 15. September 1993, Abschnitt B, Nr. 19.

[4]   Vgl. Arnove (2000).

[5]   Siehe z.B. Resolution 1173 (1998) vom 12. Juni 1998.

[6]   Resolution 1267 (1999) vom 15. Oktober 1999 wurde durch Resolution 1390 (2001) dahingehend ausgeweitet, dass alle Mitgliedstaaten verpflichtet sind, die Finanzressourcen sämtlicher Personen einzufrieren, die durch ein Untergremium des Sicherheitsrates, das sog. „Sanctions Committee", als Mitglieder oder Sympathisanten Al Qaidas auf einer Liste geführt werden.

gezogen werden, die für schwere Völkerrechtsverletzungen verantwortlich sind; allein dies kann vielfach zu einer nachhaltigen „Befriedung" einer Konfliktsituation führen. Hierfür aber war ein qualitativer Sprung der Völkerrechtsentwicklung erforderlich: Abschied von der Staatenzentriertheit und damit Mediatisierung des Individuums hin zu einem wertbetonten Völkerrechtsverständnis, für das die staatliche Souveränität jedenfalls keine unüberwindliche Barriere mehr bildete. Anknüpfend an die Kriegsverbrecherprozesse von Nürnberg und Tokio waren die Vereinten Nationen insoweit ein entscheidender Impulsgeber.[1]

Nach den Bürgerkriegen in Jugoslawien und Ruanda hat der Sicherheitsrat auf der Basis von Kapitel VII Beschlüssen[2] *ad hoc* Tribunale eingerichtet, deren Auftrag es ist, sämtliche Kriegsverbrecher nach den Grundsätzen des Völkerstrafrechts zur Verantwortung zu ziehen. Die Tatsache, dass der ehemalige Präsident eines souveränen Staates, Slobodan Milosevic, sich heute vor einem internationalen Gericht für seine Taten zu verantworten hat, muss als ein wesentlicher Friedensbeitrag gewertet werden.[3]

Trotz gewisser fortbestehender institutioneller Verflechtungen, hat sich die Entwicklung der internationalen Strafgerichtsbarkeit inzwischen durch die Gründung des Ständigen Internationalen Strafgerichtshofs (ICC)[4] aus dem UN-System emanzipiert, was die Verdienste der Weltorganisation als „Geburtshelfer" dieser Entwicklung in keiner Weise schmälert.

5.2.3 Peacekeeping der „zweiten", „dritten" und nun „vierten" Generation?

Die bereits in den Anfangsjahren der UNO begonnenen Peacekeeping Aktivitäten wurden auch nach dem Ende des Ost-West Konfliktes unvermindert fortgesetzt und fortentwickelt. Das Aufgabenspektrum der Peacekeeping Missionen wurde über die bloße Kontrolle von Waffenstillstandsabkommen („erste Generation"[5]) hinausgehend zunehmend auf zivile und polizeiliche Tätigkeiten ausgedehnt. Ein typisches Beispiel dieser sog. „zweiten Generation"[6] von Peacekee-

---

[1] Vgl. zum Ganzen nur mit umfassenden Nachweisen Cassese (2003).

[2] Vgl. Resolutionen 808 (1993) vom 22. Februar 1993 und 955 (1994) vom 11. November 1994.

[3] Sämtliche Dokumente dieses und anderer vor dem Tribunal stattfindender Verfahren sind unter www.un.org/icty (15.08.05) verfügbar.

[4] Das Römische Statut wurde am 17. Juli 1998 verabschiedet und ist am 1. Juli 2002 in Kraft getreten (BGBl. 2000 II 1394). Bis heute wurde das Statut von insgesamt 139 Staaten unterzeichnet und ist für 99 Staaten in Kraft getreten. Hierunter befinden sich auch Staaten wie Afghanistan, Sierra Leone und die Demokratische Republik Kongo (Stand 15.08.05).

[5] Vgl. bereits oben 5.1.

[6] Weitere Beispiele für diese Form des Peacekeeping sind die Missionen in Angola (UNAVEM I, II und III), Nicaragua (ONUCA), El Salvador (ONUSAL), Mozambique (ONUMOZ) sowie die verschiedenen Missionen in Haiti.

ping Operationen war diejenige in Kambodscha.[1] Der in diesem Land herrschende Bürgerkrieg wurde durch eine Reihe politischer Abkommen unter aktiver Beteiligung der UNO beigelegt. Die Pariser Abkommen vom 23. Oktober 1991[2] sahen als Teil der Lösung des Konfliktes vor, dass die einzurichtende neue Staatsgewalt in sieben wesentlichen Punkten durch eine UN-Peacekeeping Mission unterstützt wird. So waren der UNO nicht nur die Überwachung des Waffenstillstandes, sondern vielmehr auch Aufgaben zum Schutz der Menschenrechte, die Organisation freier Wahlen, der Aufbau einer Ordnungspolizei, Verwaltungsaufgaben, Rücksiedlungsaufgaben und die Unterstützung der Staatsverwaltung - etwa beim Aufbau einer Gerichtsbarkeit - übertragen. Diese Aufgabenvielfalt erforderte ein hohes Maß an Präsenz und finanziellen Mitteln.

Es gehörte seit jeher zu den ehernen Grundsätzen der UNO, dass Blauhelmsoldaten allenfalls im Falle der persönlichen Selbstverteidigung Gewalt anwenden dürfen. In den Jahren 1992/1993 ermächtigte der Sicherheitsrat die Angehörigen der UN-Friedenstruppen in Somalia jedoch erstmals auch über diesen Rahmen hinaus zur Anwendung militärischer Gewalt. Nur hierdurch konnten diese ihrem Auftrag, die anarchieähnlichen Zustände in diesem Lande zu beenden (oder zumindest nicht weiter eskalieren zu lassen), gerecht werden.[3] Das „robuste", bzw. die „dritte Generation" des Peacekeeping, war geboren.

Unklar ist schließlich, ob die vollständige temporäre Verwaltung eines Gebietes – wie sie die UNO erfolgreich in Ost-Timor ausgeübt hat, oder derzeit noch im Kosovo[4] ausübt[5] – eine vierte Stufe des Peacekeeping darstellt, oder es sich hierbei nicht vielmehr um eine Friedensaktivität *sui generis* handelt.

---

[1]   Die „United Nations Advance Mission in Cambodia" (UNAMIC) wurde durch Resolution 717 (1991) vom 16. Oktober 1991 eingerichtet und mit Resolution 745 (1992) vom 28. Februar 1992 durch die „United Nations Transitional Authority in Cambodia" (UNTAC) ergänzt.

[2]   "Agreements on a Comprehensive Political Settlement of the Cambodia Conflict" vom 23.Oktober 1991 (Pariser Übereinkommen); www.usip.org/library/pa/cam.bodia/ agree_comppol_-10231991.html (15.08.05).

[3]   Vgl. Resolution 794 (1992) vom 3. Dez. 1992, in der der Sicherheitsrat in Ziffer 10 den UN Generalsekretär und alle beteiligten Mitgliedstaaten autorisiert, alle notwendigen Mittel anzuwenden, um eine sichere Umwelt für weitere humanitäre Hilfe wiederherzustellen.

[4]   Vgl. zur „United Nations Mission in Kosovo" (UNMIK) Resolution 1244 (1999) vom 10. Juni 1999.

[5]   Vgl. hierzu nur Strohmeyer, Collapse and Reconstruction of a Judicial System: The United Nations Missions in Kosovo and East Timor, American Journal of International Law 95 (2001), S.46 ff; Matheson, United Nations Governance of Postconflict Societies, S.76 ff.

6   Die UNO als Friedensmacht?

Seit der Gründung der Vereinten Nationen haben insgesamt 229 Kriege und andere bewaffnete Konflikte stattgefunden (1946-2003)[1] und auch seit Beendigung des Kalten Krieges Ende der 80er Jahre des vergangenen Jahrhunderts hat die Anwendung von Gewalt als Mittel der Auseinandersetzung aus politischen, wirtschaftlichen, ethnischen, religiösen und anderen Motiven nicht nachgelassen; ganz im Gegenteil.[2] Das imperative Gewaltverbot des Art. 2 Ziff. 4 UN-Charta konnte dies ebenso wenig verhindern, wie dies der sich - wie soeben skizziert - stetig diversifizierende und intensivierende Einsatz eines inzwischen breiten Spektrums friedenssichernder Maßnahmen durch oder unter der Ägide der Vereinten Nationen vermochte. Kann oder muss man hieraus gar den Schluss ziehen, dass die UNO als Friedensmacht gescheitert ist?

Innerhalb Deutschlands war die kriegerische Fehde durch den „Ewigen Landfrieden" von 1495[3] endgültig zum Verbrechen erklärt worden. Es folgten noch für Jahrhunderte blutige Religions-, Erbfolge-, Territorialkonflikte und Kriege aus zahlreichen anderen Motiven, welche die beteiligten Akteure im Einzelfall höher bewerteten als das Ideal des Friedens. Ein normatives Verbot allein kann die Realität also offensichtlich nicht entscheidend prägen. Hinzukommen muss jedenfalls die allgemeine, und das heißt konkret universelle Erkenntnis, dass der Inhalt des Verbotes einen Wert repräsentiert, den es unter allen Umständen zu verteidigen gilt. Auch wenn wir nicht so weit gehen wollen wie Louis Henkin, der die Eigensucht der Staaten nach wie vor als das beherrschende Grundelement des internationalen Systems ansieht, so ist das Vertrauen auf die freiwillige Bereitschaft der Staaten, vollständig auf die Gewaltoption zur Durchsetzung ihrer Interessen zu verzichten, doch wohl eine allzu idealistische Vision – nicht anders als sie dies auch im innerstaatlichen oder zwischenmenschlichen Bereich ist.

Mit der UNO ist ein institutioneller Rahmen geschaffen worden, der es den Staaten ermöglicht, im kollektiven Zusammenwirken Friedensbedrohungen mit einer breiten Palette des „Peacekeeping" und „Peacebuilding" und anderer flankierender Maßnahmen - notfalls auch unter Androhung bzw. Anwendung von Zwangsmitteln - zu begegnen. Dies gilt grundsätzlich auch für neuartige Heraus-

---

[1] Gleditsch/Wallensteen/Eriksson/Sollenberg/Strand (2002), S.615 ff. zählen insgesamt 225 Konflikte. Bis zum Jahre 2003 fortgeschrieben worden ist die Anzahl in Eriksson/Wallensteen (2004), S.625 ff. Die Zahlen schwanken zum Teil erheblich, je nach dem verwendeten Begriff von „Krieg" bzw. „bewaffneter Konflikt". Nachweise zu zahlreichen weiteren Quellen: www.pcr.uu.se/research/UCDP/conflictdatasetcatalog.pdf (15.08.05).

[2] Eriksson/Wallensteen (2004) zählen für die Periode nach der Beendigung des Kalten Krieges (1989-2003) insgesamt 116 fortdauernde oder neue militärische Konflikte.

[3] Vgl. Hofmann (1976).

forderungen, wie etwa den internationalen Terrorismus[1] und verbrecherisch-destabilisierende Aktivitäten anderer Akteure unterhalb der Schwelle der Staat-lichkeit.[2] Nicht nur insoweit hat sich das Chartasystem in den vergangenen Jahr-zehnten als überraschend anpassungs-, leistungs- und entwicklungsfähig erwie-sen. In seinem Report „In larger freedom" vom März 2005[3] hat UN-Generalsekretär Kofi Annan nunmehr in einer sorgfältigen und zu Recht als visionär gelobten Analyse der gegenwärtigen globalen Herausforderungen unter den Stichworten „freedom from want" – „freedom from fear" – „freedom to live in dignity" den untrennbaren Dreiklang von Entwicklung, Sicherheit und Men-schenrechten betont und damit ganz bewusst der zunehmend verengten „9/11 Perspektive" in innovativer Weise das Konzept eines ganzheitlichen Freiheits-begriffs gegenübergestellt. Das hieran anknüpfende ambitionierte Programm für eine durchgreifende UN-Reform enthält ein zwar kühnes, wegen seines ausge-wogenen Kompromisscharakters („Global New Deal") aber durchaus realisti-sches Handlungsprogramm für die im institutionellen Rahmen der Vereinten Nationen organisierte internationale Gemeinschaft. Es ist zwar bedauerlich, dass das Projekt auf dem als „historische Chance" für die Erneuerung der Weltorgani-sation begriffenen Millenium-Gipfel im September 2005 wegen des Widerstan-des der USA (aber - sozusagen im Windschatten der Supermacht - auch anderer Staaten) noch nicht konsensfähig war.[4] Eigentlich überraschen kann es allerdings nicht, dass zahlreiche Staaten nicht bereit waren, so rasch einem in vielerlei Hinsicht tradierte Besitzstände, Interessen ja Weltsichten in Frage stellenden visionären Entwurf zu folgen; einem Entwurf, der den Staaten zudem ganz kon-krete rechtliche, (macht-)politische und wirtschaftliche Konzessionen abverlangt. Ohne Zweifel jedoch wird der Annan-Report in den nächsten Jahren der wich-tigste Referenzpunkt und Impulsgeber für die allgemein als überfällig erkannte UN-Reform bleiben.[5]

---

[1] Vgl. hierzu umfassend Wüstenhagen, Die Vereinten Nationen und der internationale Terroris-mus – Versuch einer Chronologie, in: von Schorlemer (2003), S.101 ff.

[2] Überblick bei Gasteyger, Neue Konflikte und internationale Ordnung, in: von Schorlemer (2003), S.1 ff.

[3] UN-Dok. A/59/2005 v. 21.3.2005 – www.un.org/largerfreedom. Deutscher Text: www.un.org/ Depts/german/gs_sonst/a-59-2005-ger.pdf (15.08.05).

[4] Das Abschlussdokument - UN-Dok. A/60/L.1 - www.un.org/summit2005/documents.html (15.08.05) - ist zwar zu Recht als inhaltlich enttäuschend, weil substanzarm bezeichnet worden. Das hierdurch angestoßene und mit konkreten follow-up Maßnamen verknüpfte „Millenium Pro-ject" könnte allerdings durchaus eine auch institutionelle Reformen umfassende Eigendynamik entfalten.

[5] Vgl. zu den Reformperspektiven: Paschke (2005), S.170 ff. und Bertrand (2005), S.174 ff. Umfangreiche Dokumente zum Reformprozess finden sich u. a. unter www.reformtheun.org (15.08.05).

Es gehört zu den viel beklagten Defiziten der gegenwärtigen universellen Organisationsstruktur der internationalen Staatengemeinschaft,[1] dass sie es nicht vermag, die Gewaltausübung durch eine im Sicherheitsrat mit dem Vetorecht ausgestattete Großmacht zu unterbinden. Diese Kritik verkennt, dass die Charta – durchaus in einem gewissen Gegensatz zur Völkerbundsatzung - eines nicht konnte und wollte, nämlich die real existierenden machtpolitischen Realitäten zu ignorieren. Natürlich ist es bedauerlich, dass die UNO das unilaterale militärische Vorgehen bestimmter, von ihrem Machtpotential her privilegierter Staaten nicht verhindern kann, aber ein ganz zahnloser Tiger ist sie auch in einem derartigen Fall keineswegs. Wie der Irak-Krieg des Jahres 2003 - seine Vorgeschichte und seine bis heute andauernden Folgen - gezeigt hat, kann eine sich selbstbewusst und standhaft als die richtige und bessere Alternative der Konfliktlösung präsentierende UNO durchaus auch Eindruck auf einen sich als Hegemon gerierenden Staat machen. Gerade für derartige Szenarien unverzichtbar ist die UNO schließlich als Bühne und Kristallisationspunkt der internationalen öffentlichen Meinung und vermag insoweit durchaus eine politische, rechtliche und moralische Autorität auszuüben, durch die die Schwelle für die chartawidrige Anwendung von Gewalt auch für eine Supermacht zwar vielleicht nicht unüberwindbar, aber jedenfalls doch sehr hoch gelegt wird. Nicht zuletzt aus diesem Grund ist es denn auch sinnvoll, die Autorität des zentralen Forums der Friedenssicherung, des Sicherheitsrates also, durch eine der zunehmenden Diversifizierung der Weltmeinung zu zentralen Fragen der Friedensgestaltung Rechnung tragende Aktualisierung der Zusammensetzung zu stärken. Die Einräumung zusätzlicher Vetorechte erscheint demgegenüber hingegen zweitrangig, ja in gewisser Hinsicht kontraproduktiv.

Eine Erfolgsbilanz der UNO auf dem Gebiet der Friedenssicherung muss berücksichtigen, dass das tragende Konstruktionselement der derzeitigen Weltorganisation, nicht anders als dies bei ihrer Vorgängerin der Fall war, souveräne Staaten sind.[2] Diese sind nach wie vor die „Herren des internationalen Systems" und einem vom Willen der Staaten unabhängigen, autonomen, geschweige denn machtpolitischen Eigenleben der Organisation sind damit sehr enge Grenzen gezogen. Die UN-Charta reflektiert damit die nach wie vor bestehenden Realitäten des internationalen Systems, und das ist letztendlich auch gut so. Friedenssicherungsprogramm und –mechanismus, so wie sie in der Charta niedergelegt sind, stellen damit ein zwar völkerrechtlich verbindliches Angebot an die Staaten

---

[1] Seit dem 27. September 2002 (Beitritt von Ost-Timor) hat die UNO 191 Mitglieder und umfasst damit erstmals in ihrer Geschichte tatsächlich die gesamte Staatengemeinschaft (mit Ausnahme des winzigen Vatikanstaates).

[2] „Die Organisation beruht auf dem Grundsatz der souveränen Gleichheit der Staaten" (Art. 2 Ziff. 1 UN-Charta).

dar und die UNO hat inzwischen auch in einer Vielzahl von Fällen bewiesen, dass sie einen wichtigen und effektiven Beitrag im Dienste des Weltfriedens leisten kann. Die immer noch viel zu häufige, nicht immer sanktionierbare Ignorierung dieses Angebots durch die Staaten ebenso wie Misserfolge, die zumeist auf unzureichende Ressourcen der Weltorganisation zurückzuführen sind, mag man zu Recht bedauern. Der UNO anlasten aber kann man diese Defizite zumeist nicht.[1]

Die UNO ist und bleibt auf absehbare Zeit ein institutioneller Rahmen, der auf das Vertrauen und die konstruktive Mitarbeit der Staaten angewiesen ist. Sie ist damit eine Organisation, die Frieden macht, aber selbst keine Friedensmacht. Weder der Ausbau ihres militärischen Potentials noch verfahrensrechtliche Verbesserungen im Sinne eines „lupenrein" demokratischen Verfahrens vermögen sie zu einer solchen zu machen. „Abstimmung als Form politischer Willensbildung und Rechtsgestaltung" – so zu Recht *Adolf Arnd* – „setzt die Einigkeit über das Unabstimmbare voraus".[2] Die soziologischen Voraussetzungen für eine „friedensmächtige" UNO wären daher auch erst dann geschaffen, wenn in dem Kanon dieses „Unabstimmbaren", d.h. des von den die UNO tragenden Mächten als fundamental Erkannten und Konsentierten, der Wert „Friede" wirklich uneingeschränkt an die erste Stelle gesetzt, und die UNO von den Staaten zur Erreichung dieses obersten Zieles konsequent und kompromisslos genutzt würde.

Misst man den Erfolg der Weltorganisation damit richtigerweise nicht am Ideal eines „ewigen Friedens", sondern vielmehr daran, wie die Welt ohne das Wirken dieser Organisation aussehen würde, dann kann nicht nur, sondern dann muss die Bilanz positiv ausfallen – trotz des zugegeben hypothetischen Charakters dieser Gleichung. Im Jahre 2001 ist der Einsatz der Weltorganisation „für eine gerechtere und friedlichere Welt" zum sechsten Mal mit dem Friedensnobelpreis ausgezeichnet worden. Immerhin: Eine beeindruckende moralische Machtdemonstration.

7   Literaturhinweise

Arnd, Adolf: Christlicher Glaube und politische Entscheidung; München 1957.
Arnove, Anthony (Hrsg.): Iraq under Siege – The Deadly Impact of Sanctions and War; Cambridge/Mass. 2000.

---

[1]   Hierdurch wird natürlich nicht verkannt, dass die Effektivität von Struktur und Verfahren der Vereinten Nationen, gerade auch was den Bereich der Friedenssicherung angeht, einer stetigen kritischen Überprüfung bedarf, einer Aufgabe, der sich Staatengemeinschaft und Weltorganisation auch zunehmend bewusst sind und stellen.

[2]   Arnd (1957), S.157.

Barandon, Paul: Die Vereinten Nationen und der Völkerbund in ihrem rechtsgeschichtlichen Zusammenhang; Hamburg 1948.

Bernhardt, Rudolf (Hrsg.): Encyclopedia of public international law; Amsterdam [u.a.] 2000.

Bertrand, Maurice: Lehren aus einer gescheiterten Reform – Das Problem der „politischen Globalisierung". In: Vereinte Nationen, 5, 2005.

Cassese, Antonio: International Criminal Law; Oxford 2003.

Delbrück, Jost: Die Konstitution des Friedens als Rechtsordnung; Berlin 1996.

Dietze, A. (Hrsg.): Ewiger Friede? Dokumente einer deutschen Diskussion um 1800; Leipzig u.a. 1989.

Erberich, Ingo (Hrsg.): Frieden und Recht - 38. Tagung der Wissenschaftlichen Mitarbeiterinnen und Mitarbeiter der Fachrichtung "Öffentliches Recht"; Stuttgart 1998.

Eriksson, Mikael/Wallensteen, Peter: Armed Conflict 1989-2003, in: Journal of Peace Research, 41; 2004.

Gleditsch, Nils Petter/Wallensteen, Peter/Eriksson, Mikael/Sollenberg, Margareta/Strand, Håvard: Armed Conflict 1946-2001: A New Dataset, in: Journal of Peace Research, 39; 2002.

Gowlland-Debbas, Vera (Hrsg.): United Nations Sanctions and International Law. Papers presented at the Colloquium on United Nations Sanctions and International Law, held at Geneva from 23 - 25 June 1999; Den Haag 2001.

Hegel, Georg, Wilhelm, Friedrich: Grundlinien der Philosophie des Rechts, herausgegeben von Georg Lasson (2. Aufl.); Leipzig 1921.

Heideking, Jürgen: Völkerbund und Vereinte Nationen in der internationalen Politik, in: Aus Politik und Zeitgeschichte, 26; 1983.

Hobbes, Thomas: Leviathan; Ditzingen 1986.

Höffe, Otfried (Hrsg.): Zum ewigen Frieden, 2. Aufl.; Berlin 2004.

Hofmann, Hanns Hubert: Quellen zur Verfassungsorganisation des Heiligen Römischen Reiches Deutscher Nation 1495-1815; Darmstadt 1976.

Kahn, Daniel-Erasmus: Sicherheitszaun oder Apartheidmauer? Das Gutachten des Internationalen Gerichtshofes vom 9. Jul. 2004 zu den israelischen Sperranlagen gegenüber dem Westjordanland, in: Friedenswarte,79; 2004.

Knipping, Franz/von Mangoldt, Hans (Hrsg.): Das System der Vereinten Nationen und seine Vorläufer; München 1995.

Kühne, Winrich: Die Friedenseinsätze der VN, in: Aus Politik und Zeitgeschichte, 22; 2005.

Lamers, Hans: Wörterbuch der Antike - mit Berücksichtigung ihres Fortwirkens, 8. Auflage; Stuttgart 1976.

Luard, Evan: War in international Society. A Study in international Sociology; London 1980.

Märker, Alfredo/Wagner, Beate: Vom Völkerbund zu den Vereinten Nationen, in: Aus Politik und Zeitgeschichte, 22; 2005.

Merkel, Reinhardt/Nida-Rümelin Julian (Hrsg.): „Zum Ewigen Frieden" - Grundlagen, Aktualität und Aussichten einer Idee von Immanuel Kant; Frankfurt a.M. 1996.

Paschke, Karl Theodor: UN-Reform – die unendliche Geschichte, in: Vereinte Nationen, 5; 2005.

Paulus, Andreas: Die internationale Gemeinschaft im Völkerrecht; München 2001.

Schlochauer, Hans-Jürgen: Die Idee des ewigen Friedens; Röhrscheid 1953.

Schorlemer, Sabine von (Hrsg.): Praxishandbuch UNO - Die Vereinten Nationen im Lichte globaler Herausforderungen; Berlin 2003.

Schreiber, Wolfgang (Hrsg.): Das Kriegsgeschehen 2004. Daten und Tendenzen der Kriege und bewaffneten Konflikte; Wiesbaden 2005.

Schücking, Walther/Wehberg, Hans: Die Satzung des Völkerbundes. Kommentar (Bd. 1), 3. Aufl.; Berlin 1931.

Senghaas, Dieter (Hrsg.): Frieden machen; Frankfurt a.M. 1997.

Senghaas, Dieter (Hrsg.): Den Frieden denken. Si vis pacem, para pacem; Frankfurt a.M. 1995.

Simma, Bruno (Hrsg.): The Charter of the United Nations. A Commentary; Oxford 2002.

Simma, Bruno/Fastenrath, Elmar (Hrsg.): Menschenrechte – Ihr internationaler Schutz, 5. Aufl.; München 2004.

Tomuschat, Christian: „Uniting for Peace" – Ein Rückblick nach 50 Jahren, in: Friedenswarte, 76; 2001.

United Nations (Hrsg.): The Blue Helmets: A Review of United Nations Peace Keeping, 3. Aufl.; New York 1996.

Unser, Günther: Die UNO - Aufgaben, Struktur, Politik, 7. Aufl.; München 2004.

Von Raumer, Kurt: Ewiger Friede. Friedensrufe und Friedenspläne seit der Renaissance; Freiburg/München 1953.

Von Schorlemer, Sabine: Menschenrechte und „humanitäre Interventionen", in: Internationale Politik, 55/2; 2000.

Wright, Quincy: A Study of War, 2. Aufl.; Chicago 1965.

Die Autoren

Claudia Derichs, Dr., Privatdozentin an der Universität Duisburg-Essen.

Stefan Fröhlich, Dr., o. Professor für Internationale Politik an der Universität Erlangen-Nürnberg.

Saskia Hieber, Dr. des., wissenschaftliche Mitarbeiterin an der Akademie Tutzing.

Momoyo Hüstebeck, M.A., wissenschaftliche Assistentin an der Universität Duisburg-Essen.

Daniel-Erasmus Khan, Dr., o. Professor für Völkerrecht an der Universität der Bundeswehr, München.

Kerstin Luckner, Lehrbeauftragte an den Universitäten Duisburg-Essen und Bonn.

Thomas Meerpohl, Dr., wissenschaftlicher Assistent an der Ludwig-Maximilians-Universität München.

Margareta Mommsen, Dr., em. o. Professorin für Politische Systeme Osteuropa an der Ludwig-Maximilians-Universität München.

Michael Piazolo, Dr., Dozent an der Akademie für Politische Bildung, Tutzing (bis April 2006); seither o. Professor für Politikwissenschaft an der Fachhochschule für Verwaltung und Rechtspflege Berlin.

Stefan A. Schirm, Dr., o. Professor für Internationale Politik an der Ruhr-Universität Bochum.

Michael Staack, Dr., o. Professor für Internationale Politik an der Universität der Bundeswehr Hamburg.

MIX
Papier aus verantwortungsvollen Quellen
Paper from responsible sources
FSC® C105338

If you have any concerns about our products,
you can contact us on
ProductSafety@springernature.com

In case Publisher is established outside the EU,
the EU authorized representative is:
Springer Nature Customer Service Center GmbH
Europaplatz 3, 69115 Heidelberg, Germany

Printed by Libri Plureos GmbH
in Hamburg, Germany